Kosmos-Enzyklopädie der Schmetterlinge

Die Tagfalter der Erde in Farbe
Über 2000 Arten in Lebensgröße

Kosmos
Gesellschaft der Naturfreunde
Franckh'sche Verlagshandlung
Stuttgart

Anthene amarah
Lycaenidae (×30)

Kosmos-Enzyklopädie der Schmetterlinge

Paul Smart

Umschlag von Edgar Dambacher unter Verwendung einer Fotografie der Saruman-Fotoagentur
Mit Schwarzweiß-Zeichnungen von Chris Samson, Marion Mills und Patricia Capon und 2230
Farbbildern von: **14 – 15:** F. Baillie, NHPA. **17:** SPA. **19:** H. Angel. **20:** J. C. S. Marsh, SPA. **21:** E. Ross, NSP. **22:** H. Angel. **22 – 23:** H. Angel. **25:** H. Angel. **26 – 27:** E. Ross, NSP. **29:** A. Bannister, NHPA. **30:** R. Revels, SPA/J. C. S. Marsh, SPA/R. Revels, SPA. **31:** A. Bannister, NHPA/R. Revels, SPA/A. Bannister, NHPA. **32:** E. Ross, NSP/E. Ross, NSP/R. Revels, SPA/E. Ross, NSP/J. C. S. Marsh, SPA/J. C. S. Marsh, SPA/R. Revels, SPA/R. Revels, SPA/R. Revels, SPA. **33:** A. Bannister, NHPA/A. Bannister, NHPA/A. Bannister, NHPA. **34:** S. Dalton, NHPA/R. Revels, SPA/S. Dalton, NHPA/J. C. S. Marsh, SPA/R. Revels, SPA/M. Rees, SPA. M. Rees, SPA. **35:** E. Ross, NSP. **36 – 37:** H. Angel. **38 – 39:** H. Angel. **40 – 41:** R. Goodden. **42 – 43:** T. Scott, SPA. **44 – 45:** H. W. O'Donnell, NHPA. **46 – 47:** E. Ross, NSP. **48 – 49:** A. Bannister, NHPA. **50 – 51:** E. Elms, NHPA. **51:** E. Elms, NHPA. **53:** SPA. **54 – 55:** SPA/R. Revels, SPA. **56:** SPA. **56 – 57:** R. Revels, SPA. **58 – 59:** SPA/SPA. **60:** R. Revels, SPA/R. Revels, SPA. **61:** SPA. **62:** A. Bannister, NHPA. **63:** SPA. **64 – 65:** SPA. **66:** SPA. **67:** SPA. **68:** SPA/SPA/J. C. S. Marsh, SPA. **69:** SPA. **70:** R. Revels, SPA/R. Revels, SPA. **72:** R. Revels, SPA/R. Revels, SPA. **73:** R. Revels, SPA/R. Revels, SPA/R. Revels, SPA/R. Revels, SPA. **74 – 75:** SPA. **76:** SPA. **77:** SPA. **78 – 79:** SPA. **80 – 81:** SPA. **82:** SPA/SPA. **83:** spa. **84:** SPA. **85:** SPA. **86 – 87:** SPA. **87:** SPA. **88 – 89:** Illustrated London News/SPA. **90 – 91:** Illustrated London News/SPA. **93:** SPA. **94:** SPA. **95:** SPA. **96:** SPA. **97:** D. Lacombe, NSP/SPA. **98:** SPA/SPA. **100:** J. C. S. Marsh, SPA. **101:** SPA. **102 – 103:** P. E. Smart, SPA. **104:** R. Revels, SPA. **105:** R. Revels, SPA. **106:** SPA/SPA. **107:** SPA. **110:** R. Revels, SPA/E. Elms, NHPA. **111:** E. Ross, NSP. **112 – 113:** SPA. **114:** F. Baillie, NHPA/S. Dalton, NHPA. **115:** F. Baillie, NHPA. **116 – 159:** SPA. **160:** P. E. Smart, SPA/S. Dalton, NHPA/E. Elms, NHPA. **161:** S. Dalton, NHPA. **162 – 169:** SPA. **170:** E. Ross, NSP. **171:** R. Revels, SPA/E. Ross, NSP. **172 – 175:** SPA. **176:** R. Revels, SPA/E. Ross, NSP. **177:** E. Ross, NSP. **178 – 179:** SPA. **180:** E. Ross, NSP. **181:** S. Dalton, NHPA/E. Ross, NSP. **182 – 187:** SPA. **188:** A. Bannister, NHPA. **189:** E. Ross, NSP. **189:** A. Bannister, NHPA. **190 – 191:** SPA. **192:** E. Elms, NHPA/SPA. **193:** E. Ross, NSP/E. Ross, NSP. **194 – 221:** SPA. **223:** SRA/SPA/J. C. S. Marsh, SPA. **224 – 227:** SPA. **228:** E. Ross, NSP. **229:** E. Ross, NSP. **230 – 237:** SPA. **238 – 239:** E. Clifton, SPA/SPA/E. Ross, NSP. **240 – 243:** SPA. **244:** R. Revels, SPA. **244 – 245:** E. Ross, NSP/R. Revels, SPA. **245:** SPA. **246 – 249:** SPA. **250:** E. Ross, NSP. **251:** E. Elms, NHPA/F. Baillie, NHPA. **252 – 253:** SPA. **254:** R. Revels. SPA. **254 – 255:** P. E. Smart, SPA. **255:** SPA. **256 – 259:** SPA. Um Platz zu sparen, wurden folgende Abkürzungen gewählt: SPA: Saruman-Fotoagentur, NHPA: Natural History Fotoagentur, NSP: Natural Science Fotos. Die Fotografien sind durch Seitenzahlen angezeigt. Ist mehr als eine Fotografie auf einer Seite abgebildet, so sind die Hinweise in der Reihenfolge von oben nach unten angeführt.
Übersetzt aus dem Englischen von Herta Harde
Titel der Originalausgabe „The illustrated Encyclopedia of the Butterfly World in Colour". Ein Salamander-Buch; die englischsprachige Ausgabe ist zuerst bei Salamander Books Limited, 52, James Street, London W. 1, United Kingdom, erschienen.
© 1975, Salamander Books Limited, London

CIP-Kurztitelaufnahme der Deutschen Bibliothek

Smart, Paul
Kosmos-Enzyklopädie der Schmetterlinge : d. Tagfalter
d. Erde in Farbe ; über 2000 Arten in Lebensgrösse. –
1. Aufl. – Stuttgart : Franckh, 1977.
   Einheitssacht.: The illustrated encyclopedia of
the butterfly world in colour ‹dt.›
   ISBN 3-440-04466-1

Franckh'sche Verlagshandlung, W. Keller & Co., Stuttgart / 1977
Alle Rechte an der deutschsprachigen Ausgabe, insbesondere das Recht der Vervielfältigung und Verbreitung, vorbehalten. Kein Teil des Werkes darf in irgendeiner Form (durch Photokopie, Mikrofilm oder ein anderes Verfahren) ohne schriftliche Genehmigung des Verlages reproduziert oder unter Verwendung elektronischer Systeme verarbeitet, vervielfältigt oder verbreitet werden.
Für die deutschsprachige Ausgabe:
© 1977, Franckh'sche Verlagshandlung, W. Keller & Co., Stuttgart
Printed in Belgium / Imprimé en Belgique / LH 14 Ste / ISBN 3-440-04466-1
Satz: Konrad Triltsch, Graph. Betrieb, 87 Würzburg
Druck und buchbinderische Verarbeitung: Henri Proost & Cie pvba, Turnhout/Belgien

Danaus chrysippus Danaidae (×4)

Inhalt

Einführung 10
Die Lepidoptera – Herkunft und Klassifikation 14
Der Körper der Falter – Bau und Funktion 18
Der Lebenszyklus der Schmetterlinge – Vom Ei zum Falter 28
Ökologie – Die Tagfalter und ihre Umwelt 36
Die Beweglichkeit der Tagfalter – Verbreitung und Wanderung 42
Genetik – Der Mechanismus der Vererbung 50
Färbung – Tarnung und Werbung 56
Variation – Verschiedenheit innerhalb der Art 66
Mimikry – Die Kunst der Nachahmung 76
Die Geschichte der Schmetterlingskunde –
Berühmte Bücher und Sammler 82
Sammeln – Ein praktischer Führer moderner Fangmethoden 92
Schmetterlinge in Gefangenschaft – Fortpflanzung und Zucht 100
Die Tagfalter-Familien –
Eine Einführung in den systematischen Teil 103
Die Tagfalter der Welt – Systematisches Verzeichnis 260
Literatur 273
Register 274
Anhang 279

Pieridae – 160
Weißlinge, Aurorafalter,
Zitronenfalter und Gelblinge

Lycaenidae – 170
Zipfelfalter, Bläulinge, Feuerfalter usw.

Hesperiidae – 110
Dickkopffalter

Libytheidae und Nemeobiidae – 176
Schnauzenfalter und Würfelfalter

Heliconiidae – 180
Heliconiiden

Papilionidae – 114
Apollos, Schwalbenschwänze und Vogelflügler

Acraeidae – 188
Acraeiden

Nymphalidae – 192
Scheckenfalter, Füchse, Admirale,
Landkärtchen, Schillerfalter usw.

Brassolidae – 238
Brassoliden

Amathusiidae – 222
Amathisiiden

Satyridae – 244
Augenfalter

Morphidae – 228
Morphos

Ithomiidae – 250
Ithomiiden

Danaidae – 254
Danaiden, Monarch

Einführung

Die Schmetterlinge gehören zu den farbenprächtigsten und vielfältigsten Tieren überhaupt. Von anderen Insekten unterscheiden sie sich hauptsächlich dadurch, daß ihre Flügel bunt und undurchsichtig sind und eine charakteristische Form besitzen. Vor den Tagfaltern (Rhopalocera) fürchtet man sich nicht; sie sind auch allgemein beliebt. Sie lösen nicht den allgemeinen Widerwillen aus, den man den meisten anderen Insekten entgegenbringt. Vielleicht deshalb, weil sie nicht beißen, stechen, Krankheiten übertragen oder (als ausgewachsene Falter) andere Schäden anrichten.

Gewiß aber beruht ihre Beliebtheit weitgehend auf ihrer Erscheinung. Viele Tagfalterarten gehören zu den prachtvollsten Geschöpfen und sind berühmt wegen ihrer herrlichen Farben und Muster. In diesem Buch ist der Färbung ein ganzes Kapitel gewidmet, und auch sonst taucht dieses Thema immer wieder auf. Wir setzen Farbe bei Tieren als selbstverständlich voraus, sollten uns aber daran erinnern, daß sie eher eine Ausnahme als die Regel in der Tierwelt ist. Die Farbentfaltung, ihre Skala, Mannigfaltigkeit und ihr Glanz und die vielen verschiedenen Zusammenstellungen der Farben zu Mustern, die man bei den Tagfaltern sieht, hat im übrigen Tierreich nicht ihresgleichen, ausgenommen bei den tropischen Fischen.

Farbe ist jedoch nicht nur ein Mittel für optische Werbung, sie dient auch zur Tarnung oder zur Verteidigung. Wie in den Kapiteln über Mimikry und Variation gezeigt wird, ist die Anpassungsfähigkeit der Tagfalterfärbung ganz bemerkenswert – z. B. das Nachahmen anderer Arten. Schmetterlinge sind tatsächlich „Juwelen der Schöpfung".

Ein weiterer Grund, daß man den Tagfaltern so viel Beachtung schenkt, liegt in ihrer Lebensweise. Sie sind am Tag aktiv, so daß ihre Farben voll zur Geltung kommen, was bei nachtaktiven Tieren nicht der Fall ist.

Es überrascht daher kaum, daß Tagfalter bei Sammlern so beliebt sind. Eine Tagfaltersammlung ist in mancher Hinsicht mehr als nur eine Auswahl von Geschöpfen für wissenschaftliche Forschungsarbeiten – sie ist etwas an sich Schönes. Die dicht gedrängten Reihen verwandter Formen

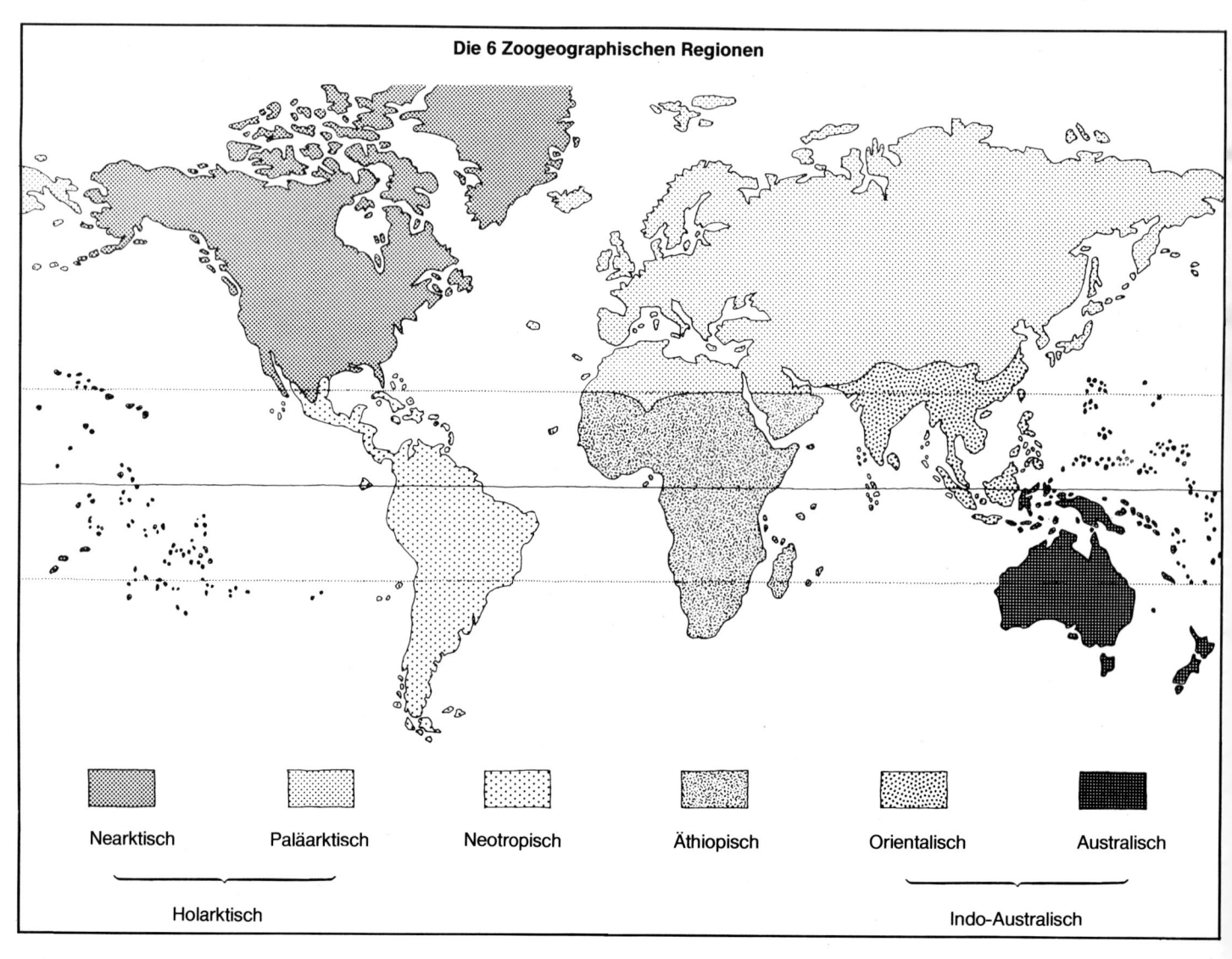

Die 6 Zoogeographischen Regionen

Nearktisch — Paläarktisch — Neotropisch — Äthiopisch — Orientalisch — Australisch

Holarktisch — Indo-Australisch

Einführung

in Insektenkästen und Schauschränken liefern ein Bild ordentlicher Symmetrie und vielfältiger Farbenpracht. In der Vergangenheit sind riesige Sammlungen von Schmetterlingen zusammengetragen worden, und unsere heutigen Kenntnisse über die Tag- und Nachtfalter, vor allem aber die Bestimmung der Arten und ihre geographische Verbreitung, sind wohl zum größten Teil den emsigen Sammlern zu verdanken – Amateuren und Wissenschaftlern. Die Entomologie ruht ebenso wie die Malakologie (die Lehre von den Schnecken und Muscheln) auf den festen Grundlagen, die von Sammlern geschaffen wurden.

Tagfalter jedoch ausschließlich nur als hübsche Objekte anzusehen, hieße, sie nur halb zu verstehen. Denn nicht nur vom Äußeren her sind diese Schmetterlinge von außergewöhnlichem Interesse. Sie sind ausgezeichnete Objekte für Untersuchungen zur Entwicklungsgeschichte. Die Flügel dieser Insekten tragen die Merkmale ihrer Ahnen. Darüber hinaus hat die Zucht von Rassen und Formen einige der komplizierten Vorgänge enthüllt, die im Vererbungsmechanismus enthalten sind. Die Ergebnisse dieser Untersuchungen können sogar in einigen Fällen für den Menschen selbst von Nutzen sein.

Das vielleicht interessanteste Beispiel dafür ist der in jüngster Zeit gemachte Fortschritt in der Erforschung der Unverträglichkeit der Rhesus-Faktoren – eine der Hauptursachen der Säuglingssterblichkeit. Die Erkenntnisse, wie diese Erkrankung beim ungeborenen Kind entsteht, basiert auf ursprünglich ganz anderen Untersuchungen zu der Genetik des afrikanischen Schwalbenschwanzes *(Papilio dardanus)*. Andere Tagfalter oder ihre Jugendstadien werden heute zu Studien über Krebs, Anämie und viele Virusinfektionen verwendet.

Man findet Tagfalter überall in der Welt; ihre Mannigfaltigkeit ist allerdings in den Tropen am größten. Da ein Tagfalter aber nur in einem begrenzten Bereich fliegen kann, ist die Falterfauna in weit auseinanderliegenden Erdteilen sehr verschieden.

Die zoogeographische Verbreitung der Tagfalter ist ein grundlegender Faktor für ihre Biologie. In diesem Buch wird oft auf die Faunenregionen hingewiesen (siehe Karte).

Anartia amathea Nymphalidae (×4)

Einführung

Der Lebenszyklus der Tagfalter ist nicht minder beachtlich als ihre Schönheit. Die Verwandlung der häufig abstoßend wirkenden, bizarren Raupe in einen eleganten Falter ist eines der Wunder der Natur. Dieser natürliche Zaubertrick, ein häßliches Wesen in eine Schönheit zu verwandeln, hat auch noch einen ökologischen Sinn: Raupe und Falter können ganz verschiedene Lebensweisen führen und konkurrieren nicht um das gleiche Futter.

Im ersten Teil dieses Buches wird nicht nur versucht, zu zeigen, was ein Schmetterling ist, sondern auch, wie er sich entwickelt und wie er lebt. Im zweiten Teil sind die Falter nach Familien geordnet abgebildet; dadurch werden Ähnlichkeiten und Unterschiede innerhalb einer Familie verdeutlicht, ebenso aber auch ihre Unterscheidung von der nächsten. Damit hat man nicht nur einen illustrierten Katalog über Tagfalter, sondern auch einen nützlichen Bestimmungsführer.

In einem einzigen Buch kann nur ein Bruchteil aller Tagfalter der Welt aufgenommen werden, darum ist mit großer Sorgfalt eine systematische Liste aufgestellt worden, die jedoch nicht vollständig sein kann. Die gewählte Anordnung ist nur ein Kompromiß: Bei acht Familien (Papilionidae, Libytheidae, Heliconiidae, Acraeidae, Amathusiidae, Morphidae, Brassolidae und Danaidae) sind alle bekannten Arten eingeschlossen. Bei drei weiteren Familien (Pieridae, Nymphalidae, Ithomiidae) sind alle Gattungen aufgenommen und bei den restlichen Familien (Hesperiidae, Lycaenidae, Nemeobiidae und Satyridae) werden für alle Triben ausgewählte Gattungen angeführt.

Die Gliederung in diese Familien, ja sogar ihre prinzipielle Gültigkeit als natürliche Gruppe ist jedoch immer wieder in Frage gestellt worden. In keiner anderen Tiergruppe ist die wissenschaftliche Nomenklatur durch eine Fülle von Namen, Revisionen und wiederholte Versuche, das Durcheinander zu entwirren, so gründlich in Unordnung geraten. Der Uneingeweihte sollte aber nicht verzweifeln, sondern die Kapitel 1 – 13 zu Hilfe nehmen.

Bedauerlicherweise sind die Tagfalter fast überall durch Zerstörung ihrer Umwelt bedroht. Einige der schmetterlingsreichsten Gebiete sind ihrer ursprünglichen Vegetation beraubt und mit Nutzpflanzen bebaut worden. Selbst wenn die Falter im neuen Biotop überleben könnten, sind ihre Raupen dazu meist nicht in der Lage, weil ihre speziellen Futterpflanzen vernichtet sind. Würden sie statt dessen aber die Nutzpflanzen fressen, vernichtete der Mensch sie als Schädlinge. In einigen Ländern hat man bereits begonnen, freilebende Falter unter Schutz zu stellen. Aber auch hier werden viele wichtige Futterpflanzen als „Unkräuter" angesehen und beseitigt – Flecken mit ursprünglicher Vegetation sind für Stadtplaner und für die Verantwortlichen in Straßenbauämtern geradezu Schandflecken. Es hat keinen Zweck, die attraktiven Schmetterlinge selbst schützen zu wollen; wir müssen vielmehr dafür sorgen,

Einführung

ihre unattraktiven Raupen und die Plätze, an denen sie leben, zu schützen.

Der Lepidopterologe wird oft beschuldigt, er nähme an dieser Zerstörung teil. Der unterrichtete Sammler jedoch ist der erste, der die Gefahren erkennt und der dafür sorgen kann, daß eine schrumpfende Population geschützt wird. Ein anderer Sammlertyp kann jedoch die größte Bedrohung darstellen, nämlich der, der mit zielstrebiger Entschiedenheit vorsätzlich plant, so viele verschiedene Formen wie nur möglich zu sammeln. – Bestimmte Arten mit ungewöhnlichen Lokalpopulationen – wurden von selbstsüchtigen und unverantwortlichen Sammlern sogar vollständig ausgerottet.

Der heutige Sammler hat die Pflicht, sich nach den Gesetzen des Naturschutzes zu richten. Er sollte nicht mehr Tiere töten, als für seine Untersuchungen unbedingt nötig sind. Arten, die in ihrem Bestand schon bedroht sind, sollten ganz in Ruhe gelassen werden.

In manchen Ländern gibt es bereits Bestrebungen, das Sammeln bestimmter Arten einzuschränken und zu kontrollieren. Der Sammler sollte mit einer Gesetzgebung einverstanden sein, die das Überleben von Wildtieren sichert, damit sie nicht vollständig aussterben, und damit sich auch künftig Generationen an ihnen erfreuen können. Durch Unterstützung des Naturschutzes, Zucht von Tagfaltern und deren Freilassung in geeignete Lebensräume, kann jeder einzelne aktiv dazu beitragen.

Paul Smart

Belenois aurota Pieridae (×4)

Kapitel 1
Die Lepidoptera
Herkunft und Klassifikation

Etwa ¾ aller heutigen Tierarten sind Insekten. Ihre Häufigkeit und Vielfalt der Formen spricht für eine lange und komplizierte Entwicklungsgeschichte. Bei manchen Insektenordnungen lassen sich einige Lücken dieser Geschichte durch das Studium der Fossilien schließen; Schmetterlinge sind aber zarte Geschöpfe, deren Körper sich nach dem Tode leicht zersetzen und eher ganz verschwinden als versteinert erhalten bleiben. Darum ist unsere Kenntnis von der Entwicklungsgeschichte der Tagfalter sehr unvollständig; Einzelheiten über ihre Vorfahren bleiben nur Vermutungen.

Schmetterlingsfossilien, die Einzelheiten des Flügelgeäders erkennen lassen (Bau und Anordnung des Flügelgeäders ist ein wichtiger Anhaltspunkt für stammesgeschichtliche Verwandtschaftsbeziehungen) kommen gewöhnlich als Abdrücke in Tonablagerungen vor. Sie stammen aus dem Oligozän (vor etwa 30 Millionen Jahren). Stammesgeschichtlich gesehen ist dies verhältnismäßig jung; es ist daher kaum überraschend, daß diese Tagfalterfossilien den heute lebenden Arten sehr ähnlich sind. Über die primitiveren Formen, die früher lebten, können wir nur Vermutungen anstellen, denn die Insekten existieren mindestens schon 400 Millionen Jahre.

Der größte Aufschwung der Insektenentwicklung scheint in den üppigen, düsteren Farnwäldern des Karbons (vor ca. 300 Millionen Jahren) stattgefunden zu haben. Eines der stattlichsten Karboninsekten war die Riesenlibelle *Meganeura monyi* mit einer Flügelspannweite von über 65 cm. Heute jagen große Libellen Tagfalter ebenso wie andere Insekten. Es ist aber unwahrscheinlich, daß frühzeitliche Tagfalter gleichzeitig mit *Meganeura monyi* auftraten. Wahrscheinlich haben sich die Lepidoptera (Tag- und Nachtfalter) viel später entwickelt, vielleicht aus Ahnen der Mecoptera (Schnabelfliegen), die erst im Unteren Perm vor 250 Millionen Jahren auftraten.

Die typische Beziehung vieler Schmetterlinge zu Blütenpflanzen könnte darauf schließen lassen, daß sich beide über einen ähnlichen Zeitraum hinweg parallel entwickelt haben. Die ersten Blütenpflanzen sind als Fossilien aus der Oberen Kreide bekannt (etwa 90 Millionen Jahre alt); die große Anzahl von Familien und Gattungen, die es damals schon gab, läßt jedoch stark vermuten, daß ihr Ursprung viel früher lag. Wenn sich Blütenpflanzen und Schmetterlinge tatsächlich gleichzeitig entwickelten, dürften letztere 150 – 200 Millionen Jahre alt sein. Sie wären folglich im Trias entstanden, zur gleichen Zeit also, wie die ersten Säugetiere.

Wie die Vorfahren der Schmetterlinge aussahen, wissen wir nicht; man kann darüber nur Vermutungen anstellen. Die Tagfalter der Vorzeit waren wahrscheinlich weniger farbenprächtig – in der Hauptsache braun und weiß – und zeigten nicht diese Mannigfaltigkeit in Farbe und Form, wie die heutigen Arten. Möglicherweise hatten die Schmetterlinge unter ihren Vorfahren ebensolche Riesenformen, wie es die gewaltigen Dinosaurier der Reptilien waren. Wahrscheinlicher aber dürfte sein, daß die Schmetterlinge schon immer klein gewesen sind. Die Vogelflügler und die Atlasspinner, die man heute in Asien finden kann, sowie ein Eulenfalter aus Südamerika, kommen solchen Riesenformen wohl am nächsten; keiner dieser Schmetterlinge erreicht jedoch mehr als 30 cm Flügelspannweite.

Man kann die heute lebenden Tagfaltergruppen in zwei Gruppen aufteilen: diejenigen, die man als primitiv ansieht, da sich ihr Grundbauplan nur wenig gegenüber dem ihrer mutmaßlichen Stammform verändert hat, die sich aber in anderer Weise, zum Beispiel ihrer Fortpflanzung, hoch entwickelt haben können und diejenigen, die als höher entwickelt angesehen werden, da sie sich anatomisch sehr vom Bauplan ihrer Vorfahren unterscheiden und da sie sich auch in anderen Bereichen ihrer Biologie spezialisiert und weiterentwickelt

Die wahrscheinliche Entwicklung der Tagfalte

Erdzeitalter	Periode	Dauer (in Mill. Jahren)	Blüten pflanze
Zönozoikum (Säugetiere, Mensch)	Quartär	2	
	Tertiär	68	
Mesozoikum (Reptilien)	Kreide	65	
	Jura	45	
	Trias	45	
Paläozoikum (Wirbellose und primitive Wirbeltiere)	Perm	55	
	Karbon	80	
	Devon und älter	250	

Oben: Weibchen (natürliche Größe) des großen Vogelflüglers, *Ornithoptera priamus*, aus Neuguinea. Hier handelt es sich um die Rasse *poseidon;* die Weibchen aller Rassen sind ähnlich gefärbt im Gegensatz zu den leuchtendgrünen Männchen. Die Vogelflügler gehören zu den größten Schmetterlingen überhaupt, die Weibchen einiger Arten können fast doppelt so groß werden wie das abgebildete.

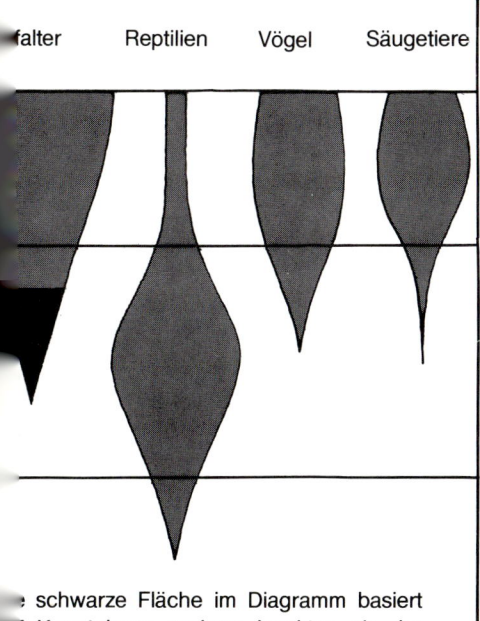

...ich zu der anderer Tiere und Pflanzen

...falter   Reptilien   Vögel   Säugetiere

...e schwarze Fläche im Diagramm basiert
...f Kenntnissen anderer Insekten als der
...gfalter.

haben. Die Tatsache jedoch, daß heute beide Arten leben, die primitiven wie die hochentwickelten, bedeutet nicht, daß letztere direkt von ersteren abstammen. Beide Arten haben einen gemeinsamen Vorfahren, nur daß die eine Gruppe sich eben schneller und weiter entwickelt hat als die andere.

Die Stellung der Tagfalter im Tierreich

Die Tierwelt wird in große Gruppen, die Stämme oder Phyla unterteilt. Jeder Stamm enthält Tiere, die weitgehend ähnlich sind, bzw. bestimmte Erkennungsmerkmale gemeinsam besitzen. Zum Stamm der Arthropoden (Gliederfüßer) gehören z. B. alle Tiere, die gegliederte Gliedmaßen und ein Außenske-

Die Lepidoptera

lett besitzen. Ein Stamm wird in Klassen unterteilt: die Arthropoden gliedern sich also in Crustacea (Krabben, Hummern, Asseln etc.), Arachnida (Spinnen, Skorpione, Milben etc.), Myriapoda (Hundert- und Tausendfüßer) und einige weitere, kleinere Klassen. Die größte Klasse der Arthropoden — zugleich auch die größte Klasse des gesamten Tierreiches — bilden die Insecta. Zu ihnen gehören auch die Tagfalter.

Den Insekten sind alle folgenden Merkmale gemeinsam: Sie besitzen einen in Kopf, Brust (Thorax) und Hinterleib (Abdomen) gegliederten Körper, 6 Beine und ein Paar Fühler. Die Klasse der Insekten wird in 29 Ordnungen untergliedert, die sich in Bau und Lebensweise unterscheiden. Die Ordnungen kann man nun in zwei Gruppen teilen: die Apterygota (Flügellose) und die Pterygota (Geflügelte). Die Pterygota, die die größere Gruppe bilden, werden nochmals in die Exo- und in die Endopterygota unterteilt. Diese beiden Gruppen unterscheiden sich durch ihre verschiedene Umwandlung (Metamorphose) vom Ei über die Larve zum adulten Tier (Imago). Exopterygota sind hemimetabol, d. h. die Larve entwickelt sich direkt zur Imago, während bei den Endopterygota zwischen Larve und Imago noch ein Ruhestadium, die Puppe, eingeschoben ist. Man bezeichnet diese Umwandlung als vollständige Metamorphose (Holometabolie).

Die Schmetterlinge (Lepidoptera) gehören zu den Endopterygota. Sie stellen neben den Käfern (Coleoptera) die artenreichste Insektenordnung dar. Heute sind etwa 140 000 Arten bekannt, darunter ca. 20 000 Arten Tagfalter. Bei so vielen Arten und einer derartigen Mannigfaltigkeit ist es ganz besonders wichtig, ein geordnetes System zu haben, das eine weitere Aufteilung in Gruppen ermöglicht. Die Nachtfalter (Heterocera = verschiedenartige Fühler) stellen eine etwa sechsmal so große Gruppe wie die Tagfalter (Rhopalocera = keulige Fühler) dar. Tag- und Nachtfalter unterscheiden sich in erster Linie durch ihre verschiedenen Fühler. Die Fühler der Tagfalter sind für gewöhnlich an der Spitze keulenförmig verdickt, die Fühler der Nachtfalter sind zugespitzt oder gefiedert. Eine andere Aufgliederung hat die Verbindung der Flügel beim Fliegen zur Grundlage. Bei Nachtschmetterlingen ist entweder im Vorderflügel ein Lappen vorhanden oder auf den Hinterflügeln sind „Dornen", die als Kupplungsmechanismen wirken. Bei den Tagfaltern wird eine Kupplung dadurch erreicht, daß Vorder- und Hinterflügel zu großen Teilen übereinandergreifen. Aber auch hier gibt es Ausnahmen.

Geeignet, aber nicht allgemein anerkannt, ist die Methode, die Lepidoptera in zwei Unterordnungen und diese wiederum in verschiedene Überfamilien einzuteilen. Danach faßt man ein paar primitive Nachtfalter mit gleichartigen Vorder- und Hinterflügeln in der Unterordnung Homoneura zusammen. Alle Tagfalter und die meisten Nachtfalter, bei denen Vorder- und Hinterflügel verschieden sind, bilden die Unterordnung Heteroneura. In dieser „Riesengruppe" sind 20 Überfamilien enthalten, von denen nur zwei, die Hesperioidea und die Papilionoidea, als Tagfalter gelten.

Neueren Datums ist die Unterteilung in Monotrysia und Ditrysia. Bei dieser Unterteilung geht man von der Ausbildung des weiblichen Geschlechtsapparates aus.

Da die Klassifizierungen alle umstritten sind, überläßt man sie wohl besser dem Spezialisten.

In diesem Buch ist der Einfachheit halber die herkömmliche Familieneinteilung beibehalten worden.

Als kleine Hilfe in dem scheinbaren Durcheinander sollte der Leser beachten, daß die Familiennamen im Tierreich mit -idae enden, Überfamiliennamen mit -oidea und Unterfamilien mit -inae.

Oben: Schmetterlinge verglichen mit einigen anderen großen Insektenordnungen. Nummer 3 und 4 gehören zur Gruppe Exopterygota, die übrigen zur Gruppe Endopterygota. Von den Lepidoptera zählt die Nummer 7 zur Unterordnung Homoneura, die Nummern 8 und 9 rechnen zu der Unterordnung Heteroneura.

1. Hymenoptera (Ameisen, Bienen und Wespen): Hummel *Bombus hortorum*, Europa.
2. Neuroptera: Schlammfliegen, Netzflügler usw.): Ameisenlöwe *Hybris* species, Borneo.
3. Odonata (Libellen): Azurjungfer *Agrion virgo* ♀, Europa.
4. Hemiptera (Wanzen): Zikade *Penthicodes* sp., Borneo.
5. Coleoptera (Käfer): Hirschkäfer *Lucanus cervus*, Europa.
6. Diptera (Fliegen und Mücken): Rinderbremse *Tabanus sudeticus*, Europa.
7. Lepidoptera (Tag- und Nachtschmetterlinge): Hopfenspinner *Hepialus humuli* ♀, Europa.
8. Lepidoptera: Schwärmer *Xylophanes tersa*, Brasilien.
9. Lepidoptera: Nymphalide *Hypanartia lethe*, Peru.

Kapitel 2
Der Körper der Falter
Bau und Funktion

Ausgewachsene Tagfalter haben den gleichen Grundbauplan wie ihre anderen Insektenverwandten, z. B. Wespen, Bienen und Käfer. Der Körper ist von einem Chitinpanzer geschützt, der das Außenskelett bildet; er besteht aus einer Reihe einzelner Ringe oder Segmente, die durch elastische Häute miteinander verbunden sind und eine Bewegung ermöglichen. Der Körper besteht aus dem Kopf, der Brust (Thorax) und dem Hinterleib (Abdomen). Diese drei Hauptabschnitte sind mit besonderen Strukturen ausgestattet, für verschiedene Funktionen im Leben des Insektes. Alle Teile sind mit einer Schicht winziger Schuppen bedeckt, die dem Körper ein weiches, flaumiges Aussehen geben, die aber vor allem für die Färbung der Schmetterlinge verantwortlich sind.

Der Kopf

Der Kopf ist eine kleine kugelige Kapsel, die die Mundwerkzeuge und die Sinnesorgane trägt. Die ausgewachsenen Falter ernähren sich hauptsächlich von Blütennektar; aber auch Honigtau (die süßen Ausscheidungen von Blattläusen), faulendes Obst, der aus Wunden austretende Baumsaft, Exkremente oder Leichensäfte dienen den Schmetterlingen als Nahrung. Die Tagfalter besitzen keine Kiefer, d. h. sie können die Nahrung nur in flüssiger Form aufnehmen. Dazu benutzen sie einen besonders umgebildeten Saugrüssel (Proboscis). Dieser besteht aus einer langen, hohlen Röhre, die wie eine Uhrfeder aufgerollt ist und unter dem Kopf liegt, wenn sie nicht gebraucht wird. Der Rüssel kann schnell entrollt und tief in eine Blüte gesteckt werden. Die Streckung wird durch Zunahme des Blutdrucks hervorgerufen. Der Rüssel ist aus zwei Hälften zusammengesetzt, die auf ihrer Innenseite ausgekehlt und auf ihrer ganzen Länge durch Borsten verbunden sind. Die flüssige Nahrung wird im zentralen Kanal zwischen den beiden Teilen hochgesaugt, dazu liegt im Kopf eine Art Pumpe.

Weil Tagfalter niemals ihre Nahrung abbeißen und zerkauen, fehlen Kiefer oder Mandibeln. Statt dessen sind ein Paar Labialpalpen oder Lippentaster vorhanden, an jeder Seite des Rüssels einer. Diese Palpen sind dicht mit Schuppen und Sinneshärchen bedeckt; sie dienen dazu, zu prüfen, ob die Nahrung brauchbar ist.

Rechts: Vergrößerte Ansicht des Kopfes eines Veilchen-Perlmutterfalters, *Clossiana euphrosyne*, das ist ein Tagfalter, der im Waldland Europas vorkommt. Man beachte die großen zusammengesetzten Augen, die Palpen, Fühler und den eingerollten Saugrüssel. Die kleinen, schwach entwickelten Vorderbeine sind ein typisches Merkmal der Familie Nymphalidae (×100).

Unten: Eine Skizze der gleichen Fotografie (rechts) zur Verdeutlichung der einzelnen Körperteile.

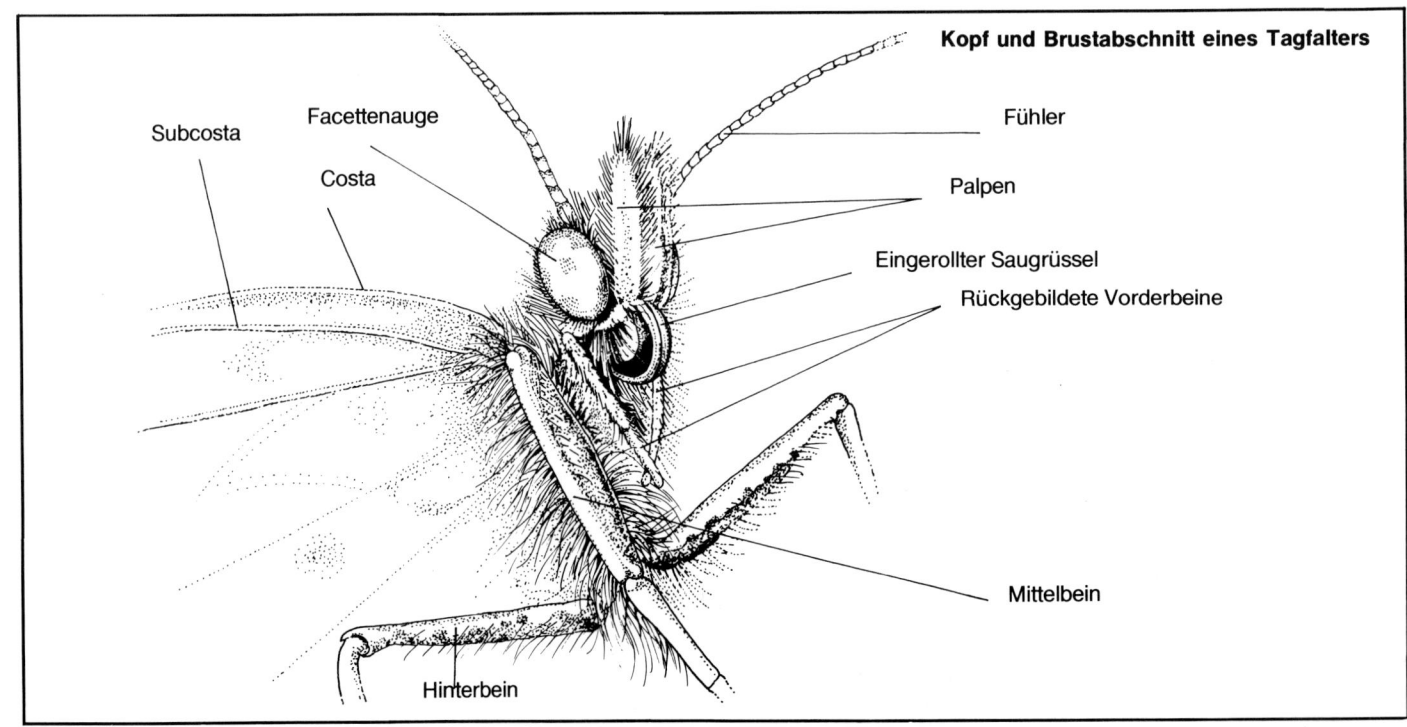

Kopf und Brustabschnitt eines Tagfalters

- Subcosta
- Facettenauge
- Costa
- Fühler
- Palpen
- Eingerollter Saugrüssel
- Rückgebildete Vorderbeine
- Mittelbein
- Hinterbein

Der Körper der Falter

Die Fühler der Tagfalter verdicken sich keulenförmig. Jeder Fühler besteht aus einer Anzahl von Ringen oder Segmenten; ihre Anzahl sowie die Größe der Keule ist bei den einzelnen Familien unterschiedlich. Bei den Dickkopffaltern (Hesperiidae) hat die Fühlerkeule am Ende oft einen Haken. Die Fühler tragen Sinnesorgane, die für das Gleichgewicht und den Geruch verantwortlich sind. An der Basis des Fühlers liegt das Johnston'sche Organ, das dem Orientierungssinn dient. Die Geruchssinnesorgane sind über die ganze Oberfläche des Fühlers verstreut.

Die Augen der Tagfalter sind auffällige halbkugelige Wölbungen vorn am Kopf. Sie heißen Komplexaugen (zusammengesetzte Augen), weil jedes Auge aus einer großen Anzahl von Einzelaugen oder Ommatidien zusammengesetzt ist. Das ein-

Oben: In den Tropen versammeln sich Tagfalter gern an feuchten Plätzen. Diese malayischen Falter sind: *Graphium remaceus, G. bathycles,* der langgeschwänzte *G. antiphates, Appias lyncida, Catopsilia pomona* und *Terias hecabe.*

Rechts: Dieser kalifornische Schwalbenschwanz, *Battus philenor,* hängt an seiner Puppenhülle (×15).

Unten: Eine Skizze der gleichen Fotografie wie rechts.

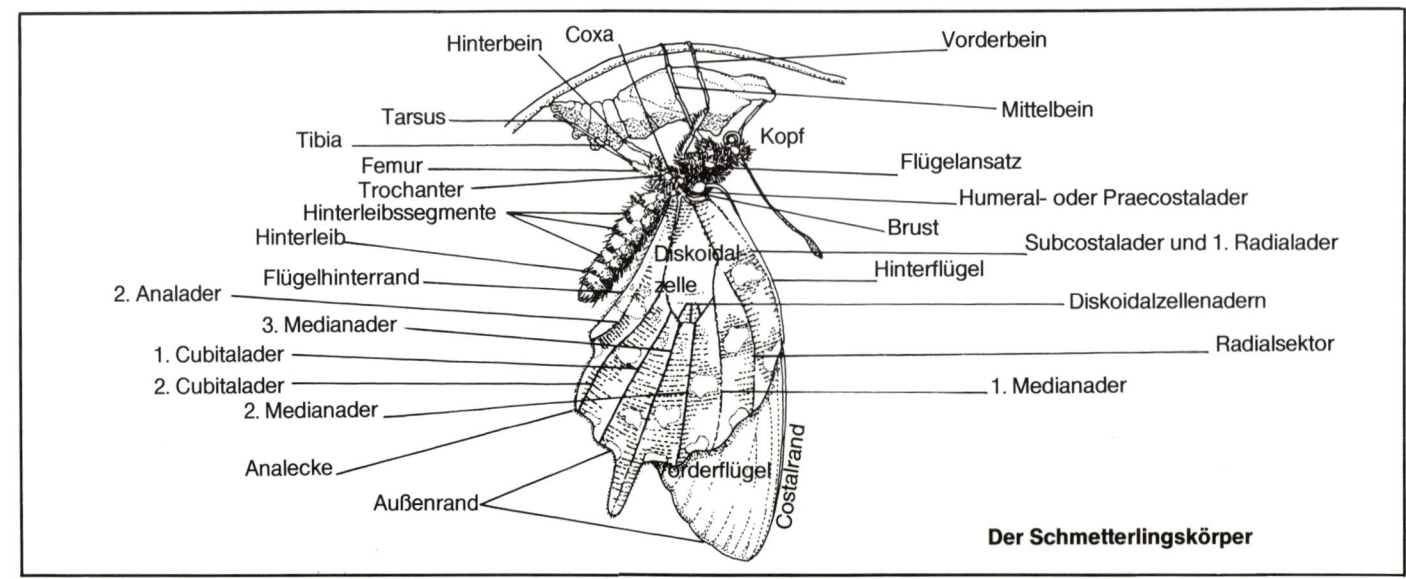

Der Schmetterlingskörper

Der Körper der Falter

zelne Ommatidium gleicht einem einfachen Auge mit einer Linse und einem lichtaufnehmenden Bezirk. Jedes Ommatidium ist von einer Pigmentschicht umgeben, die es von den Nachbarommatidien trennt. Ein Falter sieht seine Umgebung als ein kompliziertes Mosaik von winzigen Bildern; jedes Bild wird von einem einzigen Ommatidium erzeugt. Tagfalter können zwar ohne weiteres sich bewegende Objekte entdecken, doch ist ihre Sehschärfe viel geringer als die des Menschen. Sie können auch eine begrenzte Zahl von Farben sehen, da sie Licht verschiedener Wellenlängen unterscheiden können. Tagfalter sehen auch ultraviolettes Licht, das der Mensch nicht sieht: das bedeutet, daß sie die Blumenfarben ganz anders sehen als wir. Andere lichtempfindliche Gebilde, die dorsalen Ocellen, liegen auf dem Scheitel des Kopfes zwischen den großen Komplexaugen. Diese Ocellen sind sehr klein und spielen beim Sehen kaum eine Rolle.

Der Brustabschnitt (Thorax)

Der mittlere Körperabschnitt, die Brust, trägt die Bewegungsorgane, hier setzen Beine und Flügel an. Kopf und Brust sind durch einen beweglichen „Hals" verbunden. Der Thorax besteht aus drei Abschnitten, von denen jeder ein Paar Beine besitzt. Diese sind ebenfalls aus verschiedenen Abschnitten zusammengesetzt: der basalen Hüfte (Coxa), dem Schenkel (Femur), der Schiene (Tibia) und dem Fuß (Tarsus). Coxa und Femur sind durch ein kleines dreieckiges Glied, den Trochanter, verbunden. Der Fuß hat gewöhnlich 5 Glieder, das letzte trägt ein Paar Klauen. Bei den Nymphalidae sind die Vorderbeine sehr kurz und werden dicht am Körper gehalten. Die Falter sehen dadurch aus, als hätten sie nur 4 Beine.
Die Schiene oder Tibia der Vorderbeine trägt bei einigen Arten einen beweglichen Sporn (Epiphyse) mit einem Haarbusch darauf; dieser Apparat dient zum Reinigen der Fühler. An den Tarsen der Tagfalter sitzen Geschmackssinneszellen, so daß die Schmetterlinge ihre Nahrung mit den Füßen „probieren" können.
Die beiden Flügelpaare setzen am 2. und 3. Brustabschnitt an (am Meso- und Metathorax). Die zarten Flügel bestehen aus einer Ober- und Unterhaut mit einem Netzwerk von hohlen Röhren dazwischen. Diese Stützröhren werden als Adern bezeichnet. Sie sind bei jeder Gruppe von Schmetterlingen anders und charakteristisch angeordnet, so daß diese Flügeläderung ein wichtiges Hilfsmittel bei der Klassifizierung darstellt.
Beim Fliegen werden die Flügel regelmäßig auf- und abwärts bewegt; die Bewegungen der beiden Flügel auf einer Körperseite (des Vorder- und Hinterflügels) sind auf besondere Weise miteinander gekoppelt, wobei die Kopplung artenweise verschieden ausgebildet ist. Gewöhnlich wird ein Teil des Hinterflügels gegen den Vorderflügel gedrückt und damit erreicht, daß die Flügel gleichzeitig bewegt werden und dadurch ihre höchste Leistungsfähigkeit erreichen. Die Flügelbewegungen werden auf zweierlei Weise zustande gebracht: erstens durch Muskeln, die an der Flügelbasis ansetzen und zweitens durch Verformung des Thorax, hervorgerufen durch die Brustmuskulatur, die in den flügeltragenden Abschnitten besonders stark entwickelt ist. Im Flug wird die Orientierung und das Gleichgewicht des Insekts von besonderen Sinnesorganen kontrolliert. Tagfalter fliegen nur tagsüber, die meisten Arten nur bei hellem Sonnenschein. Ihre Flughöhe ist sehr verschieden; die einen gleiten nur niedrig über die Vegetation dahin, andere fliegen viel höher.
Die Farbzeichnungen auf den Flügeln entstehen durch die auf den Flügeln liegenden Schuppen (siehe Kapitel 7). Diese überdecken sich in regelmäßiger Weise, ähnlich wie Ziegel auf einem Dach. Jede Schuppe hat mehr oder weniger die Form eines Tennisschlägers und sitzt mit einem Stielchen in einer

Rechts: Mikrofotografie eines Flügelteils vom Veilchen-Perlmutterfalter, *Clossiana euphrosyne*, aus Europa, an der man sieht, daß die Schuppen wie Dachziegel übereinanderliegen. Mit bloßem Auge erscheinen die Schuppen wie farbiger „Staub" (×180).

Unten: Vergrößerter Teil des Hinterflügels des holarktisch verbreiteten Schwalbenschwanzes, *Papilio machaon*, der zeigen soll, daß das Farbmuster durch Schuppen entsteht, die verschiedene Pigmente enthalten. Die langen „Haare" oben links sind in Wirklichkeit umgebildete Schuppen (×6).

Schuppentasche auf der Flügelhaut. Nimmt man einen Falter in die Hand, dann zerstört man diese zarte Verbindung, die Schuppen lassen sich leicht abreiben. Mit bloßem Auge sehen die Schuppen wie farbiger Staub aus. Die Färbung kommt durch die in den Schuppen gelagerten Pigmente zustande. Bei einigen Arten trägt die Oberfläche der Schuppen mikroskopisch kleine Grate oder Rillen, die das auffallende Licht brechen und dadurch die glänzenden blauen oder kupfrigen Schillerfarben entstehen lassen.

Unter den Schuppen verstreut stehen bei den Männchen spezialisierte Duftschuppen. Am Grunde dieser Schuppen liegt eine kleine Duftdrüse, die ein Aphrodisiakum liefert, das das Weibchen bei der Werbung in Erregung versetzt. Die flüchtige Absonderung steigt im hohlen Stiel der Schuppe hoch und wird durch die feinen haarähnlichen Fortsätze oder Federn am Ende verdunstet. Diese Duftschuppen können über die ganze Oberfläche des Flügels verstreut oder zu Duftfeldern vereinigt sein, wie bei den Scheckenfaltern, bei denen sie als Verdickungen an den Adern sichtbar sind. Obwohl bei einigen Faltern die Duftfelder in den Flügeln liegen, findet die Duftverbreitung mit Hilfe von Haarpinseln der letzten Hinterleibssegmente statt. Diese Haarpinsel stehen auf einem kleinen Säckchen, das bei der Werbung durch den steigenden Blutdruck ausgestülpt wird. Bei der Duftverbreitung sind die Flügel ausgebreitet, und die Haarpinsel stehen in Kontakt mit den Duftfeldern.

Der Hinterleib (Abdomen)

Der Hinterleib ist viel weicher als der Kopf und Brustabschnitt. Er besteht aus Ringen oder Segmenten, von denen 7 oder 8 leicht zu erkennen sind. Die Endsegmente sind für Aufgaben der Fortpflanzung spezialisiert, sie werden allgemein als Genitalien bezeichnet. Die Männchen besitzen ein Paar Valven am Ende des Hinterleibes, mit denen das Weibchen bei der Begattung festgehalten wird. Am Vorhandensein oder Fehlen der Valven kann man die Geschlechter unterscheiden. Bei den Weibchen sind einige Endsegmente zu einer Legeröhre (Ovipositor) verschmolzen. Normalerweise liegt diese teleskopartig zusammengeschoben im Innern des Körpers. Eine besondere Öffnung nimmt das Sperma vom Männchen auf.

Der Körper der Falter

Auch das Weibchen gibt einen Duft ab, der die Männchen der gleichen Art anlockt. Die Drüsen dazu liegen an der Spitze des Hinterleibes. Das Duftfeld wird durch Streckung des Hinterleibs bloßgelegt. Die Duftstoffe sind äußerst wirksam in der Anlockung von Männchen, oft fliegen große Mengen von Männchen aus sehr großen Entfernungen zu einem Weibchen. Man bezeichnet diese Duftstoffe als Feromone; im Sozialverhalten vieler Tiergruppen spielen sie bei der Verständigung eine wichtige Rolle. Wenn beide Geschlechter durch die entsprechenden Duftstoffe angeregt sind, ist die Werbung abgeschlossen und das Paar zur Paarung bereit. Das Weibchen setzt sich hin, und das Männchen greift mit den Valven das Ende ihres Hinterleibes. Die Paarung dauert ziemlich lange, beide Tiere können etwa eine Stunde lang in Verbindung bleiben. Das Männchen übergibt sein Sperma dem Weibchen in einem Paket, Spermatophore genannt. Das Weibchen behält diese im Körper, bis die Eiablage beginnt. Wird das Pärchen bei der Paarung gestört, dann fliegt es auf. Gewöhnlich ist das Männchen dann der aktive Teil, der fliegt und die Partnerin hinter sich herschleppt. Ein Männchen kann sich mit mehreren Weibchen paaren.

Der innere Körperbau

Innerhalb des widerstandsfähigen Außenskeletts eines Insektes sind die inneren Organe in Blut eingebettet. Im Gegensatz zum Menschen besteht das Blutgefäßsystem der Insekten nicht aus Arterien und Venen, sondern die ganze Körperhöhle ist ein großer mit Blut gefüllter Raum (das Hämocoel). Die Blutzirkulation wird von einem langen, röhrenförmigen Herz unterhalten, das am Rücken des Insektes (an der Dorsalseite) liegt. Das Herz besitzt muskulöse Wände, die sich rhythmisch zusammenziehen und das Blut (Hämolymphe) in die Körperhöhle drücken. Wenn das Blut aus dem Körpergewebe zurückfließt, gelangt es durch winzige Poren (Ostien) wieder ins Herz.
Das Verdauungssystem ist speziell zur Aufnahme flüssiger Nahrung eingerichtet. Am Grunde der „Zunge" oder Proboscis liegt die Öffnung zu einer kugelförmigen, muskulösen Region (Pharynx). Durch Ausdehnung des Pharynx entsteht in ihm ein teilweises Vakuum, wodurch die Flüssigkeit in der Zunge in den Pharynx hochgezogen wird. Dann ziehen sich die Muskelwände zusammen und drücken das Futter in den Ösophagus, dem nächsten Abschnitt im Verdauungskanal. Durch ein klappenartiges Ventil, das den Eingang zur Proboscis verschließt, wird verhindert, daß die aufgesogene Flüssigkeit wieder die Zunge herabfließt. Im Verdauungstrakt kann die Nahrung in einem kleinen Reservoir (dem Kropf) gespeichert werden, bis sie gebraucht wird. Die tatsächliche Verdauung der Nahrung findet im Magen statt, alles ungeeignete Material wird in den Enddarm transportiert und aus dem Anus als Fäkalien entleert. Die verdaute Nahrung wird vom Blut absorbiert und in den sogenannten Fettkörpern gespeichert. Diese liegen unter der äußeren Körperdecke eines Insektes oder umgeben den Verdauungstrakt. Bei den Weibchen ist der Fettkörper gewöhnlich stärker entwickelt, da er zur Ernährung der heranreifenden Eier benötigt wird.
Die Exkretion findet über die Malpighischen Gefäße statt. In ihrer Funktionsweise erinnern sie ganz an Nieren, sehen aber völlig anders aus. Es sind dies blind endende Röhren, die in den Enddarm münden. Sie schwimmen frei im Hämocoel und scheiden Abfallprodukte des zirkulierenden Blutes aus. Diese Stoffe (unter dem Sammelbegriff Urine zusammengefaßt) dringen in die Röhrchen ein und gelangen durch diese dann in den Enddarm, wo sie zusammen mit den Fäkalien ausgeschieden werden.

Rechts: Europäische Zitronenfalter, *Gonepteryx rhamni*, im frühen Sommer bei ihren Liebesspielen. Das hellere, oben fliegende Tier ist das Weibchen; darunter das intensiver gelb gefärbte Männchen. Der Zitronenfalter gehört zu den wenigen Arten, die als Imagines den Winter überdauern. Obwohl die Falter bereits im Juli schlüpfen, findet die Paarung erst im folgenden Frühjahr statt.

Der Körper der Falter

Das Strickleiternervensystem besteht aus Nervenzellen, den Neuronen, die in Nervenzentren oder Ganglien zusammengefaßt sind. Die größten davon liegen im Kopf und werden als Unterschlund- und Oberschlundganglion (= Gehirn) bezeichnet. Diese Ganglien sind mit einem Nervenstrang verbunden, der unter dem Verdauungstrakt liegt und zum Hinterende des Körpers zieht. Der Nervenstrang besitzt in seiner ganzen Länge eine Anzahl von Nebenganglien. Bei den meisten Tagfaltern liegen zwei Ganglien im Thorax und vier im Hinterleib. Von diesen Zentren aus ziehen Nervenfasern in alle Körperteile. Besondere Nervenzellen (das sympathische oder viscerale Nervensystem) stehen mit dem Verdauungs- und Fortpflanzungssystem in Verbindung, während andere (das periphere Nervensystem) die Körperoberfläche versorgen.

Die Fortpflanzungsorgane der getrenntgeschlechtlichen Insekten bestehen aus paarigen Geschlechtsdrüsen (Gonaden) und einem System von Ausführgängen, die die Geschlechtsprodukte (Spermien oder Eier) aus dem Körper herausbringen. Bei den Weibchen besteht das Ovarium (der Eierstock) aus je vier Ei- oder Ovarialröhren, in denen eine große Anzahl von Eiern in verschiedenen Entwicklungsstadien enthalten sind. In einem besonderen sackartigen Behälter (Receptaculum seminis) werden die Spermien aufbewahrt, bis die Eier reif sind und kurz vor der Ablage stehen; erst dann werden sie befruchtet. Das Weibchen besitzt noch zusätzliche Drüsen, die mit dem Fortpflanzungssystem in Verbindung stehen; diese sondern einen klebrigen Stoff ab, der dazu benutzt wird, die Eier auf der Unterlage, auf der sie abgelegt werden, festzukleben. Das Männchen besitzt ein Paar Hoden, die bei einigen Tagfaltern zu einem unpaaren Körper verschmolzen sind.

Bei vielen Tieren und beim Menschen wird der Sauerstoff durch das Blut im Körper verteilt. Bei den Insekten aber wird jedes Körperorgan gesondert von einem System von „Luftröhren" (Tracheen) mit Sauerstoff versorgt. Diese Tracheen stehen mit der freien Atmosphäre durch Öffnungen im Außenskelett, den sogenannten Stigmen, in Verbindung; Tagfalter besitzen neun Paare davon. Der Lufttransport erfolgt zum Teil durch einfache Diffusion. Bei fliegenden Insekten wird die Sauerstoff-Diffusion in den Körper und die Abgabe des Kohlendioxyds durch Ventilationsmechanismen, die mit unseren Atembewegungen vergleichbar sind, beschleunigt. Dieses System ist relativ unwirtschaftlich, die dem Insekt zur Verfügung stehende Sauerstoffmenge sehr klein. Das wird als einer der Hauptfaktoren angesehen, warum die Tagfalter nicht größer werden.

Rechts: Ein Pärchen des Dickkopffalters, *Abantis paradisea*, aus dem Kongo. Im allgemeinen findet die Paarung auf der Blattoberseite statt, wie hier gezeigt, einige Arten ergreifen die Flucht, wenn sie gestört werden.

Kapitel 3
Der Lebenszyklus der Schmetterlinge
Vom Ei zum Falter

Wie bereits erwähnt, gehören die Schmetterlinge zu den Endopterygoten, die eine vollständige Metamorphose durchmachen. Zu ihrem Lebenszyklus gehören sowohl Larven als auch Puppenstadien, bevor das adulte Insekt, die sogenannte Imago schlüpft. Die Larve (Raupe) ist sowohl im Körperbau als auch in ihrer Lebens- und Ernährungsweise völlig von der Imago verschieden. Um diese Unterschiede zu überbrücken, wird ein Ruhestadium, die Puppe, in den Entwicklungszyklus eingeschoben.

Das Ei

Die Weibchen der Tagfalter legen ihre Eier gewöhnlich an die Futterpflanze, an der die Raupe frißt, oder ganz in ihre Nähe. Der Platz zur Eiablage wird sorgfältig ausgewählt. Dabei sind wahrscheinlich alle Sinne (optischer, Tast-, Geruchs- und Geschmackssinn) beteiligt. Die meisten Schmetterlingsarten legen ihre Eier einzeln ab und befestigen sie mit einem klebrigen Sekret an der Pflanze. Gewöhnlich werden die Eier an einen speziellen Teil der Pflanze abgelegt, zum Beispiel an die Blätter oder Blüten oder in Rindenspalten. Am häufigsten werden sie jedoch auf der Blattunterseite abgelegt: Das Weibchen setzt sich auf die Blattoberseite und biegt seinen Hinterleib unter das Blatt, bis eine geeignete Stelle gefunden ist. Hier ist das Ei vor Regen und Sonne und in gewisser Weise auch vor Räubern geschützt. Dennoch legt ein einziges Weibchen eine große Zahl von Eiern ab, um sicherzustellen, daß wenigstens aus ei-

Rechts: *Danaus chrysippus*, einer der bekanntesten und am weitest verbreiteten Danaidae. Er kommt sowohl in Indien als auch in Afrika vor, wo er unter dem Namen Monarch bekannt ist (ein solches Exemplar ist hier abgebildet). Dieses Weibchen biegt seinen Hinterleib herum, um auf der Unterseite eines Asclepias-Blattes Eier zu legen. Die Giftstoffe dieser Pflanze werden von den Raupen aufgenommen; aus diesem Grund werden sie und auch die Falter gewöhnlich von Vögeln und anderen Räubern gemieden (×4).

Unten: Im Lebenszyklus des Schwalbenschwanzes *Papilio machaon* dauert das Eistadium entweder knapp 14 Tage oder aber den ganzen Winter. Die Falter leben 25 – 30 Tage.

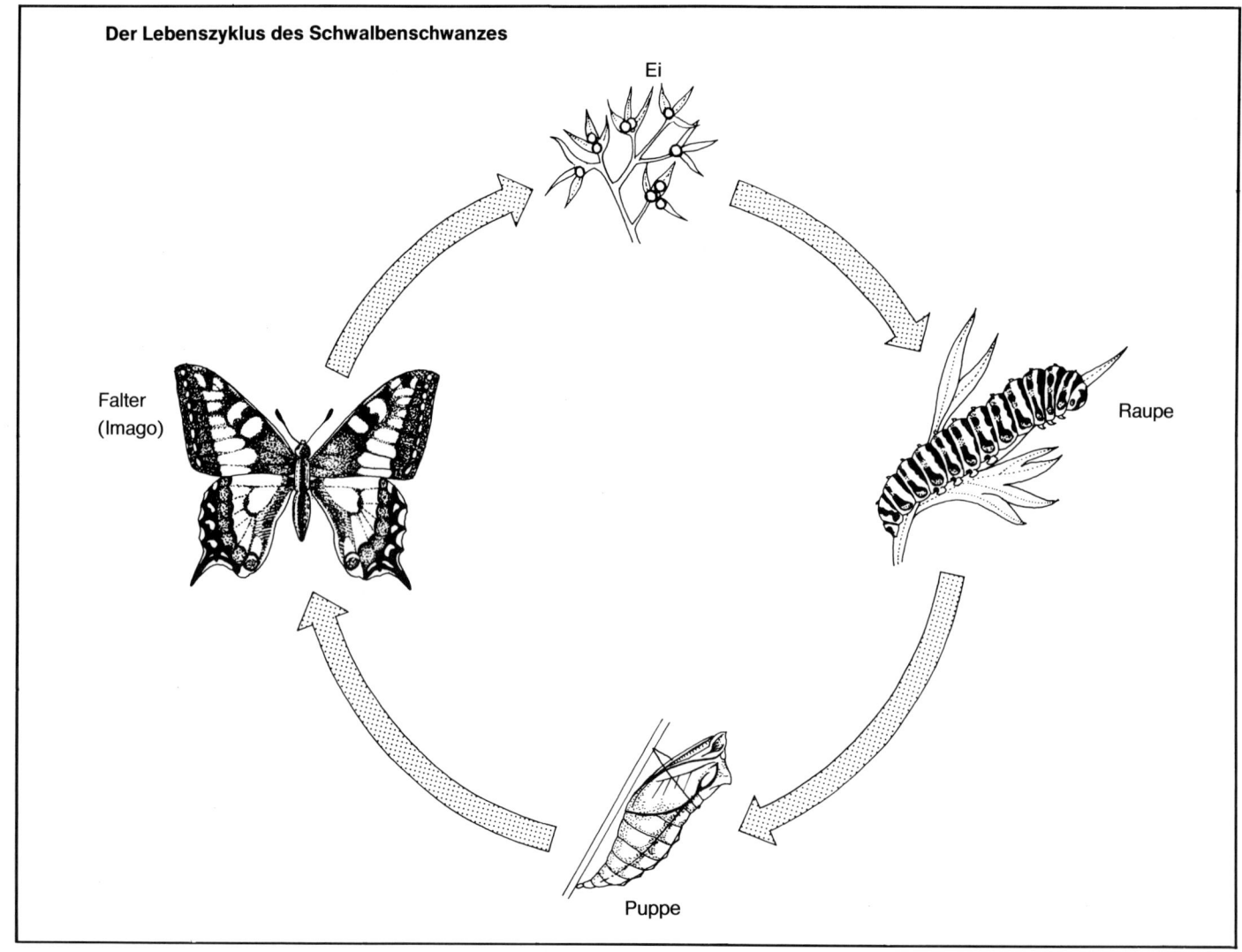

Der Lebenszyklus des Schwalbenschwanzes — Ei — Raupe — Puppe — Falter (Imago)

Der Lebenszyklus der Schmetterlinge

nigen die Räupchen schlüpfen. Der Große Kohlweißling, *Pieris brassicae*, legt Haufen von hundert oder noch mehr Eiern, andere Arten legen kleinere Häufchen von 5 – 15 Eiern ab. Die Anordnung der Eier ist verschieden, sie können in regelmäßigen Bändern um Zweige herumgelegt werden oder in Schnüren herunterhängen. Einige wenige Arten lassen ihre Eier wahllos im Fluge fallen (gewöhnlich über Grasflächen).

Die Eier der Tagfalter sind gewöhnlich gelb oder grün gefärbt, obwohl sie kurz vor dem Schlüpfen der Raupen dunkler werden können. Die Eiform ist bei den verschiedenen Arten unterschiedlich: sie kann kugelig oder oval abgeflacht sein. Die Eischale ist oft vollendet skulpturiert mit regelmäßigen Rippen und Gruben (Retikulation). An der Spitze des Eies ist ein leichter Eindruck vorhanden, in dem eine winzige Öffnung, die Mikropyle, liegt. Sie kennzeichnet die Stelle, an der das Sperma ins Ei eingedrungen ist. Nach der Eiablage gelangen durch diese Pore Luft und Feuchtigkeit zu dem sich entwickelnden Embryo. Die Nahrung ist im Ei in Form von Dotter enthalten. Dieser wird im Verlauf der Entwicklung vom Embryo vollständig aufgebraucht.

Unmittelbar vor dem Schlüpfen kann man den vollständig entwickelten Embryo zusammengerollt in der durchsichtigen Eischale oder dem Chorion liegen sehen. Der Embryo nagt sich durch die Schale hindurch; nach dem Schlüpfen frißt er weiter an der Eischale, bis nur noch der Sockel übrig bleibt. Beim Großen Kohlweißling, der die Eier in Haufen ablegt, kann eine frischgeschlüpfte Raupe auch die Spitzen anderer noch nicht geschlüpfter Eier abfressen. Die Schale, die der Raupe ja sofort zur Verfügung steht, enthält wertvolle Nährstoffe. Nach deren Verzehr frißt die Raupe die Futterpflanze, auf der die Eier abgelegt wurden.

Die Larve

Die Larven der Schmetterlinge, allgemein Raupen genannt, sind in Farbe und Form sehr verschieden. Ihr Körperbau jedoch ist relativ einfach. Der walzenförmige Körper besteht aus einem Kopf, dem dreizehn Segmente folgen, von denen die ersten drei als Brustabschnitt angesehen werden, die übrigen zehn als Hinterleibssegmente. Die Raupenhaut (Kutikula) ist weich und dehnbar, Stacheln oder Haare (Setae) können vorhanden sein.

Der Kopf ist eine harte runde Kapsel mit völlig anderen Strukturen als beim ausgewachsenen Falter. Die Raupen fressen Pflanzenteile, die für ein kleines Insekt relativ zäh sind. Die Mundteile sind deshalb zum Beißen und Kauen eingerichtet. Mit einem deutlich sichtbaren Paar gezähnter Kiefer und Mandibeln beißen die Raupen vom Futter ab und zerteilen es in kleine Stückchen. Die Maxillen (die bei den Faltern den Saugrüssel bilden) sind bei den Raupen sehr klein und dienen nur dazu, das Futter in den Mund zu lenken. Der andere Hauptmundteil – das Labium – ist zu Spinndrüsen umgebildet, die bei der Seidenproduktion gebraucht werden.

Die Raupen besitzen keine zusammengesetzten Augen (siehe Kapitel 2): ihre wichtigsten Sehorgane sind die seitlichen Ocellen. Sie sind in zwei Gruppen von jeweils 6 angeordnet und stehen an den beiden Kopfseiten. Die Ocellen gleichen in vielem den Einzelaugen oder Ommatidien. Jeder Ocellus besitzt eine Linse und einen sinnesempfindlichen Teil, die Retina. Die Raupen können mit diesen Sehzellen wahrscheinlich nur einen Unterschied der verschiedenen Lichtwellen registrieren. Bei der Nahrungssuche spielen außer dem optischen Sinn vor allem der Geruchs- und der Geschmackssinn eine wesentliche Rolle. Am Kopf der Raupe sitzen außerdem noch ein Paar kurze, kräftige Fühler.

Jedes der drei Brustsegmente trägt ein Paar kurze gegliederte Beine, die in ei-

1

2

3

Die Form der Schmetterlingseier ist von Familie zu Familie sehr verschieden. Alle haben eine dünne, aber zähe äußere Schale und eine flache Vertiefung (Mikropyle) an der Spitze. Nach dem Schlüpfen fressen die jungen Raupen oft an der Eischale; bei einigen Arten enthält die Schale Nährstoffe, die für die gesunde Entwicklung notwendig sind. 1. Lycaenidae: Eier des europäischen Nierenflecks *Thecla betulae* in der Achse eines Schlehenzweiges (×20). 2. Papilionidae: Große perlenartige Eier des Aristolochienfalters *Trogonoptera brookianus*, die von einem in Malaya gefangenen Weibchen abgesetzt wurden (×5). 3. Nemeobiidae: Junge Räupchen des europäischen Frühlingsscheckenfalters *Hamearis lucina* schlüpfen aus den Ei-

Der Lebenszyklus der Schmetterlinge

ner einzigen Klaue enden. Der Hinterleib besteht aus 10 dicken Ringen oder Segmenten, 5 von ihnen besitzen ein Paar „falscher Beine", Propedes oder Bauchfüße. Das sind weiche, ungegliederte Gebilde, die am 3.–6. Segment sitzen. Das letzte Segment trägt noch ein weiteres Beinpaar, die sogenannten Afterfüße oder Nachschieber. Einige Raupen lassen sich eher zerreißen, als daß sie sich mit diesen Nachschiebern loslassen. Die Enden der Bauchfüße sind abgeflacht und tragen eine Reihe von Häkchen oder Borsten, die der Raupe bei der Fortbewegung helfen.

Da die Haut der Raupe weich ist, stellt sie kein geeignetes Skelett zum Ansetzen der Muskulatur dar (wie das Außenskelett der Falter). Darum muß der Körper durch den Druck der Körperflüssigkeit (Hämolymphe) gespannt bleiben, ähnlich wie bei einem Regenwurm. Die charakteristische Kriechbewegung setzt sich aus einer koordinierten Wechselwirkung zwischen den Muskeln der Körperwand und dem inneren Druck der Hämolymphe zusammen. Während ihres Wachstums platzt die Raupe 4- bis 5mal „aus ihren Nähten", d. h. sie paßt nicht mehr in ihre Haut, so daß die alte abgeworfen und durch eine neue, größere ersetzt werden muß. Ein schneller Zuwachs der „neuen" Raupe findet statt, bevor die Haut erhärtet. Dieser Wechsel der Haut wird als Häutung (Ecdysis) bezeichnet; sie findet gewöhnlich vier- oder fünfmal statt, bevor die Raupe voll erwachsen ist. Die Häutung der Insekten wird durch Hormone gesteuert, aber auch Umweltbedingungen und das Nahrungsangebot können Abweichungen in der Dauer der einzelnen Larvenstadien verursachen.

Die Raupen ernähren sich hauptsächlich von Blättern der Blütenpflanzen und Bäume. Farne oder Moose scheinen niemals gefressen zu werden. Raupen sind in ihrer Nahrung meist außerordentlich spezialisiert, gewöhnlich fressen sie nur nahe verwandte Pflanzen. Wenn eine geeignete Futterpflanze fehlt, verhungern sie eher, als daß sie etwas anderes fressen. Eine Raupe erkennt ihre Futterpflanze an bestimmten aromatischen Pflanzenölen.

Im Raupenstadium wird die Hauptfuttermenge aufgenommen, Raupen in großen Mengen können weite Gebiete kahlfressen. Das bedeutet, daß die Schmetterlingsarten, deren Raupen wirtschaftlich wichtige Pflanzen fressen, zu großen Schädlingen werden können. Die Art des Fraßes an Blättern ist oft für die Art charakteristisch: Einige fressen Löcher in die Blätter, während andere am Blattrand beginnen. Einige Arten fressen bei Nacht, andere am Tage. Im allgemeinen wechseln Freßperioden mit Ruhepausen ab. Etwa einen Tag vor der Häutung wird keine Nahrung mehr aufgenommen. Sobald die neue Haut voll entwickelt ist, frißt die Raupe jedoch wieder. Die Fettkörper dieser Stadien entwickeln sich aufgrund der regen Freßtätigkeiten zu mächtigen Speicherorganen.

Eine fast ausschließlich aus Blättern bestehende Nahrung verlangt außer den zum Kauen eingerichteten Mundwerkzeugen Abänderungen des Verdauungstraktes. Ein weiter glatter Schlauch bildet den Nahrungskanal. Der Magen bildet den größten Bereich, seine muskulösen Wände sind in ständig mahlender Bewegung und bewirken dadurch eine gründliche Durchmischung der Nahrung. Der Kot der Raupen besteht aus einzelnen ovalen Gebilden. Da ein großer Teil des Pflanzenmaterials aus unverdaulicher Zellulose besteht, werden große Kotmengen abgegeben. Diese können unter kleinen Bäumen oder Sträuchern, auf denen viele Raupen gefressen haben, eine deutliche Schicht bilden.

Der innere Bau der anderen Organe gleicht dem der erwachsenen Falter. Nur die Speicheldrüsen, die beim Falter Stoffe produzieren, die die Verdauung beschleunigen, haben bei der Raupe eine ganz andere Funktion – sie produzieren Seide. Die Seide wird in den Speicheldrüsen hergestellt, die aus einem

schalen und „erforschen" ein Primelblatt (×10). Die Köpfe der noch ungeschlüpften Raupen sind durch die durchscheinende Schale zu erkennen. 4. Pieridae: Längliches Ei von *Catopsilia florella*, das für diese Familie charakteristisch ist (×20). Die Raupen dieses afrikanischen Wanderfalters können große Gebiete von Leguminosen, Kassien, einschließlich kultivierter Arten fressen. 5. Satyridae: Wie viele Arten dieser Familie legt das europäische Waldbrettspiel *Pararge aegeria* seine Eier an Gräsern ab (×5). 6. Nymphalidae: Ei des über die ganze Welt verbreiteten Distelfalters *Vanessa cardui*. Hier an einer südafrikanischen Gazania-Pflanze. Die feine Rippung der Schale findet sich bei Eiern vieler verwandter Arten (×20).

Der Lebenszyklus der Schmetterlinge

1

2

3

4

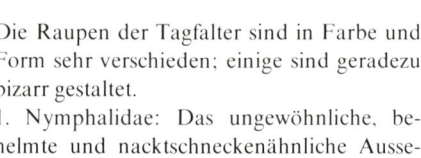

5

6

7

8

9

Die Raupen der Tagfalter sind in Farbe und Form sehr verschieden; einige sind geradezu bizarr gestaltet.

1. Nymphalidae: Das ungewöhnliche, behelmte und nacktschneckenähnliche Aussehen dieser *Charaxes*-Art aus Tansania steht im Gegensatz zu der spitzen Form der meisten Nymphaliden-Raupen.
2. Papilionidae: Die Raupe des Schwalbenschwanzes *Papilio polymnestor* aus Thailand ist wie die anderen Schwalbenschwänze mit ihren Augenflecken eine furchterregende Erscheinung.
3. Lycaenidae: Wie sein wissenschaftlicher Name schon andeutet, bevorzugt der europäische Blaue Eichenzipfelfalter *Quercusia quercus* die Eiche als Futterpflanze ($\times 5$).
4. Morphidae: Die Raupe dieser *Morpho*-Art aus Peru trägt seltsame Haarbüschel – für Tagschmetterlings-Raupen recht ungewöhnlich ($\times 0{,}75$).
5. Papilionidae: Der häufige Schwalbenschwanz *Papilio clytia* aus Hongkong ahmt sowohl als Raupe wie auch als Falter ekelhaft schmeckende Arten nach.
6. Nymphalidae: *Apatura parisatis* aus der orientalischen Faunenregion mit auffallenden Hörnern; der gegabelte Schwanz (auf dem Bild unten) gleicht eigenartigerweise einem zweiten Kopf.
7. Papilionidae: Hübsch gebänderte Raupe des Schwalbenschwanzes *Papilio machaon* an ihrer Futterpflanze – der Petersilie.
8. Danaidae: Der weitverbreitete Monarch *Danaus plexippus* sieht als Raupe sehr aggressiv aus. Hier an der Futterpflanze – Asclepias – ($\times 0{,}75$).
9. Nymphalidae: Auffällige verästelte Dornen, die bei den Raupen dieser Familie verbreitet sind – hier beim europäischen Kaisermantel *Argynnis paphia*.

Paar langer Schläuche bestehen und bei den Saturniidae (Augenspinner) besonders stark entwickelt sind. Der Spinnapparat liegt im unteren Teil des Labiums. Er besteht aus einer Seidenpresse und einer Führungsröhre. Die charakteristische Bewegung des Raupenkopfes von einer Seite zur anderen zieht die Seide in einem feinen Faden heraus, der an dem Substrat festklebt, auf das er von dem Führungsrohr gelegt worden ist. Beim Spinnen geht die Seide ununterbrochen durch die Seidenpresse hindurch zur Führungsröhre, an der Luft erhärtet sie dann. Das „Seidennetz" bietet, vor allem während der Verpuppung, einen Schutz für die Larven.

Da Schmetterlingsraupen träge Geschöpfe sind und ihre Körperdecke ziemlich weich ist, bieten sie sich für viele Tiere als ideales Futter an. Zu ihrem Schutz haben Raupen verschiedene Strukturen und Verhaltensweisen entwickelt, die entweder als Tarnung oder als Abschreckung gegenüber eventuellen Räubern dienen. Einige dieser Tricks werden in späteren Kapiteln eingehender besprochen.

Die Puppe

Im letzten Larvenstadium, vor der Häutung zur Puppe, ändern die Raupen ihr Verhalten. Sie ändern ihren Aufenthalt, d. h. sie verlassen ihre Futterpflanzen und kriechen z. B. in den Boden oder in Rindenritzen. Der Verdauungstrakt wird entleert, die Raupenhaut wird runzelig und kann sogar platzen. Während

Der Lebenszyklus der Schmetterlinge

der Puppenruhe wird ein großer Teil des Körpergewebes der Raupe aufgelöst, damit sich die Ausbildung der Falterflügel, der Mundwerkzeuge und der Fortpflanzungsorgane vollziehen kann. Das aufgelöste Gewebe dient z. T. als Nahrungssubstanz für den Aufbau der Organe des fertigen Schmetterlings. Die Puppen sind fast vollständig starr; sie stellen das Ruhe- bzw. Verwandlungsstadium der Schmetterlingsentwicklung dar. Die einzigen funktionellen Öffnungen der Puppenhülle sind die Spiracula, die den Austausch der Atemluft erlauben. Füße und Fühler sind fest eingeschlossen und bewegungsunfähig. Äußerlich sieht die Puppe gewöhnlich braun oder grün aus; die Hinterleibsregion ist mit auffälligen segmentalen Ringen, die nach hinten spitz zulaufen, sehr deutlich vom Brustabschnitt unterschieden.

Alle Hauptmerkmale des Falters kann man schon in der Puppenhaut sehen. Für gewöhnlich können sich nur einige Hinterleibssegmente bewegen. Auffallend ist ein Gebilde am Ende des Hinterleibs, der Kremaster, der aus einer Anzahl von Haken gebildet wird. Mit ihm heftet sich die Puppe an der Unterlage fest.

Oft ist es wünschenswert, das Geschlecht einer Puppe schon zu unterscheiden, bevor der Falter schlüpft. Das ist gewöhnlich nicht schwierig. Beim Männchen ist eine einzige Genitalöffnung am neunten Hinterleibssegment vorhanden, während bei den Weibchen zwei solcher Öffnungen existieren, die eine am 8., die andere am 9. Hinterleibssegment. Da die Puppe unbeweglich ist, ist sie ganz besonders den Angriffen von Räubern ausgesetzt. Oft geschieht daher die Verpuppung in einem Seidenkokon. Dieser kann ein mit Seide ausgekleidetes Erdloch sein, oder eine Rolle aus Blättern, die mit Seidenfäden zusammengebunden sind (z. B. Hesperiidae und einige Satyridae). Im allgemeinen werden Seidenkokons von den Spinnern hergestellt. Bei einigen Tagfaltern ist die Puppe nackt, dann trägt sie aber gewöhnlich eine Schutzfärbung. Nackte Puppen können mit dem Kopf nach unten hängen (Stürzpuppe), sie sind nur mit ihrem Kremaster festgeheftet (viele Satyridae und Nymphalidae), oder sie sind mit dem Kremaster festgeheftet und haben einen Gürtel aus gesponnener Seide um den Körper (Gürtelpuppe), in dem sie – Kopf nach oben – hängen (Lycaenidae, Pieridae und Papilionidae). In jedem Fall spinnt die Raupe ein kleines Seidenkissen auf der Unterlage, in das die Haken des Kremasters fest eingelagert werden können.

Die Imago, der Falter

Dem Schlüpfen des Falters (Imago) geht eine Pigmentierung in den Flügelscheiden voraus, so daß man die Flügelzeichnung der Falter durch die Puppenhülle hindurch sehen kann. Die Puppenhaut platzt hinter dem Kopf, das Insekt befreit zuerst seine Beine und Fühler, und nach kurzer Zeit folgt der Rest des Körpers. Die Arten, die sich in einem Kokon verspinnen, müssen sich sowohl aus diesem als auch aus der Puppenhaut befreien. Bei einigen Saturniidae kann das durch besondere Anordnung der Seide erleichtert werden, während von anderen Arten dazu eine aufweichende Flüssigkeit erzeugt wird.

Unmittelbar nach dem Schlüpfen sind die Flügel weich und faltig. Der Falter kriecht dann zu einem Platz, an dem die Flügel nach unten hängen können und Blut in sie hineinlaufen kann. Durch Glättung der zahlreichen winzigen Falten dehnen sich die Flügel aus, und bald schon werden die dünnen Flügelflächen durch hohle Adern gestützt. Wenn die Flügel ihre volle Größe erreicht haben, hält das Insekt sie auseinander, bis sie vollständig getrocknet und erhärtet sind. Die Ausscheidungsstoffe, die sich während des Puppenstadiums in dem verschlossenen Verdauungstrakt angesammelt haben, werden aus dem

1

2

3

Diese drei Fotografien (×2) zeigen die „dramatische" Verwandlung des afrikanischen Schwalbenschwanzes *Papilio demodocus* von der Raupe zur Puppe.
1. Vor der Verpuppung spinnt die voll ausgewachsene Raupe am Schwanzende ein Seidenkissen und um sich herum einen Gürtel.
2. Die letzte Raupenhaut wird zum Schwanzende hin allmählich abgestreift. Die feinen weißen Atemröhrchen (Tracheen) der Raupe sind zu erkennen.
3. Schließlich die Puppe, die von dem Gürtel gehalten wird. Deutlich sichtbar sind die Konturen des zukünftigen Schmetterlings.

Der Lebenszyklus der Schmetterlinge

Links und unten: Puppen von Tagfaltern besitzen gewöhnlich eine Schutzfärbung oder formauflösende Muster; das gibt diesen recht gefährdeten Stadien einen gewissen Schutz.
1. Danaidae: In Kürze wird der Monarch *Danaus plexippus* schlüpfen, man sieht bereits durch die Puppenhülle hindurch die Flügelzeichnung (×1,5).
2. Satyridae: Stürzpuppe des europäischen Braungeränderten Ochsenauge *Pyronia tithonus*. Sie gleicht einem welken Blatt. Man beachte die abgeworfene Raupenhaut, die noch an der Basis haftet (×3).

3. Nymphalidae: Jadeähnliche Puppe des europäischen Erdbeerbaumfalters *Charaxes jasius* (×2).
4. Pieridae: Mehrere Puppen von *Delias aglaia* aus Hongkong.
5. Nemeobiidae: Puppe des europäischen Frühlingsscheckenfalters *Hamearis lucina*, an das Blatt einer Primel geheftet (×6).

Rechts: Der zarte brasilianische *Morpho laertes* hängt an seiner Puppenhülle und läßt seine voll entfalteten Flügel trocknen. Bei solch großen Tagfaltern kann es mehrere Stunden dauern, bis sie nach dem Schlüpfen ihren ersten Flug unternehmen (×8).

Unten: Schlüpfen des adulten Falters.
6. Das europäische Tagpfauenauge *Inachis io* sprengt die Puppenhülle (×2).
7. Der Schlüpfvorgang ist vollendet, die Flügel sind jedoch noch nicht ganz entfaltet (×3).

After abgegeben. Die Schlupfzeit der Falter ist verschieden; sie kann am frühen Morgen oder am Abend stattfinden; im letzteren Fall ruhen die Schmetterlinge bis zum nächsten Tag, erst dann werden sie aktiv.

Unterbrechung des Lebenszyklus

Die Dauer des Lebenszyklus ist bei den einzelnen Arten verschieden. Einige können nur eine vollständige Generation im Jahr hervorbringen, während andere zwei oder noch mehr haben. Ungünstige Klimabedingungen machen oft eine Unterbrechung der Entwicklung nötig. Ei, Raupe oder Puppe können in eine Periode eintreten, in der die Entwicklung praktisch stillsteht (Diapause). Diese Entwicklungsverzögerung wird durch Umweltbedingungen veranlaßt. Die Eier und Puppen sind durch Schale oder Haut geschützt, während die Raupen gewöhnlich an der Basis ihrer Futterpflanze Schutz suchen oder sich in besonderen Larvenkokons aus Pflanzenblättern und Seide verkriechen.

Kapitel 4
Ökologie
Die Tagfalter und ihre Umwelt

In einem bestimmten Gebiet oder Lebensraum können mehrere Tagfalterarten leben; einige in sehr großer Zahl, andere in nur wenigen Exemplaren. Alle Einzeltiere jeder Art werden als Population bezeichnet, sie kreuzen sich und sind für die Arterhaltung verantwortlich. Jedes ausgewachsene Weibchen legt im Laufe ihres Lebens Hunderte von Eiern, jedoch nur aus einem kleinen Teil von ihnen entstehen lebensfähige Falter. Während des Entwicklungszyklus sterben eine ganze Anzahl der verschiedenen Entwicklungsstadien; dadurch wird die Population konstant gehalten. Natürlich kommt es in der Population von Zeit zu Zeit zu Veränderungen in der Zahl der Tiere; die Hauptursachen dafür liegen in Schwankungen der Geburten- oder Todesraten oder in Änderung des Lebensraumes durch Ein- oder Auswandern.

Die Größe einer Population oder die Populationsdichte kann auf zwei verschiedene Arten verändert werden. Einmal durch Faktoren, die unabhängig von der vorhandenen Anzahl der Tiere sind; das sind vor allem klimatische Einflüsse, die entweder günstige oder vernichtende Wirkungen auf eine Schmetterlingspopulation haben können, ganz gleich ob die Tiere in großen Mengen oder in nur wenigen Exemplaren vorhanden sind. Zum andern durch eine Populationsregulierung, die abhängig von der Anzahl der vorhandenen Tiere ist, d. h. abhängig von der Populationsdichte. Dies ist wichtig, wenn z. B. wenig Futter vorhanden ist. Bei begrenztem Wohnraum kann es zu Übervölkerung kommen, was wiederum ernsthafte Folgen für den Fortbestand einer Population haben kann. Je mehr Falter vorhanden sind, um so stärker machen sich die Einwirkungen der populationsdichteabhängigen Faktoren bemerkbar.

Klimafaktoren

Klimaveränderungen wirken sich sehr beachtlich auf die verschiedenen Schmetterlingsstadien aus. In den ungünstigen Jahreszeiten, wie im Winter der gemäßigten Zonen oder der Trockenzeit in den Tropen, kommt es gewöhnlich zu einer Verzögerung im Wachstum und damit in der Entwicklung. Diese Überwinterungsperiode (oder Sommerschlaf in den Tropen) wirkt als eine Art Regulationseinrichtung in der Insektenentwicklung. Sie sichert z. B., daß die Raupe – das Freßstadium der Schmetterlinge – zusammen mit der Futterpflanze auftritt. Außerdem sorgt diese Regulationseinrichtung dafür, daß die empfindlichen Entwicklungsstadien nicht dem Frost oder extremer Trockenheit ausgesetzt sind.

Die täglichen Schwankungen von Temperatur und Luftfeuchtigkeit spielen für die Insekten eine ebenso große Rolle; wenn sie besonders extrem sind, kann es zu einer hohen Sterblichkeit kommen. Schmetterlinge gehören wie die Reptilien zu den Kaltblütern, d. h. ihre Körperwärme richtet sich nach der Außentemperatur. Sie wärmen sich durch Sonnenbaden auf; gewöhnlich sind dabei die Flügel ausgebreitet und der Körper so gestellt, daß das Maximum der Flügelfläche der Sonne ausgesetzt ist. Farbmuster auf den Flügeln können bei der Wärmeaufnahme helfen; Arten mit großen schwarzen Flecken sind besonders leistungsfähige Wärmesammler. Um sich abzukühlen, suchen Schmetterlinge den Schatten auf; ist kein Schatten vorhanden, klappen sie ihre Flügel zusammen und setzen sich so zur Sonne, daß die kleinstmögliche Fläche den Sonnenstrahlen ausgesetzt ist. Die Falter bevorzugen als Ruheplätze Stellen mit hoher Feuchtigkeit. Raupen meiden übermäßige Trockenheit. Bei starken Regenfällen suchen die Schmetterlinge auf der Unterseite von Blättern Schutz; sie setzen sich dort mit leicht auseinandergehaltenen Flügeln hin, so daß das Wasser an ihnen abfließen kann. Wären die Flügel wie in gewöhnlicher Ruhehaltung dicht zusammengedrückt und würden dann naß, bestände leicht die Gefahr, daß die obere Schuppenschicht beschädigt würde. Bei starkem Wind

Ökologie

Einige Tagfalter verbringen den größten Teil ihres Raupenlebens damit, daß sie fressend in seidenen Geweben oder Nestern zu oft mehreren hundert Individuen leben. Im frühen Sommer sieht man in ganz Europa oft die Raupenmengen des Kleinen Fuchses, *Aglais urticae*. Sie fressen an Brennesseln, von denen sie oft nur die nackten Stiele übriglassen. Ihr Vorhandensein verrät sich nicht nur durch die Nester, sondern auch durch die Kothaufen unter der Pflanze. Wenn sie größer sind, verlassen die Raupen ihr Nest und fressen einzeln; dann sind sie nicht mehr so leicht zu finden.

Ökologie

fliegen Tagfalter im allgemeinen nicht; obwohl sich einige Arten diesen während ihrer Wanderflüge zunütze machen. Auch andere Ereignisse, wie z. B. Waldbrände, können auf eine Schmetterlingspopulation entscheidenen Einfluß haben: Die Falter können für gewöhnlich noch woandershin fliegen, ihre Eier, Raupen und Puppen können jedoch durch das Feuer vollständig vernichtet werden.

Beziehungen zu anderen Arten

Der erfolgreiche Fortbestand einer Population hängt ebenso von den Beziehungen zu anderen Arten, wie auch zu anderen Individuen der eigenen Art ab. Die Wirkungen dieser Wechselbeziehungen stehen gewöhnlich in Zusammenhang mit der Populationsdichte in einem bestimmten Gebiet.
Fast alle Tagfalter sind im Raupenstadium Pflanzenfresser, die in einem bestimmten Gebiet mit anderen Pflanzenfressern um die zur Verfügung stehende Nahrung wetteifern müssen. Da die erwachsenen Falter an anderen Pflanzenteilen (z. B. den Blüten), gewöhnlich auch an anderen Pflanzen als den Futterpflanzen der Raupen fressen, stellen sie für die Raupen keine Gefahr dar. Die Raupen des Großen Kohlweißlings z. B. fressen Kohlarten (Brassica), während die Falter den Nektar der verschiedensten Blütenpflanzen saugen. Auf diese Weise wird die Nahrungskonkurrenz innerhalb einer Art auf ein Minimum reduziert. Wenn die Größe einer Population zunimmt, können Nahrung und Platz knapp werden; daraus ergibt sich dann entweder eine hohe Sterblichkeit, oder einige Tiere wandern in weniger übervölkerte Lebensräume ab. Außerdem verhindern viele Tagfalter als Imagines eine Übervölkerung dadurch, daß sie ähnlich wie Vögel Territorien beibehalten; ab und zu kann man beobachten, wie ein Tagfalter andere, die in sein Territorium einzudringen versuchen, forttreibt. Das Drohverhalten besteht gewöhnlich darin, daß sich der Territoriumsinhaber gegen den Eindringling wendet und mit den Flügeln zuckt.

Möglichkeiten der Selbstverteidigung

Alle Stadien im Lebenszyklus der Schmetterlinge sind von Angriffen ihrer Feinde gefährdet, das können sowohl andere Insekten sein als auch Spinnen und Wirbeltiere wie Vögel, Reptilien und Kleinsäuger. Aus diesem Grund wurden Schutzeinrichtungen entwickelt, die einen möglichen Angriff dieser Räuber verhindern sollen. Es gibt hier zwei Haupttypen: Einmal wird es dem Schmetterling wegen seiner Ähnlichkeit mit der Umgebung ermöglicht, der Aufmerksamkeit der Räuber zu entkommen, ein anderes Mal weist er durch sein erschreckendes und unattraktives Aussehen seine Feinde auf seine Ungenießbarkeit hin.
Im allgemeinen werden die Eier der Tagfalter auf der Unterseite von Blättern abgelegt und sind relativ klein, so daß sie kaum auffallen. Die trägen Raupen aber, mit ihrem weichen Körper, sind Angriffen sehr ausgesetzt. Gerade in diesem Entwicklungsstadium spielen Schutzeinrichtungen eine sehr große Rolle. Einige Raupen spinnen Seidengewebe und leben darin in Gruppen zusammen. Die Dickkopffalter (Hesperiidae) spinnen Zelte aus Seide und Blättern oder leben in Grasröhren, die sie dadurch herstellen, daß sie ein Grasblatt aufrollen und mit Seide verspinnen. Viele Raupen sind so gefärbt, daß sie mit ihrer Umgebung verschwimmen. Die jungen Larven des Kleinen Eisvogels *(Limenitis camilla)* tarnen sich dadurch, daß sie sich mit ihrem eigenen Kot bedecken. Die älteren Raupen haben diese Verhaltensweise nicht mehr, sie bauen allein auf ihre Schutzfärbung. Einen Unterschied im Erscheinungsbild der jungen und älteren Raupen sieht man auch beim Schwalbenschwanz; die ganz

jungen Räupchen sind dunkel und gleichen Vogelkot, während die älteren Raupen bunt gefärbt sind.

Man kann auch verschiedene Warnvorrichtungen bei den Raupen der Tagfalter finden. Die Raupen der Nymphalidae sind oft lebhaft gefärbt und mit spitzen Dornen bewaffnet. Andere Raupen riechen unangenehm oder schmecken widerlich. Die Papilioniden-Raupen haben eine Drüse hinter dem Kopf, das sogenannte Osmaterium. Wenn die Larven gestört werden, stülpen sie die Drüse, die einen starken Geruch verbreitet, aus. Andere Familien können an anderen Körperstellen ähnliche Verteidigungsdrüsen besitzen. Einige der gesellig lebenden Raupen zucken gleichzeitig alle mit ihren Körpern, um Räuber abzuschrecken. Gelegentlich ahmen schmackhafte Raupen ekelhaft schmeckende nach und entgehen auf diese Weise einem Räuber. Die Erscheinung der Mimikry wird eingehender in Kapitel 9 behandelt.

Die Puppen sind gewöhnlich durch ihre Schutzfärbung, manchmal aber auch durch ihre Form geschützt; so ähnelt z. B. die Puppe des Aurorafalters *(Anthocharis cardamines)* sehr einer Samenhülse. Die Puppen einiger Nymphalidae können ähnlich wie ihre Larven bedornt sein. Da die Raupen zur Verpuppung normalerweise sichere Plätze aufsuchen, findet man die Puppen daher an unauffälligen Stellen; manche sind in Kokons aus trockenen Blättern oder im Boden verborgen.

Selbst wenn ein Schmetterling alle Gefahren seiner Jugendstadien überlebt hat, warten noch viele Räuber auf den unachtsamen Falter. Hier ist ein europäischer Veilchen-Perlmutterfalter *Clossiana euphrosyne* einer kleinen Krabbenspinne *Misumena vatia* zum Opfer gefallen, die in der Blüte, aus der der Falter saugen wollte, auf Beute lauerte (×4).

Ökologie

Der ausgewachsene Falter ist unmittelbar nach dem Schlüpfen, wenn die Flügel noch nicht ganz ausgebreitet und trocken sind, am gefährdetsten. Danach kann das Insekt auffliegen und vielen Räubern entkommen. Die meisten Tagfalter besuchen Blüten, um Nektar zu saugen; häufig werden sie angegriffen, wenn sie sich auf einer Blüte niederlassen.

Auch Schmetterlinge, deren Flügeloberseiten bunt gefärbt sind, können eine Schutzfärbung besitzen, und zwar auf der Flügelunterseite. Wenn der Falter in Ruhestellung seine Flügel zusammenklappt, ist er seiner Umgebung völlig angepaßt. Einige Familien besitzen Augenflecken an ihren Flügelrändern (Lycaenidae und Satyridae); die Flügel der Lycaenidae können auch lange Schwanzfortsätze tragen. Die Augenflecken und Schwänze sollen die Aufmerksamkeit der Feinde auf sich ziehen; werden diese Teile angegriffen, dann kommt der wirkliche Körper des Falters heil davon. Einige Arten, wie z. B. der Monarch *(Danaus plexippus)* geben einen widerwärtigen Geruch von sich.

Die Rolle der Schmarotzer

Schmarotzer sind Lebewesen, die auf oder im Körper eines anderen Tieres – dem Wirt – leben. Tagfalter, vor allem deren Raupen, werden besonders häufig von Schmarotzern befallen, von denen viele in ihrem Körperbau und ihrem Entwicklungszyklus stark an ihre Wirte angepaßt sind. Die Tagfalter werden vor allem von „Insektenverwandten", die zu den Ordnungen Hymenoptera (Wespen und Bienen) und Diptera (Fliegen) gehören, befallen. Nur bestimmte, spezialisierte Arten dieser Ordnungen leben parasitisch. Die wichtigsten Schmarotzer der Tagfalter unter den Hymenopteren sind die Ichneumonidae, Braconidae und Chalcidoidea, unter den Dipteren die Tachinidae. Im Tierreich ist das Leben der Schmarotzer oft sorgfältig ausgewogen, so daß beide – Wirt und Schmarotzer – überleben. Im Falle eines Befalles mit diesen Insektenparasiten jedoch stirbt für gewöhnlich der Wirt. In dieser Bedeutung gleichen die Schmarotzer Räubern, sie werden dann gewöhnlich als Parasiten bezeichnet. Viele Parasiten sind auf eine besondere Art oder eine Gruppe von Tagfaltern spezialisiert, während andere die verschiedensten Familien befallen. Zu den bekanntesten und weitverbreitetsten gehört die Gattung *Apanteles*, die zur Hymenopteren-Familie der Braconidae zählt. *Apanteles glomeratus* befällt den Großen Kohlweißling *(Pieris brassicae)*. Gewöhnlich legt das Parasitenweibchen seine Eier in die Raupen (seltener in Eier oder Puppen). Nachdem es mit seinem spitzen Ovipositor die Haut des Wirtes durchstoßen hat, wird in jedes Opfer eine große Zahl von Eiern gelegt. Die aus den Eiern schlüpfenden Larven fressen den Wirt innen aus, indem sie zunächst den Fettkörper vertilgen, später aber auch die lebenswichtigen Organe wie Verdauungstrakt und Nervensystem angreifen. Diese innere Zerstörung führt zum Tode der Raupe, noch bevor sie sich verpuppen kann. Die vollgefressenen Parasitenlarven nagen sich dann aus dem Wirt heraus und verpuppen sich auf oder in der Nähe der Leiche in hellgelben Kokons, aus denen schließlich wieder adulte Parasiten schlüpfen.

Die Fliegenparasiten aus der Familie Tachinidae sind in ihrer Lebensweise sehr verschieden. Gewöhnlich fliegt das Weibchen zur Futterpflanze der Schmetterlingsraupe und setzt seine Eier – in einigen Fällen auch junge Larven – ab. Der Parasit befällt dann die fressende Raupe und bohrt sich in deren Gewebe ein.

Andere Parasiten leben auf ihren Wirten und saugen Körperflüssigkeiten. Zu diesen Ektoparasiten gehören auch die Milben, die man gelegentlich auch bei Tagfaltern finden kann. Auch Bakterien- und Pilzerkrankungen, die bei hoher Feuchtigkeit besonders verbreitet sind, gehören zu den Todesursachen der

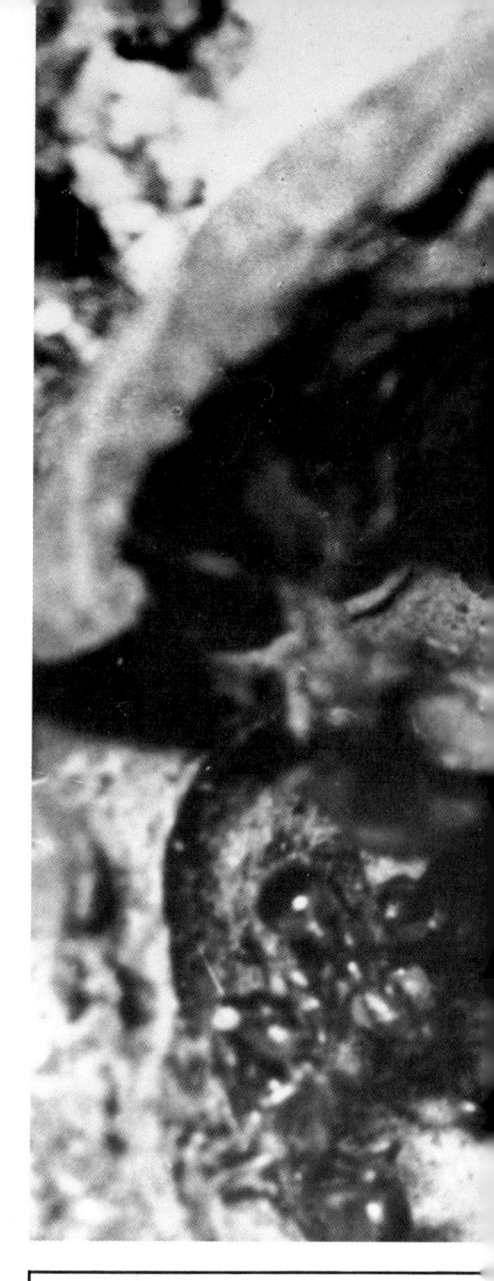

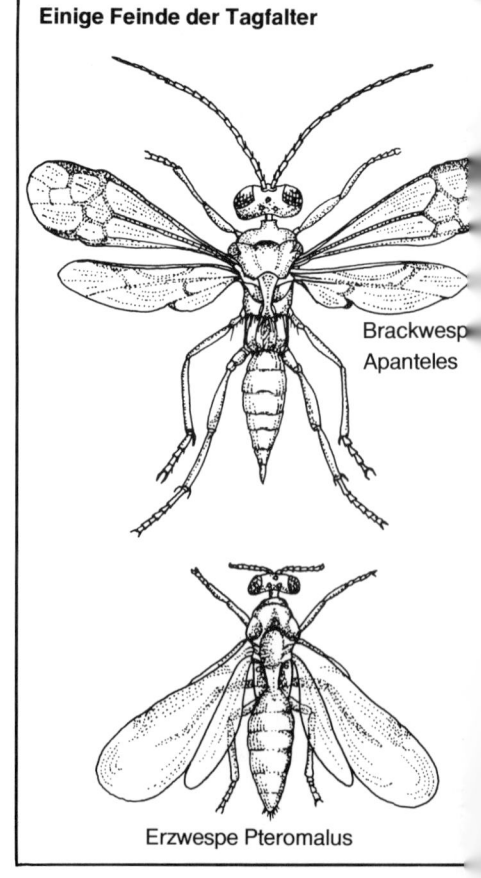

Einige Feinde der Tagfalter

Brackwespe Apanteles

Erzwespe Pteromalus

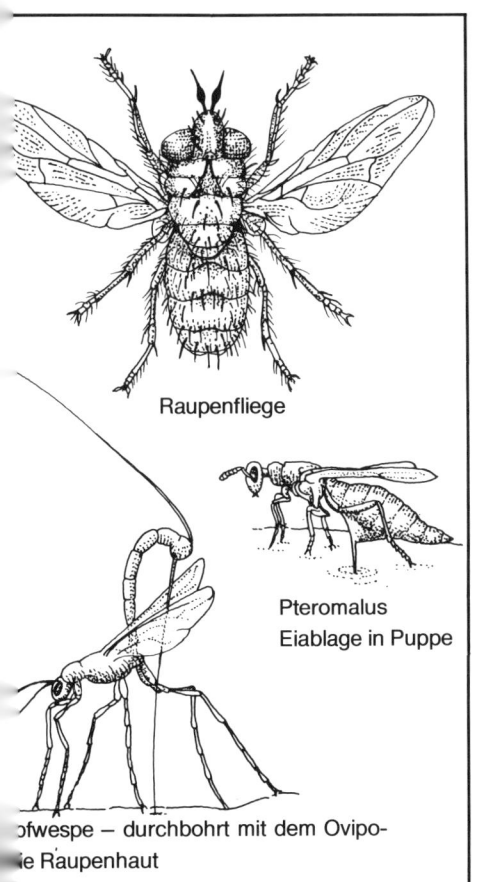

Die Raupen des europäischen Bläulings *Maculinea arion* verbringen einen großen Teil ihres Lebens im Ameisennest. Sie fressen junge Ameisenbrut. Auch als Puppe bleiben sie dort. Wenn der Falter schlüpft, muß er sich, bevor er seine Flügel ausspannt, durch die Gänge seinen Weg ins Freie suchen (×8).

Raupenfliege

Pteromalus Eiablage in Puppe

...fwespe – durchbohrt mit dem Ovipo... ...e Raupenhaut

Schmetterlinge. Bei Schmetterlingszuchten muß man besonders sorgfältig sein, um Krankheiten durch diese Organismen zu verhindern, da sonst die gesamte Zucht eingeht.

Ein Zusammenleben der Tagfalter mit anderen Insekten ist nicht immer schädlich. Von gegenseitigem Nutzen ist z. B. das Zusammenleben (Symbiose) von Ameisen mit vielen Bläulingsarten (Lycaenidae). Die Raupen dieser Schmetterlinge besitzen eine Honigdrüse, die kleine Tröpfchen einer süßen Flüssigkeit absondert. Diese wird von den Ameisen sehr begehrt; sie „pflegen" die Raupen und regen sie durch streichelnde Bewegungen der Beine und Fühler zur Abgabe der Flüssigkeit an. Die Ameisen sind kriegerische Insekten, sie wiederum dienen den Schmetterlingsraupen als Schutz vor den üblichen Räubern und Parasiten. Die Ameisen schädigen die Raupen niemals, sondern lekken nur an den Drüsen und genießen das produzierte Sekret. Einige Raupenarten scheinen von den Ameisen abhängig zu sein, ihre Entwicklung wird durch das Fehlen der Ameisen beeinträchtigt.

Zuletzt sei noch die Beziehung Schmetterling – Mensch erwähnt. Durch den Raupenfraß an Kulturpflanzen können beträchtliche Schäden angerichtet werden. Wirtschaftlichen Nutzen haben nur die Raupenarten, die durch ihren Befall Unkraut vernichten. Eine nicht unbedeutende Rolle spielen auch die nektarsaugenden Schmetterlinge im Rahmen der Befruchtung.

Kapitel 5
Die Beweglichkeit der Tagfalter
Verbreitung und Wanderung

Tagfalter findet man überall in der Welt, die meisten Arten aber leben in den Tropen. Besonders häufig sind sie in tropischen Regenwäldern, z. B. in Afrika (südlich der Sahara), in der orientalischen Region (Fernost und Indien) und in der neotropischen Region (Südamerika). Einige Großgattungen der Tagfalter sind überall in der Welt vertreten, z. B. *Papilio* (Schwalbenschwänze), *Danaus* (Monarche) und *Eurema* (Pieridae). Die äthiopische Region und das tropische Asien (orientalische Region), haben viele Arten gemeinsam. Es besteht jedoch wenig Verbindung mit den Tropen Südamerikas (neotropische Region).
Obwohl die Schmetterlinge zu den besonders beweglichen Tieren gehören und somit weite Gebiete besiedeln können, sind viele Arten in ihrer Verbreitung außerordentlich begrenzt. Einige bewohnen nur eine bestimmte Gebirgsgruppe oder einen kleinen Teil eines Waldgebietes und kommen an keinem anderen Ort sonst vor.

Ökologische, die Verbreitung beeinflussende Faktoren

Die Verbreitung einer Art ist nicht nur von der Geographie des Gebietes und der Fähigkeit der Art, sich darin zu bewegen, abhängig, sondern auch von ihren ökologischen Ansprüchen. Jede Tagfalterart hat ihre eigenen klar bestimmten Forderungen an die Umwelt, in der sie lebt. Diese Bedingungen begrenzen nicht nur die allgemeine Verbreitung, sondern auch die Verteilung im Verbreitungsgebiet. In Afrika findet man z. B. die größte Artenzahl in den Wäldern des Kongobeckens und darum herum. Die Artenzahl nimmt nördlich und südlich der äquatorialen Wälder ab und ebenso zur Ostküste hin, wo es etwas trockener ist. Aber selbst im Regenwald gibt es beträchtliche Unterschiede in den Arten des Tieflandes und des Hochlandes oder des Bergwaldes. In der Trockensavanne, der Sekundärsavanne (verwildertes Kulturland) und in den Sümpfen unterscheiden sich die Tagfalter noch stärker.
Den Silbergrünen Bläuling *(Lysandra coridon)* und den Himmelblauen Bläuling *(Lysandra bellargus)* findet man in Nordwestdeutschland nicht, da sie sich nur auf kalkhaltigen Böden aufhalten. Das bedeutet aber nicht, daß sie überall in ihrem Verbreitungsgebiet kontinuierlich vorkommen; man findet sie nämlich in der Hauptsache nur dort, wo auch ihre Futterpflanzen, *Coronilla varia* (Kronwicke) und *Hippocrepis commosa* (Hufeisenklee), wachsen. Die Ökologie und damit die Verbreitung dieser Arten werden aber noch durch eine Menge anderer Faktoren beeinflußt. Andere Schmetterlingsarten sind in ihrer Verbreitung nicht so eng an bestimmte Gebiete gebunden. Der Ockerbindige Samtfalter *(Hipparchia semele)* z. B. kommt bei uns überall an sandigen und trockenen Stellen vor – von der Meeresküste bis in Gebirge hinein.
Die ökologischen Bedürfnisse eines Schmetterlings sind für jede Art charakteristisch und bestimmen weitgehend ihre Verbreitung und Verteilung. Die Beständigkeit des Wohnraumes, den eine Art inne hat, wiederum beeinflußt die Wanderaktivität.
Die in dauerhaften Biotopen (z. B. Wäldern) lebenden Insekten neigen weniger zu Wanderungen als Arten aus nur zeitweise bestehenden Biotopen (z. B. Ackerland). Selbst dauerhafte Biotope können von einer Art nur vorübergehend bewohnt werden, entweder ist das Wetter nur in bestimmten Jahreszeiten geeignet (Arten im nördlichen Bereich ihres Verbreitungsgebietes sind eventuell nicht in der Lage, dort den Winter zu überstehen), oder die Futterpflanze steht nur zu bestimmten Jahreszeiten zur Verfügung. Um in Biotopen, die zeitlich begrenzter Natur sind, überleben zu können, muß jedes Insekt

in seinem Lebenszyklus entweder ein Ruhestadium einschalten oder aber in der Lage sein, aus dem Biotop herauszukommen, bevor die Bedingungen ungünstig werden (Auswanderung). Im Laufe der Evolution sind die guten Wanderer die erfolgreichsten Eroberer temporärer Biotope geworden, sie haben es darum auch fertiggebracht, ihr Verbreitungsgebiet in dem Maß auszuweiten, in dem die Biotope, oft als Ergebnis menschlicher Eingriffe, sich ausweiteten. Die Wanderungen ganzer Tagfalterpopulationen über weite Strecken hinweg und immer in einer Richtung stellen ein großartiges Schauspiel dar. Diese großen Wanderzüge unterscheiden sich deutlich von den Flügen innerhalb des Brutgebietes, die in Verbindung mit Nahrungsaufnahme, Paarung und Eiablage stehen und an denen nie so viele Falter gleichzeitig beteiligt sind. Jeder, der schon einmal Zeuge der Massenwanderungen des Distelfalters *(Vanessa cardui)* war, von der mexikanisch-kalifornischen Grenze nordwärts bis zur Bucht von San Francisco, wird beeindruckt sein von der riesigen Zahl von Insekten, die zielstrebig nordwestlich ziehen, als würden sie von einem Kompaß geleitet. Nach dem Wanderzug sind diese Falter zwar dort nicht ständig ansässig, sie fliegen aber auch nicht wieder zurück.

Bei anderen Tieren, z. B. Säugetieren und Vögeln, versteht man unter Wanderung die Bewegung einer Population von den Brutplätzen zu anderen Stellen einschließlich der späteren Rückkehr der gleichen Tiere. Bei Insekten (ein-

Eine Tierart ist bedroht, wenn die Ökologie ihres Lebensraumes gestört wird. Der Mensch, der Hauptverantwortliche solcher Störungen, lernt erst heute langsam, wie man die Natur schützen kann. Der Große Feuerfalter, *Lycaena dispar*, kommt bei uns nur auf feuchten Wiesen vor. Mit der Trockenlegung solcher Wiesen geht diese Art immer mehr zurück. In England starb die typische Unterart bereits 1851 aus, nachdem ihr Verbreitungsgebiet für die Landwirtschaft kultiviert wurde. Auf dem Bild ist die Unterart *batavus* abgebildet, die in Holland vorkommt (Pärchen ×15). Die mitteleuropäische Unterart *rutilus* ist etwas kleiner und schwächer gefleckt.

Beweglichkeit der Tagfalter

schließlich der Tagfalter) muß der Begriff Zug oder Wanderung etwas anders gesehen werden: der Rückflug erfolgt selten mit den gleichen Individuen, weil Insekten nur relativ kurz leben. Gewöhnlich fliegt erst die nächste oder sogar die übernächste Generation wieder zurück, in vielen Fällen gibt es auch nur Wanderzüge in einer Richtung und überhaupt keine Rückflüge.

Warum wandern Tagfalter?

Es sind viele Theorien entwickelt worden, die Ursachen von Schmetterlingswanderungen zu erklären. Die meisten gehen von dem Gedanken aus, daß Wanderungen als Folge ungünstiger Bedingungen ausgelöst werden, z. B. Futtermangel, schlechte Futterqualität, Übervölkerung oder Winterbeginn. Bei einigen Insekten scheint dies auch der Fall zu sein. Die weiten Wanderflüge der Tagfalter werden dagegen mit Sicherheit durch Faktoren ausgelöst, die schon wirken, bevor die ungünstigen Bedingungen tatsächlich eintreten. Diese Auslöser, die über das Hormonsystem der sich entwickelnden Raupen wirken, verändern die Physiologie der nächsten Generation, so daß besondere Wanderfalter hervorgebracht werden.

Über Schmetterlingswanderungen liegen nur spärliche systematische und quantitative Informationen vor, obwohl es viele Gelegenheiten gibt, derartige Wanderungen zu beobachten. Einzeltiere zu markieren (ähnlich wie das Beringen der Vögel), ist schwierig. Es können zwar kleine Papiermärkchen in den Flügel eingestanzt werden, doch die Anzahl markierter Falter, die während oder nach der Wanderung wiedergefunden werden, ist meist außerordentlich klein. Das rührt oft von der Sterblichkeit der Tiere während der Wanderung oder vom Verlust der Markierung durch Beschädigungen der Flügel her. Die meisten Berichte über die Wanderungen der Tagfalter beruhen auf Beobachtungen oder sogar auf Anekdoten. Dennoch nehmen die Tagfalterwanderungen in der Literatur über Insektenwanderungen einen bevorzugten Platz ein. Vom Fachmann wird die Schmetterlingswanderung in zwei Haupttypen eingeteilt: in kurze bis mittelweite und in weite Wanderungen. Es wird auch darauf hingewiesen, daß viele Tagfalter offenbar erheblichen Einfluß auf die Zugrichtung haben, daß aber die Beeinflussung durch Wind und andere Luftbewegungen um so größer wird, je länger der Falter in der Luft ist. Es ist viel darüber diskutiert worden, wie stark der Falter sich während der Wanderung aktiv gegen den Wind durchsetzen kann. Es gibt auf der einen Seite eindeutige Beispiele dafür, daß Tagfalter kurze bis mittlere Strecken (unter 15 km) mit eigener Körperkraft zielstrebig zurücklegen; andererseits gibt es ebenso klare Beispiele von Nachtfalterwanderungen mit großen Flugstrecken, die fast ausschließlich durch meteorologische Bedingungen beeinflußt werden. Von den Tagfaltern, die über weite Strecken wandern (oft interkontinental), behauptet man, sie dirigierten selbst die Richtung.

Ein schönes Beispiel eines Tagfalters, der kurze bis mittlere Entfernungen wandert, bietet der Weißling *Ascia monuste*. Dieser Tagfalter vermehrt sich auf den Inseln vor der Ostküste Floridas, wo ein reichliches Angebot seiner Futterpflanze *(Batis maritima)* vorhanden ist. Die holzigen, ausdauernden Pflanzen sind in den Salzsümpfen der Küste weit verbreitet. Der Falter pflanzt sich das ganze Jahr über in Florida fort, aber immer nur etwa vier Monate an jeweils einem bestimmten Platz und zu verschiedenen Zeiten, entsprechend der geographischen Breite. Falterpopulationen neigen dazu, sich von ihren Brutplätzen auf zwei verschiedene Arten auszubreiten. Entweder zerstreuen sie sich langsam über das ganze Land, indem sie täglich kurze, ziellose, nicht als „Zug" zu bezeichnende Flüge unternehmen, um Blumen, von denen sie sich ernähren können, zu finden, oder es finden periodische Massenwande-

Vom europäischen Apollo, *Parnassius apollo*, gibt es zahlreiche Unterarten und Lokalformen, die jeweils auf bestimmte Berggebiete beschränkt sind. Die Verbreitung dieser und anderer alpiner Arten läßt darauf schließen, daß sie während der Eiszeit weit verbreitet waren. Beim Rückzug der Eiskappe blieben in den kühleren Hochlagen örtliche Populationen zurück, die durch wärmere niedrigere Zwischengebiete isoliert wurden. Die sich daraus ergebende diskontinuierliche Verbreitung förderte über einen langen Zeitraum von wenigstens 50 000 Jahren die Bildung einer großen Anzahl von Unterarten (×4).

Beweglichkeit der Tagfalter

rungen statt. Letztere werden von großen Populationen zu einer Zeit unternommen, in der für die Raupen noch genügend Futter vorhanden ist; Falter, die sich zu diesen Wanderzügen zusammenfinden, sind weniger als zwei Tage alt und die Weibchen noch nicht fortpflanzungsfähig. Die Falter fliegen morgens wie gewöhnlich von den Brutplätzen zu den Futterplätzen; nachdem sie dort Nahrung aufgenommen haben, starten sie und ziehen in großen Wolken an der Küste entlang, sie folgen der Strandlinie oder den an dieser entlangführenden Straßen. Bei ruhigem Wetter scheinen sie in der Lage zu sein, ihre Flugrichtung selbst bestimmen zu können; bei Wind können sie etwas abgetrieben werden, doch fliegen einige sicher an geschützteren Stellen, z. B. an den windgeschützten Seiten der Sanddünen. Man ist einigen dieser wandernden Falter mit dem Auto über 20 km weit gefolgt, manche haben sogar an einem Tag 130 km zurückgelegt (bei Rückenwind). Keineswegs alle Individuen legen die gesamte Strecke zurück, die von einer Gruppe durchflogen wird, viele fallen am Wegesrand herunter, andere verlieren die Richtung. Diejenigen aber, die durchkommen, finden neue Brutplätze und kommen auf ihr normales „Nicht-Wander"-Verhalten zurück: Sie fliegen nur kurze Strecken, suchen Nahrung oder legen Eier. Die Falter leben nur etwa 10 Tage; jede Wanderung von dem neuen Brutplatz aus bleibt also den folgenden Generationen vorbehalten. Der obige Bericht basiert auf Beobachtungen, die an einzelnen Populationen gemacht wurden und denen man bei der Wanderung folgte. Meist müssen die Wanderzüge von Tagfaltern ähnlich wie bei einem Puzzle-Spiel aus einzelnen Beobachtungen vieler Beobachter zu verschiedenen Jahreszeiten

Beweglichkeit der Tagfalter

und an den verschiedensten Stellen innerhalb des Verbreitungsgebietes einer Art zusammengesetzt werden. Auf solche Weise konnte C. B. Williams, der besonders viel zur Erforschung von Insektenwanderungen beigetragen hat, sich ein Bild von der Wanderung des Großen Kohlweißlings *(Pieris brassicae)* in Europa machen. Diese Schmetterlingsart ist in Mitteleuropa in den Monaten Juni, Juli und August auf der Wanderung anzutreffen. Anhand der Prüfung von Berichten aus vielen Ländern konnte Williams feststellen, daß Wanderungen von den Brutgebieten in Skandinavien und im Baltikum durch Deutschland hindurch südwärts zu den Alpen und westwärts nach Großbri-

Beweglichkeit der Tagfalter

tannien durchgeführt werden. Wie bei *Ascia monuste*, der zur gleichen Familie (Pieridae) gehört, wandern die Falter, wenn sie frisch geschlüpft und noch nicht geschlechtsreif sind; sie kehren auch nicht wieder zurück. Offenbar wandern sie nur, wenn die Temperatur hoch genug ist und nur ein leichter Wind geht. In gewissem Maß können die Falter ihren Weg während des Fluges selbst bestimmen, öfter aber ist die endgültig eingeschlagene Route ein Kompromiß zwischen dem eingeschlagenen Kurs der Falter und der Windrichtung.

Die Wanderung des Monarchs

Das beste Beispiel weiträumiger Schmetterlingswanderungen bietet der jährliche Zug des Monarchen *(Danaus plexippus)* in Nordamerika. Die nördliche Rasse dieses schönen Falters wandert über einen ganzen Subkontinent hinweg – etwa 3200 km weit – zwischen seinen Brutgebieten in Kanada und den nördlichen Teilen der USA und seinen Überwinterungsgebieten im Süden der Vereinigten Staaten, in Kalifornien und Mexiko.
Monarchfalter beginnen im Juli die Brutgebiete im Norden zu verlassen; während des Septembers kann man riesige Scharen auf dem Zug nach Süden sehen. Sie scheinen nur tagsüber in nicht allzu großen Höhen in südlicher Richtung zu fliegen und auf dem Wege dorthin Nahrung aufzunehmen. Markierungs- und Wiederfangexperimente haben ohne Zweifel bestätigt, daß dieser Schmetterling regelmäßig Strecken bis zu 1900 km in wenigen Tagen zurücklegt, durchschnittlich bis zu 130 km am Tag (25–35 km pro Tag sind allerdings die Norm). Der längste bisher registrierte Flug eines einzelnen Insekts liegt bei knapp unter 3000 km in 130 Tagen. Die Meinungen gehen darüber auseinander, wie weit die meisten Falter fliegen und in welchem Maße sich die Wanderung tatsächlich aus hintereinander ausgeführten kurzen Wanderzügen verschiedener Individuen zusammensetzt. Die Markierungs- und Wiederfangexperimente unterstreichen die Tatsache, daß einzelne Falter große Entfernungen zurücklegen können; man hat Monarche mehrere hundert Kilometer vom Land entfernt auf offener See gesichtet, und gelegentlich lassen sich diese amerikanischen Tagfalter in Großbritannien nieder; sie sind wahrscheinlich auf ihrem Flug nach Süden abgetrieben worden.
Nachts und bei schlechtem Wetter rasten die Falter oft in großen Gruppen zusammen in Bäumen. Die meisten Schmetterlinge wandern im Osten der Vereinigten Staaten, aber auch die Westküste entlang; doch konnte man auch schon Wanderzüge über Gebirgspässe, einige über 1000 m hoch, beobachten. Vielen Berichten zufolge können die Insekten selbst die Flugrichtung dirigieren, sogar bei einem Gegenwind von 15 km/h. Andererseits konnte man auch oft beobachten, daß sie von starkem Nordwind südwärts geblasen wurden, das legt die Vermutung nahe, daß auf die Dauer Windrichtung und Windstärke entscheiden, wo die Wanderfalter ihren Flug beenden werden. Im Gegensatz zu den zuvor erwähnten Faltern unternehmen einige der Monarchfalter, die die lange Reise zu den Überwinterungsplätzen hinter sich gebracht haben, im folgenden Frühjahr den gefährlichen Rückflug. Doch dieser Wanderzug zurück geht völlig anders vor sich. Männchen mit reifem Sperma und Weibchen mit heranreifenden Eiern treten getrennt und nicht in großen Gruppen ihre Reise gen Norden an. Sie fliegen hoch und schnell und nehmen auf dem Weg keine Nahrung auf, sondern verbrauchen ihre Fettreserven; offenbar ruhen sie nur selten und fliegen Tag und Nacht durch. Einige Weibchen unterbrechen den Flug, um Eier zu legen, und es ist nicht ganz sicher, ob sie weiterwandern, wenn die Eier reif sind. Es ist auch noch unklar, wie viele der zu den nördlichen Brutplätzen zurückkehrenden Falter tatsächlich im Süden überwintert haben und wie viele davon aus neuen Generationen stammen, die in

Wandernde Schwärme des Monarchs, *Danaus plexippus*, verbringen den Winter an den Küsten Floridas und Kaliforniens, wo sie unter Naturschutz stehen und eine beachtliche Touristenattraktion darstellen. An einem einzigen Baum können Tausende von Faltern sitzen; die gleichen Bäume werden oft Jahr für Jahr wieder besucht. Wenn der Frühling kommt, beginnen die Falter nordwärts in ihre Brutgebiete zu ziehen (×0,35).

Beweglichkeit der Tagfalter

Beweglichkeit der Tagfalter

den Überwinterungsgebieten aufgewachsen sind. Viele der in den Norden zurückkehrenden Falter sehen sehr zerschunden aus; auch das läßt auf eine Überwinterung schließen.

Die Fluggeschwindigkeit

Die beachtlichen Entfernungen, die von einigen Wanderfaltern zurückgelegt werden, werfen die Fragen auf, wie hoch die Fluggeschwindigkeit ist, wie lange sie in der Luft bleiben können, was sie in der Luft hält und warum sie so lange in der Luft bleiben können. Tagfalter gehören keineswegs zu den am schnellsten fliegenden Insekten: *Ascia monuste*, so berichtet Nielson, fliegt bei Gegenwind 8 km/h, mit dem Wind 20 km/h. Bei *Vanessa cardui* konnte man eine Zuggeschwindigkeit von 8 – 15 km/h beobachten, der wahrscheinlich schnellste bekannte Tagfalter ist der Monarch, er erreicht auf seiner Wanderung 30 – 40 km/h. Zum Vergleich: eine Pferdebremse und die Honigbienenarbeiterinnen können annähernd 50 – 65 km/h erreichen, eine große Libelle, *Aeschna juncea*, blieb nicht hinter einem Flugzeug zurück, das mit 140 km/h flog. Sogar die am langsamsten fliegenden Tagfalter können jedoch beachtliche Entfernungen zurücklegen, wenn sie mit dem Wind fliegen. Fliegen sie mit etwa 8 km/h in einer leichten Brise von ähnlicher Geschwindigkeit, können sie am Tage unter Umständen 130 – 160 Kilometer weit kommen.

Charakteristisch für die meisten Wanderungen ist es, daß die Insekten gewöhnlich länger in der Luft bleiben, als sie auf dem Boden ausruhen oder Nahrung zu sich nehmen. Derartig lange Flüge benötigen aber große Energiemengen. Diese werden über den Abbau von Fett, das im Körper gespeichert ist, geliefert. Wenn die Tagfalter schlüpfen, sind sie mit einem beachtlichen Fettkörper ausgestattet, der etwa 30% der Trockensubstanz des Körpers ausmacht. Nach langer Wanderung kann diese Menge beim Monarch auf 1 – 2% fallen, und das, obwohl die Schmetterlinge auf ihrer Wanderung sicher Nahrung zu sich genommen haben, um ihre Energiereserven teilweise zu ergänzen. Bei den Weibchen dient der Fettkörper auch dazu, die sich entwickelnden Eier zu ernähren. Dies ist mit ein Grund, warum bei wandernden Faltern die Eier erst reifen, wenn der lange Flug beendet ist.

In der Familie der Pieridae gibt es besonders viele wandernde Arten. Einige Schwärme enthalten Millionen von Tieren verschiedener Arten. Hier sieht man einige Falter aus einem Schwarm des südafrikanischen Weißlings *Belenois aurota*. *Belenois*-Wanderungen finden jährlich statt. Die Raupen dieser Schmetterlinge fressen große Flächen von *Capparis* und verwandte Pflanzen, zu denen auch wirtschaftlich wichtige gehören, kahl (×4).

Kapitel 6
Genetik
Der Mechanismus der Vererbung

Die Genetik – die Wissenschaft von der Vererbung – lehrt uns, wie die Eigenschaften eines Organismus auf den seiner Nachkommen vererbt werden. Eine ganze Reihe von Pflanzen und Tieren wurden aufgrund ihres einfachen Baus und der einfachen Wirkungsweise ihrer Organismen intensiv von Genetikern untersucht. Die genetischen Grundsätze, die an den einfachen Lebewesen entdeckt wurden, können nun dazu benützt werden, um die Verhältnisse bei vielen anderen Arten zu deuten. Die Genetiker schenkten den Tagfaltern wenig Beachtung, mit Nachtfaltern wurde aber ziemlich viel gearbeitet. Es ist daher sehr wertvoll, daß viele der genetischen Erfahrungen, die aus Untersuchungen an der Fruchtfliege *Drosophila* erhalten wurden, auf die Tagfalter angewandt werden können.

Jede Körperzelle eines Tagfalters oder eines anderen Lebewesens enthält in ihrem Kern mikroskopische Strukturen, die sogenannten Chromosomen. Diese sind eine Art chemischer Blaupause für alle Strukturen und Funktionen des Tieres. Die Zahl der Chromosomen in jeder Zelle ist normalerweise für jede Art konstant, kann aber von einer Art zur nächsten unterschiedlich sein. Die Chromosomen sind paarweise vorhanden; die beiden Einzelchromosomen jedes Paares sind homolog, d. h. sie sind sich gleich. Die Einzelchromosomen leiten sich auf folgende Weise von den Eltern her: Bei der Bildung der Geschlechtszellen teilen sich die Chromosomenpaare zu Einzelchromosomen, die jeweils in verschiedene Zellen kommen, so daß jedes Sperma oder jedes Ei nur einen halben Chromosomensatz enthält. Bei der Befruchtung verschmelzen Sperma und Ei miteinander, und die beiden halben Chromosomensätze kommen wieder paarweise zusammen, um eine befruchtete Eizelle zu bilden, die wieder einen vollen Satz paariger Chromosomen enthält.

Die Grundeinheiten der Vererbung heißen Gene, sie befinden sich in den Chromosomen. Nach der Befruchtung liegen in jeder Zelle einander entsprechende Gene vor (jeweils ein Teil von den väterlichen Chromosomen und ein Teil von den mütterlichen Chromosomen). Im einfachsten Fall wird ein Einzelmerkmal von einem Genpaar gesteuert (monogen). Meist aber liegen die Verhältnisse viel komplizierter, weil entweder ein Genpaar mehrere Merkmale steuert oder mehrere Genpaare ein einzelnes Merkmal (polygen) beeinflussen. Sind die beiden Gene eines Paares sich ähnlich, dann bezeichnet man das Tier als homozygot (= reinerbig). Wenn aber die beiden Gene eines Paares sich unähnlich sind, dann spricht man von heterozygot (= gemischterbig). Dies gilt für jeweils nur ein Genpaar, ein Tier kann also gleichzeitig für einige Merkmale homozygot, für andere aber heterozygot sein.

Die Kenntnis vom Charakter und vom Verhalten der Gene ist von entscheidender Wichtigkeit für das Verständnis der genetischen Prozesse. Die beiden Gene eines Paares verschmelzen oder vermischen sich nicht, selbst wenn sie in ihrem Charakter ähnlich sind. Sie bleiben unversehrt erhalten, und wenn die Geschlechtszellen gebildet werden, können sie sich wieder trennen. Die grundlegenden Vererbungsregeln nennt man auch die „Mendelschen Vererbungsregeln" (nach Gregor Mendel, einem Augustinerabt, der den Ablauf einfacher Vererbung untersuchte und als erster die Existenz von Erbfaktoren als wahrscheinlich hinstellte). Damals, um 1865, war von Chromosomen und Genen noch nichts bekannt. Aus diesem Grund wurde erst viel später, im 20. Jahrhundert, die Wichtigkeit der Mendelschen Arbeit richtig erkannt.

Das Mendelsche Prinzip kann am Beispiel des Schwalbenschwanzes *Papilio memnon* aus der orientalischen Region (siehe Seite 134/135) erläutert werden. Das Weibchen ist polymorph, d. h. es kann in mehr als einer Form erscheinen (siehe Kapitel 8); diese Formen sind genetisch festgelegt. Die Falter sind bei der Form *achates* geschwänzt, bei der Form *agenor* dagegen ungeschwänzt. Die schwanzlosen Falter sind homozygot (d. h. sie besitzen zwei Gene für

Das Geschlecht eines Tagfalters wird genetisch bestimmt. Viele Arten zeigen einen Sexualdimorphismus — d. h. Männchen und Weibchen sehen verschieden aus. Wie bei manchen anderen Arten gleichen sich alle Männchen (rechts, ×5) des australischen Falters *Hypolimnas bolina* sehr, während die Weibchen (oben, ×6) in einer Anzahl verschiedener Formen auftreten können. In einem solchen Fall spricht man von Polymorphismus der Weibchen. Diese Variationen sind geschlechtsgebunden und treten nur in Verbindung mit anderen weiblichen Merkmalen auf.

51

Genetik

„Schwanzlosigkeit"), während die geschwänzten Falter entweder homozygot (zwei Gene für geschwänzt) oder aber heterozygot (ein Gen für geschwänzt, eines für ungeschwänzt) sein können. Gewöhnlich ist eines der Gene dominant. Bei den Heterozygoten wird ein Gen vom anderen unterdrückt. Bei diesem Schwalbenschwanz z. B. ist das Gen für „geschwänzt" dominant, das Gen für „ungeschwänzt" wird unterdrückt, es ist rezessiv, tritt also im äußeren Erscheinungsbild des Schmetterlings nicht auf. Man verwendet für die genetische Ausstattung eines Tieres den Ausdruck „Genotypus", für sein tatsächliches Aussehen den Ausdruck „Phänotypus".

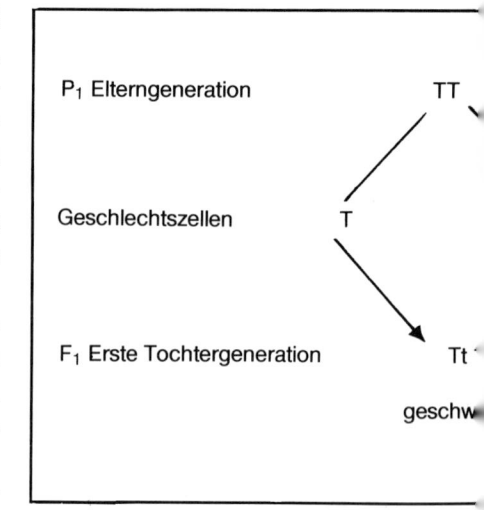

In dem Diagramm rechts wird die Kreuzung zweier Tiere aufgezeigt, von denen das eine dominant homozygot (TT), das andere rezessiv homozygot (tt) ist. Die Tiere der 1. Tochtergeneration treten alle geschwänzt auf, da das Gen für „geschwänzt" (T) dominant über das Gen für „ungeschwänzt" (t) ist. Die Weibchen dieser F_1-Generation tragen aber beide Gene (Tt).

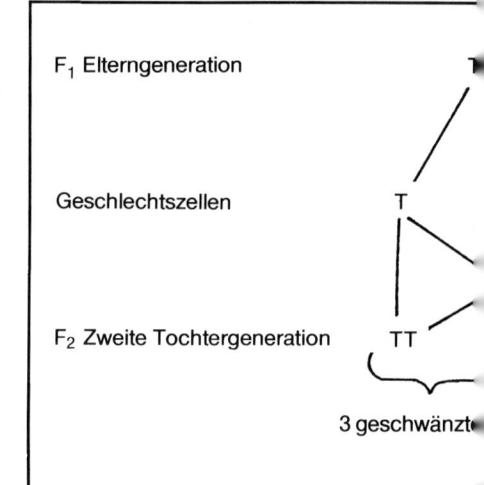

Wenn ein geschwänztes F_1-Weibchen dieser Zucht mit einem seiner Brüder gepaart wird, treten in der F_2-Generation geschwänzte und ungeschwänzte Weibchen im Verhältnis 3 : 1 auf, wie es in dem Diagramm darunter gezeigt wird. Drei Tiere dieser zweiten Generation haben das dominante Gen T, sie sind darum geschwänzt; ein Exemplar hat zweimal das rezessive t, es ist daher ungeschwänzt.

In Wirklichkeit wird dieses Verhältnis nicht immer genau erreicht, weil einige dieser Merkmale von den Männchen vererbt worden sind und sich daher in der F_2-Generation nicht ausdrücken.

Ein anderes Beispiel dieses genetischen Ablaufs bietet der kleine Feuerfalter *Lycaena phlaeas*. Männchen und Weibchen dieser Art sind ähnlich gefärbt. Sie besitzen rotgoldene Vorderflügel, die schwärzlichbraun gefleckt sind und braune Hinterflügel mit rotem Band am Hinterrand. Bei der seltenen Varietät *obsoleta* fehlt dieses Submarginalband. Es ist nachgewiesen worden, daß die Ausbildung dieses Bandes von einem einzelnen Genpaar bestimmt wird. Die typische Form des Falters ist dominant, während das *obsoleta*-Gen rezessiv ist. Es liegen also ähnliche Verhältnisse vor wie beim orientalischen Schwalbenschwanz, nur findet man die Varietät in beiden Geschlechtern. Wenn ein Elternteil mit zwei normalen Genen mit einem *obsoleta*-Elternteil gekreuzt wird, der zwei Gene für *obsoleta* enthält, sind die Tiere der 1. Generation alle heterozygot und sehen alle normal aus, da sie alle das normale Gen enthalten, das dominant ist über das *obsoleta*-Gen. Werden dann zwei dieser Heterozygoten gepaart, so treten bei den Nachkommen in der F_2-Generation normale und *obsoleta* im Verhältnis 3 : 1 auf. Dieses Verhältnis gilt jedoch nur für den Phänotypus.

Tagfalter wie der Kaisermantel *(Argynnis paphia)* und der Wandergelbling *(Colias crocea)* besitzen dimorphe Weibchen, d. h. Weibchen, die untereinander verschieden sind. Die Gene, die dies hervorrufen, sind an die Geschlechtszellen gebunden – man nennt sie daher geschlechtsgebundene Gene. Bei den angeführten Beispielen handelt es sich um dominante Gene, die eine große Vielfalt heterozygoter Tiere hervorbringen – im Gegensatz zu der oben besprochenen *obsoleta*.

Homozygote Formen dieser beiden Arten sind nicht bekannt, wahrscheinlich, weil sie nicht lebensfähig sind und in freier Wildbahn nicht überleben können. Weitere Beispiele über Abweichungen von der Normalform werden in Kapitel 8 beschrieben.

Genetik

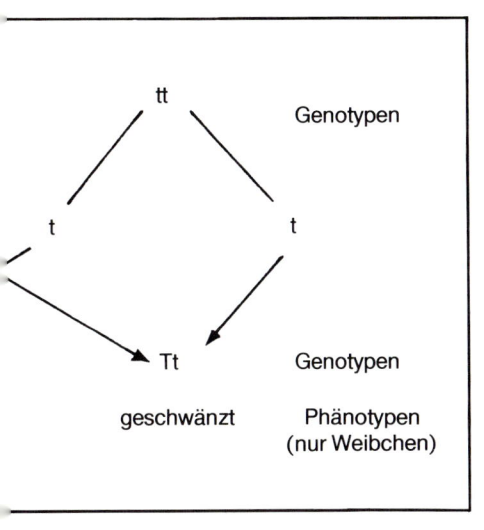

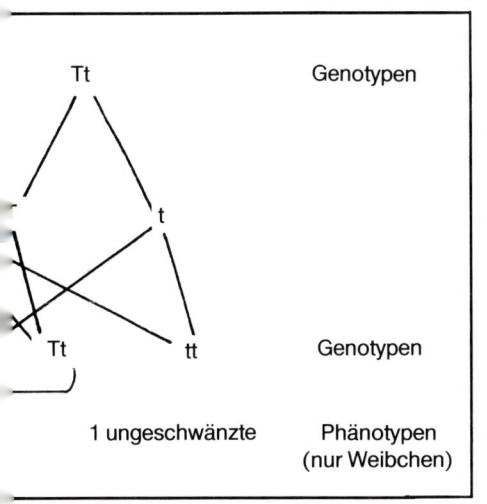

Gynandromorphie (Scheinzwittertum)

Gynandromorphe Tagfalter zeigen die äußeren Merkmale von Männchen und Weibchen im gleichen Individuum. Solche Tiere werden manchmal unrichtig als Hermaphroditen bezeichnet. Diese abnormen Formen sind schwer zu erkennen, wenn zwischen den Geschlechtern keine großen Unterschiede bestehen; bei Arten mit ausgeprägtem Sexualdimorphismus fallen solche Insekten aber sehr stark auf. Bei extremen Beispielen von Halbseitenzwittern (siehe Seite 55) sind die Flügel einer Körperseite die des einen Geschlechtes, während die der anderen Seite zum anderen Geschlecht gehören.

Das Geschlecht eines Organismus wird ebenfalls genetisch festgelegt. Bei den Säugetieren bestimmt der Gensatz, ob die Geschlechtsorgane (Gonaden) männlich (Hoden) oder weiblich (Eierstöcke) werden. Alle anderen Geschlechtsmerkmale bilden sich dann unter dem Einfluß besonderer Hormone heraus, die von den Gonaden gebildet werden. Diese im Blut zirkulierenden Hormone erreichen jeden Körperteil des Tieres, auf diese Weise nimmt der ganze Körper männlichen oder weiblichen Charakter an. Bei den Tagfaltern sind die Verhältnisse ganz anders, da die Geschlechtsunterschiede der einzelnen Körperteile durch die genetische Festlegung ihrer Einzelzellen bestimmt wird. Aus diesem Grund ist es möglich, daß sich verschiedene Körperteile des Falters unterschiedlich verhalten und das Aussehen verschiedener Geschlechter haben.

Die Bestimmung des Geschlechtes eines Tagfalters erfolgt über die Ge-

Beispiele von Geschlechtsabnormitäten bei europäischen Tagfaltern.
1. Aurorafalter *Anthocharis cardamines*, normales Männchen; 2. Normales Weibchen, 3. Gynandromorphes Weibchen, das Streifen der Männchenfärbung zeigt. 4. Geiskleebläuling *Plebejus argus*, teilweiser Gynandromorphismus: linke Seite weiblich, rechte Seite in der Hauptsache männlich.
5. Faulbaumbläuling *Celastrina argiolus*, Halbseitenzwitter: linke Seite Weibchen, rechte Seite Männchen. 6. Himmelblauer Bläuling *Lysandra bellargus*, normales Männchen; 7. Normales Weibchen; 8. Geschlechtsmosaik, überwiegend weiblich mit unregelmäßigen Streifen männlicher Beschuppung. 9. Großer Kohlweißling *Pieris brassicae*, Halbseitenzwitter: linke Seite Männchen, rechte Seite Weibchen.

Genetik

schlechtschromosomen. In den unreifen Geschlechtszellen befinden sich entweder zwei X-Chromosomen (XX), dann ist das Tier männlich, oder ein X- und ein Y-Chromosom (XY), dann ist das Tier weiblich. Die Vererbung des Geschlechts unterliegt ebenfalls den Mendelschen Regeln.

Bei der Reifeteilung teilt sich das homologe Chromosomenpaar der Geschlechtszellen. Die reifen Spermata tragen nur ein X-Chromosom. Die Weibchen dagegen bilden Eier, die entweder ein X- oder in gleicher Zahl ein Y-Chromosom besitzen. Die Nachkommen sind Männchen oder Weibchen in etwa gleicher Anzahl.

Halbierte Gynandromorphe – man nennt sie auch Halbseitenzwitter – sind

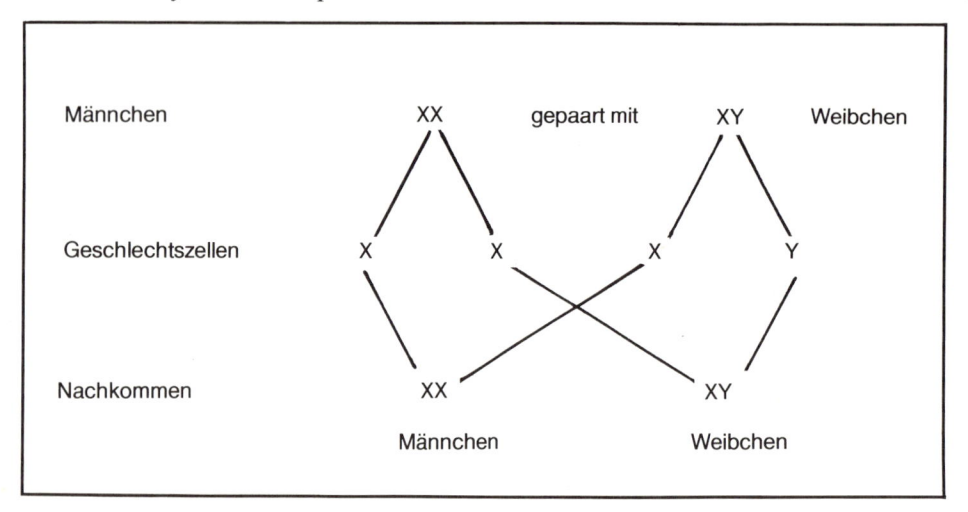

```
Männchen         XX    gepaart mit    XY    Weibchen

Geschlechtszellen   X       X        X       Y

Nachkommen          XX              XY
                  Männchen         Weibchen
```

im allgemeinen selten; die meisten Gynander zeigen ein unregelmäßiges Gemisch aus männlichen und weiblichen Merkmalen. Das Aussehen des Himmelblauen Bläulings *Lysandra bellargus* (Seite 53, Fig. 6) kann durch einen anderen Fehler bei der Zellteilung entstanden sein. In diesem Fall ist der Falter überwiegend weiblich. Es besteht die Möglichkeit, daß in einem späteren Stadium der Flügelentwicklung bei der Teilung der Chromosomen die Aufspaltung der X-Chromosomen unterbleibt. Daraus ergäbe sich, daß einige Zellen den Gensatz XXY, andere nur Y besäßen. Die letzteren würden sicher absterben, während die Zellen mit XXY wegen der beiden X-Chromosomen männlichen Charakter trügen. An diesen Stellen käme es zur Entwicklung männlicher Färbung, und so entstände ein Insekt mit mosaikartigem Aussehen. Manchmal ist nur ein kleiner Teil des Insektes betroffen, wie beim Weibchen des Aurorafalters *Anthocharis cardamines*, das nur einen kleinen Flecken mit orangefarbener Beschuppung zeigt – ein ausschließlich männliches Merkmal (Seite 53, Fig. 3).

Intersexualität

Intersexe sind Mischformen, die auf verschiedene Weise aus den Gynandromorphen hervorgehen. Um dies zu verstehen, muß man erklären, wie das Geschlecht überhaupt bestimmt wird: Die beiden Geschlechter sind nämlich von der Anzahl der X-Chromosomen abhängig. Bei nur einem X-Chromosom im Chromosomensatz entsteht ein Weibchen. Sind aber zwei X-Chromosomen vorhanden, so entsteht ein Männchen.

Ein Männchen, dessen Geschlecht durch zwei X-Chromosomen bestimmt ist, hat eines von seiner Mutter ererbt, jedoch nur ein einzelnes X-Chromosom hat das weibliche Geschlecht seiner Mutter bestimmt. Wenn es wieder weibliche Nachkommen hervorbringt, wird deren Geschlecht auf ähnliche Weise durch eines dieser X-Chromosomen festgelegt. Das klappt nur unter der Vorausset-

Oben: Die Genetik abweichender Tagfalter ist komplizierter als früher angenommen wurde. Dieser europäische Braune Waldvogel *Aphantopus hyperantus* zeigt gegenüber der typischen Form eine auffallende Reduktion der Augenflecken (ab. *arete*), die auf Seite 244 abgebildet ist. Experimente haben gezeigt, daß wahrscheinlich mehrere verschiedene Erbfaktoren zusammenwirken und solch eine Form liefern (×6).

Rechts: Wenn Männchen und Weibchen ganz verschieden aussehen, wie beim Schwalbenschwanz *Papilio androgeos* aus Peru, dann ist der Anblick eines Halbseitenzwitters doch recht ungewöhnlich. Bei diesem Exemplar sind sogar Körper und Beine „halbiert", jede Seite zeigt die Farbe des entsprechenden Geschlechts: Die linke Seite ist ein normales Weibchen, die rechte Seite ist fast ganz männlich, nur der Hinterflügel zeigt ein paar Streifen von blauer, weiblicher Färbung. Solche extremen Geschlechtsabnormitäten sind von Sammlern sehr begehrt.

Genetik

zung, daß die „Dosis" des Geschlechtsfaktors in einem X-Chromosom immer gleich ist. Zu Schwierigkeiten kommt es, wenn sich die Tiere weit getrennter Rassen der gleichen Art paaren und Nachkommen hervorbringen. Wo Rassen so isoliert leben, daß sie sich normalerweise in freier Wildbahn nicht mehr begegnen, können sich X-Chromosomen von verschiedener „Stärke" entwickelt haben. Ein einziges X-Chromosom der Rasse A kann bezüglich der Dosis des Geschlechtsfaktors gleichwertig wie zwei X-Chromosomen der Rasse B sein. In solch einem Fall können bei der Kreuzung Nachkommen entstehen, die sich zu Intersexen entwickeln oder aber zu einer eigentümlichen Geschlechtsmischung, wobei sie zuerst zum einen Geschlecht gehören, später aber andersgeschlechtlich werden. Intersexe kommen vor allem bei einigen Nachtfaltergruppen vor, man kann dieses Phänomen aber auch bei Tagfaltern beobachten.

Es wäre möglich, daß die blauen Weibchen, die bei *Morpho aega* auftreten, durch ein genetisches Ungleichgewicht entstehen und ursprünglich Intersexe sind. Die Verschiedenheit in der Färbung dieser und normaler Weibchen ist strukturbedingt (siehe Kapitel 7) und nicht Pigmenten zuzuschreiben. Die Form *pseudocypris* (auf Seite 75 abgebildet) zeigt Schuppentypen, die man gewöhnlich nur bei den Männchen dieser Art findet. Weibchen mit begrenzten Stellen blauer Beschuppung findet man häufig; diese „blauen" Formen sollen in einigen Populationen häufiger sein als in anderen.

Kapitel 7
Färbung
Tarnung und Werbung

Unter den Insekten bilden die Schmetterlinge die schönste und farbenprächtigste Gruppe überhaupt. Man kann unter ihnen einige der farbenprächtigsten Lebewesen finden.

Diese auffallende Schönheit, und die Tatsache, daß sie leicht aufzubewahren sind, lassen sie zum bevorzugten Sammelobjekt werden – nicht nur für den Wissenschaftler, sondern auch für den naturkundlich interessierten Liebhaber. Bedauerlicherweise hat man in der Schmuckwarenindustrie einzelne Schmetterlingsflügel in großen Mengen unter Glas oder Plastik zur Verzierung von Untersätzen und Tabletts verwendet. Zu Ende des 19. Jahrhunderts war es besonders beliebt, Gruppen von großen Faltern geometrisch angeordnet als Wandschmuck zu verwenden.

Wie die Farbe erzeugt wird

Farbe kann durch Pigmente, durch Struktur oder durch eine Kombination aus beiden erzeugt werden. Die Farbe ist für gewöhnlich in der Schicht der mikroskopisch kleinen Schuppen vorhanden, die den Flügel des Schmetterlings bedecken, sie kann jedoch auch in dem darunterliegenden Epidermisgewebe sein, das übrigbleibt, wenn die Schuppen fehlen, wie bei der *codrus*-Schwalbenschwanzgruppe (Papilionidae) (Seite 122/123). Pigmentfarben sind an das Vorhandensein chemischer Substanzen gebunden, die sich von Stoffwechselprozessen, oft z. B. als Nebenprodukte der Ausscheidung, herleiten. Die Pigmente der Tagfalter sind noch ungenügend bekannt, einige sind allerdings wissenschaftlich untersucht und die Einzelheiten ihres chemischen Aufbaus bereits geklärt worden.

Pigmente

Melanin ist ein besonders häufig auftretendes Pigment; es ist für die schwarzbraunen Farben verantwortlich. Pterine sind Pigmente, die von der Harnsäure

Unten: Das recht eigentümliche Aussehen dieses peruvianischen Saturniden *Pierella hyceta* kommt dadurch zustande, daß er in eine Stellung gebracht wurde, in der man den leuchtenden Fleck im Vorderflügel sieht. Er leuchtet nur bei einem bestimmten Einfallswinkel der Lichtstrahlen auf.

Rechts: Der europäische C-Falter *Polygonia c-album* fällt nur auf, wenn er — wie hier — auf einem Blatt sitzt. Bei der Überwinterung zwischen abgestorbenen Blättern ist er durch die gezackte Form und die braungraue Schutzfärbung der Flügelunterseiten tadellos getarnt.

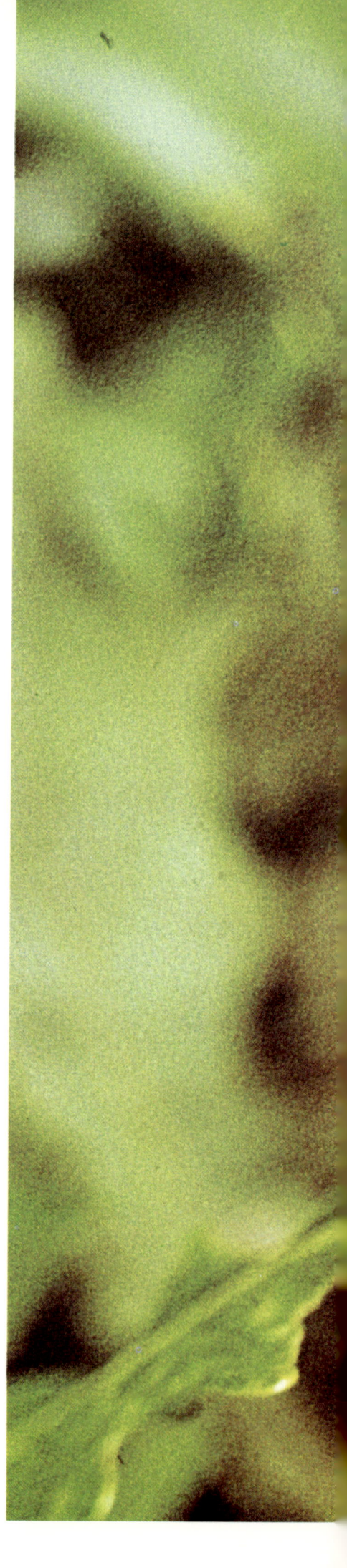

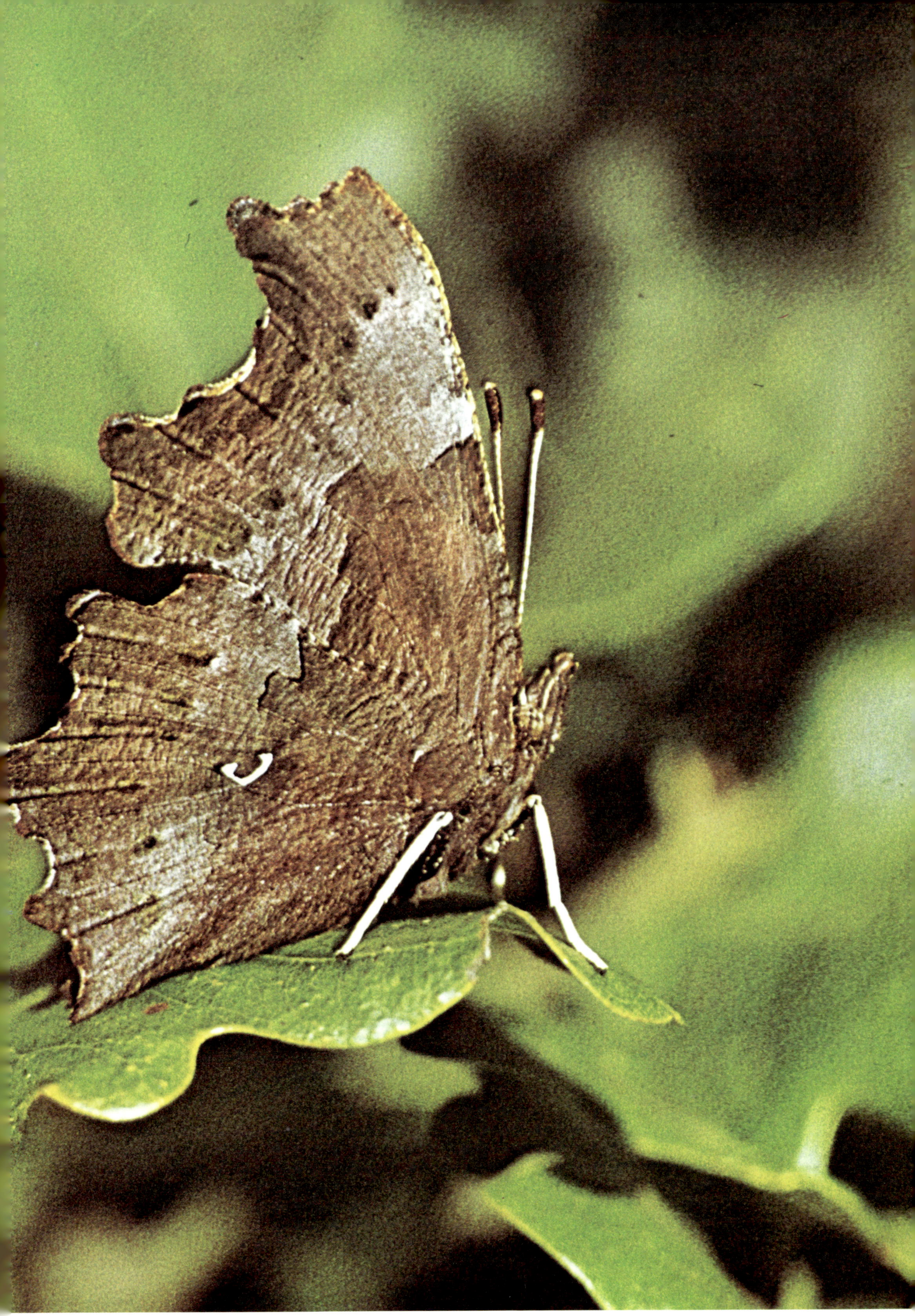

Färbung

abstammen und die man nur bei den Pieriden findet. Leucopterin (weiß), Xanthopterin (gelb), Chrysopterin (orange) und Erythropterin (rot) bringen in den verschiedensten Kombinationen die attraktiven Färbungen hervor, die man bei dieser Familie findet. Flavone rufen bei einigen Tagfalterfamilien Creme- oder Gelbfärbungen hervor. Diese Pigmente sind besonders interessant, da sie sich offenbar direkt aus der pflanzlichen Nahrung während des Raupenstadiums herleiten. Man hielt früher die grüne Farbe vieler Raupen und Puppen für pflanzliches Chlorophyll, das auf die gleiche Weise beschafft würde. Heute weiß man, daß Chlorophyll bei Schmetterlingen nicht vorkommt, daß die grünen Pigmente jedoch biochemische Abkömmlinge des Chlorophylls sind. Rot und Rotbraunfärbungen werden ebenfalls durch Pigmente hervorgerufen. Die Unbeständigkeit vieler Pigmente bewirkt, daß die Tagfalter ausbleichen, wenn sie dem Sonnenlicht ausgesetzt werden; viele können auch durch chemische Einwirkung künstlich verändert werden. Das Ziegelrot im Flügel des Kleinen Fuchses *(Aglais urticae)* (Nymphalidae) kann z. B. durch Salzsäuredämpfe in ein düsteres Purpur verwandelt werden (Formen mit ähnlicher Färbung treten gelegentlich in Populationen im Freien auf).

Strukturfarben

Strukturfarben werden durch die physikalischen Eigenschaften der Schuppen auf den Schmetterlingsflügeln hervorgerufen. Unter dem Mikroskop zeigen die einzelnen Schuppen gewöhnlich längs verlaufende Grate oder Rippen. Bei einigen Arten bestehen diese Rippen aus dünnen, lichtdurchlässigen Schichten, die zu der Ebene der Schuppen selbst in einem bestimmten Winkel stehen und durch Luftzwischenräume getrennt sind. An diesen Strukturen bricht sich das Licht und bringt eine Gesamtfarbe hervor, die je nach Einfallswinkel des Lichtes verschieden sein kann, andererseits aber für jede Art ziemlich konstant ist. Eine ähnliche Erscheinung findet man bei einer dünnen Ölschicht auf Wasser. Auch da sind beide Stoffe lichtdurchlässig und farblos; aber das durch die Ölschicht durchgehende Licht wird von der Wasseroberfläche reflektiert und erscheint dann als Regenbogenfarben.
Die meisten Tiere mit einem Metallglanz oder mit Schillerfärbung – dazu gehören z. B. Kolibris und Tagfalter – verdanken ihren ungewöhnlichen Glanz mehr den Strukturen als den Pigmenten. Das leuchtend schillernde Blau vieler südamerikanischer *Morpho*-Falter ist wahrscheinlich das bekannteste Beispiel für Strukturfärbung, in der Regel werden grüne und blaue Farben bei Tagfaltern durch Strukturen, seltener durch Pigmente hervorgerufen. Es gibt einen einfachen Versuch, mit dessen Hilfe man die beiden Färbungsarten unterscheiden kann. Bringt man Wasser auf den Schmetterlingsflügel, dann bleiben die Pigmentfarben unbeeinflußt, während die Strukturfarben an der Wasserstelle verschwinden, weil das Wasser die Luftkammern an der Schuppenoberfläche ausfüllt und dadurch deren physikalische Eigenschaften verändert.
Über einen anderen physikalischen Faktor, der Farben hervorbringt, hat der Physiker E. R. Laithwaite berichtet. Er untersuchte eine Struktur, die einem Beugungsgitter ähnelt und bei einigen Arten der neotropischen Gattung *Pierella* (Satyridae) auftritt. Im Wesentlichen handelt es sich dabei um eine Reihe feiner Strukturen, die weißes Licht in seine sichtbaren Farbkomponenten aufspaltet. Die Männchen von *Pierella* erscheinen relativ eintönig; erst wenn man sie aus einem spitzen Winkel ansieht, leuchtet ein kleiner dunkler Fleck auf den Vorderflügeln ganz ungewöhnlich auf. Das Exemplar von *P. hyceta* (Seite 56), das diese Erscheinung zeigt, ist natürlich perspektivisch stark verzerrt. Wenn der Fleck am leuchtendsten ist, erscheint er grün; aber Veränderungen

Färbung

des Winkels, in dem das Licht auf den Flügel trifft, führen zu allen Farben des sichtbaren Spektrums.

Auch Weißfärbung kann bei Tagfaltern strukturbedingt sein. Die Lichtstreuung durch mikroskopisch kleine, lichtdurchlässige Teilchen erzeugt auf die gleiche Weise einen Weißeffekt, wie Schnee weiß erscheint, obwohl gar kein Pigment vorhanden ist.

Farbkombinationen

Eine Kombination aus Strukturfärbung und darunterliegendem Pigment ist viel häufiger als Strukturfärbung allein. Beim europäischen Schillerfalter *Apatura iris* (Nymphalidae) (auf Seite 211 abgebildet) enthalten die Schuppen das dunkelbraune Pigment Melanin; darüber liegt eine violettblaue Strukturfärbung, die man jedoch nur sieht, wenn man die Flügel aus bestimmten Winkeln betrachtet. Tagfalter der Gattungen *Colotis* und *Hebomoia* (Pieridae) (auf Seite 166 abgebildet) besitzen in den Schuppenwänden ein rotes Pigment, das mit einer violetten Strukturfärbung kombiniert eine Orange-Rosa-Färbung oder Schattierungen von Magentarot hervorruft. Das Aussehen dieser Arten ist nicht leicht zu reproduzieren, da die Fotografie die tieferliegenden Pigmente oft nicht erfaßt und nur die strukturbedingte Färbung festhält.

Sehr schöne Farben, die durch die Kombination von Struktur und durchscheinendem Goldpigment hervorgerufen werden, kann man bei zwei Arten der Vogelflügler *Troides* (Papilionidae) sehen.

Wenn man die Art *T. magellanus* (Abbildung auf dieser Seite) von oben betrachtet, ist nur das goldene Pigment sichtbar; wenn man sie aber von hinten beleuchtet und sie von dieser Richtung her anschaut, werden auf den Hinterflügeln herrlich schillernde blaßrote und grüne Töne sichtbar.

Durchsichtigkeit

Die Flügel der meisten Tagfalter sind gefärbt und undurchsichtig, es gibt jedoch auch solche mit ganz oder teilweise durchsichtigen Flügeln. Die besten Beispiele hierfür findet man unter den Apollos, Gattung *Parnassius* (Papilionidae). In den gemäßigten Breiten tritt dieses Phänomen allerdings nur selten auf; ein ungewöhnlich durchsichtiges Exemplar des Schwarzen Apollos *P. mnemosyne* aus der Schweiz ist auf Seite 60, Nr. 1, abgebildet. Weitere halbdurchsichtige *Parnassius*-Arten sind auf Seite 116/117 zu sehen. Bei diesen Gebirgsfaltern entstehen die durchsichtigen Flächen durch Schuppenmangel. Teilweise Durchsichtigkeit, bei der Flecken auf den Flügeln ohne Schuppen sind, ist bei Tagfaltern nichts Ungewöhnliches. Man sieht es an den Flügelspitzen der *protesilaus*-Gruppe bei den Schwalbenschwänzen (Papilionidae) (Seite 120/121) oder in den kleinen „Fenstern" bei den Nymphalidae Gattungen *Kallima* (Seite 63) und *Anaea* (Seite 220/221).

Die überwiegend äthiopische Familie der Acraeidae enthält viele Exemplare, die spärlich beschuppt und weitgehend durchsichtig sind. Die extremsten Formen gleichen eher Insekten anderer Ordnungen, z. B. Libellen (Odonata). In der neotropischen Region gibt es bei einer ganzen Anzahl von Familien durchsichtige Arten, z. B. bei den Danaidae, Ithomiidae, Satyridae und Pieridae. Die Satyriden-Gattung *Cithaerias* (Seite 246) und die Glasflügler Ithomiidae (Seite 250/251) sind schöne Beispiele für Tagfalter, die hauptsächlich durchsichtige Flügel haben.

Die gleiche Durchsichtigkeit kann bei Tagfaltern auf verschiedene Weise hervorgerufen werden. Der Pieride *Dismorphia orise* trägt Schuppen, die in der Größe stark reduziert sind. Bei den Ithomiiden sind die Schuppen zu feinen

Wenn man den Vogelflügler *Troides magellanus* aus Peru in spitzem Winkel von hinten ansieht, läßt er eine herrliche Strukturfärbung erkennen. Beim oberen Tier sieht man das normale lichtdurchlässige Gold der Hinterflügel. Der untere Falter (etwas gedreht) zeigt die Schillerfärbung, die durch Brechung der Lichtstrahlen hervorgerufen wird.

Färbung

Härchen rückgebildet. Der Danaide *Ituna* trägt große pigmentierte Schuppen, die sehr zerstreut liegen.

Farbmuster als Anpassung

Alle Farbmuster der Tagfalter, von den dunkelsten bis zu den buntesten, haben eine gewisse Bedeutung für das Überleben oder für die Anpassung. Das gilt nicht nur für die ausgewachsenen Falter, sondern auch für alle Entwicklungsstadien. Die komplizierten Muster auf den Schmetterlingsflügeln wurden in einem langen Prozeß natürlicher Auslese gebildet, verändert und vervollständigt. Der Zweck der Färbung kann sich im Laufe des Lebens ändern. Während die Jugendstadien (Raupen und Puppen) eine Schutz- oder Tarnfärbung tragen, sind die Falter für ihre Paarungsspiele leuchtend gefärbt. Bei einem Insekt kann man mehrere Typen von Färbung finden. So zeigen z. B. die Unterseiten der Tagfalter eine Schutzfärbung, die sie in Ruhestellung tarnt; demgegenüber sind die Flügeloberseiten auffällig gefärbt und gemustert, was jedoch nur bei geöffneten Flügeln zu sehen ist.

Schutzfärbungen

Bei den Raupen und Puppen findet man viele Beispiele von Schutzfärbung. In diesem Lebensabschnitt sind die sich entwickelnden Insekten von Räubern besonders gefährdet. Die Färbung ist gewöhnlich mit einem Schutzverhalten verbunden: Viele Tagfalterraupen fressen z. B. nachts, sie kriechen bei Dunkelheit zu den Fraßstellen und kehren in den Morgenstunden zu den relativ sicheren Stellen an der Basis der Blätter zurück.

Der europäische Schillerfalter *Apatura iris* bietet ein schönes Beispiel für Tarnfärbung während seiner Jugendstadien. Die Raupen fressen Salweidenblätter *(Salix capraea)*. Im Juli werden die Eier auf den Blättern abgelegt; die jungen Räupchen entwickeln sich und fressen von diesen Blättern, bis sie das 3. Larvenstadium erreichen. In diesem Stadium kriechen die winzigen, grünen, nacktschneckenähnlichen Räupchen in die Zweiggabeln hinab, in denen sie dann den Winter überdauern. Die überwinternde Raupe wechselt ihre Farbe, bis sie braun und somit der Rinde völlig angepaßt ist. Im Frühling, wenn die Blattknospen aufspringen, beginnen die Raupen wieder zu fressen. Sie werden dann schnell wieder grün und passen sich genau den Tönungen der Blätter an. Die ruhende Raupe nimmt eine charakteristische Haltung auf dem Blatt ein: ihr Hinterende ist am äußersten Blattende angeheftet, den Kopf nach oben wird der vordere Körperteil in einem Bogen hochgehoben, so daß sie dem gebogenen Umriß eines Salweidenblattes gleicht. Zu der Ähnlichkeit der Raupe mit Farbe und Gestalt des Blattes kommt noch, daß sie gegenschattiert ist: Sie ist im vorderen Teil dunkler grün als im hinteren. Das unterbindet die natürliche Schattenwirkung, so daß die Raupe flach wie ein Blatt zu sein scheint. Die Puppe ist ein anderes Meisterstück an Tarnung. Form und Farbe passen sich genau an ein abgestorbenes oder welkes Blatt an. Auch sie ist gegenschattiert, nur ist diesmal das Hinterende dunkler.

Bei den frühen Entwicklungsstadien der Tagfalter gibt es noch viele andere Schutzmöglichkeiten. Die Tierchen können anderen Pflanzenteilen, wie Knospen, Zweigen oder anderen Objekten gleichen, die für mögliche Räuber reizlos sind. Einige sehen aus wie Vogelkot, wie z. B. die Raupen einiger Schwalbenschwänze *(Papilio)* oder die Puppen mancher Lycaenidae.

Bei den ausgewachsenen Faltern sind Tarnzeichnungen die auffälligsten Formen der Schutzfärbung. Viele Arten haben zumindest eine teilweise Tarnfärbung, gewöhnlich auf den Partien, die sichtbar sind, wenn der Falter ruht. Tat-

Oben: Die gut getarnte Raupe des europäischen Schillerfalters *Apatura iris* kurz nach der Überwinterung (×5).

Rechts: Arten verschiedener Tagfalter-Familien mit durchsichtigen Flügeln. Das kommt durch Rück- oder Umbildung der Beschuppung zustande. Die hier abgebildeten Falter sind:
1. Schwarzer Apollo *Parnassius mnemosyne* (Papilionidae), Europa; 2. *Hypoleria morgane* (Ithomiidae), Brasilien; 3. *Haetera piera* (Satyridae), Peru. Arthybriden sind in freier Natur selten. Nr. 5 zeigt einen Falter aus Peru. Er entstammt einer Kreuzung zwischen 4. *Callicore cynosura* und 6. *C. pastazza* (Nymphalidae).

Unten: Manche Tagfalterpuppen sind durch ihre Ähnlichkeit mit anderen Objekten geschützt. Was auf diesem Blatt wie Vogelkot aussieht, ist die Puppe des europäischen Pflaumenzipfelfalters *Strymonida pruni* (×5).

Färbung

sächlich ist die Mehrzahl aller Tagfalter auf der Unterseite weniger bunt gefärbt als auf der Oberseite. Selbst wenn ein Falter, z. B. isoliert in einer Sammlung, auffallend gezeichnet erscheint, kann er doch im Freien mit seiner Umgebung völlig verschmelzen.

Blattähnliche Zeichnungen und Formen sind besonders häufige Beispiele der Tarnung (siehe auch Seite 62/63). Die gefleckten Falter der Nymphaliden-Gattung *Polygonia* (Seite 57) sehen wie zerfetzte Blätter aus und sind im welken Laub, in dem sie auch überwintern, gut getarnt.

Die ungewöhnlichen Blattschmetterlinge der Gattung *Kallima* (Nymphalidae), die in der indo-malayischen Faunenregion vorkommen, sind wahrscheinlich die meistzitierten Beispiele für natürliche Tarnung im ganzen Tierreich. Mit zusammengeklappten Flügeln haben die Tiere die Form eines großen elliptischen Blattes mit Stiel. Nicht nur die Grundfärbung entspricht der eines trockenen, abgestorbenen Blattes, sondern sogar alle Details: auf der Unterseite gibt es eine „Mittelrippe" sowie „Flecken", kleine „Löcher" und „Pilzflecken". Diese naturgetreuen Nachahmungen des Falters werden selbst von Naturwissenschaftlern immer wieder als wahre Wunder angesehen.

Die auf Seite 63 abgebildete Art ist *Kallima paralekta*, über die der große Naturwissenschaftler und Entdecker Alfred Russel Wallace in dem Werk *„The Malay Archipelago"* (Der Malaiische Archipel) den unterhaltsamen Artikel schrieb:

„Diese Art war in trockenen Wäldern und Dickichten nicht selten, und oft habe ich mich erfolglos angestrengt, sie zu erwischen, denn nach einem kurzen Flug drang sie in einen Busch mit trockenen oder abgestorbenen Blättern ein; wie sorgfältig ich dann auch zu der Stelle hinkroch, ich konnte sie dann nur sehen, wenn sie plötzlich aufflog und wieder an einem ähnlichen Platz verschwand. Schließlich hatte ich doch das Glück, den genauen Platz, an den sich der Falter setzte, zu sehen. Obwohl er für einige Zeit wieder meinen Blicken entschwand, entdeckte ich ihn endlich unmittelbar vor meinen Augen; er glich aber in seiner Ruhehaltung einem toten am Zweig hängenden Blatt so sehr, daß man ihn nur schwer entdeckte, selbst wenn der Blick voll daraufiel."

Solche Schutzfärbungen findet man gewöhnlich auf der Flügelunterseite, in einigen Fällen können sie aber auch auf der Oberseite erscheinen. Vertreter der neotropischen Gattung *Hamadryas* (Nymphalidae) ruhen an Baumstämmen häufig in einer für Tagfalter ungewöhnlichen Stellung: mit dem Kopf nach unten und gespreizten Flügeln. Die blau und grau gesprenkelte Färbung der Flügeloberseite harmoniert perfekt mit der Baumrinde. Der Falter hält die Flügel ganz flach gegen den Baum, so daß sie Teil der Oberfläche zu sein scheinen, kein Schatten hebt den Umriß des Falters hervor. Die Wirksamkeit der Schutzfärbung kann durch solch eine Verhaltensweise noch beträchtlich verstärkt werden. Eine völlige Farbähnlichkeit mit der Umgebung kann wirkungslos werden, wenn der ruhende Falter einen Schatten wirft, der seine Anwesenheit verrät. Diese Gefahr ist bei Arten, die gewöhnlich am Boden oder auf anderen flachen Flächen sitzen, am größten. Viele Satyriden orientieren sich, wenn sie ruhen, zur Sonne hin, um ihren Schatten auszuschalten oder ihn zumindest auf ein Minimum zu reduzieren. Einige Tagfalter, wie der Ockerbindige Samtfalter *Hipparchia semele*, neigen ihren Körper und ihre Flügel der Sonne entgegen, um die Größe ihres Schattens zu reduzieren. Wenn man sich ihnen nähert, verhalten sie sich ähnlich, so daß nur wenig von ihren Flügeln zu sehen ist. Schmetterlinge der Gattung *Oeneis*, die in der offenen arktischen Tundra zu Hause sind, nehmen die extremsten Stellungen ein: Sie legen sich auf die Seite, um keinen Schatten zu werfen. Durchsichtige Falter fliegen oft dicht über dem Boden, der dann durch die Flügel hindurch sichtbar wird und so den Falter schwer erkennen läßt.

Färbung

Auflösende Zeichnungsmuster

Die Schutzfärbung kann mit Musterung, Flügelform und Ruhestellung kombiniert werden, so daß der Tarneffekt noch gesteigert wird. Das auffallendste und hinderndste Merkmal eines ruhenden Falters ist sein in etwa dreieckiger Körperumriß. Häufig findet man Musterungen, die die allgemeine Schutzfärbung überlagern; sie dienen dazu, die Form des Schmetterlings entweder durch Verwischen des Umrisses oder durch Auflösen der allgemeinen Form zu entstellen. Die Unterseite des europäischen Kleinen Fuches *Aglais urticae* bietet ein gutes Beispiel für diese beiden Möglichkeiten. Die braune Färbung der Flügelunterseite ähnelt der eines abgestorbenen Blattes. Der Flügelrand ist abwechselnd dunkel- und hellbraun gemustert, dadurch erscheinen die sonst klaren Ränder verwischt. Außerdem ist die Basis der Flügel dunkelbraun, um in den körperfernsten Teilen plötzlich hellgelbbraun zu werden. Wenn der Falter mit zusammengeklappten Flügeln ruht, lösen die gegensätzlichen Musterungen, die die Flügel sozusagen durchschneiden, den charakteristischen Umriß auf.

Dieses auflösende Färbungsmuster kann ein Teil der Tarnung bei Arten mit Schutzfärbung sein, es kann aber auch völlig den Hauptcharakter des Schutzes übernehmen. Die Unterseite des europäischen Falters *Colobura dirce* ist kräftig cremefarben und braun gezeichnet und bildet ein bizarres Muster aus Streifen, Bändern und Zickzacklinien, die die Flügelform optisch aufteilen. Ähnlich ist es bei den zur neotropischen Gattung *Diaethria* zählenden Arten, deren Flügelunterseiten auffällig schwarz und weiß gemustert sind. Isoliert wirken diese Zeichnungen auffällig und sind deutlich sichtbar, sie verschmelzen auch nicht mit der Umgebung wie Formen mit Schutzfärbung. Dafür zeigen sie aber ein bizarres Durcheinander, das optisch eher für bedeutungslos gehalten wird, als daß man in ihm einen Schmetterling erkennt. Bei der Schutzfärbung wird der Schutz dadurch erreicht, daß der Falter mit seiner Umgebung verschmilzt, so daß man ihn schwer erkennen kann; bei den auflösenden Zeichnungsmustern kann man die Tiere zwar sehen, man kann aber nicht erkennen, um was es sich handelt.

Augenflecken oder Ocellen

Ein anderer schutzbietender Trick ist der, die Aufmerksamkeit eines Räubers durch Zeichnungsmuster von den lebenswichtigen Körperteilen abzulenken. Augenflecken oder Ocellen, die in den Flügelzeichnungen der meisten Tagfalterfamilien vorkommen, sind wahrscheinlich das beste Beispiel für diese Art der Färbung. Am häufigsten findet man Ocellen bei Arten aus den Familien der Satyridae, Brassolidae, Morphidae und Amathusiidae. Die Ähnlichkeit dieser Flecken mit richtigen Augen kann sehr oberflächlich sein; viele Satyriden-„Augen" bestehen z. B. aus einem runden schwarzen Flecken mit nur einem winzigen weißen Punkt darin. Zuweilen haben die Augenflecken eine überraschende Ähnlichkeit mit einem Wirbeltierauge, z. B. bei der neotropischen Gattung *Caligo*, den sogenannten Eulen-Schmetterlingen (Seite 238/239); sieht man die ausgebreiteten Flügel eines solchen Falters von der Unterseite und mit dem Kopf nach unten, dann erinnert er sehr an ein Eulengesicht mit zwei großen starren Augen; es ist allerdings schwierig, sich eine natürliche Situation vorzustellen, in der der Falter beide Augen in dieser Weise zeigen kann. Behauptungen, der Schmetterling ruhe gewöhnlich kopfabwärts, sind völlig falsch.

Über den Wert der Ocellen für das Überleben des Falters ist viel diskutiert worden. Wahrscheinlich stellen die Augenflecken-Ketten auf der Unterseite

Rechts: Am eindrucksvollsten wird die Schutzfärbung von den Blattschmetterlingen der orientalischen Region vorgeführt — sie haben eine verblüffende Ähnlichkeit mit Blättern.
Bei den Faltern 1 – 6 handelt es sich um den malayischen *Kallima paralekta*. Die Variabilität dieser Art kommt in der Abbildung gut zum Ausdruck; es wäre sehr schwer, zwei Falter zu finden, deren Unterseite genau gleich wäre. Die Verschiedenheit ist jedoch nicht unbegrenzt; eine Überprüfung von Hunderten von Faltern zeigt, daß es vielleicht acht oder zehn Grundformen verschiedener Kombinationen gibt. Das läßt vermuten, daß das Farbmuster der Unterseite nicht durch Zufall entsteht, sondern durch die gegenseitige Beeinflussung einer ganzen Anzahl von Genen hervorgerufen wird.

Unten: Der afrikanische Blattschmetterling *Precis tugela* gleicht in Ruhestellung ganz einem Blatt; die Schwänze der Hinterflügel bilden sogar einen „Blattstiel" (×2).

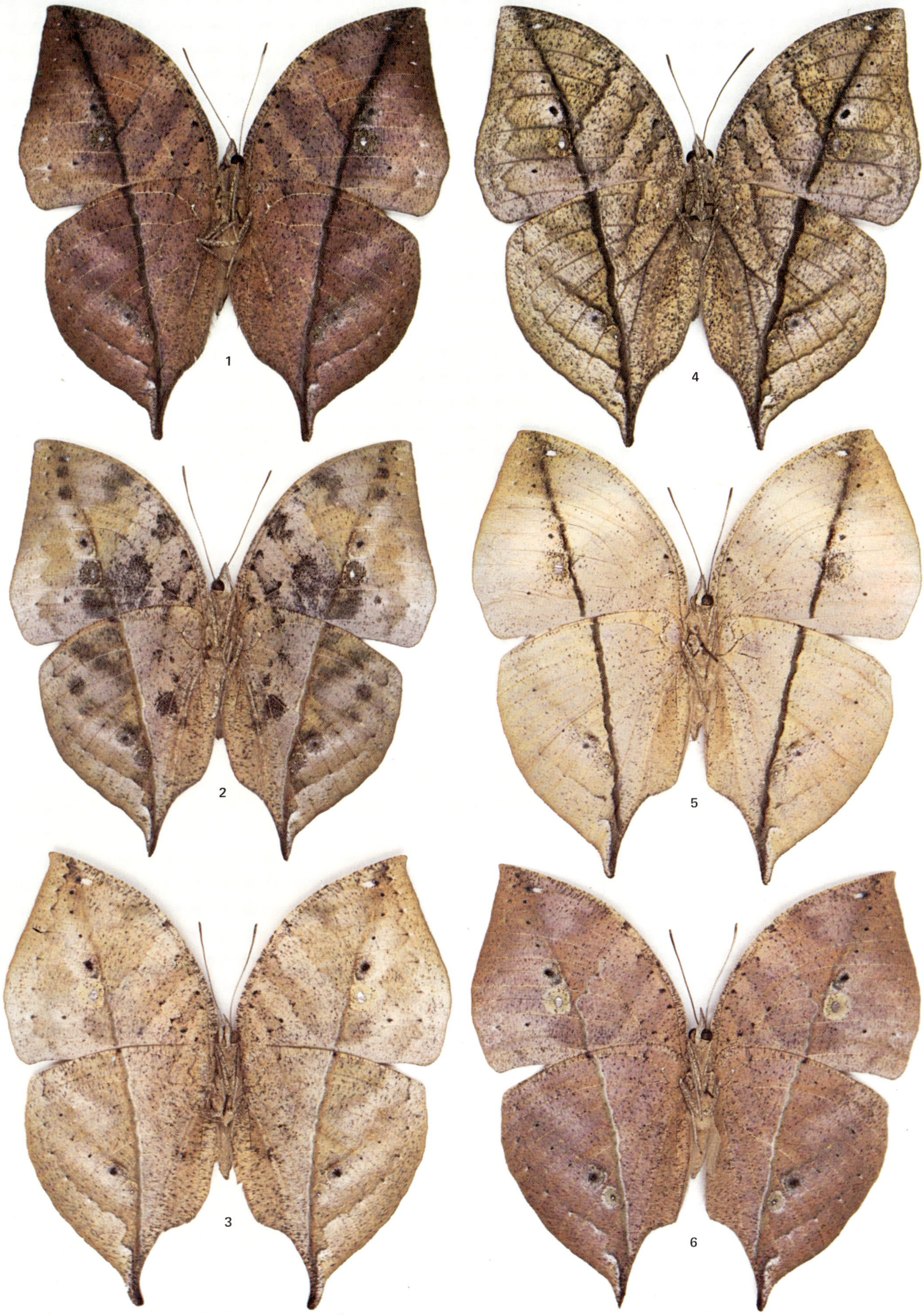
1
4
2
5
3
6

Färbung

der meisten *Morpho*-Arten (siehe Seite 64/65 und 228/237) auflösende Zeichnungsmuster dar, die dazu beitragen, die Form der Unterseite zu verwischen. In den meisten Fällen jedoch sollen die Ocellen abschreckend wirken, als „Signalflächen" möglichen Räubern, z. B. Vögeln, gegenüber. Es besteht die Meinung, daß ein Vogel, der auf einen in dieser Weise gezeichneten Schmetterling stößt, eher nach einem auffälligen Augenfleck picken wird, als nach einem verwundbaren Körperteil. Die Beschädigung des Flügels würde weniger schlimm sein, als wenn der Körper selbst getroffen wäre; der Verlust größerer Flügelteile kann z. B. von Faltern der Gattung *Taenaris* (Seite 223 und 226/227) gut verkraftet werden. Viele Lycaeniden besitzen außer den Ocellen Besonderheiten im Körperbau, die am hinteren Innenwinkel des Hinterflügels einen „falschen Kopf" erscheinen lassen. Dieser Teil des Flügels ist in feine Schwänze ausgezogen (siehe Seite 171); bei tropischen Arten können diese sehr lang und vielgestaltig sein, z. B. bei der äthiopischen Gattung *Hypolycaena*. Die Aufmerksamkeit eines Räubers kann außerdem noch durch besondere Flügelbewegungen auf das Hinterende des Insektes geleitet werden. Die Falter reiben gewöhnlich ihre Flügel gegeneinander, was bewirkt, daß sich die Schwänze seitlich verdrehen und dadurch die Vorstellung eines Kopfes mit sich aktiv bewegenden Fühlern geben. Man kann häufig tropische Lycaeniden finden, denen dreieckige Ausschnitte aus den Hinterflügeln fehlen. Dorthin haben wahrscheinlich Vögel in der Annahme gepickt, es handle sich um den Kopf eines größeren Insektes.

Schreckfarben

Tagfalter mit Augenflecken oder anderen auffälligen Farbmustern können einen gewissen Schutz dadurch erreichen, daß sie diese Farben ihren Feinden mit plötzlichen Bewegungen zeigen. Der ruhende Schmetterling ist mit seinen düster gefärbten Vorderflügeln ganz unauffällig; wenn er aber gestört wird, zieht er plötzlich seine Vorderflügel hoch und zeigt die Hinterflügel, die lebhaft gefärbt sind, leuchtend rot z. B. bei den *Catocala*-Arten oder mit riesigen Augenflecken bei *Automeris io*. Diese Schocktherapie kann einen Räuber lange genug vom Angriff abhalten, so daß das Insekt unbeschädigt entfliehen kann. Nachtfalter zeigen diese Kombination von Färbung und Verhalten besonders gut, sie ist aber auch von einigen Tagfaltern bekannt. Wenn z. B. der Ockerbindige Samtfalter *Hipparchia semele* ruht, sieht man nur die Schutzfärbung der Unterseite. Nähert man sich aber dem Falter und stört ihn, dann reagiert er mit plötzlichem Anheben der Vorderflügel und zeigt dabei einen großen schwarzen Augenfleck auf der Unterseite des Vorderflügels, der in Ruhestellung vom Hinterflügel verdeckt ist. Das Tagpfauenauge *(Inachis io)* zeigt, wenn es ruht, nur Schutzfarben, bei Störungen enthüllt es aber die vier großen Augenflecken ganz plötzlich, indem es seine Flügel aufschlägt. Auch Raupen bedienen sich solcher Ocellen, um ihre Feinde zu erschrecken. Die ausgewachsene Raupe des amerikanischen Schwalbenschwanzes *Papilio troilus* hat auf ihrem Thorax zwei auffällige Augenflecken. Wenn sie gestört wird, kann sie diesen Körperteil anschwellen lassen, so daß sich die Haut dehnt und die Augenflecken noch größer werden.

Auffällige Farbzeichnungen

Es gibt eine große Anzahl von Schmetterlingen, deren Farbmuster keine große Bedeutung für das Überleben haben. Es gibt z. B. einige Arten, die leuchtend gefärbt und dadurch sehr auffällig sind. Solche Farben setzen den Schmetterling sicher eher dem Angriff von Räubern aus, als daß sie einen Schutz bieten;

Färbung

sie spielen jedoch eine andere Rolle bei der Erhaltung der Art. Leuchtende Farben und auffällige Musterungen tragen dazu bei, daß sich die einzelnen Falter bei der Werbung und Revierbesetzung erkennen, so wie das bei vielen Vögeln der Fall ist. So ist es tatsächlich möglich, ein blaues *Morpho*-Männchen anzulocken, wenn man an der Stelle, an der die Art vorkommt, ein Stückchen leuchtendblaues Papier in der Sonne flattern läßt.

Bei diesen Schmetterlingen hat die leuchtende schillernde Blaufarbe auch noch eine andere Funktion. Diese Falter bewohnen tropische Regenwälder – gewöhnlich findet man sie in der Nähe von Wasser, vor allem Wasserfällen. In schnellem, unregelmäßigem Flug folgen diese Falter den Wasserläufen, dabei sind sie mal im Licht, mal im Schatten. Kommen sie durch einen sonnigen Fleck, so blitzen die Flügel blau auf, im Schatten aber erscheinen sie als dunkle Silhouette. Für einen Räuber ist es schwer, ihnen im Flug zu folgen, weil das Jagdobjekt in einem Augenblick leuchtend blau, im nächsten aber verschwunden ist und durch eine dunkle Gestalt ersetzt wird. Die momentane Verwirrung und die Unentschlossenheit des Räubers können genügen, den Falter unbeschädigt entkommen zu lassen.

Schmetterlinge, die durch giftige oder schlecht schmeckende Körpersäfte geschützt sind, nehmen gewöhnlich eine auffällige Färbung an, um ihre Gegenwart und Identität anzuzeigen. Für solche Falter ist es vorteilhaft, wenn sie von ihren Feinden als ungenießbar erkannt werden, bevor sie angegriffen werden. Aus diesem Grund benützen sie leuchtende Warnfarben wie rot, orange oder gelb in Kontrastmustern, oft mit schwarzen oder dunkelbraunen Streifen. Ein Vogel oder ein anderer Räuber, der einen solchen Schmetterling fängt und ihn fressen will, lernt, Zeichnung und Farbe mit unangenehmen Eigenschaften in Verbindung zu bringen und meidet hinfort ähnliche Falter. Der wohl bekannteste Falter mit solchen Warnfarben ist der Monarch, *Danaus plexippus* (Danaidae). Andere besonders schöne Beispiele dieses Färbungstyps findet man in den Familien Heliconiidae und Acraeidae. Nichtverwandte Arten, die im selben Biotop leben und durch ihre Ungenießbarkeit geschützt sind, neigen dazu, eine gewöhnliche Färbung anzunehmen; ungeschützte Arten dagegen ahmen die Warnfarbe auch nach. Diese interessante Erscheinung der Mimikry wird in Kapitel 9 behandelt.

Hybriden und Übergangsformen

Natürlich vorkommende Schmetterlings-Hybriden sind selten; solche Formen wurden jedoch in Zuchtexperimenten oft durch „Handpaarung" hergestellt, vor allem bei den Papilionidae. Hybriden können Farben (oder auch andere anatomische Merkmale) besitzen, die sich von beiden Eltern herleiten. Ein im Freien gefangener Hybride zwischen *Callicore cynosura* und *C. pastazza* (Nymphalidae) aus Peru ist auf Seite 61 abgebildet. Die Oberseite ist hauptsächlich wie *cynosura*, allerdings ist der innere Fleck im Vorderflügel (bei *pastazza* gar nicht vorhanden) stark reduziert, ebenso der Fleck im Hinterflügel. Die Außenränder der Hinterflügel zeigen deutlich das schillernde Purpurblau von *C. pastazza*, auch die Unterseite dieses Falters entspricht völlig dieser Art. Übergangsfarbformen sind keine Hybriden, sondern einfach Beispiele, die Übergänge zwischen zwei Formen der gleichen Art zeigen. Auf Seite 75 sind zwei Falter des neotropischen Nymphaliden *Anaea (Siderone) marthesia* abgebildet. Diese Art tritt in einer ganzen Anzahl verschiedener Formen auf, die zuweilen als eigene Arten angesehen wurden. Aber selbst die unähnlichsten Formen sind durch Übergangstypen verbunden, von denen jede eine andere Kombination der Merkmale zeigt, die die einzelnen Formen unterscheiden. Ähnliche Übergänge zwischen Farbformen findet man auch bei anderen Faltern.

Beispiele von drei Familien, bei denen die Augenflecken (Ocellen) auf der Flügelunterseite sehr gut entwickelt sind. 1. *Morpho achilles* (Morphidae), Brasilien; 2. *Taenaris* ...tops (Amathusiidae), Neuguinea; 3. *Caligo* ...oneus (Brassolidae), Peru.

Kapitel 8
Variation
Verschiedenheit innerhalb der Art

Variation ist ein grundlegendes Merkmal aller Tiere. Es wird häufig übersehen, daß nicht alle Tiere einer Art stets die Ebenbilder ihrer Eltern sind. Es sind keine maschinell hergestellten Massengüter, sondern lebende Geschöpfe: jedes Individuum ist die Verkörperung und der Ausdruck einer einmaligen Zusammenstellung des genetischen Materials.

In diesem Licht gesehen, sind Abweichungen zwischen den einzelnen Tieren weniger unerwartet, und es ist sicher richtig, daß die Tagfalter diesen Zug deutlicher zeigen als die meisten anderen Tiere. Tatsächlich ist die Variationsbreite in der Musterung der Flügel bei einigen Tagfaltern so groß, daß es sehr schwierig ist, innerhalb einer Art zwei völlig gleiche Tiere zu finden. Einige Arten, vor allem solche mit ausgeprägten Mustern oder Zeichnungen, haben eine größere Tendenz zur Variabilität als andere. Auch sind Variationen in einigen Familien häufiger als in anderen; sie sind in bestimmten Gebieten besonders weit verbreitet, vor allem dort, wo isolierte Populationen vorkommen. Die abnormen Formen können übertriebene oder vergrößerte Zeichnungen besitzen, durch die die Falter noch attraktiver werden als ihre typische Form. Das hat dazu geführt, daß sich Entomologen auf das Studium von Variationen spezialisiert haben und einen großen Teil ihrer Bemühungen darauf verwendet haben, viele solcher Exemplare in Sammlungen zusammenzubringen.

In der Vergangenheit haben Entomologen solche Betätigungen damit zu rechtfertigen gesucht, daß sie eine Unzahl von Namen aufstellten, und zwar für jede abweichende Form einer Art einen neuen, selbst wenn diese sich nur ganz geringfügig von der anderen unterschied. Das ist jedoch genauso unnötig, wie wenn man für die verschiedenen kleinen Variationen zwischen den Menschen, wie z. B. „blond" und „brünett" wissenschaftliche Bezeichnungen einführen würde. Trotzdem sind viele Unterschiede sowohl in der Farbzeichnung als auch in Flügelform und Größe der Schmetterlinge, die durch eine Anzahl gut bekannter biologischer Erscheinungen hervorgerufen werden, von Interesse. Die Faktoren, die für solche Variationen verantwortlich sind, können im Tier selbst als genetische Faktoren liegen oder sie können mit äußeren Einflüssen aus der Umwelt der Falter in Verbindung stehen.

Geographische Variation

Die Variabilität einer Art ist am leichtesten zu erkennen, wenn man eine Reihe von Faltern aus dem gesamten Verbreitungsgebiet und aus verschiedenen Lebensräumen, die in diesem Gebiet vorhanden sind, untersucht. Ist eine Art variabel, so kann man z. B. entdecken, daß die Flügelgröße variiert, abhängig von dem Ort, an dem man das Tier gefangen hat, und daß sie in den einen Gebieten dunkler als in anderen gefärbt ist. Zuweilen ist es möglich, diese sichtbaren Unterschiede im Aussehen der Falter mit der Umwelt in Zusammenhang zu bringen, z. B. mit verfügbaren Futterpflanzen, dem Bodentyp, der Geologie oder der geographischen Länge oder Breite. Die Unterschiede zwischen Faltern aus den extremen Gebieten eines Verbreitungsgebietes werden besonders deutlich, wenn die Arten sehr weit verbreitet sind. Wenn eine Neigung für geographische Isolation vorliegt, – das heißt, wenn physikalische Barrieren wie Meer, Wüste oder Gebirge verhindern, daß sich Schmetterlinge der gleichen Art, jedoch verschiedener Gebiete treffen – dann werden lokale Variationen sehr deutlich. Ist die Isolation vollständig und besteht die physikalische Trennung schon lange Zeit, dann neigt jede isolierte Gruppe einer Art dazu, ihre eigenen besonderen Merkmale auszubilden und eine eigene und kenntliche Rasse oder Unterart zu werden. Wenn dieser Prozeß sich über lange Zeiträume ausdehnt, kann sich schließlich eine neue Art bilden.

Das Beispiel auf dieser Seite zeigt drei Unterarten des Vogelflüglers *Ornitho-*

Oben: Variation der Unterarten des Vogelflüglers *Ornithoptera priamus* (Papilionidae): 1. *ssp. demophanes*, Trobriand-Inseln; 2. *ssp. miokensis*, Duke of York-Inselgruppe; 3. *ssp. urvilleanus*, Salomon-Inseln.

Variation

...*otera priamus*, die in verschiedenen Regionen des Australischen Archipels vorkommen. *O. priamus* ist jedoch erheblich variabler. Es lassen sich allein zwölf gesonderte grüne Formen unterscheiden.

Der Apollo, *Parnassius apollo* (Papilionidae), ist wahrscheinlich das bekannteste Beispiel einer variablen Art in Europa. Dieser sehr attraktive Tagfalter bewohnt Berghänge und Gebirgswiesen überall in Europa und in Teilen von Asien. In den verschiedenen Bergen oder Gebirgszügen neigen die Populationen der Art zur Isolation; es sind die verschiedensten Lokalrassen beschrieben worden, die sich in der Intensität der Schwarzzeichnung und in Größe und Zahl der roten Flecken unterscheiden. In vielen Fällen können die Varietäten einer Art nicht deutlich voneinander unterschieden werden, da innerhalb des geographischen Verbreitungsgebietes einer Art die Formen allmählich ineinander übergehen. Ein besonders schönes Beispiel dafür bietet der Große Heufalter *Coenonympha tullia* in England. Die südlichen Formen dieses Falters haben mehr Flecken und eine tiefere Grundfarbe als die Tiere im Norden; es gibt jedoch keine klare Grenze zwischen den einzelnen Formen und in Gebieten, die zwischen den geographischen Extremen liegen, kann man viele Übergangsformen finden.

Wenn eine Anzahl nahe verwandter Arten der gleichen Gattung in verschiedenen geographischen Gebieten vorkommt, sollte man durch einen Gruppennamen auf ihre Verwandtschaft untereinander hinweisen. Die Mitglieder einer Gruppe von Arten sind nicht durch Übergangsformen miteinander verbunden, sondern sie sind sehr nahe miteinander verwandt und leiten sich vermutlich von einer gemeinsamen Ahnengruppe her. Die verschiedenen Arten der indo-australischen Gattung *Troides* (Papilionidae) werden z. B. in die *amphrysus*-Gruppe, die *helena*-Gruppe usw. unterteilt. Ähnlich sind die Gruppen von Unterarten, die sich in jüngerer Zeit entwickelt haben; hier sind die Individuen, die zu der Gruppe gehören, jedoch gewöhnlich durch Übergangsformen verbunden.

Die Variabilität, speziell nahe verwandter Arten, macht es oft sehr schwierig, sicher zu unterscheiden, welche Tiere zu welcher Art oder Unterart gehören: die Abgrenzung der Gruppe untereinander wird deshalb sehr verschwommen. Die Nymphaliden der Gattung *Agrias* geben ein Beispiel hierfür. Eine Auswahl ist auf Seite 69 abgebildet; sie werden hier als eine besondere Form (f. *narcissus*) von *A. aedon* angesehen. Sie zeigen jedoch auch Ähnlichkeiten

Links: Variationsformen einer Art können in einem begrenzten geographischen Gebiet kontinuierlich ineinander übergehen. Hier ein Beispiel dafür von den Britischen Inseln. Es handelt sich um den Großen Heufalter *Coenonympha tullia*. Von links nach rechts sind jeweils das Männchen, das Weibchen und die Unterseite abgebildet. Die Tiere 1–3 gehören zur f. *scotica*. Die dunklen, stärker gefleckten Falter aus den südlichen Teilen des Verbreitungsgebietes 7–9 sind die f. *davus*. Zwischenformen von beiden 4–6 sind die f. *polydama*. Häufig findet man Falter, die keiner der Formen mit Sicherheit zugeordnet werden können. Solche Varianten können bei Fehlen von klaren Grenzlinien nicht als Subspecies angesehen werden.

Variation

mit einer Form einer ganz anderen Art, *A. claudina*. In solchen Fällen wird die Klassifikation und Namensgebung der Tagfalter (siehe Kapitel 13) sehr verwirrt; sie wird mehr Gegenstand persönlicher Meinung als exakte Wissenschaft.

Saisonvarianten

Tagfalter mit mehr als einer Generation im Jahr zeigen oft Saisonvarianten, vor allem, wenn die verschiedenen Generationen unter sehr unterschiedlichen klimatischen Bedingungen heranwachsen. In gemäßigten Gebieten können Unterschiede zwischen den Frühjahrs- und Sommerformen einer Art auftreten. In den Tropen gibt es keine derartigen Temperaturunterschiede im Laufe eines Jahres, dafür aber Regen- und Trockenzeiten mit entsprechenden Tagfaltervarianten.
Es gibt viele Beispiele von Tagfaltern, die in den verschiedenen Jahreszeiten unterschiedlich gezeichnet sind. Es scheint so, als ob die Durchschnittstemperatur während der Entwicklungsphasen jeder Faltergeneration der Faktor ist, der das Farbmuster festlegt, allerdings kann auch die Feuchtigkeit mitbestimmend sein. Die Einwirkung der Temperatur ist nicht bei allen Familien gleich. So bilden z. B. viele Nymphaliden mit zwei Generationen bei niedrigen Temperaturen dunkle Formen aus, für viele Pieriden gilt jedoch genau das Gegenteil. Der Saisondimorphismus umfaßt auch Unterschiede in Größe und Form der Flügel. Im extremsten Fall können die jahreszeitlich abhängigen Formen so verschieden aussehen, daß man schwer glauben kann, daß sie zu ein und derselben Art gehören.
Das europäische Landkärtchen *Araschnia levana* (Nymphalidae) (siehe oben) bildet auffallend verschiedene Saisonformen aus. Die Frühjahrsgeneration (f. *levana*) gleicht auf ihrer Oberseite einem Scheckenfalter, während die zweite Generation (f. *prorsa*) mit ihren schwärzlichen Flügeln und weißen Streifen einem kleinen weißen Admiral ähnlich sieht. Die Unterseiten sind bei beiden Generationen ähnlich gefärbt. Bei dieser Art scheint die Umgebungstemperatur indirekt auf die Ausfärbung einzuwirken, indem sie die Entwicklungsrate beeinflußt.
Ein anderes sehr auffallendes Beispiel von Saisondimorphismus (siehe oben) zeigt der afrikanische Nymphalide, *Precis octavia*. Die Regenzeitform dieser Art ist überwiegend orangefarben mit schwarzen Zeichnungen, die Trok-

Oben ganz links: Die Regenzeitform (1) und die Trockenzeitform (2) des afrikanischen Nymphaliden *Precis octavia* sind in der Färbung so verschieden, daß sie von früheren Entomologen als Angehörige zweier verschiedener Arten angesehen wurden.

Oben Mitte: Die Frühjahrsform des europäischen Landkärtchens *Araschnia levana*, von dem Männchen (1) und Weibchen (2) abgebildet sind, ist völlig anders als die, ebenfalls als Pärchen abgebildete dunklere, anders gezeichnete Sommerform (3 und 4).

Oben: Ungewöhnliche klimatische Verhältnisse bringen mitunter Formen, die in Farbe und Zeichnung zwischen den charakteristischen Saisonformen stehen, hervor, wie bei diesem Beispiel von *Araschnia levana* aus Südfrankreich (×2).

Rechts: Obwohl es wahrscheinlich nur fünf *Agrias*-Arten (Nymphalidae) gibt, entstanden durch große Mengen lokaler Variationen und durch ausgedehnten Polymorphismus und Parallelismus (Ähnlichkeit mit anderen *Agrias*-Arten oder anderen Nymphaliden-Gattungen) Hunderte von Formen. Die hier abgebildeten *narcissus*-Formen gelten als eine Unterart von *Agrias aedon*, manche Spezialisten halten *narcissus* jedoch für eine eigene Art. *Agrias aedon* Hew. ssp. *narcissus* Stgr. (Männchen links, Weibchen rechts): 1. typisches Männchen (Brasilien); 2. Form *stoffeli* Mast de Maeght und Descimon (Venezuela); 3. Form *stoffeli*, Variante; 4. Form *stoffeli* ab. *gerstneri* Mast de Maeght und Descimon (Venezuela); 5. Form *obidona* Lathy (Brasilien); 6. typisches Weibchen (Brasilien); 7. Form *stoffeli* ab. *negrita* auct.? (Venezuela); 8. Form *stoffeli* ab. *lichyi* Mast de Maeght und Descimon (Venezuela).

Variation

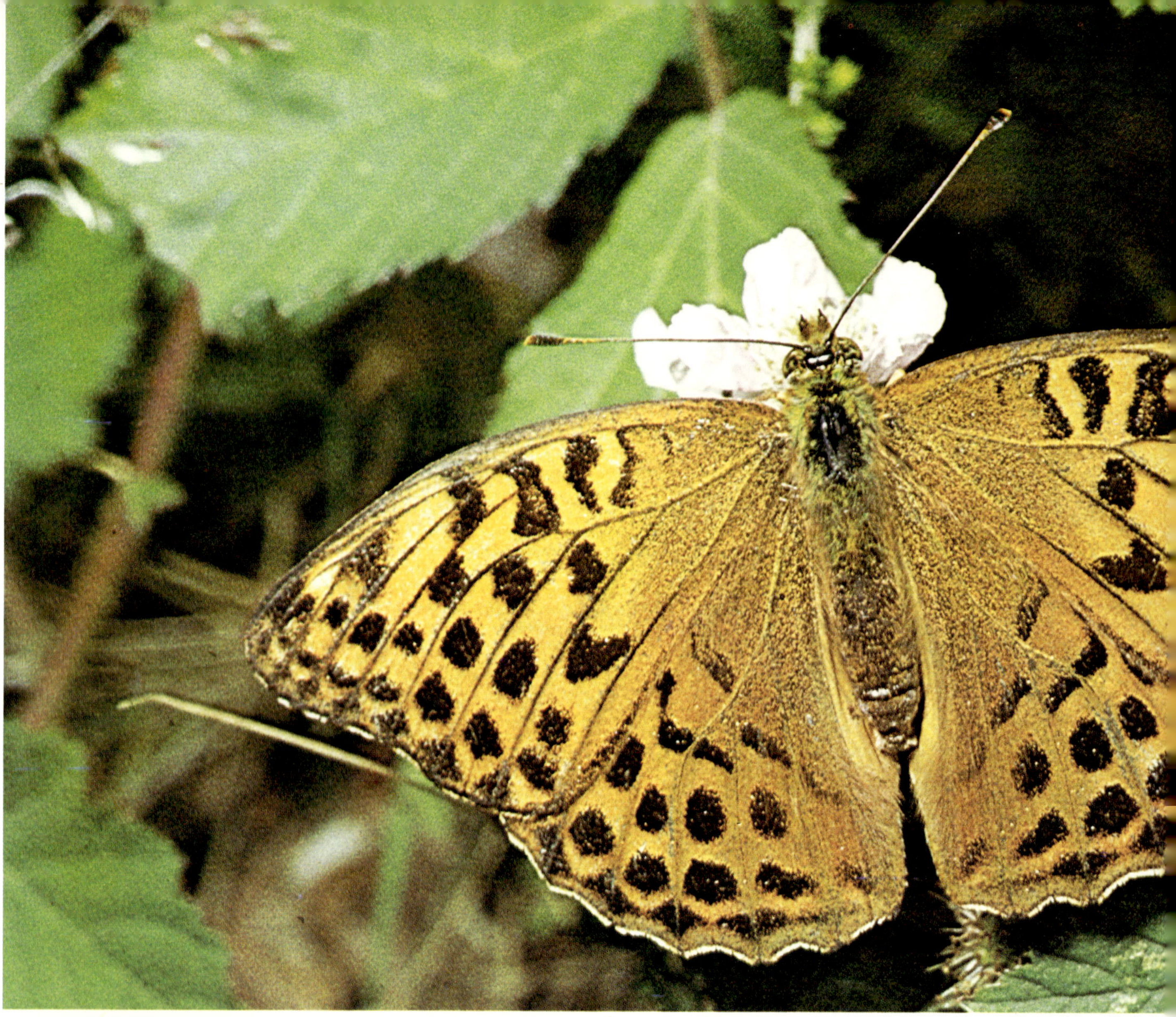

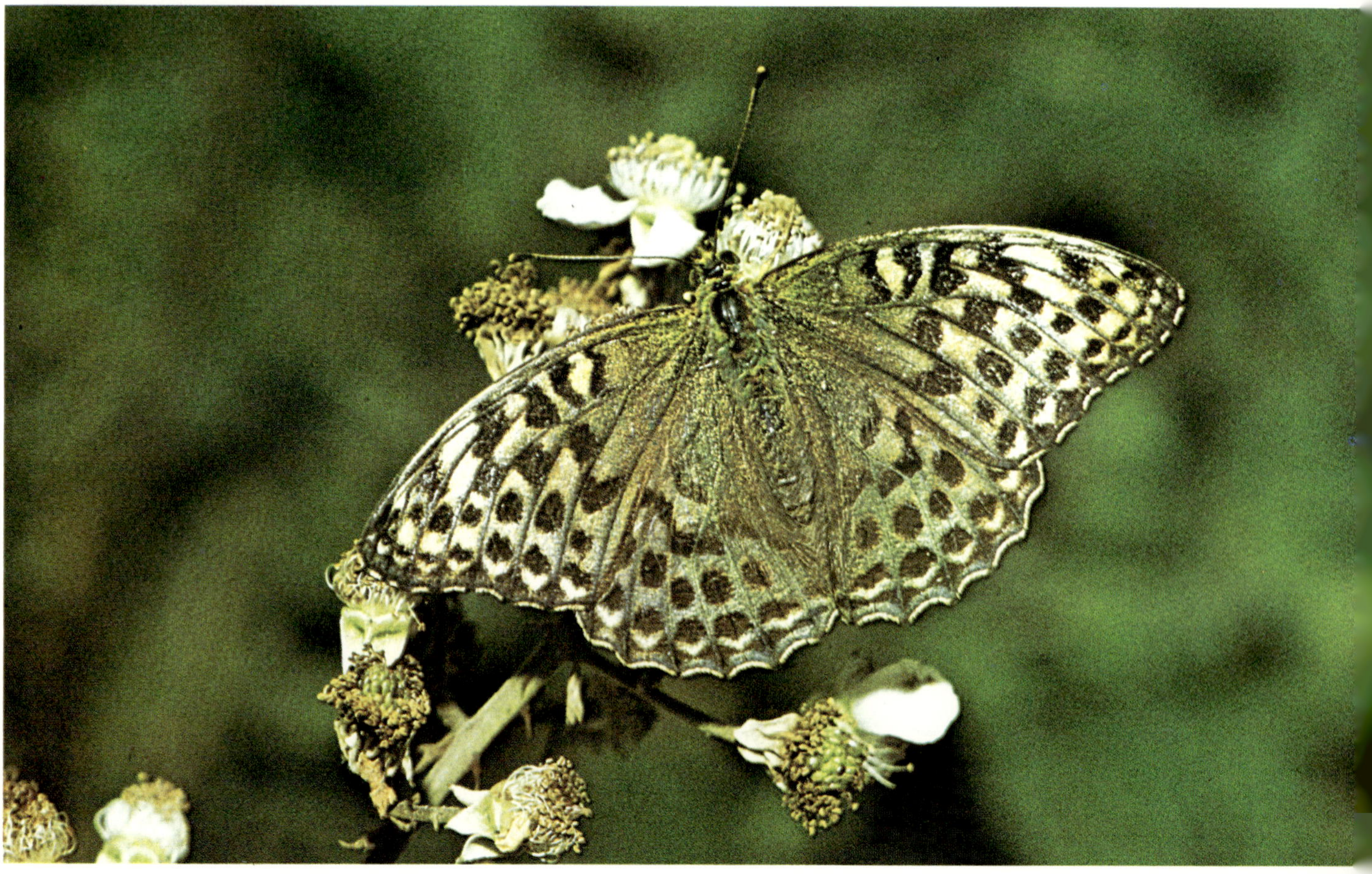

Variation

kenzeitform dagegen ist fast ganz schwarz und blau gefärbt, ohne eine Spur orange. Die Gründe, warum sich bei diesem Falter verschiedene Farbformen herausgebildet haben, sind noch nicht bekannt, die Zeichnungen müssen jedoch irgendeine Funktion haben, die die Überlebenschance des Falters verbessert oder ihm zumindest nicht schadet. Vielleicht liegt die Antwort darauf in der Verhaltensweise der Falter während der Trockenperioden. Die Trockenzeiten in den Tropen entsprechen dem gemäßigten Winter insofern, als sie vielen Pflanzen und Tieren harte Umweltbedingungen liefern. Arten, die von der Feuchtigkeit abhängig sind, werden inaktiv und „übersommern" in den trockenen Monaten. *Precis octavia* sucht gewöhnlich unter Steinbrocken Schutz und übersommert dort. An diesen Stellen ist offenbar die blaue Form besser getarnt als die ziemlich auffällige orange Form der Regenzeit. Ähnlich ist es bei der nahe verwandten Art *Precis pelarga*, bei der die Trockenzeitform wellige Flügelränder und eine Schutzfärbung der Unterseite besitzen, wodurch sie vermutlich bei ihrer Übersommerung im abgestorbenen Laub besser geschützt sind. Man kann die verschiedenen Saisonformen auch künstlich herbeiführen, wenn man die oben genannten Arten in Gefangenschaft züchtet und während der Entwicklungszeit die Temperatur- oder Feuchtigkeitsverhältnisse ändert. Setzt man z. B. die Raupen oder Puppen extremen Temperaturen aus, so ist es möglich, abnorme Farbformen hervorzurufen. Die dunklen „melanistischen" Formen der Nymphaliden (siehe Seite 74) sind auf diese Weise künstlich durch extrem tiefe Temperaturen erzeugt. Macht man den gleichen Versuch mit hohen Temperaturen, so entstehen Varianten, bei denen die dunklen Flächen reduziert sind. Bei all diesen Versuchen ist die Sterblichkeitsrate sehr hoch; in freier Natur sind solche extremen Tiere äußerst selten.

Die Zeichnung eines Schmetterlings kann auf noch andere Weise durch Umwelteinflüsse verändert werden: Wenn der Falter z. B. in einem bestimmten Entwicklungsstadium beschädigt wird, kann dies leicht dazu führen, daß das verletzte Gebiet weniger Pigmente enthält oder sogar ganz ohne Pigment ist. Diese „ausgebleichten" Formen findet man beim Ochsenauge *Maniola jurtina* besonders häufig.

Genetische Faktoren

Viele Variationen in Farbzeichnung und Erscheinungsform werden durch genetische Faktoren hervorgerufen. Einige genetische Varianten können auch Abnormitäten oder abweichende Spielarten sein. Der genetische Ablauf der Vererbung wurde in Kapitel 6 behandelt. Dieser Abschnitt befaßt sich mit den Varianten, die durch die genetische Zusammensetzung der Falter hervorgerufen werden.

Sexualdimorphismus, das heißt Verschiedenheiten im Aussehen von Männchen und Weibchen, ist das geläufigste Beispiel genetisch erzeugter Unterschiede. Bei einigen Arten besteht zwischen den Geschlechtern nur ein sehr geringer Unterschied, gewöhnlich sind jedoch die Weibchen einer Art größer als die Männchen. Es gibt viele Beispiele, bei denen sich die Geschlechter einer Art in Größe, Farbe und Form unterscheiden. Manchmal sind die Unterschiede so groß, daß die beiden Geschlechter einer Art früher von Entomologen als zwei getrennte Arten beschrieben wurden. Die Unterschiede in Flügelgröße und -form hängen wahrscheinlich mit Verschiedenheiten im Verhalten und in der Flugart der Geschlechter zusammen. Farbunterschiede können auch anderen Faktoren zugeschrieben werden. Die Männchen sind oft auffällig und leuchtend gefärbt, wahrscheinlich zur Erkennung und Werbung; ihre Weibchen dagegen sind düster und eintönig gefärbt, um geschützt zu sein. Die

Die Weibchen des europäischen Kaisermantels *Argynnis paphia* sind normalerweise dunkelorangebraun gefärbt, wie der Falter oben (×4). Es kommt jedoch auch eine zweite, seltenere weibliche Form vor, die unter dem Namen *valesina* bekannt ist. Bei dieser Form (links, ×2) ist die Grundfärbung bronzegrün. In solch einem Fall spricht man von dimorphen Weibchen. Der Faktor, der für die *valesina*-Form verantwortlich ist, ist offenbar geschlechtsgebunden, da diese Form bei den Männchen nicht bekannt ist. Aus noch unbekannten Gründen kommt die *valesina*-Form nicht überall vor, oder sie ist in manchen Gebieten äußerst selten, während sie in anderen Bezirken relativ häufig auftritt.

Variation

Obwohl die meisten Tagfalter in einem gewissen Grade zu Variationen neigen, sind einige in dieser Hinsicht besonders bemerkenswert. Eine der variabelsten Arten der Lycaenidae ist der europäische Silbergrüne Bläuling *Lysandra coridon*. Frühere Sammler haben sich mit diesen Variationsformen leidenschaftlich befaßt und sie katalogisiert, sogar eine größere Monographie befaßt sich mit ihnen. Ein paar der bekanntesten sind hier abgebildet: 1. ein typisches Männchen (×3); 2. ein typisches Weibchen (×4); 3. Weibchen f. *semi-syngrapha*, mit ausgedehntem Blau, das aber dunkler ist als bei den Männchen (×3); 4. Weibchen f. *syngrapha*, das dem Männchen sehr gleicht mit Ausnahme der Randflecken (×4); 5. Männchen ab. *fowleri* mit weißem Saum (×2); 6. Weibchen ab. *fowleri*, eine Aberration, die bei Weibchen sehr selten ist (×2).

Bläulinge und Feuerfalter der Familie Lycaenidae bieten einige schöne Beispiele dieser Art von Dimorphismus.

Meist handelt es sich hinsichtlich der genetischen Variation bei Tagfaltern um Abnormitäten oder wenigstens um atypische Varietäten. Ein besonders interessantes Beispiel bietet der Kaisermantel *Argynnis paphia*. Bei dieser Art sind die Weibchen dimorph, d. h. sie kommen in zwei verschiedenen Formen vor. Das typische Weibchen unterscheidet sich zwar in der Größe vom Männchen, ist jedoch ganz ähnlich wie dieses gefärbt: kräftig orangebraun. Außer diesem gibt es aber noch eine ziemlich seltene Weibchen-Form dieser Art (f. *valesina*), die allgemein dunkler ist und eine olivgrüne Grundfarbe besitzt. Beide Formen kommen im gleichen Biotop vor, f. *valesina* ist viel seltener; man findet sie an bestimmten Plätzen jedoch auch regelmäßig. Diese Spielart ist ein schönes Beispiel für geschlechtsgebundene Vererbung, die bei den Männchen niemals aufttritt. Alle Männchen sehen normal aus, obwohl auch ein kleiner Prozentsatz von ihnen die *valesina*-Gene trägt. Paart sich solch ein Männchen mit einem typischen Weibchen, dann tritt bei einigen der weiblichen Nachkommen die *valesina*-Form auf.

Ein weiteres Beispiel liefert der Postillon oder Wandergelbling *Colias crocea*. Die Männchen dieser Art sind tief orangegelb gefärbt, während von den Weibchen wiederum zwei Formen vorkommen. Die typischen Weibchen gleichen in der Färbung den Männchen; daneben tritt noch eine blaßgelbe Varietät auf, die man *helice* nennt. Diese Spielart wird ebenfalls durch geschlechtsbestimmende Gene hervorgerufen. Sie ist allerdings recht selten und kommt nur in einer Häufigkeit von etwa 10 Prozent in der Weibchenpopulation vor. Eine genaue Untersuchung der Variation innerhalb einer einzigen Art kann sowohl die umweltbedingten als auch die genetischen Faktoren, die für die Verschiedenheiten verantwortlich sind, aufdecken. Dem Silbergrünen Bläuling *Lysandra coridon* hat man besondere Beachtung geschenkt, weil er – wie viele andere Lycaeniden auch – sehr stark variiert. Die typischen Männchen und Weibchen sind auffallend dimorph. Die Oberseite der Männchen ist himmelblau, die Weibchen dagegen besitzen braune Flügel. In einigen Populationen haben die Weibchen vereinzelt blaue Schuppen, die aber dunkler ge-

Variation

färbt sind als die der Männchen. Es gibt jedoch auch eine Weibchenform (f. *semi-syngrapha*), bei der die blaue Beschuppung fast den ganzen Hinterflügel überzieht und sich auch auf die Basis des Vorderflügels ausdehnt. Bei einer weiteren Variation sind alle vier Flügel blau gefärbt, so daß der Falter aussieht wie ein Männchen der f. *syngrapha*. Man kann diese Form dennoch von einem richtigen Männchen unterscheiden, und zwar anhand der orangefarbenen Flecken (halbkreisförmig) am Saum der Hinterflügel, die nur charakteristisch für die Weibchen sind. Es handelt sich hier um zwei ganz verschiedene Varietäten und nicht um unterschiedlich starke Ausbildungen der gleichen Varietät. Außer diesen Unterschieden der Flügeloberseite gibt es bei diesen Faltern noch unzählige Variationen der Fleckung der Unterseite. Einige dieser Formen werden wahrscheinlich durch verschiedene Klimabedingungen während der Entwicklung beeinflußt.

Es muß darauf hingewiesen werden, daß „Varietät" kein wissenschaftlich feststehender Begriff ist. Individuen, die von der typischen Form einer Art oder Unterart abweichen, werden als Aberrationsformen bezeichnet. Genau genommen sind diese Formen Abweichungen von der üblichen Erscheinung, die in ziemlich konstantem, gegenüber der ganzen Population jedoch kleinem Verhältnis vorkommen. Aberrationen sind dagegen Abweichungen, die unregelmäßig und zufällig auftreten; hat man ihnen besondere Namen gegeben, setzt man vor sie die Abkürzung „ab".

Melanismus

Einige der Variationen lassen sich auf Störungen im normalen Ausfärbungsmechanismus zurückführen. Dazu gehören z. B. die melanistischen Varianten. Melanine sind Pigmente, die für die schwarzen oder braunen Farben der Falter verantwortlich sind. Sie werden während der Entwicklung durch Einwirkungen eines oxydierenden Stoffes, der Tyrosinase, auf die farblose Aminosäure Tyrosin gebildet. Die Verteilung des Tyrosin wird durch genetische Faktoren beeinflußt; es können Falter hervorgebracht werden, bei denen sich die dunklen Zeichnungen so stark ausbreiten, daß das ganze Tier dunkel er-

Variation

scheint. Eine dieser dunklen oder melanistischen Formen ist auf der gegenüberliegenden Seite zu sehen. Melanistische Formen der *machaon*-Gruppe (Schwalbenschwänze, Papilionidae) treten als seltene Varietäten auf und sind wahrscheinlich genetisch rezessiv. Im Verbreitungsgebiet von *Papilio polyxenes* tritt immer wieder eine melanistische Form auf; man vermutet, daß dies eine Rückkehr zum Ahnentyp sein könnte – ein sogenannter Atavismus. Diese Annahme wird durch die Theorie unterstützt, daß die dunkelbraunen Weibchen vieler Tagfalterarten die „primitive" Schutzfärbung beibehielten, während die Männchen lebhafte auffällige Zeichnungsmuster hervorgebracht haben.

Albinismus

Aberrante Varietäten, bei denen eine rote oder gelbe Grundfärbung durch Weiß ersetzt ist, sind keine richtigen Albinos. Von Albinismus spricht man nur, wenn das Pigment Melanin fehlt. Das ist bei Tagfaltern selten der Fall. Ein Albino vom Ochsenauge ist auf der nächsten Seite abgebildet.

Homeosis

Homeosis ist ein anderer Variationstyp, bei dem die normalen Entwicklungsprozesse durcheinandergebracht worden sind. Bei homeotischen Faltern sind Zeichnungsteile des Vorderflügels auf den Hinterflügeln zu sehen. Diese Übernahme eines Merkmales, das einem anderen Körperteil eigen ist, kann auf eine Verletzung eines früheren Entwicklungsstadiums zurückgeführt werden. Extreme Beispiele dafür findet man selten. Auf der nächsten Seite ist ein Exemplar des Postillions *Colias crocea* (Pieridae) abgebildet, bei dem der dunkle Zentralfleck, der für die Vorderflügel charakteristisch ist, auf den Hinterflügeln erscheint. Streng genommen stellt dieser Falter ein Beispiel für eine Heteromorphose dar, da diese dunkle Färbung im rechten Vorderflügel ebenfalls zu sehen ist – zwar im „falschen" Bereich, jedoch im gleichen Flügel. Homeosis ist jedoch der allgemeine Ausdruck, mit dem man beide Erscheinungen beschreiben kann.

Längere Kälteeinwirkung bewirkt bei einigen Nymphaliden eine Melaninzunahme und dadurch eine Verdunkelung, wie sie bei den hier abgebildeten Pärchen zu sehen ist. Nr. 2, 4 und 6 wurden durch Kühlhaltung der Puppen erzeugt. 1,2 Tagpfauenaugen *Inachis io;* 3,4 Kleiner Perlmutterfalter *Issoria lathonia;* 5,6 Trauermantel *Nymphalis antiopa.*

Einige Beispiele von Variationen: *Anaea (Siderone) marthesia* (Nymphalidae) Peru; 7. ein Falter der f. *nemesis;* 8. Übergang zu f. *mars* (siehe Seite 221). *Morpho aega* (Morphidae), Brasilien; 9. normales Weibchen; 10. Weibchen f. *pseudocypris* – das Blau findet man normalerweise nur beim Männchen. Kaisermantel *Argynnis paphia* (Nymphalidae), Europa: 11. typisches Männchen; 12. melanistische Form ab. *nigricans.* Postillion *Colias crocea* (Pieridae), Europa: 13. typisches Männchen; 14. homeotische Form – mit zusätzlichen dunklen Flecken auf den Flügeln. Ochsenauge *Maniola jurtina* (Satyridae), Europa: 15. typisches Weibchen; 16. Albinoform, der dunkles Pigment fehlt. *Papilio polyxenes* (Papilionidae) USA; 17. normales Männchen; 18. melanistische f. *melasina.*

75

Kapitel 9
Mimikry
Die Kunst der Nachahmung

Die Theorie der Mimikry bei Tagfaltern war in vergangener Zeit sehr umstritten, und man beschäftigte sich in eingehenden Studien mit diesem Phänomen. Es gehört wohl zu den eindrucksvollsten und interessantesten Charakterzügen tropischer Falter, daß so viele, offenbar sehr ähnliche Formen, in Wirklichkeit zu ganz verschiedenen Arten oder gar Familien gehören.

Die Mimikry basiert auf der Voraussetzung, daß z. B. bestimmte Schmetterlingsarten unangenehm, widerlich oder ungenießbar für Räuber (z. B. Vögel und Wirbeltiere) sind, und daß diese Arten auffällige Farbzeichnungen in Warnfarben tragen, die von den Räubern erkannt werden, so daß diese Tiere gemieden werden. Man nimmt weiter an, daß andere harmlose und ganz schmackhafte Falter ähnliche Farbmuster ausgebildet haben und dadurch einen Schutz erreichen, weil die Räuber sie mit den ungenießbaren Arten verwechseln und sie ebenfalls in Ruhe lassen. Die ungenießbaren Falter werden allgemein als „Modelle" angesehen, die ihnen gleichenden Arten als „Nachahmer" oder „mimetische Arten".

Man unterscheidet zwei grundlegende Arten der Mimikry: Die Batessche Mimikry, bei der eine schmackhafte Art ungenießbare nachahmt und die Müllersche Mimikry, bei der zwei oder mehr ungenießbare und oft gar nicht miteinander verwandte Arten dasselbe Farbmuster tragen.

Eine ganze Reihe der grundlegenden Voraussetzungen der Mimikry-Theorie sind nur unzureichend unter wissenschaftlich kontrollierten Bedingungen geprüft worden. Man kennt jedoch gleichartige Fälle im Tierreich, bei denen harmlose Arten Farbzeichnungen von unangenehmeren oder bösartigen Tieren zum Schutz gegen Räuber angenommen haben. Die Zeichnung „gefährlicher" Arten ist gewöhnlich ein einfaches Muster in auffälligen Kontrastfarben, ein leicht kenntliches Zeichen also, das von den Räubern leicht erlernt und erkannt werden kann. Ein schönes Beispiel dafür sind die schwarzgelben Warnfarben der Wespen. Es gibt mehrere nicht miteinander verwandte und völlig harmlose Tiere, die ähnliche wespenähnliche Farbmuster ausgebildet haben, wie z. B. Schwebfliegen und der Wespenbock *Clytus arietis*. Solche Mimikry-Beispiele können noch durch das Verhalten (Verhaltensmimikry) gesteigert werden, z. B. durch Erzeugung eines wespenartigen Summtones. Die mimetischen Arten bluffen; sie suchen Schutz hinter dem „Ruf", der den Wespen vorausgeht. Unter den Tagfaltern sind einige Arten für Räuber ungenießbar, weil sie unangenehm schmecken oder riechen oder weil sie giftige Substanzen enthalten, die z. B. im Larvalstadium aus den Futterpflanzen gewonnen werden. Miriam Rothschild hat z. B. gezeigt, daß der weitverbreitete *Danaus chrysippus* starke Gifte (Cardenolide) enthält, die die Raupen aus ihren Futterpflanzen (Asclepiadaceae) aufnehmen. Derart geschützte Arten sind gewöhnlich auffällig in Kombinationen von Schwarz, Rot, Orange, Gelb und Weiß gefärbt.

Man nimmt an, daß die räuberischen Arten schnell lernen, die Färbung und die allgemeine Erscheinung der ungenießbaren Arten zu erkennen und sie deshalb zu meiden. Ein junger, unerfahrener Vogel wird einen *Danaus chrysippus* wohl angreifen und ihn fressen wollen; er wird aber schnell erfahren, daß dieses Tier ungenießbar und sehr widerwärtig ist. Daraufhin verbindet er dieses ekelerregende Zusammentreffen mit der auffälligen Erscheinung des Schmetterlings und wird keinen weiteren Falter anzugreifen versuchen, so lange er sich an den früheren Versuch erinnert. Wichtig ist, daß, sobald ein Vogel durch unangenehme Erfahrung gelernt hat, einem besonderen Farbmuster aus dem Wege zu gehen, er auch dann weiterhin alle Falter mit diesem Zeichenmuster – auch harmlose – meidet. Auf diese Weise genießen die Nachahmer denselben Schutz wie die Modelle in Gebieten, in denen sie zusammen vorkommen.

Rechts: Batessche Mimikry und Polymorphismus. *Hypolimnas misippus* (Nymphalidae), Indien; 1. typisches Männchen; 2. typisches Weibchen, das Nr. 3 kopiert; 3. *Danaus chrysippus* (Danaidae). Nr. 6: Geschwänztes Männchen des afrikanischen Schwalbenschwanzes *Papilio dardanus*. Die Weibchen zeigen zahlreiche Formen, bei denen ekelerregende Arten aus anderen Familien Modell gestanden haben: 4. f. *hippocoon* ist gemustert wie 8. *Amauris niavius* (Danaidae); 5. f. *planemoides* ahmt *Bematistes poggei* (Acraediae) nach (siehe Seite 191); und 7. ssp. *flavicornis* f. *cenea* ähnelt der kleineren *Amauris echeria* s. sp. *septentrionis* (Danaidae) siehe unten (× 0,75). Besonders interessant ist 9. f. *dionysos* wegen ihrer gemeinsamen Merkmale mit *Amauris*-Arten und 3. *Danaus chrysippus*, die auch in Afrika vorkommen.

77

Mimikry

Man kann sich leicht den Vorgang der Selektion vorstellen, der die Nachahmer verbessert, bis sie in einigen Fällen ihren Modellen so genau gleichen, daß man beide nur noch durch die Untersuchung des Flügelgeäders unterscheiden kann. Die Nachahmer, die ihren Modellen am meisten gleichen, werden öfter von den Räubern für die Modelle selbst gehalten und daher auch häufiger gemieden. Umgekehrt werden Falter, die ihre Modelle schlechter nachahmen, nicht so häufig mit ihnen verwechselt und daher leichter zur Beute. Auf diese Weise werden schlechte Nachahmer allmählich beseitigt, und es bleiben nur die Formen übrig, die dem Modell am besten ähneln. Mimikry erstreckt sich häufig genauso auf das Verhalten wie auf die Färbung; so daß die Nachahmer auch das Verhalten und die Flugweise der Modellarten übernehmen.

Es gibt viele Beispiele der beiden vorher erwähnten Mimikry-Typen. In der Praxis ist es jedoch schwierig, zwischen beiden Typen streng zu unterscheiden, da in einigen tropischen Gebieten viele Arten in einem sogenannten Mimikry-Ring zusammengeschlossen sind. Dies sind Gruppen von Arten gleicher Zeichnung, die sowohl Batessche wie Müllersche Mimikry zeigen.

Batessche Mimikry

Unter den Schmetterlingen enthalten bestimmte Familien zahlreiche widerwärtige Arten, die als Modelle für die Batessche Mimikry dienen. Z. B. enthält die Familie Danaidae zahlreiche eklige Arten, die für Arten anderer Familien die Modelle vieler klassischer Mimikrybeispiele liefern. *Danaus chrysippus* ist ein Modell für das Weibchen von *Hypolimnas misippus*, eine Nymphaliden-Art (beide sind auf Seite 77 abgebildet). Diese Exemplare stammen aus Indien, beide Arten kommen aber gemeinsam in Afrika und Teilen von Asien sowie der indoaustralischen Region vor. Ein anderes gut bekanntes Beispiel bietet der nordamerikanische Monarch *Danaus plexippus*, der das Modell für *Limenitis archippus* bildet. Bei diesen beiden Arten sind im Gegensatz zum vorigen Beispiel beide Geschlechter Nachahmer. Der abgebildete Monarch (Seite 81) ist ungewöhnlich klein, normalerweise ist er größer als der *Limenitis*. Der Nachahmer unterscheidet sich jedoch sehr stark von den normalen *Limenitis*-Faltern; dies erkennt man am besten, wenn man ihn mit nahen Verwandten *Limenitis arthemis* auf Seite 205 vergleicht. In beiden genannten Fällen ahmt ein Mitglied der Familie Nymphalidae eine Art aus der Familie Danaidae nach.

Die Situation wird noch komplizierter, wenn man den Nachahmer in Gebieten findet, in denen das übliche Modell gar nicht vorkommt oder zumindest recht selten ist. In solchen Fällen kann der Nachahmer auch anderen Modellarten gleichen, so ahmt z. B. *Limenitis archippus* in Gebieten Floridas und den südwestlichen Teilen der USA, in denen der Monarch seltener ist, den *Danaus gilippus* nach.

Daraus ergibt sich eine grundlegende Bedingung für erfolgreiche Batessche Mimikry: Modell und Nachahmer müssen nämlich zusammen im gleichen Gebiet und im gleichen Biotop vorkommen. Außerdem sollten die Modelle immer in größerer Auswahl vorhanden sein, dies ist wichtig, damit die Warnfärbung vom Räuber durch wirklich unangenehm auslaufende Versuche erkannt wird. Mit anderen Worten: Es müssen erst einige schlecht schmeckende Falter gefressen werden, bevor die anderen gemieden werden. Enthält eine Schmetterlingspopulation einen hohen Anteil an genießbaren Nachahmern, so haben die Räuber große Aussicht, harmlose Falter zu fangen. Dann lernen sie natürlich nicht so schnell, die Warnfarben zu meiden, so daß viel des Schutzwertes verloren geht. Im allgemeinen kommen Nachahmer in der Natur seltener als ihre Modelle vor.

Oben: Batessche Mimikry. Einige genießbare Falter ahmen Zeichnungsmuster von nicht mit ihnen verwandten, ekelhaft schmeckenden Arten nach und sind dadurch geschützt. 6. Der afrikanische *Danaus formosa mercedonia* (Danaidae) dient als Modell für 7. *Papilio rex mimeticus* (Papilionidae); 8. Der indische *Euploea mulciber* (Danaidae) wird von 9. *Papilio paradoxa* (Papilionidae) kopiert. Andere Formen von *paradoxa* sind auf Seite 128/129 zu sehen.

Links oben: Müllersche Mimikry. 1. *Podotricha telesiphe* und 2. *Heliconius telesiphe* (Heliconiidae) kommen zusammen in Peru vor; sie haben ein gemeinsames vorteilhaftes Farbmuster ausgebildet. Formen dieser Arten in Ecuador (siehe Seite 185 und 187).

Links unten: Mimikry-Ring. Zu dieser Gesellschaft südamerikanischer ekelhafter Arten mit gemeinsamer Zeichnung gehören zwei Tagfalter: 3. *Archonias bellona* (Pieridae) und 4. *Heliconius xanthocles mellitus* (Heliconiidae) und ein am Tage fliegender Nachtfalter, 5. *Pericopis phyleis* (Arctiidae).

Einer der auffallendsten und originellsten Batesschen Mimikristen ist der nur lokal vorkommende *Papilio laglaizei* aus Papua. Diese Art ahmt keinen anderen Tagfalter, sondern einen bei Tag fliegenden Nachtfalter, *Alcidis agarthyrsus,* aus der Familie der Uraniidae nach. Die Ähnlichkeit ihrer Oberseiten ist bemerkenswert genug, wie die Abbildung auf Seite 80 zeigt, das auffälligste Merkmal ist jedoch nur unten sichtbar. *Agarthyrsus* hat eine leuchtend orangefarbene Unterseite des Hinterleibs – solch eine Körperfärbung kommt bei keinem *Papilio* vor. Diese Farbe entspricht genau einem Flecken der Analfalte jedes Hinterflügels von *P. laglaizei* – gerade dort, wo sie den Hinterleib bedecken, wenn der Falter ruht.

Der afrikanische Schwalbenschwanz *Papilio dardanus* besitzt polymorphe Weibchen, die ein interessantes Beispiel für mehrfache Batessche Mimikry liefern. Das Männchen ist ein ziemlich auffallender Schmetterling mit cremegelber Grundfarbe und schwarzen Zeichnungen und mit einem Schwanz am Hinterflügel. In bestimmten Bereichen des Verbreitungsgebietes (Äthiopien und Madagaskar) gleichen die Weibchen in Farbe, Zeichnung und Form sehr den Männchen. Der größte Teil der Weibchen in anderen Arealen ist aber schwanzlos, sieht ganz anders aus und ahmt die verschiedensten ekelhaft schmeckenden Arten anderer Familien nach. Es wurden mehr als 100 Formen beschrieben; vier der bekanntesten sind hier abgebildet. Die Form *hippocoon* hat *Amauris niavius* (Familie Danaidae) als Modell, während die orangefarbene Form *planemoides Bematistes poggei* nachahmt, einen Vertreter einer anderen ekelhaft schmeckenden Familie (Acraeidae). Batessche Mimikry tritt besonders deutlich in der Familie der Papilionidae auf. In der Alten und Neuen Welt kündigen die Schwalbenschwänze, die an *Aristolochia* fressen, durch Warnfarben an, daß ihr Körper Giftstoffe enthält, im allgemeinen tragen sie rote Flecken auf den Flügeln oder auf dem Körper. Ihre Nachahmer (Seite 118/119 und 128) ähneln ihnen so sehr, daß auch unerfahrene Schmetterlingsfreunde getäuscht werden.

Müllersche Mimikry

Unter diesem Begriff versteht man die körperliche Ähnlichkeit zwischen verschiedenen Arten mit ähnlich unangenehmen Eigenschaften. Für beide Arten ist es vorteilhaft, wenn zwei ekelerregende Tagfalter, die im gleichen Gebiet zusammen vorkommen, eine gemeinsame kennzeichnende Warnfarbe tragen.

Das leuchtet ein, wenn man bedenkt, daß Räuber nur dann eine besondere Warnfarbe meiden, wenn sie beim Versuch, das Insekt zu fressen, den schlechten Geschmack kennengelernt haben. In einem bestimmten Gebiet muß eine gewisse Anzahl von Faltern geopfert werden, bis alle dort lebenden Räuber gelernt haben, die bestimmte Warnfarbe zu meiden. Wenn zwei Arten sich vermengen und dasselbe Zeichnungsmuster tragen, betragen die Verluste jeder Art nur etwa die Hälfte. Der Evolutionsdruck, durch die Auslese der Räuber hervorgerufen, führte dazu, daß die Entwicklung ähnlicher Zeichnungen in verschiedenen Arten solange begünstigt würde, bis sie sich sehr ähnelten. Dieser Prozeß fand natürlich über einen sehr langen Zeitraum hinweg statt. In einigen Fällen können mimetische Formen auch zunächst als zufällige Mutationen entstanden sein, die dann überlebten, weil sie anderen ungenießbaren Arten zufällig ziemlich ähnlich sahen. Ohne Fossilien oder andere Anhaltspunkte über die Stammform ist es jedoch nicht möglich, Schlüsse zu ziehen.

Man könnte diese Ausleseprozesse, die solche mimetischen Muster hervorgebracht haben, besser verstehen, wenn man Untersuchungen darüber anstellt, auf welche Weise Räuber die Warnfarben erkennen und welche besonderen Merkmale in den Zeichnungen wichtig sind; ist die allgemeine Flügelzeichnung der auslösende Faktor, sind es bestimmte Merkmale, wie Flecken oder Bänderung oder ist es der Kontrast zwischen bestimmten Farben? All dies ist besonders wichtig für das entwicklungsgeschichtliche Rätsel, das sich bei einigen mimetischen Formen, die ihre Modelle bis ins kleinste Detail nachgebildet haben, gestellt hat; z. B. bei den Nymphaliden der Gattung *Pseudacraea*. Viele Beispiele der Müllerschen Mimikry findet man bei der Familie Heliconiidae. Ein schönes Beispiel bietet das Paar *Heliconius telesiphe* und *Podotricha telesiphe* (siehe Abbildung Seite 78). Diese Tagfalter stammen aus Peru. Die For-

Oben links: Batessche Mimikry. Ungewöhnlich an diesem Paar ist, daß 1. *Alcidis agarthyrsus* (Uraniidae) ein am Tag fliegender Nachtfalter von einem Tagfalter, dem Schwalbenschwanz 2. *Papilio laglaizei* (Papilioniidae) nachgeahmt wird.

Oben: Mimikry-Ring. Diese drei zentralafrikanischen Arten sind nicht miteinander verwandt, gleichen jedoch alle sehr dem Acraeiden *Bematistes epaea*; 3. *Elymniopsis bammakoo* (Satyridae); 4. *Pseudacraea eurytus* (Nmyphalidae); 5. *Papilio cynorta* Weibchen (Papilionidae).

Oben rechts: Batessche Mimikry. Wie sehr eine Mimikry-Art ihrem Modell gleichen kann, zeigt Nr. 2, der amerikanische *Limenitis archippus* (Nymphalidae), der ausgezeichnet Farbe und Zeichnung des Monarchen, Nr. 1 *Danaus plexippus* (Danaidae) nachahmt.

Rechts: Falsche Mimikry. Man zieht oft leicht falsche Schlüsse aus dem ähnlichen Äußeren verschiedener Arten: 1. *Heliconius atthis* (Heliconiidae) und 2. *Elzunia regalis* (Ithomiidae) kommen nicht im gleichen Gebiet vor, man kann sie daher nicht als Beispiele Müllerscher Mimikry ansehen. *H. atthis* hat tatsächlich eine mimetische Beziehung zu einer anderen *Elzunia*-Art, *E. pavonii* (siehe Seite 252).

Mimikry

men der gleichen Art, die in Ecuador vorkommen, besitzen statt des weißen Bandes auf dem Hinterflügel ein gelbes.

Zusammengefaßt kann gesagt werden: Die Schutzwirkung der Müllerschen Mimikry wird dadurch verstärkt, daß in ein und demselben Gebiet mehrere fast gleich aussehende Arten widerlich schmeckender „Modelle" und mehrere Arten der Nachahmer auftreten. Bei der Batesschen Mimikry fliegen in einem Gebiet mehrere Nachahmerarten und nur eine Modellart.

Diese kurze Darstellung der Mimikry ist eine sehr vereinfachte Übersicht über ein spannendes und kompliziertes Thema, das noch intensiv untersucht und erforscht werden muß. Viele strittige Fragen sind noch ungelöst; selbst einige der grundlegenden Voraussetzungen, z. B. die Annahme, daß Räuber aus der Reihe der Wirbeltiere die selektiv wirkenden Kräfte im Evolutionsprozeß darstellen, sind in Frage gestellt worden. Einige sehr komplizierte mimetische Verbindungen entstehen dort, wo anscheinend beide Arten der Mimikry beteiligt sind – die Batessche und die Müllersche. Außerdem gibt es viele Tagfalterarten, die auffallende Parallelen in Zeichnung und Färbung zeigen, z. B. die neotropischen Gattungen *Agrias*, *Callithea*, *Callicore* und *Siderone*. Es gibt offenbar keine Erklärung für diese Fälle von Parallelentwicklungen – sie bleiben ein Rätsel.

Mimikry-Ringe

Die kompliziertesten Vereinigungen mimetischer Arten kommen in den sogenannten Mimikry-Ringen vor. Das sind Gruppen von Arten, die oft gar nicht miteinander verwandt sind und die alle die gleiche mimetische Zeichnung und Erscheinung haben. Die reiche neotropische Fauna enthält einige auffallende Beispiele solcher Gruppen; bei der interessantesten von ihnen handelt es sich um orange und schwarz gezeichnete Falter mit langen schmalen Flügeln. Möglicherweise gehören mehr als ein Dutzend Arten verschiedener Familien zu dieser Gruppe, darunter *Heliconius numata* und *Melinaea mothone*, ebenso wie zwei Nachtfalter, *Castnia strandi* und *Pericopis hydra*. Die beiden Tagfalterarten sehen sich so ähnlich – obwohl sie nicht miteinander verwandt sind – daß man sie nur durch genaue Prüfung ihres Baues auseinanderhalten kann. Drei Vertreter einer ähnlichen Gruppe – zwei Tagfalterarten und eine Nachtfalterart – sind auf Seite 78/79 abgebildet. Sie kommen zusammen in Peru vor und enthalten alle drei widerlich schmeckende Substanzen. Ein interessanter nordamerikanischer Mimikry-Komplex hat sich um den Schwalbenschwanz *Battus philenor* entwickelt. Diese Art dient als Modell für mindestens einen anderen Schwalbenschwanz (*Papilio troilus*), den Schillerfalter (*Limenitis astyanax*), vielleicht auch für die dunklen Weibchen von *Papilio glaucus* und *Speyeria diana*.

Beispiele mimetischer Gruppen der Alten Welt sind weniger häufig; die auffälligste Gruppe stammt aus der äthiopischen Region: auf Seite 80/81 sind z. B. drei zentralafrikanische Arten verschiedener Familien abgebildet, die sehr ähnlich aussehen und auf der Acraeiden-Art *Bematistes epaea* basieren.

Falsche Mimikry

Blättert man die systematischen Tafeln dieses Buches durch, so stellt man oft gewisse Ähnlichkeiten in Farbe und Form zwischen verschiedenen Faltern fest. Berücksichtigt man jedoch nur die äußere Ähnlichkeit, so führt dies oft zu falschen Schlüssen: Kommen die Schmetterlinge nämlich nicht zusammen in ein und demselben Gebiet vor, so können sie nicht mimetisch in Verbindung stehen.

Kapitel 10
Die Geschichte der Schmetterlingskunde
Berühmte Bücher und Sammler

Schon in frühester Zeit wurden die Schmetterlinge in Kunst und Dichtung der verschiedensten Kulturen verehrt. Man kann Schmetterlingsdarstellungen auf den 3500 Jahre alten ägyptischen Fresken von Theben sehen und auf Gegenständen der alten Völker Chinas, Japans und Amerikas. Schmetterlingslegenden und -geschichten sind in die Folklore vieler Länder eingegangen.

Es ist jedoch eigenartig, daß die Schmetterlinge in der Bibel keine Erwähnung finden; gerade in den biblischen Ländern kamen sie häufig vor. Genauso seltsam ist es, daß die Autoren naturwissenschaftlicher Werke in der Antike, z. B. Aristoteles und später Plinius, in ihren Büchern und Aufsätzen kaum Schmetterlinge erwähnten. Von den Griechen wurden die Schmetterlinge jedoch nicht übersehen. Sie glaubten, daß das Schlüpfen eines Falters aus seiner Puppenhülle die Verkörperung der menschlichen Seele darstelle. In der späteren christlichen Kunst wurde die Schmetterlingsmetamorphose zum Symbol der Auferstehung.

Aus dem 9. Jahrhundert stammen Schmetterlingszeichnungen, die sehr oft als dekorative Randverzierung in Büchern erscheinen. Manchmal ist es sogar möglich, die dargestellte Art zu erkennen, obwohl die Illustrationen stilisiert und oft sehr einfach ausgeführt sind. Insekten, einschließlich der Tagfalter, er-

Rechts: Das Titelbild des berühmtesten Schmetterlingsbuches, „The Aurelian" (1766) von Moses Harris.

Unten: Der Schillerfalter *Sasakia charonda*, nationales Symbol Japans ($\times 0{,}25$).

Ganz unten: Seiten aus „The Theater of Insects" aus dem Jahre 1658 (stark verkleinert).

Geschichte der Schmetterlinge

The Works of the Lord are Great, Sought out of all them that have pleasure therein. Ps. CXI. v. 2.

To the Revd. Mr. Willm. Pray
This Plate is humbly Dedicated by his most humble Obliged Serv.
MOSES

Geschichte der Schmetterlinge

Links: Dieses reizende Bild aus „The Aurelian" stellt die Lebensgeschichte des Schwalbenschwanzes *Papilio machaon* dar: Das Weibchen legt seine Eier auf der Futterpflanze ab, Raupen und Puppen sind in verschiedenen Stellungen zu sehen. Selbst in der damaligen Zeit wurde den Jugendstadien der Falter beachtliche Aufmerksamkeit geschenkt und die Lebenszyklen vieler europäischer Arten aufgeklärt. Ein großer Teil des Reizes der Harrisschen Zeichnungen liegt in der Genauigkeit, mit der er Einzelheiten über Zucht- und Sammlungstechniken festhielt.

scheinen auch häufig in den Werken von Künstlern des Orients und in Gemälden flämischer Maler des 16. und 17. Jahrhunderts, vor allem bei Jan van Kessel (1626 – 1679).

Alte Bücher

Vor der Zeit der Renaissance wurden nur wenige Arbeiten über Insekten veröffentlicht, und oft zeigen diese auch nur den fast völligen Mangel an zoologischem Verständnis, der damals herrschte.

Albertus Magnus (1205 – 1280) bezeichnet in seinem Werk „De Natura Animalium" die Schmetterlinge z. B. als „fliegende Würmer". Ulysses Aldromandus, der oft als Vater der Entomologie bezeichnet wird, veröffentlichte 1602 sein „De Animalibus Insectis". Dieses Werk stellt einen Teil einer Zoologischen Enzyklopädie dar, die jedoch nie vollendet wurde. Etwa zur gleichen Zeit schrieb der Hieschberger Arzt Schwenckfield ein Werk über die Lokalfauna – „Theriotrophium Silesiae". Das erste große Werk, das sich nur mit Insekten beschäftigt, wurde 1634 unter dem Titel „Insectorum Theatrum" veröffentlicht. Man schreibt dieses Werk Thomas Mouffet zu, doch ein großer Teil des darin enthaltenen Stoffes stammt aus Arbeiten früherer Autoren, z. B. dem Schweizer Naturforscher Gesner, dem Diplomaten Sir Edward Wootton und seinem Freund, dem Arzt Thomas Penny. Thomas Mouffet stellte das gesammelte Material seiner ausgezeichneten Vorgänger zusammen und fügte seine eigenen Beobachtungen hinzu; das Buch wurde jedoch erst nach seinem Tode veröffentlicht. Edward Topsell hatte schon früher (1608) einiges aus diesem Werk in sein eigenes „The Historie of Serpents" aufgenommen. Im Jahre 1658 erschien eine englische Übersetzung von Mouffets Werk, von der wir (stark verkleinert) zwei Seiten (Seite 82) abgedruckt haben. Die Abbildungen in diesem seltenen und ungewöhnlichen Buch sind Holzschnitte; trotz deren Einfachheit ist es möglich, auf diesen beiden Seiten wenigstens acht Tagfalterarten wiederzuerkennen *(Papilio machaon, Iphiclides podalirius, Inachis io, Colias crocea, Vanessa atalanta, Vanessa cardui, Nymphalis polychloros, Mesoacidalia aglaja)*. Das Buch enthält mehr als 20 erkennbare Arten europäischer Tagfalter.

Ende des 17., Anfang des 18. Jahrhunderts erschienen viele Bücher, die über Reisen und Forschungsfahrten berichteten. Oft konnte man darin auch umfangreiche Beobachtungen von Insekten finden. Manche, vorwiegend medizinische Bände, enthielten ähnliche Abschweifungen auf zoologischem Gebiete. In dieser Zeit erschienen aber auch eine ganze Anzahl spezieller entomologischer Bücher, darunter mehrere Abhandlungen über Honigbienen, die wirtschaftlich von großem Wert waren. Dann gab es auch Bücher, die sich nur mit Tagfaltern befaßten. Einige europäische Werke von besonderem Interesse für Lepidopterologen sind folgende:

Unten: Dieses Detail aus „The Theater of Insects" zeigt den nordamerikanischen Schwalbenschwanz *Papilio glaucus;* es stammt aus der Originalzeichnung von John White, Leiter der 3. Expedition zu den unglücklichen Virginia-Kolonien Sir Walter Raleighs 1580.

Verfasser	Titel	Erstes Erscheinungsjahr
Goedart, Jean (Herausgeber)	Metamorphosis et Historia Naturalis Insectorum	1662
Merret, Christopher	Pinax Rerum Naturalium Britannicarum	1666
Swammerdam, John	The Book of Nature	1669
Lister, Martin	Johannes Godartius „Of Insects" Opusculorum	1682
Redi, Franciscus		1686
Leeuwenhoek, Anton	Arcana Naturae Detecta	1695
Petiver, James	Lepidoptera of the Philippine Islands	1702

Geschichte der Schmetterlinge

Merian, Maria von	Metamorphosis Insectorum Surinamensium	1705
Ray, John	Methodus Insectorum	1705
Ray, John	Historia Insectorum	1710
Sepp, Gustav	Nederlandsche Insecten	1715
Petiver, James	Papilionum Britanniae	1717
Albin, Eleazer	A Natural History of English Insects	1720
Bradley, Richard	A Philosophical Account of the Works of Nature	1721
Sloane, Sir Hans	A Natural History of Jamaica	1725
Vallisnieri, Antonio	Esperienze Osservazioni	1726
Merian, Maria von	Die Europaische Insecten	1730
Reaumur, René	Mémoires pour Servir à L'Histoire des Insectes	1734
Wilkes, Benjamin	Twelve New Designs of English Butterflies	1742
Rösel von Rosenhof August	Insecten-Belustigung	1746
Dutfield, James	English Moths and Butterflies	1748
Wilkes, Benjamin	English Moths and Butterflies	1749
De Geer, Baron Charles	Mémoires pour Servir à L'Histoire des Insectes	1752
Clerck	Icones Insectorum Variorum	1759
Kleeman, Christian	Beiträge zur Natur — oder Insecten-Geschichte	1761
Poda, Nicole	Insecta Musei Graecensis	1761
Lyonet, Pierre	Traité Anatomique De La Chenille	1762
Scopoli, Johann	Entomologica Carniolica	1763
Geoffroy	Histoire des Insectes	1764
Harris, Moses	The Aurelian	1766

Oben: Frühere Sammelausrüstung aus „Instructions für Collecting" (1827) von Abel Ingpen. Die mit beiden Händen zu bedienenden Fangtücher und Scherennetze gehören heute zu den Überbleibseln aus der Vergangenheit, aber die Zuchtkästen und die einklappbaren Taschenlupen sind den heutigen Entomologen noch vertraut. Besonders interessant ist die längst aus der Mode gekommene Methode, die Falter mit Stecknadeln zu spannen; gewiß wurden dabei die Schuppen zarter Exemplare beschädigt.

Die „Metamorphosis Insectorum Surinamensium" ist das am prächtigsten illustrierte Werk dieser frühen entomologischen Bücher. Seine Autorin, Maria von Merian, war eine der bemerkenswertesten Frauen ihrer Tage; ihre Zeichnungen von den Insekten, denen sie auf ihren Reisen in Südamerika begegnete, zeigen, daß sie diese Tiere bis ins kleinste aufmerksam studiert hat. Es ist besonders interessant, daß ihre Bilder häufig die Jugendstadien der Falter zeigen. Obwohl diese Zeichnungen oft ungenau sind, stellt die Einbeziehung dieser Falterstadien einen bedeutenden Fortschritt gegenüber anderen, gleichzeitig erschienenen Werken dar; hierin zeigt sich, daß Maria von Merian ihre Raupenbeobachtungen als wesentlichen Teil der Schmetterlingsstudien erkannte.

Vielleicht das berühmteste Schmetterlingsbuch überhaupt ist „The Aurelian" von Moses Harris. Es wurde 1766 erstmals veröffentlicht, später folgten eine ganze Reihe weiterer Ausgaben, die letzte wurde 1840 von Westwood herausgegeben. Die Zeichnungen sind echte Kunstwerke; jede war, wie es damals üblich war, einer angesehenen Persönlichkeit dieser Tage gewidmet. Das Titelbild zeigt zwei elegante Herren, die in einer Waldschneise Insekten fangen. Es gibt nur ein paar Abdrucke von diesem auf Seite 83 wiedergegebenen Farbbild. Besonders interessant sind die Abbildungen der damaligen Insektenfanggeräte. Eine andere Abbildung – die Lebensgeschichte des Schwalbenschwanzes – aus Harris' Buch ist auf Seite 84 zu sehen.

Rechts: Die „Illustrations of Natural History" (1771 – 82), von Dru Drury unter Mithilfe der führenden Insektensammler der damaligen Zeit herausgebracht, bildet tropische Arten so genau ab, daß man sie heute bestimmen kann. Hier sind zu sehen (von links nach rechts): *Azanus isis* (Lycaenidae) Ober- und Unterseite, *Atrophaneura antenor* (Papilionidae) und *Anthenae sylvanus* (Lycaenidae) Ober- und Unterseite (alle aus der äthiopischen Region).

Geschichte der Schmetterlinge

Spätere Bücher: 1767 bis heute

Seit Ende des 18. Jahrhunderts bis zum heutigen Tage sind so viele entomologische Werke erschienen, daß gar nicht alle hier aufgeführt werden können. Es können nur einige der hervorragendsten Werke, die sich mit der Lebensweise der Tagfalter beschäftigen, erwähnt werden.

Es gab viele Zoologen, die Bücher über ihre eigene Sammeltätigkeit und ihre eigenen Freilandbeobachtungen schrieben. Zu dieser Zeit begann auch das große Zeitalter der naturhistorischen Sammlungen; neugierige und wohlhabende Leute beauftragten fachkundige Sammler, in entlegene Gebiete zu reisen und von dort exotische Tiere und Pflanzen mitzubringen. Derartige Exemplare gelangten oft durch Kauf oder Tausch in die großen europäischen Universitäten, wo sie dann wissenschaftlich untersucht wurden. Auf diese Weise war es vielen Naturwissenschaftlern möglich, ihre begrenzten persönlichen Kenntnisse zu erweitern und ihre Arbeiten auf Arten ferner Länder auszudehnen.

Die „Illustrations of Natural History", die in der Zeit von 1771 – 1782 in drei Bänden veröffentlicht wurden, waren das Werk von Dru Drury, einem Londoner Goldschmied. Er war ein leidenschaftlicher Sammler und zahlte für Exemplare aus fernen Ländern oft große Summen, was schließlich auch zu seinem Bankrott führte. 1837 wurde sein Buch unter dem Titel „Illustrations of Exotic Entomology" neu aufgelegt. Das Werk widmet sich hauptsächlich den Schmetterlingen, die Abbildungen sind im allgemeinen sehr genau. Eine Abbildung aus der späteren Ausgabe ist auf dieser Seite wiedergegeben.

Inzwischen wurde in Holland Cramers „Papillons Exotiques" herausgebracht. Dieses Werk besteht aus vier prächtigen Bänden, denen Stoll einen fünften hinzufügte. Das Werk enthält nicht weniger als 422 Lepidoptera-Tafeln.

J. C. Fabricius aus Schleswig war einer der führenden Entomologen seiner

Geschichte der Schmetterlinge

Zeit. Er war Schüler von Linné gewesen, und die gründliche systematische Basis in seinen Büchern wie „Systema Entomologiae" (1775), „Genera Insectorum" (1777) und „Species Insectorum" (1781) spiegeln deutlich den Einfluß seines Lehrers wider. Der Name Fabricius ist Entomologen wohlvertraut, da er vielen wissenschaftlichen Namen angehängt wird; in Anerkennung dafür, daß er der erste war, der die betreffenden Tiere beschrieben und benannt hat. Viele Tiere, nach denen er seine neuen Arten beschrieb, kann man heute noch in der Sammlung Sir Joseph Banks im Natural History Museum in London sehen.

Edward Donovan veröffentlichte mehrere Arbeiten, in denen auch Tagfalter beschrieben wurden. Dazu gehören „Insects of China" (1798), „Insects of India" (1800) und „Insects of New Holland" (1805). Im Jahre 1805 begann auch Jacob Hübner mit zwei großen Werken über exotische Schmetterlinge: der „Sammlung exotischer Schmetterlinge", erschienen 1806 – 1824 und dem Werk „Zuträge zur Sammlung exotischer Schmetterlinge" (1818 – 1835). Dieses Buch wurde von Geyer vollendet. In der Zeit zwischen 1819 und 1823 brachten Latreille und Godart eine Monographie über die bekannten Schmetterlinge heraus (das Werk enthielt im ganzen 1802 Arten). Dieses Werk wurde ein Teil der französischen „Encyclopédie Méthodique". 1836 wurde ein Band der „Nouvelle Suites à Buffon" den Tagfaltern gewidmet – das Werk von J. A. Boisduval. Andere Veröffentlichungen von Boisduval enthielten Material, das für das Studium der Klassifikation ebenso wichtig war, wie z. B. die „Genera of Diurnal Lepidoptera" von Edward Doubleday. Die „Sammlung" von Herrich-Schaffer aus den Jahren von 1850 bis 1858 enthält eine Serie von Tafeln exotischer Schmetterlinge, dazu eine Artenliste und eine verbesserte systematische Aufstellung. W. C. Hewitson, der die Illustrationen zu Doubledays „Genera" lieferte, gab 1851 – 1877 sein eigenes Werk „Exotic Butterflies" heraus, fünf Bände, jeder mit 60 Tafeln. Viele der Arten, die für diese Arbeiten verwendet wurden, wurden ursprünglich von Bates und Wallace gesammelt.

In den Jahren zwischen 1864 und 1867 brachten C. und R. Felder einen prächtig illustrierten Abschnitt über Tagfalter in „Reise der Österreichischen Fregatte Novara um die Erde". Diesem Werk folgte „Lepidoptera Exotica" (1869 – 1874) von Dr. A. G. Butler, das vor allem durch die Monographie der Gattung *Callidryas* (heute *Catopsilia* und *Phoebis*) in der Familie der Pieridae an Wert gewinnt.

Die Gesamtzahl der Tagfalter, die Fabricius bis 1794 kannte, betrug 1147; als W. F. Kirby's „Synonymic Catalogue of Diurnal Lepidoptera" 1871 veröffentlicht wurde, war die Zahl der bekannten Arten schon auf 7695 angewachsen. Kirby schrieb auch „A Handbook to the Order Lepidoptera" für Allen's Naturalist's Library (1894 – 97) und lieferte einen ähnlichen Beitrag zu Lloyd's Natural History (1896 – 97). In Deutschland entstand inzwischen ein bedeutender Beitrag zur Systematik der Tagfalter durch die Veröffentlichungen der „Exotischen Schmetterlinge" (Schatz und Rober, 1885 – 92) und dem Zusatzband „Exotische Tagfalter" von Dr. Staudinger, einem führenden deutschen Entomologen.

Seit 1900 hat die Flut von Büchern über Tagfalter immer mehr zugenommen, viele davon sind noch heute im Buchhandel erhältlich. Eine Auswahl der Bücher, die sich mit speziellen Gebieten befassen, ist am Schluß des Buches aufgeführt. Das vielleicht bedeutendste Werk dieses Jahrhunderts, „Die Großschmetterlinge der Erde", wurde von namhaften Fachleuten bearbeitet und von Prof. Dr. Adalbert Seitz 1906 – 1932 herausgegeben. Obwohl es unvollständig und längst nicht mehr auf dem neuesten Stand ist, bleibt es dennoch ein unschätzbares, einzigartiges Nachschlagewerk, das wohl nie übertroffen werden wird.

Rechts: Zu Anfang dieses Jahrhunderts nahm der Naturwissenschaftler und Forschungsreisende A. S. Meek die Hilfe eingeborener Papuas in Anspruch, um neue Arten von Vogelflüglern zu bekommen. Diese zeitgenössische Zeichnung aus der „Illustrated London News" zeigt, wie *Ornithoptera chimaera* mit vierspitzigen Pfeilen geschossen wurde.

Unten: Mitte des 19. Jahrhunderts sah H. W. Bates zum ersten Mal die ungeheueren Ansammlungen südamerikanischer Tagfalter – in diesem Gemälde von Arthur Twidle ist dies festgehalten.

Geschichte der Schmetterlinge

Wie man früher sammelte

Im Laufe der Jahrhunderte trugen gebildete Leute mehr oder weniger aufs Geradewohl Seltenheiten zusammen. Knochen, Fossilien, Samen, Muscheln und Schneckenschalen, Insekten – wirklich jede Rarität der Natur wurde eifrig gesammelt und oft ernsthaft besprochen, jedoch ohne klar festgelegtes Ziel. Die Fülle des Materials, das im 17. und 18. Jahrhundert aus den fernsten Winkeln der Erde zusammengetragen wurde, veranlaßte nicht nur Wissenschaftler dazu, diese „neuen Wunder" aufzuzeichnen und einzuordnen, sondern forderte geradezu jedermann dazu auf, sich auf neue Weise und systematischer dem Naturstudium zuzuwenden, um den Sinn all dieser Dinge zu ergründen. Bücher und die darin enthaltene Information wurden überall erhältlich, so daß die neuen Fortschritte der Wissenschaft schneller verbreitet wurden. Die naturwissenschaftliche Arbeit wurde zunehmend geordneter und systematischer. Mit der Einführung des Linnéschen Systems konnten die Bemühungen, die Tierwelt zu katalogisieren, aufeinander abgestimmt werden.

Trotz dieser Fortschritte blieb das Studium der Naturwissenschaften lange Zeit mehr ein „Vergnügen"; oft anscheinend eine ausgefallene Zerstreuung für wohlhabende Leute. Moses Harris erzählt eine zweifelhafte Geschichte, die er einer Lady Glanville, – nach der ein Scheckenfalter genannt wurde, – zuschreibt. Offenbar waren nach dem Tode der guten Frau die Verwandten nicht mit den Bestimmungen ihres Testamentes einverstanden und versuchten, es aufgrund geistiger Umnachtung der Verstorbenen außer Kraft zu setzen, da „nur jemand, der seiner Sinne beraubt ist, Jagd auf Schmetterlinge macht". Die Wahrheit dieser Geschichte ist unklar, doch zeigt sie deutlich, wie Entomologen zu jener Zeit eingeschätzt wurden.

Einige Ausrüstungsgegenstände der Sammler des 18. und 19. Jahrhunderts waren so sperrig, daß sie schon lange von modernen Entomologen verworfen wurden. Glücklicherweise wissen wir eine ganze Menge über frühere Sammelmethoden, nicht nur aus einigen Einzelheiten der Ausrüstungsgegenstände her, die erhalten geblieben sind, sondern auch aus Beschreibungen und Abbildungen, die in alten Büchern erscheinen.

Auf dem Titelbild von Harris Werk (Abb. auf Seite 83) sieht man deutlich das Klappnetz; der plumpe Apparat, der mit beiden Händen zu bedienen war, war bei den früheren Sammlern sehr beliebt. Viel später erscheint er wieder in J. O. Westwood's ausgezeichneter Abbildung in Ingpen's „Instructions for Collecting" (1827) (hier auf Seite 86/87 abgebildet).

Obwohl einige der ausgearbeitetsten Sammelgeräte längst unmodern geworden sind, haben sich die meisten der noch heute verwendeten Gegenstände in den letzten 150 Jahren wenig geändert; man vergleiche die Tafeln von Ingpen (Seite 86/87) mit den Fotos moderner Ausrüstungsgegenstände (Seite 95 und 101).

Die großen Sammeljahre

Durch Fortschritte in Ausbildung, Mitteilungsmöglichkeiten und Verkehr wurde das 19. Jahrhundert das große Zeitalter der Naturforscher. Es gab eine Fülle von Betätigungsfeldern; viele der bekannten Kapazitäten und Sammler dieser Epoche waren Geistliche oder Ärzte: Angehörige einer neuen, gebildeten Mittelklasse, die Geld und Muße hatten, um ihren Interessen nachgehen zu können. Ihre hervorragenden Sammlungen bildeten die großen Naturhistorischen Museen der Welt; oft stellt dieses Material des 19. Jahrhunderts noch heute den Hauptteil der Sammlungen in den Museen dar.

Forschungsreisende und Sammler machten in den entlegensten Teilen der

Geschichte der Schmetterlinge

Welt immer wieder neue Entdeckungen; sie riskierten oft ihr Leben dabei und nahmen große Mühsalen auf sich. Diesen mutigen und hingebungsvollen Männern zollen wir großen Dank.

Einer der berühmtesten und mit Recht geehrten Sammler war Henry Walter Bates. Als Sohn eines Strumpfwarenfabrikanten zeigte er schon früh Interesse an Zoologie. 1848 unternahm er mit einem anderen großen Sammler, Alfred Russel Wallace, eine Expedition zum Amazonas.

Bates verbrachte die nächsten 10 Jahre damit, eine riesige Sammlung von Tieren und Pflanzen zusammenzutragen, von denen etwa 8000 Arten für die Wissenschaft neu waren. Die ungeheure Menge von Tagfaltern, die er in diesem Gebiet fand, fesselte ihn besonders. In der Nähe von Obidos in Brasilien sah er einen großen Schwarm von *Catopsilia*-Arten, die sich am Ufer eines Flusses niedergelassen hatten. (In dem Gemälde von Arthur Twidle, das auf Seite 88/89 abgebildet ist, wurde diese Szene dargestellt.) Einige der wundersamsten neotropischen Insekten wurden zuerst von Bates benannt, die Ähnlichkeit zwischen Tagfaltern verschiedener Familien inspirierte ihn zu seinen bahnbrechenden Arbeiten über die Mimikry (siehe Kapitel 9). Seine Reiseberichte findet man in „The Naturalist on the River Amazon" (1863).

Alfred Russel Wallace (1823–1913) war einer der bedeutendsten Persönlichkeiten seiner Zeit; zusammen mit Charles Darwin begründete er die Evolutionstheorie, die eine tiefgreifende Wirkung auf die spätere Wissenschaft und Philosophie haben sollte. 1848 reiste Wallace mit H. W. Bates zum Amazonasgebiet, wo er vier Jahre lang zoologische Objekte sammelte, darunter viele bis dahin unbeschriebene Arten. Diese Sammlung ging auf der Heimreise bei einem Feuer an Bord des Schiffes verloren – ein Unglück, das einen normalen Menschen völlig entmutigt hätte. Wallace war jedoch keineswegs abgeschreckt und plante schon bald wieder eine neue Expedition. 1854 brach er wieder auf und verbrachte acht Jahre im bis dahin wenig bekannten Malayischen Archipel. Wallace war sowohl ein wirklicher Enthusiast als auch ein hervorragender Naturwissenschaftler. Der Bericht von seiner Expedition „The Malay Archipelago" (1869) ist so lebendig, daß er die Erregung verrät, die die Naturwunder dieser Region bei ihm geweckt hatten. Dabei hätte man annehmen können, daß sein Aufenthalt in dem reichen Amazonasgebiet seine Sinne für Neuheiten abgestumpft hätte. Seine Begeisterung kommt in dem Bericht über die Entdeckung des Aristolochienfalters *Ornithoptera croesus* auf der Insel Batchian im Jahre 1859 (Seite 155) deutlich zum Ausdruck. Er schrieb:

„Ich fand, wie ich es vermutet hatte, eine vollkommen neue und ganz besonders prächtige Art, wohl einer der am herrlichsten gefärbten Tagfalter der Welt. Die schönen männlichen Exemplare haben eine Flügelspannweite von mehr als sieben Zoll; die Flügel sind samtartig schwarz und glühend orange gefärbt; letztere Farbe ersetzt das Grün der verwandten Arten. Die Schönheit und der Glanz dieses Insektes sind unbeschreiblich, und nur ein Naturwissenschaftler kann die heftige Erregung begreifen, die mich erfaßte, als ich ihn endlich gefangen hatte. Als ich den Falter aus meinem Netz nahm, seine prachtvollen Flügel öffnete, begann mein Herz heftig zu schlagen, das Blut schoß mir in den Kopf, und ich fühlte mich ohnmächtig, als wenn ich dem Tode ins Auge geschaut hätte. Den Rest des Tages hatte ich Kopfschmerzen, so hatte ich mich aufgeregt – über etwas, was den meisten Leuten wohl als sehr unangemessen erscheinen dürfte."

Die australische Region, besonders Neuguinea, zog die Aufmerksamkeit vieler Pioniere auf dem Gebiet der Naturwissenschaft und des Sammelns auf sich. Darunter W. S. Macleay, William Doherty, der unermüdliche Schweizer Entomologe Hans Fruhstorfer und später A. F. Eichhorn und die Gebrüder Pratt. Selbst wo das Sammeln nicht Hauptziel der Forschungsreisen war, waren die

Geschichte der Schmetterlinge

Links: Alfred Russel Wallace (1823 – 1913) – einige Jahre vor seinem Tode aufgenommen – war der größte Naturwissenschaftler seiner Zeit und zusammen mit Darwin Begründer der Theorie von der natürlichen Auslese, die eine tiefgreifende Wirkung auf Wissenschaft und Philosophie haben sollte.

Unten: Eines der lustigsten Erzeugnisse einer Epoche, die für ungewöhnliche Erfindungen bezeichnend war, war der „automatische Schmetterling", der als Köder dienen sollte; er erschien in „The Lepidopterist's Guide" (1901) von H. Guard Knaggs.

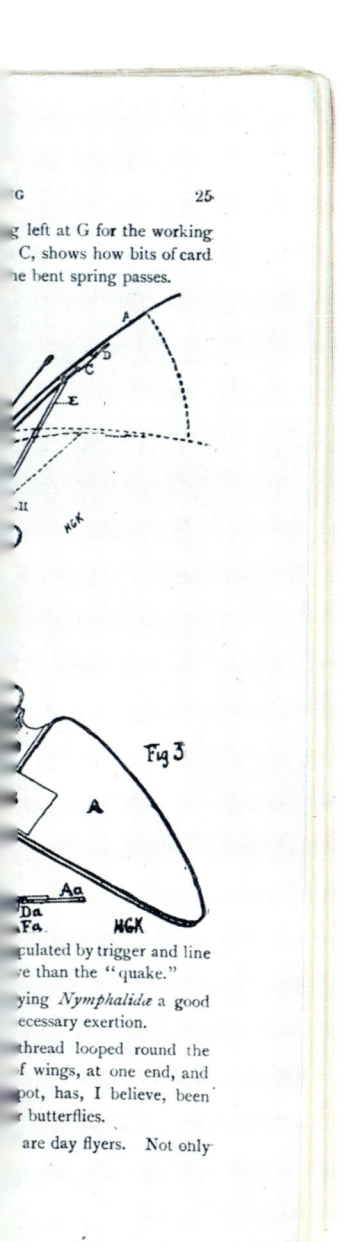

Naturforscher von dem Tierleben gefesselt, das ihnen auf ihren Reisen begegnete. Sogar der ungeduldige Sir Richard Burton fand noch Zeit, auf der Suche nach den Quellen des Nils Falter zu sammeln. In diesem Jahrhundert haben die Teilnehmer vieler Himalayaexpeditionen Schmetterlingsarten mitgebracht, eine von ihnen, *Parnassius acco*, ist auf Seite 117 abgebildet.

In den Tropen Tagfalter zu sammeln, erfordert Ausdauer und Geschicklichkeit; dies ist weit entfernt von der volkstümlichen Vorstellung, es sei eine Freizeitbeschäftigung für Schulbuben und vertrottelte Professoren. Oft muß man lange, mühsame Fahrten durch schwieriges Gelände unternehmen, um eine begehrte Art zu bekommen; selbst in wärmeren Gebieten der Erde sind Tagfalter nicht überall in Mengen vorhanden.

Der Sammler mußte nicht nur ein Fachmann mit großen systematischen Kenntnissen sein, sondern er mußte auch die Lebensweise seiner Jagdobjekte kennen und verstehen. Viele Tagfalter fliegen nur zu bestimmten Jahreszeiten oder in bestimmten Höhen; die einen fliegen im hellen Sonnenschein, andere bevorzugen den Schatten. Der erfolgreiche Sammler muß die Feinheiten richtig einschätzen und seine Beobachtungen sorgfältig registrieren, um seine eigene Leistungsfähigkeit zu steigern und die Kenntnis über die Biologie der Schmetterlinge zu vermehren.

Es wurden die verschiedensten Techniken entwickelt, um das Sammeln zu erleichtern. Die leuchtend blauen *Morpho*-Falter fliegen im allgemeinen außerhalb der Reichweite, hoch oben um die Baumkronen, kommen aber auf sonnenbeschienenen Lichtungen tiefer herunter. Hier kann man nun ein erhöhtes Podium bauen, so daß Fänger und Netz hoch genug über dem Boden sind, um die Falter erwischen zu können. Bis vor kurzem verdienten sich ehemalige Strafgefangene der berühmten Teufelsinsel ihren Lebensunterhalt dadurch, daß sie auf diese Weise gefangene *Morphos* verkauften.

Wenn alles andere mißlang, konnte der Sammler die hochfliegenden Tiere nur durch Schießen herunterholen. Die zeitgenössische Zeichnung auf Seite 89 zeigt einen Papua in Neuguinea, der für A. S. Meek Tagfalter mit angespitzten Pfeilen schießt. Auf diese Weise bekam man zwar viele beschädigte Falter, aber besser solche als gar keine. Zweifellos war dies die Philosophie von John McGillivray, dem Naturwissenschaftler, der an Bord der HMS „Rattlesnake" 1884 – 1885 den Pazifik erforschte. Er benutzte zum Sammeln eine Schrotflinte, so bekam er auch das erste Exemplar des riesigen Vogelflüglers *Ornithoptera victoriae* (auf Seite 154/155 abgebildet).

Trotz Krankheit, Klima, feindlicher Völkerstämme und vieler anderer Mühsalen hatten die Sammler des 19. Jahrhunderts große Erfolge und brachten erstaunliche Mengen von Material aus den wildesten Gebieten der Erde heim. Selbst solche zarten Geschöpfe, wie es Tagfalter sind, überstanden die oft monatelangen Transporte, auf Maultieren, an Bord von feuchten Segelschiffen oder in den primitivsten Fahrzeugen.

Kapitel 11
Sammeln
Ein praktischer Führer moderner Fangmethoden

Wissenschaftlich gesehen ist ein Falter nahezu wertlos, wenn er nicht ein Etikett mit Fundort und Funddatum trägt. Sein Wert wächst noch mit ökologischen Daten – z. B. Beschreibung des Fundplatzes – und Fangnotizen, die sich auf Tageszeit, Höhe, Wetter, Windgeschwindigkeit, Flughöhe usw. beziehen. Ein Schmetterlingssammler kann seine Arbeiten nur dann wissenschaftlich begründen, wenn er ebensoviel Information über die Schmetterlinge wie Schmetterlinge selbst sammelt.

Man kann behaupten, daß das wichtigste Ausrüstungsstück eines ernsthaften Sammlers nicht sein Schmetterlingsnetz, sondern sein Notizbuch ist. Darin sollten alle oben angegebenen Tatsachen und Messungen eingetragen werden, außerdem Beobachtungen über Ernährung, über die Art der besuchten Blüten, über Balz und Sozialverhalten, eben alles, was für das Leben des Schmetterlings wichtig ist. Beobachtungen über die Anzahl (auch das Geschlecht der Falter) während einer bestimmten Zeit und an einem bestimmten Platz können wichtige Hinweise auf Populationsgröße und Struktur geben, doch sollte der Sammler keine voreiligen Schlüsse ziehen, die sich auf solche Daten gründen. Bei vielen Arten scheinen z. B. die Weibchen viel seltener zu sein als die Männchen; das liegt jedoch an der Lebensweise und nicht an der Anzahl. Die Weibchen können flügellos sein oder verborgener leben, so daß man sie nicht so leicht sehen und zählen kann. Sie können auch in anderen Gebieten und in anderen Höhen fliegen als die Männchen, oder – wie es vielfach der Fall ist – sie schlüpfen später im Jahr. Ziemlich genaue Schätzungen der Populationsgröße erreicht man, wenn man Tiere fängt, sie markiert und dann wieder freiläßt. Wenn man nach einiger Zeit wieder eine Probe aus der Population fängt, sind ein Teil davon früher markierte Tiere, aus deren Häufigkeit auf die Größe der Population geschlossen werden kann. Diese Methode ist jedoch nur so genau wie die Sammeltechnik.

Fotografie

Die Kleinbildkamera gehört zur modernen Ausrüstung eines Sammlers; den großen Naturforschern früherer Zeiten stand sie nicht zur Verfügung. Fotografien sind eine nützliche Hilfe bei der Beobachtung, insbesondere zur Aufzeichnung der Lebensräume und Futterpflanzen. Fotos, die an ein und demselben Fundort während aufeinanderfolgender Wochen oder Jahreszeiten gemacht werden, können die Veränderungen des Lebensraums belegen; diese wiederum stehen in Verbindung mit dem veränderten Artenbestand dieser Gegend.

Ohne eine gute Fotoausrüstung und ohne ausreichende Erfahrung ist es nicht leicht, Tagfalter erfolgreich zu fotografieren. Während man zum Fotografieren der Lebensräume irgendeine einfache Kamera benutzen kann, benötigt man für Nahaufnahmen von Insekten oder Blumen Spezialobjektive, Vorsatzlinsen oder Balgengeräte, damit man die notwendigen Vergrößerungen erhält. Jeder Fotograf sollte danach trachten, lebensnahe Bilder zu bekommen, z. B. Schmetterlinge bei der Nahrungsaufnahme oder beim Sonnen. Nichts sieht schlimmer aus als ein totes Exemplar, das auf eine Blüte gesteckt ist oder ein achtlos fotografiertes lebendes Tier, das dann verzerrt oder wie tot aussehen kann.

Insekten im Freien zu fotografieren, erfordert große Geduld und die Fähigkeit, manche Unbequemlichkeiten auf sich zu nehmen. Edward Ross, der eine Anzahl von Fotos lebender Tiere für dieses Buch gemacht hat, ist auf Seite 97 abgebildet – man sieht, was dazu gehört! Hat man keine Kamera bei sich,

Sammeln

Links: Schränke mit dicht schließenden, mit gläsernen Deckeln versehenen Kästen sind für Schmetterlingssammlungen ideal; gut gearbeitet, verhindern sie, daß Staub und Licht an die Objekte kommt. Jeder Kasten muß Chemikalien enthalten, die Schädlinge wie Staubläuse und Museumskäfer fernhalten. Der hier abgebildete Schrank aus dem Saruman-Museum stammt aus der ersten Hälfte dieses Jahrhunderts. Heute gibt es nur noch wenige in diesem traditionellen Stil; Handarbeit ist teuer geworden, und darum sind die neuen Sammlungsschränke maschinengearbeitet. Der herausgezogene Kasten enthält verschieden gefärbte Exemplare des Postillons (Wandergelbling) *Colias crocea*.

Sammeln

kann eine rasche Bleistiftskizze das Verhalten eines Falters viel eindrucksvoller einfangen als jede Beschreibung.

Sammelausrüstung

Eine gute Sammlung aufzubauen, kann eine sehr anregende und befriedigende Beschäftigung sein. Wenn sie ordentlich geführt wird, kann sie auch sehr nützlich sein. Mit wachsender Geschicklichkeit und steigender Kenntnis des Sammlers braucht er mehr Ausrüstungsgegenstände; doch die Grundausrüstung ist einfach. Man kann sie sich selbst herstellen oder recht billig von entomologischen Firmen erwerben.

Außer einem Notizbuch (und Bleistift) gehören Netz, Sammelkästen, Tötungsglas und Spannbrett mit Nadeln zur wichtigsten Ausrüstung. Zwei Netztypen werden im allgemeinen benützt: ein ringförmiges und ein größeres, wie es auf der nächsten Seite abgebildet ist. Beide Netzarten lassen sich bequem einfalten oder zerlegen. Ein brauchbares Netz kann man aus einem Ring aus festem Draht oder Rohr herstellen, der mit einem Griff fest verbunden ist. Der Netzsack sollte weich und feinmaschig sein, möglichst grün oder schwarz und so tief, wie der Arm des Sammlers lang ist. Ein rundendendes Netz ist einem ekkigendenden vorzuziehen, da sich in den Ecken leicht die Insekten verfangen können. Dort können sie entweder durch das Netz selbst oder durch die Versuche, sie hervorzuholen, beschädigt werden.

Tagfalter mit einem Netz zu fangen, ist eine Kunst, die man nur durch Übung erlernen kann. Bei den meisten Arten muß man sich vorsichtig anpirschen und jede heftige Bewegung vermeiden, bis man zuschlägt. Ein plötzlicher seitlicher Schlag mit dem Netz ist oft der wirkungsvollste, ihm muß unmittelbar eine Drehung folgen, damit der Netzsack eingefaltet wird, so daß der Falter auch darin bleibt. Einige Arten ruhen sich auf dem Boden aus; sie fängt man am besten so, daß man das Netz über sie stülpt und es gleichzeitig am geschlossenen Ende hochhält – dann fliegen die Schmetterlinge hoch und in den Sack hinein. Diese Technik ist jedoch nicht immer erfolgreich; vor allem bei den Lycaeniden, die dazu neigen, tief zwischen den Grashalmen Schutz zu suchen, und so schwer herauszuholen sind.

Nicht alle Schmetterlinge sind „anständig genug", sich in Reichweite des Sammlers niederzulassen oder zu fliegen. Dann muß man sie überlisten. Einige aggressive Arten, z. B. *Morphos*, führen Scheinkämpfe mit ihresgleichen aus; in diesem Fall kann der Sammler ein totes Tier als Köder benutzen und damit die lebenden Falter in die Reichweite seines Netzes locken. Eine andere vorteilhafte Technik ist es, Köder auszulegen. Frucht- oder Aasfresser werden von einer gärenden Banane oder von einem Stück verwesendem Fleisch stark angezogen. Eine Erweiterung dieser Idee ist der Gebrauch von Schmetterlingsfallen (siehe nächste Seite), vor allem zum Fang von Arten wie die afrikanischen *Charaxes*, die sehr schnell fliegen und mit einem Handnetz schwer zu fangen sind. Die Falter werden mit Hilfe eines Köders durch einen schmalen Schlitz in die Falle gelockt. Nachdem sie gefressen haben, bleiben sie entweder passiv sitzen oder flattern zur Spitze des Netzüberzuges, finden jedoch den Weg heraus nicht.

Hat man einen Schmetterling gefangen, sollte man ihn in einen Kasten geben und darauf achten, daß keine Schuppen von den Flügeln abgerieben werden. Die modernen Insektenzuchtkästen besitzen einen abnehmbaren Deckel mit einem Glas- oder Plastikfenster darin, durch das man das Tier beobachten kann. In diesen Kästen kann man die Falter halten und transportieren, wenn man sie weiterzüchten will. Wenn man sie beim Transport dunkel hält, flattern sie nicht so leicht und beschädigen sich ihre Flügel nicht.

Sammeln

Links: Spannbrett mit *Idea leuconoe* (Danaidae). Von unten: 1. Einstecken in die Rinne; 2. Flügel vorsichtig in die richtige Stellung gebracht. 3. fertig gespannter Falter.

Oben: Moderne Sammelausrüstung: Fangnetz, Tötungs- und Aufweichflüssigkeiten sowie Sammelschachteln. Für die Tropen eine Schmetterlingsfalle (hinten links).

Die Tiere, die für die Sammlung bestimmt sind, müssen zuerst ins Tötungsglas. Jedes Glas mit weiter Öffnung und gut schließendem Deckel ist hierfür geeignet. Ein mit Essigäther angefeuchteter Wattebausch im Glas tötet die meisten Falter. Man kann auch andere Chemikalien benutzen, allerdings entfärben einige die Insekten oder lassen sie zu steif zum Spannen werden. Die herkömmlichen Tötungsgläser, die unter einer Gipsschicht am Boden Cyankali enthielten, werden heute nur noch selten benutzt, da Cyankali ein viel zu gefährliches Gift ist, das man nicht unnötigerweise mit sich führen sollte.

Das Spannen

Beim Spannen werden die Schmetterlinge mit Nadeln so befestigt, daß sie in einer Haltung trocknen, die ihren Bau so gut wie möglich erkennen läßt. Das Spannen ist nicht nur notwendig, um den Faltern ein einheitliches Aussehen zu geben, sondern auch, um die Anordnung und den Vergleich von Tieren in der Sammlung zu erleichtern.

Normalerweise sollten gefangene Schmetterlinge nach dem Abtöten so schnell wie möglich gespannt werden, weil sie sonst steif werden und dann schwierig zu behandeln sind. Es ist jedoch nicht immer angebracht, die Falter sofort nach dem Abtöten zu spannen; oft werden sie „getütet", wenn sie gelagert oder verschickt werden sollen. Der tote Falter kommt mit zusammengeklappten Flügeln in ein kleines dreieckiges Papiertütchen (siehe Seite 96), das so vorgefaltet ist, daß der Falter nicht unnötig bewegt wird. In diesem Tütchen liegt das Tier ziemlich fest. Viele tausend getrocknete Insekten können auf die-

Sammeln

se Weise verpackt mit der Post verschickt werden, ohne daß sie großen Schaden erleiden. Die meisten der heutigen Sammler wenden diese Technik an.
Wenn der frisch getötete Falter seine Flügel geschlossen hält, läßt er sich durch einen leichten Druck auf die Basis öffnen, so daß man senkrecht durch die Mitte des Thorax eine Insektennadel stechen kann. Man sollte gut darauf achten, daß das Tier unbedingt gerade genadelt wird, denn das erleichtert das Spannen.
Insektennadeln müssen in Fachgeschäften gekauft werden, denn Stecknadeln sind zu dick und völlig ungeeignet. In Mitteleuropa werden entweder schwarz lackierte oder aber rostfreie Stahlnadeln verwendet. Sie haben eine Standardlänge, im allgemeinen 38 mm, und werden in verschiedenen Dicken geliefert. Die Spannbretter bestehen aus zwei flachen Holzstücken, die mit Kork belegt sind. Zwischen ihnen bleibt eine Grube, die den Körper des Falters aufnimmt; die Flügel des Schmetterlings können dann nach beiden Seiten auf die Bretter gelegt und mit Spannstreifen befestigt werden. Spannbretter werden heutzutage allgemein benützt. Die ältere Methode, frisch getötete Falter direkt in mit Kork ausgelegten Sammelkästen aufzustecken (siehe Seite 83) hat den Nachteil, daß sich die Flügel nach unten biegen. Wenn man kein Spannbrett zur Verfügung hat, kann man als Ersatz Styroporplatten nehmen, auf die man die Falter aufstecken und spannen kann.
Auf dem Spannbrett (siehe Seite 94) wird der Falter so aufgesteckt, daß der Körper in der Rille liegt, die Flügel werden zur Seite hin auf die Bretter ausgespreizt. Bevor man versucht, die Flügel nach vorn zu ziehen, ist es vorteilhaft, unmittelbar an die Seiten des Hinterleibs, möglichst direkt hinter dem Thorax, Nadeln einzustechen, dadurch werden spätere unerwünschte Bewegungen des Tieres vermieden. Wichtig ist, daß der Falter zum Spannen genau in richtiger Höhe liegt – die Flügel dürfen nicht herunterhängen, sich aber auch an den Schultern nicht beulen. Mit einer Präpariernadel wird jeder Flügel vorsichtig in die richtige Stellung gebracht (der Hinterrand der Vorderflügel bildet mit dem Körper einen rechten Winkel) und mit Papierstreifen festgehalten. Zum Festhalten dieser Spannstreifen sind keine Insektennadeln nötig. Stecknadeln genügen, besser kann man allerdings mit Glaskopfnadeln arbeiten.
Bei sorgfältiger Arbeit dürfen die Spannadeln den Flügel nicht durchstechen.

Oben: Insekten zu fotografieren, verlangt große Geduld und Ausdauer; man muß mit manchen Schwierigkeiten fertig werden. Auf diesem Bild Edward Ross in den kalifornischen Sümpfen.

Links: Schmetterlinge können in Falttüten gelagert werden — das ist wichtig, wenn man bei Zeitmangel die Falter nicht sofort spannen kann. Bei sorgfältiger Behandlung kann man die Falter auf diese Weise viele Jahre aufbewahren; wenn es erforderlich ist, lassen sie sich jederzeit aufweichen und spannen. Die hier dargestellte Art ist *Hamadryas (Ageronia) amphinome* (Nymphalidae).

Am besten bringt man zuerst beide Flügel einer Körperseite in die richtige Stellung und wiederholt den Arbeitsgang dann auf der anderen Seite. Die Fühler sollten mit dem Vorderrand der Vorderflügel ein „V" bilden. Wenn der Hinterleib abzusacken droht, kann man das durch zwei übers Kreuz darunter gesteckte Nadeln verhindern. Die Falter müssen auf dem Spannbrett bleiben, bis sie völlig ausgetrocknet sind. Das kann ein paar Wochen dauern und hängt von der Größe des Tieres und von der Luftfeuchtigkeit im Raum ab.

Getötete Tiere (siehe gegenüber), die trocken und starr sind, können erst dann gespannt werden, wenn sie mit einer weichmachenden Flüssigkeit gründlich angefeuchtet worden sind. Das macht man am besten mit einer Dose (man kann dazu jede luftdichte Plastikdose verwenden), in die man Baumwolle (oder auch Sand) hineingibt, die mit verdünnter Phenollösung getränkt ist. Darüber legt man ein Blatt Löschpapier, auf das die Schmetterlinge kommen. Sie bleiben 48 Stunden in dem Gefäß, dann sind sie fast genauso weich und geschmeidig wie frisch getötete Tiere und können wie üblich gespannt werden. Wenn es eilt, hat man eine andere Möglichkeit, Falter aufzuweichen; man injiziert ihnen mit einer Injektionsspritze heißes Wasser in den Ansatz der Flügel und pumpt soviel hinein, bis es durch die Körperöffnungen wieder herausspritzt. Dies muß kurze Zeit später wiederholt werden, macht aber das Tier in wenigen Minuten geschmeidig und spannfertig. Die Fühler werden durch se-

Unten: Die begehrtesten Tagfalterarten sind die, die sowohl selten als auch besonders schön sind – der purpur- und orangefarbene *Hypolimnas pandarus* aus Serang ist ein eindrucksvolles Beispiel dafür.

Sammeln

kundenlanges Eintauchen in heißes Wasser aufgeweicht. Man muß aufpassen, daß die Flügel dabei nicht ins Wasser kommen, sonst verlieren sie ihre Farbe. Zunächst wird es schwierig sein, Falter aufzuweichen und zu spannen, doch mit Geduld und Ausdauer begreift der Sammler bald die Technik, und er wird viele Möglichkeiten finden, die Methoden noch zu verfeinern. Zum Beispiel, daß es besser ist, auf einer geneigten Fläche zu spannen als auf einem ebenen Tisch. Es gibt auch verschiedene Methoden, das Trocknen zu beschleunigen, z. B. mit Hilfe eines Trockenapparates, Wärmeschrankes oder einer Vakuum-Gefrierkammer. Letztere ist besonders geeignet für Falter, die durch Injektionen aufgeweicht worden sind. Die gespannten Falter haben nur dann einen wissenschaftlichen Wert, wenn sie mit genauen Angaben versehen sind. Dazu wird an der Nadel jedes Tieres ein kleines Etikett angebracht, auf dem Ort und Datum des Fangs angegeben sind, und weitere Einzelheiten, die wichtig sein können, wie z. B. Meereshöhe und Windrichtung. Bei getüteten Faltern sollten diese Angaben auf der Tüte vermerkt sein umd beim Spannen auf Etikette übertragen werden.

Konservierte Eischalen, Puppenhüllen und Raupenhäute vermehren noch den Wert einer Sammlung. Tote Raupen präpariert man, indem man sie vom Kopf zum Schwanzende hin mit einem Bleistift walzt, so daß die inneren Organe herausgequetscht werden. Die schlaffe und leere Haut wird dann mit einem feinen gläsernen Blasrohr in einer erhitzten Trommel oder in einem Wärmeofen vorsichtig aufgeblasen. Wenn dies sorgfältig gemacht wird, ist das Ergebnis ziemlich naturgetreu; grüne Raupen neigen allerdings dazu, die Farbe zu verlieren. Wenn der Sammler genaue Untersuchungen an diesen frühen Stadien unternehmen will, sollten sie in Alkohol aufbewahrt werden. Entomologische Pinzetten mit gebogenen Spitzen erweisen unschätzbare Dienste bei der Handhabung des Sammlungsmaterials.

Die Lagerung der Sammlung

Bei richtiger Pflege können Schmetterlinge jahrhundertelang ohne ernsthafte Schäden aufbewahrt werden. In großen Museumssammlungen benutzt man Schränke mit flachen Kästen mit Glasdeckeln (siehe Seite 93). In ihnen sind die Falter geschützt, und man kann sie trotzdem gut sehen. Eine genauere Betrachtung ist dann möglich, wenn die Glasdeckel entfernt werden. Die Kästen sind gewöhnlich mit Kork und Papier ausgelegt. Es gibt auch Kästen, bei denen der Boden ebenfalls aus Glas besteht, die Falter sind in diesem Fall auf schmale Holzstreifen gesteckt – so kann man sie von oben und unten betrachten.

Für die meisten Privatsammler sind diese großen Insektenschränke jedoch zu teuer, statt dessen verwenden sie Schachteln aus verschiedenem Material. Diese haben gegenüber dem Schranksystem sogar den Vorteil, daß eine Neuordnung des Materials einfacher ist. Viele bedeutende Privatsammlungen sind in solchen einfachen Behältern gelagert. Es reicht vollkommen, wenn die Schachteln gut schließende Deckel haben und einen kleinen Raum, in dem Kristalle von Naphtalin oder dem noch stärkeren Paradichlorbenzol enthalten sind, deren Dämpfe Schadinsekten und Schimmel abhalten.

Die Anordnung der Insekten in einer Sammlung sollte nach einem bestimmten System erfolgen. Für die Tagfalter einiger Länder hat man Etikettenlisten gedruckt; diese kann man ausschneiden und nacheinander in die Kästen zwischen die Falter stecken. Für Arten, die man noch nicht besitzt, läßt man Platz. Die tropischen Arten sind zu zahlreich für ein solches System; in diesem Fall beschränkt man sich am besten auf eine Familie, z. B. auf die Papilionidae, oder aber auf die Falter einer Region, z. B. auf Südamerika. Bei seltenen

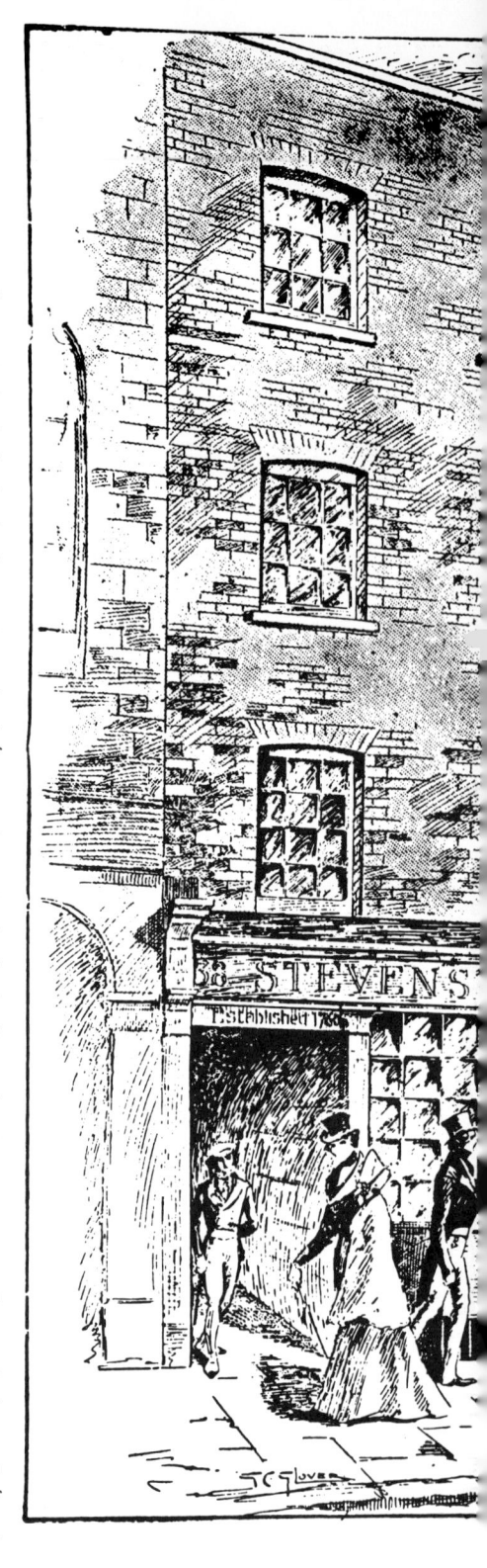

Sammeln

Arten genügt ein Exemplar für die Sammlung, im allgemeinen sollten jedoch in einer Sammlung Ober- und Unterseite von beiden Geschlechtern zu sehen sein. Bei Arten mit beträchtlichen geographischen Variationen oder Polymorphismus ist es wünschenswert, eine ganze Reihe von Exemplaren zu zeigen. Lepidopterologen werden zuweilen weniger als Wissenschaftler denn als Sammler angesehen. Leider stimmt diese Bezeichnung für viele, doch der ernsthafte Liebhabersammler wird (und soll) seine Sammlung nicht als Endziel um ihrer selbst willen ansehen, sondern als Quelle für besondere Untersuchungen. Es gibt stichhaltige Gründe, warum eine Studiensammlung naturwissenschaftlich wichtig ist. Tagfalter sind empfindliche Geschöpfe, dazu sehr kurzlebige, so daß Zoologen hauptsächlich durch Untersuchungen von Sammlungsmaterial in der Lage sind, die verschiedenen Merkmale festzulegen, die ihre Verwandtschaftsverhältnisse widerspiegeln, wenn auch Zuchtversuche, Fotodokumentationen und Verhaltensuntersuchungen gleich wichtig sind.

Kauf und Tausch von Schmetterlingen

Es gibt relativ wenige Lepidopterologen die beides besitzen, Zeit und Geld, um Falter in fernen Ländern selbst studieren zu können. Den meisten muß der entomologische Handel eine Reise nach Borneo oder anderswohin ersetzen. In früheren Jahrhunderten war es nicht nur teuer, in ferne Teile der Welt zu reisen, es dauerte auch zu lange. Ein Student wäre ein alter Mann geworden, bevor er seine Expeditionen zu nur wenigen klassischen Fundplätzen in den verschiedenen Erdteilen beendet hätte. Viele bedeutende Zoologen, vor allem diejenigen, die sich für Insekten, Schneckenhäuser und Muschelschalen interessierten, waren darum weitgehend darauf angewiesen, ihre Objekte von Händlern zu beziehen; diese wiederum unterhielten ihr eigenes Netz von Sammlern, die ständig in strategisch günstigen Gebieten der Welt lebten.
Auch heute noch gibt es eine ganze Anzahl von Spezialfirmen, die Falter kaufen, verkaufen und tauschen. Einige von ihnen züchten sogar viele Arten selbst und werden von Fachleuten geleitet.
Im allgemeinen werden die selteneren Papilionidae, besonders die Vogelflügler *(Ornithoptera)*, von den Sammlern am meisten geschätzt, danach folgen die Nymphalidae-Gattungen *Agrias*, *Charaxes* und *Prepona*. Ungewöhnliche Aberrationen – sogar die gewöhnlicher Falter – werden manchmal für große Geldsummen gehandelt.
Große Seltenheiten sind von kapitalkräftigen Sammlern sehr begehrt, folglich auch sehr teuer; aber immer noch preiswert, verglichen mit den immensen Summen, die man mitunter für seltene Münzen oder Briefmarken verlangt. Der höchste Preis, der für einen einzigen Tagfalter gezahlt wurde, waren 750 englische Pfund. Es handelte sich hierbei um den Männchentypus von *Ornithoptera allotei* auf der Versteigerung der Sammlung Rousseau Decelle im Jahre 1966. Diese Versteigerung und die der Sammlung Le Moult 1968 waren die bedeutendsten unserer Zeit. Die Periode der großen Schmetterlingsauktionen hatte ihre Blüte um die Jahrhundertwende. Die berühmte Firma Stevens in Covent Garden, London, hielt jeden Tag eine Versteigerung naturwissenschaftlicher Gegenstände ab. Links ist die Seite aus dem Stevensschen Auktionskatalog wiedergegeben.
Bedauerlicherweise nimmt die Zahl der Tagfalter in vielen Teilen der Welt ständig ab. Es ist unvermeidlich, daß der Bevölkerungsdruck Schritt für Schritt auch auf die entlegensten Lebensräume übergreift. Die Ausdehnung der Landwirtschaft, das Übel der Verschmutzung und die allgemeine Zerstörung von fein ausgewogenen Ökosystemen fordern unvermeidlich ihren Tribut.

Oben: Stevens' Versteigerungsräume im Covent Garden, London, waren über ein Jahrhundert der bedeutendste Ort, an dem man naturwissenschaftliche Objekte erwerben konnte.

Links: Die seltenste Art der Nymphaliden-Gattung *Charaxes* kann man für einige hundert Pfund kaufen. *C. fournieriae* hat eine metallisch goldene und malachitgrüne Unterseite und erinnert damit an gewisse *Euphaedra*-Arten (×0,75).

Kapitel 12
Schmetterlinge in Gefangenschaft
Fortpflanzung und Zucht

Erwachsene Tagfalter zu halten, ist relativ einfach; es ist gewöhnlich auch nicht schwierig, Raupen zu erhalten und aufzuziehen. Dies gibt dem Lepidopterologen Gelegenheit, verschiedene Stadien des Lebenszyklus eines Falters kennenzulernen und seine Kenntnisse über diese Tiere zu erweitern. Auf diese Weise gewinnt der Sammler aber noch einen Vorteil: die Falter, die in Gefangenschaft aus der Puppe schlüpfen, können abgetötet werden und in die Sammlung aufgenommen werden, bevor sie zum Fliegen kommen und sich ihre Flügel beschädigen können. Das Züchten von Schmetterlingen gibt also Gelegenheit, Tiere in bestem Zustand zu sammeln, und so können auch große Mengen konserviert werden ohne unnötige Extraausgaben und ohne die freilebenden Populationen zu dezimieren.

Wenn der Sammler einen Garten hat, kann er seine lepidopterologischen Interessen dadurch fördern, daß er Blumen anpflanzt, die viel Nektar produzieren und deshalb besonders anziehend für Schmetterlinge sind. Buddleia-Büsche werden besonders bevorzugt. Er kann auch versuchen, wichtige Futterpflanzen wachsen zu lassen, obwohl Beete von Brennesselstauden, an denen die Raupen von Füchsen leben, in Gärten nicht gerade populär sind. Solche Maßnahmen im Garten dienen nicht nur seinen eigenen Interessen, sondern sind außerdem ein nützlicher Beitrag zum Schutz der Schmetterlinge.

Man braucht jedoch nicht unbedingt einen Garten, um Schmetterlinge zu züchten, das meiste kann man im Hause erledigen. Die notwendige Grundausrüstung (siehe oben rechts) ist sehr einfach. Der Anfänger braucht eine An-

Der Vogelflügler *Trogonoptera brookianus* ist Sammlern zwar schon lange gut bekannt, seine Biologie ist jedoch erst in neuerer Zeit entdeckt worden. Hier ein Pärchen der malayischen Rasse *albescens* (links das Weibchen, rechts das Männchen). Vor einem Zuchtversuch saugen sie Zuckerlösung.

zahl von Plastikbehältern verschiedener Größe, am besten durchsichtige oder wenigstens mit durchsichtigem Deckel, zwei oder drei kleine Zuchtkästen (es können zylindrische Plastikgefäße mit einem durchlöcherten Deckel oder ein Kasten aus Holzrahmen mit Gazeseiten sein). Später benötigt man größere Käfige, in denen die Falter evtl. fliegen und sich paaren können, aber die sind nicht schwierig herzustellen.

Ein billiger Flugkäfig kann aus einem großen Karton gebaut werden, aus dem man die Seitenflächen herausschneidet und durch Gardinenstoff oder etwas Ähnliches ersetzt.

Einige entomologische Händler verschicken Schmetterlingseier per Post. Man kann aber auch Eier erhalten, wenn man ein frisch gefangenes befruchtetes Weibchen dazu bringt, in Gefangenschaft seine Eier abzulegen. Nach Eiern und Raupen im Freien zu suchen, macht Spaß, obwohl dies sehr zeitraubend ist. Hierbei ist es günstig, die bevorzugten Futterplätze zu kennen. Gewisse Schmetterlingsarten haben gesellig lebende Raupen, die oft in großen Mengen auf einer einzigen Pflanze leben.

Junge Raupen lassen sich in durchlüfteten Plastikbehältern halten, doch sollte man eine Überbesetzung vermeiden. Die Raupen einiger Arten sind auch Kannibalen, sie müssen also einzeln gehalten werden. Es ist unbedingt notwendig, daß täglich frische Zweige der richtigen Futterpflanze angeboten werden; Exkremente und Futterreste dürfen sich nicht ansammeln. Regelmäßige Reinigung ist wichtig, um die Gefahr von Erkrankungen einzudämmen. Es ist

Zuchtbehälter haben die verschiedensten Formen, von einfachen durchsichtigen Plastikdosen oder Rollen für Raupen, bis zu größeren mit Tuch bespannten Kästen, in denen die Falter schlüpfen oder sich paaren. Andere wichtige Ausrüstungsgegenstände sind: ein feines Sprühgerät, um das Austrocknen der Puppen zu verhindern, ein kleiner Malpinsel, mit dem die Jungräupchen umgesetzt werden und stumpfe Pinzetten, zum allgemeinen Hantieren.

Schmetterlinge in Gefangenschaft

sehr wahrscheinlich, daß ein hoher Prozentsatz der im Freien gesammelten Raupen parasitiert ist. Bei Raupen, die von gefangenen Faltern stammen, treten keine Parasiten auf, sie sind aber oft anfälliger für Krankheiten.

Die jungen Raupen wachsen sehr schnell und müssen in immer größere Behälter umgesetzt werden. Man sollte sie nach Möglichkeit nicht anfassen, die kleinsten Räupchen sollten nur mit einem einfachen Malpinsel berührt werden. Kästen mit Stoffwänden können an einem sonnigen Fenster stehen; für Plastikdosen ist das aber kein geeigneter Platz, da sich in ihnen dann Kondenswasser absetzt. Übermäßige Feuchtigkeit ist schädlich für die Raupen, zum Schutz dagegen sollte auf dem Boden jedes Behälters ein Blatt Löschpapier liegen. Das erleichtert auch gleichzeitig das Reinigen.

Sind die Raupen halb erwachsen, so setzt man sie in einen Käfig um, dessen Wände aus einem Netzstoff bestehen. Von jetzt an fressen sie täglich Riesenmengen der Futterpflanze und brauchen sehr häufig frischen Nachschub.

Haben die Raupen ihre volle Größe erreicht, so beginnen sie träge zu werden; viele Arten spinnen vor der Verpuppung ein feines Seidengewebe um sich herum. Jetzt kann die Futterpflanze entfernt werden, die Puppe braucht nun, bis der Falter schlüpft, keine regelmäßige Pflege mehr.

Die Arten, die den Winter im Puppenstadium verbringen, können bequem in Pappschachteln gehalten werden, die mit Torf oder Moos ausgelegt sind. Puppen verlangen im Winter wenig Pflege; wenn man sie aber im Zimmer hat, muß man achtgeben, daß sie nicht austrocknen, der Torf im Kasten sollte von Zeit zu Zeit leicht angefeuchtet werden. Die meisten tropischen Arten müssen täglich mit lauwarmem Wasser besprüht werden, da sonst die Falter verkrüppeln.

Bevor die Falter schlüpfen, sollten ein paar Zweige in den Kasten gestellt werden, oder man sollte die Puppen an die Netzseiten hängen, damit sich die Falter festhalten können, um ihre Flügel zu trocknen.

Will man den ganzen Lebenszyklus in Gefangenschaft beobachten, muß man die Falter dazu bringen, sich zu paaren und Eier zu legen. Viele Arten sträuben sich, dies in künstlicher Umgebung zu tun und benötigen etwas Hilfe dabei. Bei einigen von ihnen ist eine Paarung per Hand möglich. Ein geringer Druck auf die Hinterleibsseiten des Männchens bewirkt, daß sich die Valven öffnen und das dargebotene Weibchen umklammern. Es sind oft mehrere solcher Versuche nötig, bis das Paar vereint bleibt.

Einige Tagfalter brauchen einen großen Flugraum zur Balz, bevor sie sich paaren. Ein im Freien gefangenes Weibchen, das schon begattet ist, kann so zur Eiablage gebracht werden, wie es in der Zeichnung auf Seite 84 dargestellt ist. Man setzt das Weibchen in einen kleinen Käfig und gibt Futter hinein – entweder frische Blumen oder Zuckerlösung in einem Wattebausch. Wenn es sich um eine Art handelt, die ihre Eier direkt auf die Futterpflanze legt, muß man dafür sorgen, daß frische Zweige im Käfig sind. Noch besser ist es, wachsende Pflanzen zu haben, entweder in einem Blumentopf im Käfig oder außerhalb vom Kasten in einem kleinen Extragefäß, von dem aus dann die Zweige in den Zuchtkasten geführt werden.

Statt die Raupen in Zuchtkäfigen zu halten, kann man sie auch auf Ästen von Pflanzen im Freien züchten, wenn man sie in Stoffbeutel einbindet. Einige Arten lassen sich künstlich dazu bringen, früher aus der Puppe zu schlüpfen, wenn man sie mit Wärme behandelt und sie dauernd besprengt.

Schließlich ist es noch wichtig, ein Tagebuch anzulegen, in dem Einzelheiten über Zeit der Nahrungsaufnahme, Nahrungsmenge, Häutungen, Schlüpfdaten und Zahl der abgelegten Eier aufgeschrieben werden. Das sind alles wissenschaftlich wichtige Informationen, die dazu beitragen, anfängliche Fehler zu vermeiden.

Die Tagfalter-Familien

Kapitel 13
Die Tagfalter-Familien
Eine Einführung in den systematischen Teil

Die Einteilung der Lepidoptera ist in Kapitel 1 schon kurz erwähnt worden. Nun wollen wir uns genauer mit den Arten und ihren Namen befassen.

Die wissenschaftlichen Namen

Das moderne System der Benennung und Klassifizierung von Tieren und Pflanzen verdanken wir dem schwedischen Biologen Carolus Linnaeus (1707 – 1778). Er schlug eine binäre Nomenklatur vor, in der alle Organismen einen zweiteiligen, aus dem Lateinischen oder Griechischen abgeleiteten Namen tragen. Das Schema ist ähnlich wie beim Menschen, der einen Nach- und einen Vornamen besitzt. Eine Anzahl naher Verwandter kann den gleichen Nachnamen haben – hierin unterscheiden sie sich von anderen Familien. Die einzelnen Personen innerhalb der Familie kann man aber durch ihre Vornamen auseinanderhalten. Ähnlich werden im System von Linné nahe Verwandte in die gleiche Gattung gestellt (das ist der erste Name, der stets groß geschrieben wird), und die einzelne Art trägt ihren eigenen besonderen Artnamen (das ist der zweite Name, der immer klein geschrieben wird). So gehören z. B. der Admiral *(Vanessa atalanta)* und der Distelfalter *(Vanessa cardui)* zur gleichen Gattung *(Vanessa);* sie besitzen gemeinsam die Grundmerkmale dieser Gruppe, sind aber eigene und leicht unterscheidbare Arten *("atalanta"* und *"cardui").* Nach internationaler Übereinkunft werden diese beiden wissenschaftlichen Namen kursiv geschrieben, die Namen der höheren Gruppen wie Familie, Ordnung und Stamm jedoch nicht.

Oft hört man Kritik von Amateurnaturwissenschaftlern: die latinisierten wissenschaftlichen Namen von Tieren seien langatmig und schwer zu behalten. Diese Namen würden ein Buch wie dieses schwieriger lesbar machen, weil der Text ständig durch Fremdworte unterbrochen wird, die nur die Gelehrtheit des Autors zeigen sollen. Warum hält man sich nicht an volkstümliche Namen, die allgemein verständlich sind und oft eine Art treffend kennzeichnen? In Wirklichkeit sind die wissenschaftlichen Bezeichnungen oft sehr aufschlußreich.

So bezieht sich z. B. der Artname des kleinen Fuchses *(Aglais urticae)* auf die Nessel *(Urtica),* der des Distelfalters *(Vanessa cardui)* auf die Disteln *(Carduus),* da ihre Raupen an diesen Pflanzen fressen.

Die volkstümlichen Namen haben drei wesentliche Nachteile: erstens führen sie dazu, echte Verwandtschaftsbeziehungen zu verwirren. So sind z. B. die häufigen europäischen Falter *Aglais urticae* und *Nymphalis polychloros* jeweils als Kleiner und Großer Fuchs bekannt, was auf eine nahe Verwandtschaft schließen läßt. In Wirklichkeit ist das jedoch nicht der Fall, dies geht aus ihren unterschiedlichen Gattungsnamen deutlich hervor.

Der zweite Nachteil ist der, daß sie uneinheitlich sind. So heißt *Colias croceus* hier Postillon, dort Wandergelbling. Oft gelten diese Namen nur für ein bestimmtes Gebiet oder für ein Land. Betrachten wir den Braunfleckigen Perlmutterfalter, ein langer und schwieriger Name für einen Schmetterling, der von Westeuropa über Asien bis nach Korea verbreitet ist und auch in Nordamerika stark vertreten ist. In Frankreich heißt er „petit collier argenté", in Schweden „braunflåckig Pärlemorfjäril" und in Spanien „perlada castana". Demgegenüber ist der wissenschaftliche Name kurz und einfach: *Clossiana selene;* er wird allgemein verstanden, nicht nur in Europa, sondern in der ganzen Welt (selbst in Ländern wie Rußland und Japan, die ganz andere Alphabete haben als wir).

Der dritte Nachteil ist der, daß die meisten Tiere gar keinen volkstümlichen Namen besitzen. In vielen Sprachen dient ein Wort für eine ganze Gruppe von Tieren; bei artenreichen Geschöpfen wie Schmetterlingen ist es – ausge-

Oben: Obwohl der volkstümliche Name von *Aglais urticae* (Kleiner Fuchs) auf eine nahe Verwandtschaft mit dem Großen Fuchs *Nymphalis polychloros* hindeutet (hier sonnt letzterer sich nach der Überwinterung), zeigen ihre Gattungsnamen, daß das nicht der Fall ist.

nommen in Europa und Nordamerika – selten, daß jede einzelne Art ihren eigenen volkstümlichen Namen hat.

Neu entdeckte Arten haben gar keinen volkstümlichen Namen, ihr wissenschaftlicher Name wird jedoch nach genauen Richtlinien internationaler Nomenklaturregeln festgelegt. Die Beschreibung der neuen Arten muß in einer anerkannten Zeitschrift veröffentlicht werden; sie soll nicht nur darlegen, wie das Tier aussieht, sondern auch, in welchen Merkmalen es sich von seinen nächsten Verwandten unterscheidet. Die Gattungszugehörigkeit ist gewöhnlich beim Vergleich mit bereits bekannten Formen klar erkennbar. Der Autor, der die neue Art beschreibt, kann dann zwanglos einen geeigneten Artnamen wählen. Er kann für die Art kennzeichnend sein wie *alba* (weiß), oder er kann sich auf den Fundort oder die Futterpflanze beziehen, wie wir es z. B. schon im Falle von *Vanessa cardui* gesehen haben. Sehr oft benennt der Autor eine Art zu Ehren des Sammlers oder einer anderen Person, die er ehren will. Diese Dedikationsnamen müssen nur latinisiert werden. Viele Schmetterlingsarten erinnern an Götter oder Helden der Mythologie.

Um Platz zu sparen und unnötige Wiederholungen zu vermeiden, wird oft vom Gattungsnamen nur der große Anfangsbuchstabe geschrieben, jedoch nur dann, wenn man klar erkennt, welche Gattung gemeint ist. Häufig nennen die Entomologen ein Insekt nur mit dem Artnamen. Einige Arten verschiedener Gattungen tragen jedoch den gleichen Namen. Um sie zu unterscheiden, reicht es für gewöhnlich aus, den Anfangsbuchstaben der jeweiligen Gattung hinzuzufügen, wie *P. nobilis* oder *C. nobilis*. Aber auch hier ist Vorsicht geboten: so kann mit *L. dispar* entweder der Tagfalter *Lycaena dispar* oder der Spinner *Lymantria dispar* gemeint sein.

Das Exemplar, nach dem eine neue Art beschrieben ist, wird „Typus" genannt. Die meisten Typenexemplare werden in großen Museen aufbewahrt. Gelegentlich werden aber auch Typen aus Privatbesitz zum Verkauf angeboten; wegen ihres historischen und wissenschaftlichen Wertes kosten sie aber sehr viel. Der Käufer sollte sie jedoch vor dem Kauf genau prüfen! Ein Typenexemplar ist nicht zu verwechseln mit einem Gattungstyp: Hierbei handelt es sich nur um eine ausgewählte Art, die die Gattung repräsentiert.

Zu einem vollständigen wissenschaftlichen Namen gehört noch der Name des Beschreibers und das Jahr, in dem der neue Name zum ersten Mal publiziert wurde.

Zur Vermeidung unnötig langer Bezeichnungen wird der Autorenname ge-

Oben: In einem Garten besuchen ein Kleiner Fuchs *Aglais urticae* (rechts) und ein Distelfalter *Vanessa cardui* (links), ein typischer Wanderfalter, den Blütenstand einer *Buddleia*.

Die Tagfalter-Familien

wöhnlich abgekürzt. *Lycaena dispar* Haw. 1803 heißt z. B.: der Name für den Tagfalter wurde erstmals von Haworth vorgeschlagen und 1803 veröffentlicht. Die Abkürzung L. hinter dem wissenschaftlichen Namen (z. B. *Papilio machaon* L.) bedeutet, daß der von Linné gegebene Namen beibehalten wurde. Die Autoren der Schmetterlingsnamen, die im systematischen Teil dieses Buches genannt werden, sind in einer Liste ihrer Abkürzungen am Schluß dieses Kapitels aufgeführt.

In dem vorausgegangenen Teil des Buches, in dem die taxonomische Exaktheit weniger wichtig ist als ein leicht lesbarer Text, sind diese Zusätze zu den wissenschaftlichen Namen weggelassen.

Obwohl die wissenschaftlichen Namen beständiger sind als die volkstümlichen, sind auch sie nicht unveränderlich, durch neue Erkenntnisse können Revisionen notwendig werden. Zuweilen wird entdeckt, daß zwei ursprünglich als getrennte Arten beschriebene Formen einer einzigen Art angehören. In diesem Fall ist der ältere Name der gültige, der jüngere wird fallen gelassen – er wird zum Synonym. Wenn ein Zoologe eine bestimmte Tiergruppe überarbeitet, entschließt er sich vielleicht, eine neue Gattung (oder auch nur eine Untergattung) zu schaffen, da die Unterschiede zwischen den Arten einer Gattung zu groß sind. Revisionen dieser Art haben oft Änderungen in der Nomenklatur zur Folge und führen zu „alten" oder zu „veralteten" wissenschaftlichen Namen. Solche Neubeurteilungen berühren gewöhnlich nicht sehr viele Tiere und mindern ganz sicher den Wert des Linnéschen Systems der Benennung und Klassifizierung der Tiere nicht ernsthaft.

Im Linnéschen System wurde die Art – oder die Fortpflanzungsgemeinschaft – als Grundeinheit gesehen. Deshalb reichte die binäre Nomenklatur aus, um die Art zu identifizieren und sie der richtigen Gattung zuzuordnen. Die Benützung eines großen Anfangsbuchstaben für die Gattung und eines kleinen für die Art machte den Unterschied deutlich genug. Seit dieser Zeit sind aber viele neue Tierarten entdeckt worden. Um sie im System unterbringen zu können, mußte dieses ständig weiter ausgedehnt werden. Linné stellte z. B. eine einzige Gattung *Papilio* für alle Tagfalter auf, diese wurden dann immer weiter unterteilt, so daß sie heute an die tausend Gattungen zählen.

Oben: Diese Weibchen des europäischen Rapsweißlings (Pieridae) liefern ein Beispiel für aufeinanderfolgende Erweiterungen des ursprünglichen Namens von Linné: 1. *Pieris napi napi* L. Typenform aus Schweden; 2. *P. napi britannica* Vty. (Irland); 3. *P. napi britannica* Vtl. f. *flava* Kane; 4. *P. napi britannica* Vty. f. *flava* Kane ab. *fasciata* Kautz.

Links: Carolus Linnaeus (1707–78), der die binäre Nomenklatur (Gattung und Art) einführte.

Oben: Der europäische Birkenzipfelfalter *Thecla betulae* (Lycaenidae) ist der Gattungstyp der Gattung *Thecla* — das heißt, die Art wurde als typisch ausgewählt (×8). Dieser Name wird häufig für eine ganze Reihe von südamerikanischen Verwandten mißbraucht; einige von ihnen sind unter dem Namen „*Thecla*" auf den Seiten 172/173 abgebildet.

Unten: Ein Klassifikationsproblem. Dieser Nymphalide ist sehr weit verbreitet, von Afrika bis zum Fernen Osten. *Precis hierta* (1) aus Indien wird als Gattungstypus betrachtet. Die Unterart *cebrene* (2) stammt aus Afrika.

Während die Art die Grundeinheit bleibt, hat man jetzt erkannt, daß es innerhalb der Art deutlich abgrenzbare verschiedene Formen geben kann, die sich jeweils in gleicher Weise von den anderen Exemplaren der Art unterscheiden; oft sind sie auf bestimmte geographische Regionen beschränkt. Wenn diese Varianten feste Merkmale besitzen, anhand derer man sie eindeutig von der Form des Typus-Exemplares unterscheiden kann, dann wird dem Gattungs- und Artnamen ein dritter Name hinzugefügt, der die Unterart oder Subspezies bezeichnet. So wurde der Große Fuchs zuerst von Linné aus Schweden beschrieben; die dort gefundene Unterart wurde *Nymphalis polychloros polychlorus* L. genannt. Der Große Fuchs kommt auch in Algerien vor, die dortigen Tiere unterscheiden sich aber deutlich von denen in Schweden, gehören jedoch zur gleichen Art und heißen *N. polychloros erythromelas* Austaut. Austaut bedeutet, daß dieser Autor die besondere Unterart als erster beschrieben hat.

Bei Tieren wie Tagfaltern, die zu Variationen neigen und außerdem bis ins kleinste untersucht sind, finden wir häufig, daß viele verschiedene Formen in einer einzigen Art beschrieben sind. Einige davon kommen nur in einer bestimmten Region vor und verdienen die Bezeichnung Unterart sowie einen dritten lateinischen Namen, wie es oben angeführt wurde. Manchmal sind diese Variationen jedoch nicht hinreichend verschieden, um als Unterart anerkannt zu werden, dann spricht man von „Formen". Hat man diesen einen besonderen Namen gegeben, so wird er hinter den Artnamen gestellt, zwischen beide aber ein „f." (die Abkürzung von Forma) gesetzt. Auch zufällige Varietäten oder Aberrationen können mit eigenen Namen versehen werden. Vor sie stellt man die Abkürzungen „ab." (für Aberratio) oder „var." (für Variatio).

Formen und Aberrationen sind im Kapitel 8 kurz erwähnt und dort, wo es angebracht ist, in den Tafelbeschriftungen des systematischen Teiles auch aufgeführt. Diese Kategorien haben mehr praktische, als wissenschaftliche Bedeutung. Der Gebrauch einer Vielzahl von Namen hat jedoch auch ergeben, daß die Klassifikation der Schmetterlinge durch den Wirrwarr der Nomenklatur viel verworrener ist als bei jeder anderen Tiergruppe. Zahllose Formen und Varietäten sind benannt worden und wurden gelegentlich zu eigenen Arten oder Unterarten erhoben. Manche Zoologen sehen eine Fülle von Namen als unberechtigt an, während andere noch mehr kreieren. Diese Situation ist bedauerlich und rührt wahrscheinlich zum Teil von der allzu leidenschaftlichen Betätigung früherer Amateurlepidopterologen her, denen nicht genügend Tie-

Die Tagfalter-Familien

re zur Verfügung standen, um ihre neuen Entdeckungen in der richtigen Perspektive zu sehen. Um gerecht zu sein: Es ist wahr, daß Tagfalter mehr als die meisten anderen Tiere zu Variationen neigen und daher zur Beschreibung vieler unbedeutender Formen Anlaß geben.

Der Anfänger – oft auch der Fachmann – verzweifelt manchmal an diesen anscheinend unsinnigen Namensänderungen, die in der entomologischen Literatur eine besondere Plage sind. Jedoch ist dies bei einem Gebiet zu erwarten, bei dem ständig neue Informationen dazu kommen und beinahe ununterbrochen Nachprüfungen des ganzen Studienbereiches erforderlich sind. Z. B. die Märzveilchenfalter – wer könnte endgültig behaupten, ob alle in Europa vorkommenden Tiere zu einer einzigen Art gehören oder eine Gruppe von verwandten Arten sind, die nur schwer unterschieden werden können? Bei *Precis hierta* können wir entweder eine einzige Art mit drei Unterarten und Rassen haben oder aber geographisch getrennte Arten, die sich vor noch nicht allzu langer Zeit aus *P. hierta* entwickelt haben und sich von dieser Art nur geringfügig unterscheiden. Noch fließender ist die Lage bei den weniger bekannten Arten aus den Tropen. Falls ein Anfänger zu dem Schluß kommen sollte, daß das ganze System unerträglich kompliziert ist und für den Gebrauch zu verwirrend, dann muß darauf hingewiesen werden, daß es über eine Million bekannter Tierarten gibt. Davon sind 140 000 Schmetterlingsarten – 35mal so viel wie es Säugetiere gibt. Ein gewisses System ist also unentbehrlich, und irgendein System, gleich wie unvollkommen, ist besser als gar keines.

Tagfalter-Familien

Schon in Kapitel 1 wurde darauf hingewiesen, daß die Klassifizierung der Tagfalterfamilien umstritten ist und in der Vergangenheit immer wieder zu Revisionen geführt hat. Um ein möglichst einfaches System zu liefern, haben wir uns dazu entschlossen, das alte Schema beizubehalten, das die Tagfalter in 15 Familien unterteilt. Diese traditionellen Familiennamen sind volkstümlich weit verbreitet und bilden ein leicht verständliches System.

Eine kurze Einführung gibt die für jede Familie charakteristischen Merkmale an, daran anschließend wird eine Auswahl von Schmetterlingen dieser Familie in ihrer natürlichen Größe abgebildet. Jeder Falter ist numeriert und mit seinem Gattungsnamen aufgeführt. Natürlich ist es nicht möglich, alle Tagfalter abzubilden; die Auswahl erfolgte aufgrund der Bedeutung und der äußeren Erscheinung der Arten.

Abkürzungen der Autorennamen

Die Abkürzung unmittelbar hinter dem wissenschaftlichen Namen gibt den Autor an, der der Tierart zuerst den Namen gegeben und ihn veröffentlicht hat. In der folgenden Liste sind die Autoren und die für sie verwendeten Abkürzungen zusammengestellt.

Alph.	Alpheraky	Blanch.	Blanchard
Atk.	Atkinson	Bsdv.	Boisduval
Auriv.	Aurivillius	Brem.	Bremer
Avin.	Avinoff	Btlr.	Butler
		Coms.	Comstock
B.-H.	Bang.-Haas	Cr.	Cramer
Berg.	Bergstrasser		
B.-Baker.	Bethune-Baker	Dalm.	Dalman
Blach.	Blachier	Dew.	Dewitz
Dist.	Distant		
Don.	Donovan		
Dbldy.	Doubleday		
Dry.	Drury		
Edw.	Edwards		
Eisn.	Eisner		
Elt.	Eltringham		
Er.	Erichson		
Esch.	Eschscholtz		
Esp.	Esper		
Evers.	Eversmann		
Fab.	Fabricius		
Feisth.	Feisthamel		
Feld.	Felder(s)		
Friv.	Frivaldsky		
Fruhst.	Fruhstorfer		
Godt.	Godart		
Godm.	Godman		
G. & S.	Godman & Salvin		
Grand.	Grandidier		
G.-Smith.	Grose-Smith		
Gr.-Grsh.	Grum-Grishimailo		
Guen.	Guenée		
Guér.	Guérin-Ménéville		
Hem.	Hemming		
Hbst.	Herbst		
H.-Schaff.	Herrich-Schäffer		
Hew.	Hewitson		
Hoev.	van der Hoeven		
Holl.	Holland		
Hon.	Honrath		
Hopff.	Hopffer		
Horsf.	Horsfield		
Hbn.	Hübner		
Ill.	Illiger		
Jack.	Jackson		
Jans.	Janson		
J.	Joicey		
Jord.	Jordan		
Koll.	Kollar		
Latr.	Latreille		
Le. D.	Le Doux		
L.	Linnaeus (Linné)		
Mab.	Mabille		
Mait.	Maitland		

Die Tagfalter-Familien

Mart.	Martin				
Math.	Mathew				
Mats.	Matsumura				
Meerb.	Meerburgh				
Ménétr.	Ménétries				
Mont.	Montrouzier				
Mosch.	Möschler				

Abkürzungen der Länder und Gebiete

Die in Klammern nach dem Autorennamen folgende Abkürzung verweist auf das Land oder die Region, wo diese Art beheimatet ist.

Äthiop.	Äthiopien	Madgr.	Madagaskar
Afghan.	Afghanistan	Manus I.	Manus Insel
Alg.	Algerien	Malay.	Malaysia
And.	Andamanen		(Admiralitäts Inseln)
Argent.	Argentinien	Maur.	Mauritius
Aus.	Australien	Mex.	Mexico
		Moroc.	Marokko
Bol.	Bolivien	Moz.	Mozambique
Born.	Borneo		
Bougain.	Bougainville	N. Brit.	Neubritannien
Braz.	Brasilien	N. Caled.	Neu Kaledonien
		N. G.	Papua (Neuguinea)
Cam.	Kamerun	N. Heb.	Neu Hebriden
Can.	Kanada	N. Ireland	Neu Irland
Celeb.	Celebes	Nicar.	Nicaragua
C. A. R.	Zentralafrikanische Republik	Ng.	Nigeria
Chin.	China	Nor.	Norwegen
Col.	Kolumbien	Pak.	Pakistan
Cong.	Kongo (Zaire)	Pal.	Palawan
C. Rica.	Costa Rica	Pan.	Panama
		Phil.	Philippinen
Ecua.	Ecuador		
El. Sal.	El Salvador	Rhod.	Rhodesien
Eng.	England	Sard.	Sardinien
Eth.	Äthiopien	Scot.	Schottland
		S. Leone	Sierra Leone
Form.	Formosa (Taiwan)	Solom.	Solomon-Inseln
Fran.	Frankreich	Som.	Somalia
		S. Af.	Süd-Afrika
Gam.	Gambia	S. W. Af.	Süd-West-Afrika
Germ.	Deutschland	Sri Lank.	Sri Lanka (Ceylon)
Guad.	Guadalcanal	Sum.	Sumatra
Guat.	Guatemala	Swed.	Schweden
Guy.	Guyana	Switz.	Schweiz
Halm.	Halmaheira	Tan.	Tansania
Hond.	Honduras	Tas.	Tasmanien
Hun.	Ungarn	Thai.	Thailand (Siam)
		Tib.	Tibet
Ind.	Indien	Tky.	Türkei
Irld.	Irland	Ugan.	Uganda
		Urug.	Uruguay
Jam.	Jamaica	USA	Vereinigte Staaten
Jap.	Japan	USSR	Rußland
Ken.	Kenya	Venez.	Venezuela
Key I.	Key Inseln (New Guinea)	Zam.	Zambia

Neus.	Neustetter
deNicév.	de Nicéville
Nick.	Nickerl
Oberth.	Oberthur
Ochs.	Ochsenheimer
Pag.	Pagenstecher
Poul.	Poulton
Reak.	Reakirt
Rob.	Rober
Rogen.	Rogenhofer
Roths.	Rothschild
R. & J.	Rothschild & Jordan
Rott.	Rottemburg
Salv.	Salvin
Sndrs.	Sanders
Sanf. & Bnt.	Sanford & Bennett
Schiff.	Schiffermüller
Sch.	Schultze
Scop.	Scopoli
Semp.	Semper
Snell.	Snellen
Stgr.	Staudinger
Stich.	Stichel
Swains.	Swainson
T.	Talbot
Trim.	Trimen
van Som.	van Someren
Vty.	Verity
Voll.	Vollenhoven
Wall.	Wallace
Wallen.	Wallengren
Westw.	Westwood
Weym.	Weymer
W.-Mas.	Wood-Mason
Zink.	Zincken-sommer
Zett.	Zetterstedt

Kapitel 14
Hesperiidae
Dickkopffalter

Die Falter der Familie Hesperiidae tragen ihren deutschen Namen zu Recht: Sie besitzen gewöhnlich unverhältnismäßig dicke Köpfe. Auch im Flug unterscheiden sich die meisten Arten von den anderen Tagfaltern: Er ist eigenartig hüpfend. Aufgrund vieler Merkmale im Körperbau kann man sie als „primitivere" Gruppe bezeichnen; sie sind mit bestimmten Kleinschmetterlingen näher verwandt. Sie können zum Beispiel ihre Vorderflügel in Ruhestellung flach an ihre Körperseiten legen.

Die Familie ist in allen Faunenregionen stark vertreten und umfaßt einige tausend Arten. In der Flügelspannweite variieren sie von etwa 19 mm bis 90 mm; letztere Größe ist jedoch ungewöhnlich, die Mehrzahl der Arten ist viel kleiner. Farblich sind die Dickkopffalter ziemlich unauffällig, Brauntöne mit helleren Zeichnungen herrschen vor; einige tropische Arten, vor allem in Südamerika, haben allerdings stark schillernde Farben. Für fast alle Arten charakteristisch sind der kräftige Körper, die spitzwinkligen Vorderflügel und die mit einem kleinen Haken endenden Fühlerkeulen. Bei wenigen Arten sind die Hinterflügel geschwänzt.

Zu den ungewöhnlichen Vertretern der Familie zählen die großen amerikanischen *Megathyminae*, die sehr kräftige Flügel und abgerundete Fühlerspitzen haben. In älterer Literatur sind sie gelegentlich zu der den Gespinstmotten nahestehenden Gattung *Castnia* gestellt worden.

Als sehr problematisch kann man die Zugehörigkeit von *Euschemon rafflesia*

Oben: Ein farbenprächtiger Vertreter dieser Familie ist die neotropische Art *Pyrrhopyge cometes* Cr. Hier die ssp. *staudingeri* Plotz aus Peru (×10).

Links: *Hesperia comma* L. ist bei uns in Mitteleuropa verbreitet und fliegt über Wiesen (×10).

Rechts: Das Männchen von *Euschemon rafflesia* Macleay aus Australien zeichnet sich durch ein Frenulum aus, das die Flügel miteinander verbindet — gewöhnlich nur ein Merkmal der Nachtfalter.

Hesperiidae

aus Australien ansehen. Das Männchen dieser Art hat eine Vorrichtung zur festen Verbindung der Flügel, ein sogenanntes Frenulum, das im allgemeinen als charakteristisches Merkmal der Nachtfalter angesehen wird. Man kann also nur das Weibchen (dem diese Vorrichtung fehlt) zu den Tagfaltern rechnen.

Die Eier sind kugelförmig oder oval, ihre Basis ist abgeflacht; ihre Oberfläche kann glatt, netzartig oder fein gerippt sein. Die Raupen sind kräftig, zylindrisch oder tropfenförmig, meist grün oder weißlich schattiert, wenig behaart und haben große Köpfe. Die meisten fressen Gräser. Die Puppen sind glatt, nur das Kopfende kann in einen Dorn auslaufen. Viele verpuppen sich in einem Seidenkokon zwischen Blättern.

Hesperiidae[8]

Pyrrochalcia
1 *iphis* Dry. (S. Leone.)
2 *iphis* Dry. ♀. (S. Leone.)
Coeliades
3 *chalybe* Westw. (Ugan.)
4 *hanno* Plotz V. (Ugan.)
Oxynetra
5 *semihyalina* Feld.f.felderi Hopff. (Peru)
Hasora
6 *discolor* Feld. V. (N.G.)
7 *borneensis* Elwes & Edw. s.sp. mavis Evans (Phil.)
Odontoptilum
8 *angulata* Feld. (Ind.)
Bibasis
9 *harisa* Moore V. (Ind.)
Choaspes
10 *benjaminii* Guérin. V. (Chin.)
Phocides
11 *pigmalion* Cr. (Peru)

Jemadia
12 *hospita* Btlr. (Peru)
Mimoniades
13 *versicolor* Latr. (Braz.)
14 *nurscia* Swains. (Peru)
Amenis
15 *pionia* Hew. (Venez.)
Autochton
16 *itylus* Hbn. (Ecua.)
Phareas
17 *coeleste* Westw. V. (Peru)
Pyrrhopyge
18 *aziza* Hew.s.sp.araethyrea Hew. (Ecua.)
19 *telassa* Hew.s.sp.phaeax Hopff. (Peru)
20 *maculosa* Hew. V. (Col.)
Astraptes
21 *anaphus* Cr. (Peru)
Mysoria
22 *barcastus* Sepp s.sp.venezuelae Scudder V. (Venez.)

Caprona
23 *agama* Moore (Java)
Mylon
24 *cajus* Plotz (Ecua.)
Myscelus
25 *phoronis* Hew. (Peru)
Achlyodes
26 *busiris* Cr.s.sp. heros Ehrman V. (Peru)
Pythonides
27 *herennius* Geyer s.sp.proxenus Godm. & Salv. (Ecua.)
28 *lancea* Hew. (Braz.)
Celaenorrhinus
29 *illustris* Mab.s.sp. daroa Evans (Ugan.)
30 *proxima* Mab. (Ugan.)
31 *ratna* Fruhst.s.sp.pulomaya Moore (Ind.) **Tagiades**
32 *flesus* Fab. ♀. (Tan.)
33 *japetus* Stoll s.sp.obscurus Mab. ♀. (Sri Lank.)

34 *litigiosa* Mosch. (Ind.)
Coladenia
35 *dan* Fab. (Ind.)
Eagris
36 *lucetia* Hew. (Ken.)
Netrobalane
37 *canopus* Trim. (Ugan.)
Gomalia
38 *elma* Trim. (Ugan.)
Noctuana
39 *noctua* Feld.s.sp.bipunctata Plot (Mex.)
Sarangesa
40 *bouvieri* Mab. V. (Ugan.)
41 *maculata* Mab. (Ken.)
Antigonus
42 *erosus* Hbn. (Mex.)
Systasea
43 *pulverulenta* Feld. (Guat.)
Heliopetes
44 *laviana* Hew. (Mex.)

Ampittia
57 *dioscorides* Fab. (Ind.)
Ceratrichia
58 *flava* Hew.s.sp.*semilikensis* J. & T. (Ugan.)
59 *brunnea* B.-Baker. V. (Ken.)
Vettius
60 *diversa* H.-Schaff. V. (Ecua.)
61 *coryna* Hew. ♀. V. (Peru)
Metisella
62 *orientalis* Auriv. (Ken.)
63 *willemi* Wallen. ♀. V. (Ugan.)
Carterocephalus
64 *palaemon* Pallas (Eng.)
Taractrocera
65 *maevius* Fab. (Ind.)
Alera
66 *vulpina* Feld. (Ecua.)
Artitropa
67 *erinnys* Trim. (S. Af.)
Perichares
68 *philetes* Gmelin (Venez.)

Pelopidas
69 *mathias* Fab. (Ind.)
Gegenes
70 *pumilio* Hoffmansegg s.sp.*gambica* Mab. (Gam.)
Sabera
71 *fuliginosa* Miskin (Aus.)
Plastingia
72 *liburnia* Hew. (Phil.)
Leona
73 *lissa* Evans (Ugan.)
Sancus
74 *fuligo* Mab. V. (Ind.)
Osmodes
75 *thora* Plotz (Ugan.)
Erionota
76 *thrax* L. (Phil.)
Pardaleodes
77 *sator* Westw.s.sp.*pusiella* Mab. ♀. (Ugan.)
Thymelicus
78 *sylvestris* Poda (Eng.)

79 *lineola* Ochs. ♀. V. (Eng.)
80 *acteon* Rott. (Eng.)
Xanthodisca
81 *vibius* Hew. ♀. (Cam.)
Lepella
82 *lepeletier* Latr. V. (Cam.)
Notocrypta
83 *waigensis* Plotz (N.G.)
Telicota
84 *augias* L.s.sp.*krefftii* Macleay (Aus.)
Poanes
85 *hobomok* Harris (USA)
Hylephila
86 *phylaeus* Dry. (Mex.)
Acleros
87 *mackenii* Trim.s.sp.*instabilis* Mab. ♀. (Tan.)
Parphorus
88 *decora* H.-Schaff. V. (Ecua.)
Megathymus
89 *streckeri* Skinner ♀. (USA)

113

Kapitel 15
Papilionidae
Apollos, Schwalbenschwänze und Vogelflügler

Die Familie Papilionidae ist über die ganze Welt verbreitet und umfaßt etwa 700 Arten. Sie können im allgemeinen gut fliegen und gehören in den Gebieten, in denen sie vorkommen, zu den auffallendsten Faltern. In dieser Familie gibt es die größten und einige der prächtigsten Tagfalter überhaupt.
Ganz besonders hervorstechend sind die riesigen Vogelflügler oder Aristolochienfalter *(Ornithoptera)*, deren Hauptverbreitungsgebiet die australische Faunenregion ist. Die Weibchen einiger Arten haben eine Flügelspannweite von 25 cm oder noch mehr. Die Männchen sind etwas kleiner und prangen oft in blendendem Gold oder Grün. Um einen Eindruck von den Größenunterschieden in der Familie zu vermitteln, seien am anderen Ende der Größenskala die kleinen langschwänzigen Arten der Gattung *Lamproptera* aus Indien und Malaysien genannt: ihre Flügelspannweite liegt unter 50 mm.
Die Schwalbenschwänze heißen so, weil die meisten Arten geschwänzte Hinterflügel haben. Drei Gruppen lassen sich unterscheiden: die echten Schwalbenschwänze, die Segelfalter und eine Gruppe, die Giftpflanzen frißt. Vertreter von ihnen kommen in den gemäßigten wie in den tropischen Regionen der meisten Gebiete der Erde vor. Zu den echten Schwalbenschwänzen *(Papilio)* zählen einige der bekanntesten Arten. Segelfalter *(Eurytides* und *Graphium)* haben besonders lange „Schwänze", mit deren Hilfe sie leicht segeln können. Die Raupen von *Parides* und *Troides* fressen an *Aristolochia* und nehmen so Giftstoffe auf. Sie gehören zu den sich selbst schützenden Arten, da sie von Räubern weniger angegriffen werden. Es gibt Arten in anderen Schmetterlingsgruppen, die diese Giftstoffe nicht enthalten, die den giftigen aber sehr ähnlich sehen und offenbar an diesem Schutz teilhaben.
Eine andere, eigenartige Gruppe, die Apollos *(Parnassius)*, sehen ganz anders aus als die übrigen Angehörigen der Familie. Ihre Flügel sind gerundet und halb durchsichtig, ihre Körper dicht behaart. Sie kommen nur in höheren Lagen der nördlichen Regionen vor und gehören zu den bekanntesten Gebirgsfaltern. Im Gegensatz zu den meisten anderen Papilioniden fliegen sie verhältnismäßig langsam und träge.

Rechts: *Ornithoptera priamus* L. gehört zu den Vogelflüglern. Dieses Männchen der Rasse *poseidon* Dbldy. wurde im Dschungel Neuguineas fotografiert. (Sein Weibchen ist auf Seite 14/15 abgebildet.)

Papilionidae

Oben links: Der Segelfalter *Iphiclides podalirus* L. ist im Süden der paläarktischen Region beheimatet, früher reichte sein Verbreitungsgebiet weiter nordwärts. Heute findet man ihn vor allem noch auf warmen Steppenheidegebieten mit Schlehen — der Futterpflanze seiner Raupen.

Oben: *Papilio xuthus* L. saugt Nektar. Er ist ein echter Schwalbenschwanz. Seine Heimat ist Südostasien, vor allem China, Korea und Japan, aber auch in der orientalischen Region kommt er vor, so in Birma, auf Formosa und Guam.

Der seltsame kleine Tagfalter *Baronia brevicornis*, der nur in einigen Teilen Mexikos beheimatet ist, unterscheidet sich so stark von den anderen Arten der Familie, daß er in eine eigene Unterfamilie gestellt worden ist. Fachleute sehen in ihm einen der primitivsten Papilioniden.

Die herrlichen Farben und Flügelformen vieler Arten aus dieser Familie sowie die Größe der Falter wecken überall in der Welt die Begeisterung der Lepidopterologen. Darum hat man sich ihnen mehr gewidmet und sie intensiver untersucht als die zahlreichen Arten anderer Schmetterlingsfamilien.

Die Eier der Papilionidae sind gewöhnlich kugelig und unauffällig. Die weichhäutigen Raupen besitzen ein eigenartiges Organ, das sogenannte Osmaterium. Diese stark riechende, oft bunt gefärbte Nackengabel kann die Raupe direkt hinter dem Kopf ausstülpen. Man glaubt, daß dadurch mögliche Räuber abgeschreckt werden. Die Puppen sind eckig und tragen zwei vorstehende Spitzen am Kopfende. Gewöhnlich hängen sie aufrecht in einem Seidengürtel.

Papilionidae
Baronia
1 *brevicornis* Salv. (Mex.)
2 *brevicornis* Salv. ♀. (Mex.)
Archon
3 *apollinus* Hbst. ♀. (Tky.)

Hypermnestra
4 *helios* Nick. ♀. (Iran)
Parnassius
5 *honrathi* Stgr. s.sp.alburnus Stich. (USSR)
6 *phoebus* Fab. s.sp.sayii Edw. ♀. (USA)
7 *eversmanni* Ménétr. s.sp.felderi Brem. (USSR)
8 *glacialis* Btlr. (Jap.)
9 *jaquemontii* Bsdv. s.sp.variabilis Stich. (USSR)
10 *epaphus* Oberth. s.sp.cachemiriensis

Oberth. ♀.(Ind.)
11 *eversmanni* Ménétr. (USSR)
12 *hardwickii* Gray (Ind.)
13 *szechenyii* Friv. ♀. (Tib.)
14 *apollonius* Evers. (USSR)
15 *apollo* L. s.sp.nevadensis Oberth. (Spain)
16 *tianschanicus* Oberth. f.insignis Stgr. (USSR)
17 *nomion* Hbn. s.sp.nominulus Stgr. (USSR)

19 *clodius* Ménétr.s.sp.baldur Edw. ♀. (USA)
20 *acco* Gray s.sp.gemmifer Fruhst. (Tib.)
21 *delphius* Evers. s.sp.staudingeri B-H. (USSR)
22 *autocrator* Avin. ♀. (Afghan.)
23 *charltonius* Gray. s.sp.deckerti Vty. (Ind.)
24 *imperator* Oberth. ♀. (Tib.)
tenedius Evers. s.sp.vulcanus Bryk
& Eisn. (USSR)

25 *simo* Gray f.gylippus Fruhst. (USSR)
Luehdorfia
26 *puziloi* Ersch. (Jap.)
27 *japonica* Leech (Jap.)
Parnalius
28 *rumina* L. (Fran.)
29 *polyxena*. Denis & Schiff. ♀. (Fran.)

Allancastria
30 *cerisy* Godt. (Greece)
Sericinus
31 *montela* Gray ♀. (Chin.)
Bhutanitis
32 *thaidina* Blanch. (Chin.)
33 *lidderdalii* Atk. (Ind.)
Lamproptera
34 *curius* Fab. (Ind.)

Papilionidae
Teinopalpus
1 *imperialis* Hope (Ind.)
2 *imperialis* Hope ♀. (Ind.)

Eurytides
3 *lysithous* Hbn. (Braz.)
4 *lysithous* Hbn.f.extendatus Weym. (Braz.)
5 *epidaus* Dbldy.s.sp.fenochionis G. & S. (Mex.)
6 *phaon*. Bsdv.f.xenarchus Hew. (Mex.)

7 *phaon* Bsdv. (Hond.)
8 *harmodius* Dbldy. (Peru)
9 *harmodius* Dbldy.s.sp.imaus R. & J. ♀. (Peru)
10 *ariarathes* Esp.s.sp. gayi Lucas (Peru)
11 *ariarathes* Esp.s.sp.gayi Lucas f. cyamon Gray (Peru)

marcellus Cr.f.telamonides Feld. (USA)
lysithous Hbn.f.platydesma R. & J. (Braz.)
marcellinus Dbldy. (Jam.)
protodamas Godt.f.choridamas Bsdv. (Braz.)
16 asius Fab. (Braz.)
17 trapeza R. & J. (Ecua.)
18 xynias Hew. (Peru)
19 thymbraeus Bsdv.s.sp.aconophos Gray (Mex.)
20 philolaus Bsdv. (Mex.)
21 bellerophon Dalm. (Braz.)
22 pausanias Hew. (Peru)
23 euryleon Hew.s.sp.haenschi R. & J. (Ecua.)

Papilionidae
Protographium
1 *leosthenes* Dbldy. (Aus.)

Eurytides
2 *lacandones* Bates (Guat.)
3 *orthosilaus* Weym. (Braz.)
4 *leucaspis* Godt. (Peru)

5 *thyastes* Dry.s.sp.*thyastinus* Oberth. (Peru)
6 *stenodesmus* R. & J. (Braz.)
7 *molops* R. & J. s.sp.*hetarius* R. & J. (Col.)
8 *protesilaus* L.s.sp.*penthesilaus* Feld. (Mex.)

protesilaus L.s.sp.macrosilaus Gray. (Hond.)
telesilaus Feld. (Peru)
marchandi Bsdv. (Mex.)
salvini Bates (Guat.)

13 *glaucolaus* Bates (Pan.)
14 *agesilaus* Guér.s.sp.fortis R. & J. (Mex.)
15 *dolicaon* Cr.s.sp.deileon Feld. (Peru)
16 *protesilaus* L.s.sp.nigricornis Stgr. (Braz.)

17 *columbus* Koll. (Col.)

Papilionidae
Graphium
1 *meyeri* Hopff. (Celeb.)
2 *macfarlanei* Btlr.s.sp.seminigra Btlr. ♀. (N. Brit.)
3 *macfarlanei* Btlr. (N.G.)
4 *milon* Feld. (Celeb.)
5 *macleayanus* Leach (Aus.)
6 *empedocles* Fab. (Born.)
7 *sarpedon* L.f.semifasciatus Honr. (Chin.)
8 *sarpedon* L.s.sp.luctatius Fruhst. (Malay.)
9 *sarpedon* L.s.sp.luctatius ab. antenigra n.ab. (Malay.)
10 *codrus* Cr.s.sp.medon Felder (N.G.)
11 *eurypylus* L.s.sp.mecisteus Dist. V. (Malay.)

codrus Cr.s.sp.auratus Roths. (Manus I.)
stresemanni Roths. (Serang)
gelon Bsdv. (N. Caled.)
codrus Cr.s.sp.segonax Godm. & Salv. (N. Brit.)
cloanthus Westw. (Ind.)

17 evemon Bsdv.s.sp.eventus Fruhst. V. (Malay.)
18 mendana Godm. & Salv. s.sp.acous Ribbe. (Bougain.)
19 browni Godm. & Salv. (N. Brit.)
20 arycles Bsdv. V. (Malay.)

21 agamemnon L. (Ind.)
22 agamemnon L.s.sp.admiralis Roths. (Manus I.)
23 agamemnon L.s.sp.comodus Fruhst. ♀. (Celeb.)
24 wallacei Hew. (N.G.)

Papilionidae

Graphium
1 *pylades*. Fab.s.sp.angolanus Goeze ♀. V. (S. Af.)
2 *policenes* Cr. (C.A.R.)
3 *porthaon* Hew. (Ken.)
4 *taboranus* Oberth. V. (Tan.)
5 *evombar* Bsdv. (Madgr.)
6 *ucalegon* Hew.s.sp.schoutedeni Berger (Ugan.)
7 *agamedes* Westw. (C.A.R.)
8 *illyris* Hew. (Cong.)
9 *ridleyanus* White (C.A.R.)
10 *kirbyi* Hew. (Ken.)
11 *leonidas* Fab. (Cam.)
12 *cyrnus* Bsdv. (Madgr.)

hachei Dew. (Cong.)
pylades Fab. (Cam.)
latreillianus Godt.s.sp.theorini Auriv. (Ugan.)
ucalegonides Stgr. (Cong.)
polistratus G.-Smith (S. Af.)

18 odin Strand (C.A.R.)
19 almansor Hon.s.sp.uganda Lathy ♀. (Ugan.)
20 gudenusi Rebel (Ugan.)
21 endochus Bsdv. V. (Madgr.)
22 adamastor Bsdv. ♀. (C.A.R.)

23 philonoe Ward. (Ken.)
24 tynderaeus Fab. (Cong.)

Papilionidae

Graphium
1 *rhesus* Bsdv. (Celeb.)
2 *aristeus* Cr.s.sp.*parmatus* Gray (N.G.)
3 *mandarinus* Oberth. (Chin.)
4 *deucalion* Bsdv.s.sp.*leucadion* Stgr. (Halm.)
5 *encelades* Bsdv. (Celeb.)
6 *nomius* Esp. (Ind.)
7 *eurous* Leech s.sp.*asakurae* Mats. f. *chungianus* Murayama (Form.)
8 *macareus* Godt. (Ind.)
9 *caschmirensis* Roths. (Ind.)
10 *androcles* Bsdv. (Celeb.)
11 *megarus* Westw. s.sp.*megapenthes* Fruhst (Malay.)

glycerion. Gray (Ind.)
xenocles Dbldy. (Ind.)
euphrates Feld. (Born.)
alebion Gray. (Chin.)

16 *epaminondas* Oberth. (And.)
17 *agetes* Westw. (Ind.)
18 *tamerlanus* Oberth. (Chin.)
19 *thule* Wall. f.*princeps* Weym. (N.G.)

Dabasa
20 *hercules* Blanch. (Chin.)
21 *gyas* Westw. V. (Ind.)
22 *payeni* Bsdv.s.sp. *evan* Dbldy. (Ind.)

Papilionidae
Papilio
1 *toboroi* Ribbe (Solom.)
2 *agestor* Gray (Ind.)
3 *polytes* L. ♀. f.romulus Cr. (Ind.)
4 *aegeus* Don. ♀. (Aus.)
5 *epicydes* Hew. (Ind.)
6 *polytes* L. (Ind.)
7 *polytes* L. ♀. (Ind.)
8 *anactus* Macleay (Aus.)
9 *aegeus* Don.ab.pandoxus G.-Smith. (N.G.)

paradoxa Zink.f.danisepa Btlr. (Ind.)
paradoxa Zink. ♀.f.haasei Roths. (Malay)
eiovis Hew. (Celeb.)
lateri Gray. (Ind.)

14 dravidarum W-Mas. V. (Ind.)
15 oberon G.-Smith V. (St. Cruz.)
16 phestus Guér.s.sp.reductus Roths. (Manus I.)
17 castor Westw. (Ind.)

18 aegeus Don.s.sp.othello G.-Smith ♀.f.thuria Jord. (Biak)
19 ambrax Bsdv. (N.G.)
20 ambrax Bsdv. ♀. f.ambracia Wall. (N.G.)

Papilionidae
Papilio
1 *woodfordi* Godm. & Salv. (Bougain.)
2 *weymeri* Niepelt ♀. (Manus I.)
3 *albinus* Wall.s.sp.lesches Godm. & Salv. (N.
4 *ilioneus* Don.s.sp.amynthor Bsdv. V. (N.Cal
5 *fuscus* Goeze s.sp.beccarii Oberth. (N.G.)

gambrisius Cr. ♀. V. (Serang.)
inopinatus Btlr. V. (Tanimbar)
hipponous Feld.s.sp.pitmani Elwes (Thai.)
ptolychus Godm. & Salv. (Guad.)

10 *bridgei* Math. ♀. V. (Bougain.)
11 *canopus* Westw.s.sp.hypsicles Hew. (N. Heb.)
12 *lampsacus* Bsdv. (Java)

Papilionidae
Papilio
1 *rumanzovia* Esch. ♀. f. semperinus Haase (Phil.)
2 *iswara* White V. (Malay.)
3 *chaon* Westw. V. (Ind.)
4 *demetrius* Cr. V. (Jap.)
5 *iswaroides* Fruhst. V. (Malay.)

macilentus Jans. (Jap.)
rumanzovia Esch. V. (Phil.)
protenor Cr. V. (Ind.)
helenus L. V. (Ind.)

10 alcmenor Feld. V. (Ind.)
11 rumanzovia Esch. ♀. V. (Phil.)
12 sataspes Feld. V. (Celeb.)
13 thaiwanus Roths. V. (Chin.)

Papilionidae
Papilio
1 *bootes* Westw. (Ind.)
2 *rumanzovia* Esch. ♀. (Phil.)
3 *ascalaphus* Bsdv. ♀. (Celeb.)
4 *mayo* Atk. (Andam.)
5 *lowi* Druce (Palawan)

elwesi Leech (Form.)
memnon L. ♀. f. achates Sulzer (Chin.)
memnon L. ♀. f. agenor L. (Chin.)
janaka Moore (Ind.)

10 *polymnestor* Cr. (Ind.)
11 *memnon* L.s.sp.anceus Cr.ab.sericatus Fruhst. (Sum.)
12 *lowi*. Druce ♀. f. suffusus Lathy (Pal.)

Papilionidae
Papilio
1 *ophidicephalus* Oberth. (S. Af.)

2 *menestheus* Dry. (Cam.)
3 *grosesmithi* Roths. (Madgr.)
4 *oregonia* Edw. (USA)
5 *hippocrates* Feld. (Jap.)

6 *morondavana* G.-Smith (Madgr.)
7 *demolion* Cr. (Born.)
8 *indra* Reak.s.sp.fordi Coms. & Mart. (USA)
9 *alexanor* Esp. (Fran.)

machaon L.s.sp.sylvina Hem. V. (Form.)
hospiton Guen. (Sard.)
constantinus Ward. (Tan.)
euchenor Guérin. (N.G.)

14 gigon Feld. (Celeb.)
15 zelicaon Lucas. (Can.)
16 euphranor Trim. (S. Af.)
17 machaon L.s.sp.sikkimensis Moore (W. Chin.)

18 erithoniodes G.-Smith (Madgr.)
19 demodocus Esp. (C.A.R.)
20 hesperus Westw. (Cam.)

Papilionidae
Papilio
1 *blumei* Bsdv. (Celeb.)
2 *montrouzieri* Bsdv.f.ulyssellus Westw. (New. Cal.)
3 *buddha* Westw. (Ind.)
4 *crino* Fab. (Sri Lank.)
5 *bianor* Cr.s.sp.dehaani Feld. (Jap.)
6 *krishna* Moore (Ind.)

palinurus Fab.s.sp.angustatus Stgr. (Pal.)
polyctor Bsdv.s.sp.ganesa Dbldy. (Ind.)
paris L.s.sp.decorosa Fruhst. (Ind.)
hoppo. Mats. (Form.)
paris L.s.sp.arjuna Horsf. (Java.)

12 arcturus Westw. (Ind.)
13 peranthus Fab. (Java.)
14 peranthus Fab.s.sp.adamantius Feld. (Celeb.)
15 pericles Wall. (Timor)
16 dialis Leech s.sp.andronicus Fruhst. (Form.)

Papilionidae
Papilio
1 *mackinnoni* Sharpe (Ken.)
2 *fulleborni* Karsch (Tan.)
3 *mechowianus* Dewitz (C.A.R.)
4 *nobilis* Rogen. (Ken.)
5 *jacksoni* Sharpe (Ugan.)
6 *delalandii* Godt. (Madgr.)
7 *phorcas* Cr. (C.A.R.)
8 *echerioides* Trim. (Tan.)
9 *zenobius* Godt. ♀. (C.A.R.)

zoroastres Druce s.sp.homeyeri Plotz. ♀. (Ugan.)
mangoura Hew. ♀. (Madgr.)
plagiatus Auriv. (C.A.R.)
mechowi Dewitz. (Cam.)

14 sjoestedti Auriv. (Tan.)
15 zenobia Fab. (Ugan.)
16 nobilis Rogen. ♀. ab.josetta n.ab. (Ugan.)

Druryeia
17 antimachus Drury ♀. (Ugan.)
18 antimachus Drury (Cam.)

Papilionidae
Papilio
1 *manlius* Fab. ♀. (Maur.)
2 *phorbanta* L. (Réunion.)
3 *charopus* Westw. (Ugan.)
4 *bromius* Dbldy. (C.A.R.)
5 *aethiops* Roths. & Jord. (Eth.)
6 *epiphorbas* Bsdv. (Madgr.)
7 *nireus* L. (Cam.)

leucotaenia Roths. ♀. (Ugan.)
thuraui Karsch (Tan.)
troilus L.f.*ilioneus* Smith. (USA)
oribazus Bsdv. (Madgr.)
palamedes Drury. ♀. (USA)

13 *glaucus* L. ♀. (dark form) (USA)
14 *hornimani* Dist. (Ken.)
Iterus
15 *zalmoxis* Hew. (C.A.R.)

Papilionidae

Papilio
1 *cresphontes* Cr. (Mex.)
2 *paeon* Bsdv. V. (Peru)
3 *euterpinus* Godm. & Salv. (Col.)
4 *bachus* Feld. s.sp.chrysomelus Roths. & Jord. (Peru)
5 *androgeos* Cr. (Peru)
6 *andraemon* Hbn. (Cuba)
7 *hectorides* Esp. (Braz.)
8 *pilumnus* Bsdv. (Guat.)

rutulus Lucas. (Can.)
thersites Fab. ♀. (Jam.)
lycophron Hbn. (Braz.)
caiguanabus Poey (Cuba)

13 torquatus Cr. (Peru)
14 machaonides Esp. (Haiti)
15 aristodemus Esp. s.sp.ponceanus Schaus (USA)
16 ornythion Bsdv. (Mex.)

17 ascolius Feld. (Col.)
18 zagreus Dbldy. (Peru)

Papilionidae
Euryades
1 *duponchelii* Lucas (Argent.)

2 *corethrus* Bsdv. (Braz.)
Papilio
3 *aristeus* Cr.s.sp.bitias Godt. (Peru)
4 *cacicus* Lucas (Peru)

5 *rogeri* Bsdv. (Hond.)
6 *warscewiczi* Hopff. s.sp. mercedes Roths. & J. (Peru)
7 *anchisiades* Esp. (Peru)

hellanichus Hew. (Urug.)
pharnaces Dbldy. (Mex.)
scamander Bsdv. (Braz.)
homerus Fab. (Jam.)
12 xanthopleura Godm. & Salv. (Braz.)
13 isidorus Dbldy. (Peru)
14 erostratus Westw. (Mex.)
15 cleotas Gray s.sp. phaeton Lucas (Col.)
16 victorinus Dbldy.s.sp.morelius Roths. & Jord. (Mex.)
17 hyppason Cr.(aberrant) (Peru)
18 anchisiades Esp. ♀. (Peru)

Papilionidae

Papilio
 1 *garamas* Hbn. ♀. (dark form) (Mex.)
Parides
 2 *photinus* Dbldy. ♀. (Mex.)
 3 *ascanius* Cr. (Braz.)
 4 *timias* Gray ♀. (Ecua.)
 5 *agavus* Drury (Braz.)
 6 *gundalachianus* Feld. (Cuba)
 7 *triopas* Godt. (Guy.)
 8 *triopas* Godt. ♀. (Guy.)
 9 *neophilus* Hbn.s.sp.*olivencius* Bates (Peru)
10 *montezuma* Westw. (Mex.)
11 *chamissonia* Esch. V. (Braz.)
12 *perrhebus* Bsdv. (Braz.)
13 *erithalion* Bsdv. ♀. (Col.)
14 *alopius* Godm. & Salv. (Nicar.)

15 *tros* Fab. (Braz.)
16 *childrenae* Gray s.sp.oedippus Lucas (Col.)
17 *coelus* Bsdv. (Guy.)
18 *echemon* Hbn. (Braz.)
19 *lysander* Cr.♀.f.parsodes Gray (Braz.)
20 *vertumnus* Cr. (Peru)
21 *aeneas* L.s.sp.damis Roths. & Jord. (Peru)
22 *arcas* Cr.s.sp.mylotes Bates (Hond.)
23 *zacynthus* Fab.s.sp.polymetus Godt. (Braz.)
24 *aeneas* L.s.sp.marcius Hbn. (Braz.)
25 *erlaces* Gray s.sp.xanthias Roths. & Jord. (Peru)
26 *sesostris* Cr. (Peru)
27 *drucei* Btlr. (Ecua.)
28 *panthonus* Cr. (Guy.)
29 *iphidamas* Fab. (Mex.)

Papilionidae
Atrophaneura
1 *priapus* Bsdv. (Java)
2 *horishanus* Mats. V. (Form.)
3 *semperi* Feld. ♀. V. (Phil.)
4 *varuna* White s.sp.*astorion* Westw. (Ind.)
5 *nox* Swainson s.sp.*erebus* Wall. (Malay.)

oides
mirandus Btlr. (Born.)
hypolitus Cr.s.sp.cellularis Roths. ♀. (Celeb.)
oblongomaculatus Goeze s.sp.papuensis Wall.
(abberrant) (N.G.)

9 *criton* Feld. (Batchian)
10 *vandepolli* Snell. (Java)

Papilionidae
Ornithoptera
1 *victoriae* Gray s.sp.epiphanes Schmid ♀. (San Cristoval)
2 *croesus* Wallace s.sp.lydius Feld. ♀. (Halmaheira)
3 *paradisea* Stgr. (N.G.)

meridionalis Roths. (N.G.)
ides
eacus Feld.s.sp.thomsonii Bates (Malay.)
uneifer Oberth. (Java)
gonoptera
rojana Stgr. (Palawan)
rojana Stgr. ♀. (Palawan)

Papilionidae
Ornithoptera
1 *chimaera* Roths.s.sp.flavidior Roths. (N.G.)
2 *priamus* L.s.sp.boisduvali Mont. (Woodlark)
3 *priamus* L.s.sp.arruana Feld. (= hecuba Rober) (aberrant) (Key I.)
4 *victoriae* Gray s.sp.resplendens Ehrmann (Choiseul)

victoriae Gray s.sp.rubianus Roths. (aberrant) (Rubiana)
victoriae Gray s.sp.reginae Salvin (Malaita)

7 rothschildi Kenrick (N.G.)
8 croesus Wallace (Batchian)
9 croesus Wallace s.sp.lydius Feld. (Halmaheira)

Papilionidae
Ornithoptera
1 *alexandrae* Roths. (N.G.)
2 *alexandrae* Roths. ♀. (N.G.)

oliath Oberth.s.sp.supremus Rober (N.G.)
oliath Oberth.s.sp.titan G.-Smith ♀. (N.G.)
ssida
ressida Fab. (Aus.)
ressida Fab. ♀. (Aus.)

Papilionidae

Atrophaneura
1 *alcinous* Klug s.sp.mansonensis Fruhst. V. (Form.)
2 *polyeuctes* Dbldy. V. (Ind.)
3 *neptunus* Guérin. (Malay.)
4 *coon* Fab. (Java)
5 *latreillei* Don. ♀. (Ind.)

Pachliopta
6 *annae* Feld.s.sp.phlegon Feld. (Mindanao)
7 *hector* L. (Ind.)
8 *aristolochiae* Fab. V. (Ind.)
9 *aristolochiae* Fab.s.sp.kotzebuea Esch. V. (Ph
10 *polydorus* L.s.sp.manus Talbot ♀. V. (Manus

jophon Gray (Sri Lank.)
tus
devilliers Godt. V. (Cuba)
philetas Hew. V. (Ecua.)

14 *laodamas* Feld. (Col.)
15 *lycidas* Cr. (Guat.)
16 *crassus* Cr. (Peru)
17 *polydamas* L. (Mex.)

18 *belus* Cr.s.sp.cochabamba Weeks (Peru)
19 *archidamas* Bsdv. V. (Chile)
20 *madyes* Dbldy. s.sp.chlorodamas Guen. V. (Peru)

Kapitel 16
Pieridae
Weißlinge, Aurorafalter, Zitronenfalter und Gelblinge

Die Familie der Pieridae umfaßt beinahe 2000 Arten. Viele Arten führen Wanderungen aus und sind darum weit verbreitet. Ihre Flügelspannweite reicht von weniger als 25 mm *(Nathalis)* bis zu etwa 100 mm *(Hebomoia)*. Die Grundfarbe ist gewöhnlich weiß oder gelb, aber manche Arten sind auch auffällig gezeichnet, einige sogar sehr farbenprächtig.

Arten der Weißlinge *Pierini* gehören zu den bekanntesten Tagfaltern. Verschiedene Arten, die in großer Zahl wandern, sind wirtschaftlich wichtige Schädlinge (z. B. *Pieris brassicae* und *P. rapae*). Vertreter der indo-australischen Gattung *Delias* sind dadurch ungewöhnlich, daß ihre Unterseiten meist bunter gefärbt sind als die Oberseiten. Einige Arten dieser reizvollen Gattung bekommt man nur selten zu Gesicht.

Arten mit orangefarbenen Flügelspitzen, wie die Männchen der Aurorafalter, gibt es bei den *Pierini* und den *Colotini*. Letztere kommen fast ausschließlich in den Tropen der Alten Welt vor, zu ihnen gehören die größten Arten dieser Familie.

Die sonderbaren schmalflügeligen *Dismorphiinae* sind für die neotropische Faunenregion charakteristisch, sie sind in anderen Verbreitungsarealen recht selten. Noch seltsamer ist *Pseudopontia paradoxa*, eine zarte, kleine afrikanische Art, über deren Zugehörigkeit selbst Fachleute lange Zeit unschlüssig waren, einige hielten sie nicht für einen Tagfalter, sondern für einen Spanner-Verwandten.

Die Gelblinge (*Coliadinae*) sind, wie ihr Name schon sagt, meist gelb gefärbt. Sie sind in allen Regionen der Erde vertreten. Das Zusammenkommen riesiger Mengen von Angehörigen der Gattungen *Catopsilia* und *Colias* an feuchten Plätzen bietet ein erstaunliches Schauspiel.

Die Eier der Pieridae sind charakteristisch kegelförmig, die Raupen glatt, ohne vorspringende Strukturen. Die Puppen haben gewöhnlich einen Kopffortsatz und sind mit dem Kopf nach oben befestigt.

Oben rechts: Der leuchtendgelbe Wanderfalter *Phoebis agarithe* Bsdv. rastet hier in den Everglades Floridas (×4).

Rechts: Der hübsche *Delias mysis* Fab. ist in der australischen Faunenregion beheimatet. Das Foto von dem Nektar saugenden Falter stammt aus einem Sumpfgebiet Queenslands.

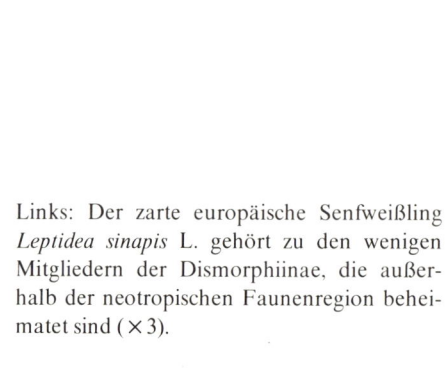

Links: Der zarte europäische Senfweißling *Leptidea sinapis* L. gehört zu den wenigen Mitgliedern der Dismorphiinae, die außerhalb der neotropischen Faunenregion beheimatet sind (×3).

Pieridae

Oben: Der durch seine schwarzen Flügeladern charakteristische Baumweißling *Aporia crataegi* L. kommt in den meisten Gebieten der paläarktischen Region vor. Infolge der spärlichen Flügelbeschuppung ist das Geäder besonders deutlich (×4).

Pieridae

Belenois
1 *calypso* Drury s.sp.dentigera Btlr. V. (Cong.)
2 *antsianaka* Ward V. (Madgr.)
3 *rubrosignata* Weym. V. (Ang.)
4 *solilucis* Btlr. (Cam.)
5 *severina* Cr. ♀. V. (S. Af.)
6 *raffrayi* Oberth. (Ken.)

Mylothris
7 *crocea* Btlr. (Ugan.)

8 *smithi* Mab. (Madgr.)

Pieris
9 *euridice* Leech V. (Tib.)
10 *bryoniae* Ochs. ♀. (Germ.)
11 *protodice* L. (USA)
12 *rapae* L. (Eng.)
13 *melete* Ménétr. ♀. (Jap.)

Neophasia
14 *menapia* Feld. (Can.)

Dixeia
15 *pigea* Bsdv.f.rubrobasalis Lanz ♀.

Pinacopteryx
16 *eriphia* Godt. (Eth.)

Metaporia
17 *agathon* Gray s.sp.moltrechti Oberth V. (Form.)
18 *leucodice* Evers. (USSR)

Aporia
19 *hippia* Brem.s.sp.japonica Mats. V. (Jap.)

Ascia
20 *monuste* L. (Mex.)

Pontia
21 *glauconome* Klug s.sp.iranica Bien V. (Iraq)
22 *daplidice* L. ♀. (Fran.)

Synchloe
23 *callidice* Hbn. ♀. (Switz.)

Tatochila
24 *microdice* Blanch. V. (Chile)
25 *xanthodice* Lucas ♀. (Ecua.)

Cepora
26 *aspasia* Stoll (Buru.)
27 *abnormis* Wall. s.sp.euryxanthe Hon.

eperia Bsdv. V. (Celeb.)
perimale Don.s.sp.latilimbata Btlr. V. (N.G.)
lea Dbldy.s.sp.malaya Fruhst. (Malay.)
leria
boebera Esch. (Phil.)
valeria Cr.f.lutescens Btlr. ♀. (Born.)
reute
telthusa Hew. (Ecua.)
callinira Stgr. (Peru)

Leptophobia
35 *penthica* Koll s.sp.messala Fruhst. V. (Peru)
36 *caesia* Lucas V. (Ecua.)
Perrhybris
37 *pamela* Cr.s.sp.flammula Rob. V. (Peru)
38 *lypera* Koll.s.sp.paravicinii Fruhst. V. (Ecua.)
39 *pamela* Cr.♀.f.incisa Fruhst. (Braz.)
Catasticta

40 *actinotis* Btlr. ♀. (Col.)
41 *corcyra* Feld. V. (Venez.)
42 *actinotis* Btlr. (Col.)
43 *sisamnus* Fab. (Peru)
44 *manco* Dbldy. V. (Bol.)
45 *straminea* Btlr. V. (Peru)
46 *pieris* Hopff. (Peru)
47 *teutila* Dbldy. ♀. V. (Mex.)
Eucheira
48 *socialis* Westw. (Mex.)
Leodonta

49 *dysoni* Dbldy.s.sp.zenobina Hopff. V. (Peru)
Archonias
50 *tereas* Godt.s.sp.rosacea Btlr. V. (Ecua.)
Charonias
51 *eurytele* Hew. (Ecua.)
Itaballia
52 *pisonis* Hew. V. (Peru)
Hesperocharis
53 *erota* Lucas V. (Braz.)

Pieridae

Delias
1 *periboea* Godt. V. (Java)
2 *hyparete* L.s.sp.luzonensis Feld. ♀. V. (Form.)
3 *doylei* Sanf. & Bnt. ♀. V. (N.G.)
4 *dice* Voll. V. (N.G.)
5 *ennia* Wall. V. (N.G.)
6 *schmassmanni* J. & T. V. (Buru.)
7 *mesoblema* Jord. V. (N.G.)
8 *eucharis* Dry. ♀. V. (Ind.)
9 *rosenbergi* Voll. V. (Celeb.)
10 *timorensis* Bsdv.s.sp.gardineri Fruhst.V.(Tanimbar)
11 *mariae* J. & T. s.sp.menooensis J. & T. ♀. V. (N.G.)
12 *clathrata* Roths. & Jord. V. (N.G.)
13 *mira* Roths. V. (N.G.)
14 *microsticha* Roths. V. (N.G.)
15 *salvini* Btlr. ♀. V. (N. Brit.)
16 *schoenbergi* Roths. ♀. V. (Solom.)
17 *ligata* Roths. V. (N.G.)
18 *pratti* Kenrick V. (N.G.)
19 *aroa* Ribbe V. (N.G.)
20 *weiskei* Ribbe V. (N.G.)
21 *heroni* Kenrick f. albo-oculatus J. & Noakes (N.G.)

27 *hallstromi* Sanf. & Bnt. V. (N.G.)
28 *sagessa* Fruhst. V. (N.G.)
29 *bornemanni* Ribbe V. (N.G.)
30 *castaneus* Kenrick V. (N.G.)
31 *albertisi* Oberth. V. (N.G.)
   themis Hew. V. (Phil.)
   duris Hew. ♀. V. (Serang)
   crithoe Bsdv. V. (Java)
   chrysomelaena Voll. V. (Batchian)

31 *joiceyi* Talbot ♀. V. (Serang)
32 *niepelti* Ribbe V. (N.G.)
33 *ornytion* Godm. & Salv. ♀. V. (N.G.)
34 *madetes* Godm. & Salv. ♀. V. (N. Ireland)
35 *aruna* Bsdv. V. (N.G.)
36 *descombesi* Bsdv. V. (Ind.)
37 *henningia* Esch. V. (Phil.)

38 *diaphana* Semp. V. (Phil.)
39 *belisama* Cr.s.sp.glauce Btlr. V. (Sum.)
40 *splendida* Roths. V. (Timor)
41 *eumolpe* G.–Smith V. (Born.)
42 *thysbe* Cr.s.sp.pyramus Wall. V. (Ind.)
43 *wilemani* Jordan V. (Form.)
44 *agostina* Hew. V. (Ind.)

Pieridae

Prioneris
1 *thestylis* Dbldy.s.sp.malaccana Fruhst. V. (Malay.)
2 *autothisbe* Hbn. V. (Java)
3 *thestylis* Dbldy.f.seta Moore ♀. V. (Ind.)
4 *philonome* Bsdv.s.sp.themana Fruhst. V. (Malay.)

Hebomoia
5 *glaucippe* L.s.sp.aturia Fruhst. (Malay.)
6 *glaucippe* L.s.sp. vossi Mait. ♀. (Nias.)
7 *leucippe* Cr. (Amboina)

Ixias
8 *marianne* Cr. ♀. (Ind.)
9 *venilia* Godt. (Java)
10 *pyrene* L. (Ind.)

Colotis
11 *amata* Fab.s.sp.calais Cr. (Iran)
12 *zoë* Grand. (Madgr.)
13 *fausta* Olivier (Ind.)
14 *eris* Klug (Ken.)
15 *daira* Klug.♀.f.flavidus Auriv. (Som.)
16 *etrida* Bsdv. (Ind.)
17 *daira* Klug f.thruppi Btlr. (Som.)
18 *evagore* Klug (Ken.)
19 *aurigineus* Btlr. (Ugan.)
20 *danae* Fab. (Ind.)
21 *regina* Trim. (C.A.R.)
22 *evippe* L.s.sp.omphale Godt. ♀. (Cong.)
23 *eucharis* Fab. (Sri Lank.)
24 *protomedia* Klug V. (Ugan.)
25 *halimede* Klug s.sp.acaste Klug (Ken.)

Gideona
26 *lucasi* Grand. (Madgr.)

Euchloe
27 *ausonia* Hbn.s.sp.crameri Btlr. V. (Sp.)
28 *belemia* Esp. V. (Moroc.)

Anthocharis
29 *sara* Bsdv.s.sp.flora Wright (Can.)
30 *cethura* Feld. (USA)

pima Edw. (USA) 48
belia L.s.sp.euphenoides Stgr. (Spain)
lcapica
  scolymus Btlr. (Jap.)
ptosia
  nina Fab. s.sp.malayana Fruhst. (Malay.)
pheronia
  thalassina Bsdv. (C.A.R.)
  argia Fab.♀.f.poppea Don. V. (Ugan.)
onia
  cleodora Hbn. V. (Ugan.)

38 *leda* Bsdv. (S. Af.)
Dismorphia
39 *amphione* Cr.s.sp.praxinoe Dbldy. (Mex.)
40 *orise* Bsdv. (Guy.)
41 *amphione* Cr.s.sp.praxinoe Dbldy. ♀.
42 *teresa* Hew. (Ecua.)
43 *medora* Dbldy.s.sp.medorilla Hew. (Peru)
44 *lysis* Hew. V. (Ecua.)
45 *lygdamis* Hew. V. (Peru)

46 *theugenis* Dbldy. V. (Bol.)
47 *melite* L.f.jethys Bsdv. (Mex.)
48 *nemesis* Latr. (Peru)
49 *melite* L. ♀. (Braz.)
Pseudopontia
50 *paradoxa* Plotz (Cong.)
Saletara
51 *cycinna* Hew. V. (N.G.)
Appias
52 *pandione* Geyer.s.sp.lagela Moore

53 *nero* Fab.s.sp.zarinda Bsdv. (light form) (Celeb.)
54 *paulina* Cr.trans.s.sp.adorabilis Fruhst. ♀. V. (Phil.)
55 *nero* Fab. (dark form) (Java)
56 *celestina* Bsdv. (N.G.)
Mathania
57 *agasicles* Hew. V. (Peru)
Melete
58 *lycimnia* Cr.♀.f.fiora Fruhst. V. (Braz.)

167

Pieridae

Phoebis
1 *rurina* Feld. (Peru)
2 *philea* L. (Mex.)
3 *cipris* Fab. (Braz.)
4 *avellaneda* H.-Schäff. (Cuba)
5 *avellaneda* H.-Schäff. ♀. (Cuba)
6 *statira* Cr. (Peru)
7 *argante* Fab. (Peru)
8 *sennae* L. (Braz.)

Catopsilia
9 *thauruma* Reakirt (Madgr.)
10 *pomona* Fab. ♀. f.catilla Cr. V. (Ind.)
11 *pyranthe* L. (Ind.)

Anteos
12 *maerula* Fab. (Mex.)
13 *clorinde* Godt. (Mex.)
14 *menippe* Hbn. (Peru)

Terias
15 *laeta* Bsdv.s.sp.bethesba Janson V. (Jap.)
16 *hecabe* L. (Ind.)
17 *smilax* Don. (Aus.)
18 *laeta* Bsdv. (Ind.)
19 *brenda* Dbldy. & Hew. (Ugan.)
20 *tilaha* Horsf.s.sp.nicevillei Btlr. (Malay.)
21 *candida* Cr.s.sp.papuana Btlr.

Gonepteryx
22 *amintha* Blanch. (Chin.)
23 *cleopatra* L. (Fran.)
24 *rhamni* L.s.sp.nepalensis Dbldy. (Ind.)
25 *farinosa* Zeller (Tky.)

Eurema
26 *venusta* Bsdv. (Trinidad)
27 *nicippe* Cr.ab.flava Holl. (Braz.)
28 *proterpia* Fab. (Venez.)
29 *arbela* Hbn.s.sp.pomponia

elathea Cr. (Braz.)
westwoodi Bsdv. (Mex.)
mexicana Bsdv. (Mex.)
athalis
iole Bsdv. (USA)
erene
cesonia Stoll (USA)
eurydice Bsdv. (Mex.)
therapis Feld. (Venez.)

Colias
37 wiskotti Stgr.s.sp.draconis Gr.-Grsh. (USSR)
38 australis Vty. (Spain)
39 fieldi Ménétr. (Ind.)
40 erate Esp.s.sp.nilagiriensis Feld. (Ind.)
41 eurytheme Bsdv. (USA)
42 philodice Godt. (USA)
43 alexandra Edw.s.sp.barbara

44 wiskotti Stgr. (USSR)
45 romanovi Gr.-Grsh. ♀. (USSR)
46 eogene Feld. (Afghan.)
47 dimera Dbldy. & Hew. (Ecua.)
48 cristophi Gr.-Grsh. (USSR)
49 phicomone Esp. (Fran.)
50 lesbia Fab. (Ecua.)
51 hyale L. (Fran.)
52 staudingeri Alph. ♀. (USSR)

53 palaeno L. (Swed.)
54 nastes Bsdv.s.sp.werdandi Zett. ♀. (Nor.)

Dercas
55 verhuelli Hoev.s.sp.herodotus Fruhst. (Malay.)
56 lycorias Dbldy. (Ind.)

Kricogonia
57 castalia Fab. (Mex.)

Kapitel 17
Lycaenidae
Zipfelfalter, Bläulinge, Feuerfalter usw.

Diese Familie ist in allen Regionen der Erde stark vertreten und umfaßt einige tausend kleine bis mittelgroße Arten. Die kleinsten haben eine Flügelspannweite von ungefähr 15 mm und die Riesen der Familie etwas weniger als 80 mm. Die Oberseite der meisten Arten ist metallisch gefärbt, gewöhnlich in allen Blauschattierungen, manchmal auch in einem kupfernen Orangerot. Demgegenüber können die Weibchen mancher Arten, vor allem die der *Polyommatinae*, der eigentlichen Bläulinge, dunkelbraun und unauffällig sein. Die Unterseiten sind typisch gefleckt oder gestrichelt, sie zeigen ein kompliziertes Zeichnungsmuster; die Hinterflügel sind oft in Schwänze ausgezogen.

Die Zipfelfalter *(Theclinae)* heißen so, weil die Hinterflügel der meisten Arten in einen Zipfel ausgezogen sind. Diese Unterfamilie ist zwar in allen Faunenregionen vertreten, erreicht ihre stärkste Entwicklung aber im tropischen Amerika. Dort rechnen Arten der Gattungen *Evenus, Arcas* usw. zu den herrlichsten aller Tagfalter.

Bläulinge *(Polyommatinae)* findet man ebenfalls in allen Regionen, im Gegensatz zu den vorher genannten sind sie aber in der neotropischen Region nur spärlich vertreten. Die Fleckenzeichnung auf der Unterseite ist sehr charakteristisch, unterliegt aber großen Variationen. Sie sind vor allem an Grasland gebunden, in Europa z. B. auch auf Gebirgswiesen zu finden. Zu bestimmten Jahreszeiten fliegen sie dort in Mengen und entzücken das Auge des Naturfreundes.

Die dritte große Gruppe, die der Feuerfalter *(Lycaeninae)*, ist artenärmer und gegenüber den beiden anderen weiter nördlich verbreitet – einige Arten holarktisch. Außer den leuchtenden kupfriggoldenen Farbtönen können sie auch einen violetten Anflug zeigen. Ein paar Arten sind blau gefärbt und geben Anlaß zu Verwechslungen mit den echten Bläulingen. Die Zeichnungsmuster der Unterseiten ähneln bei dieser Gruppe denen der *Polyommatinen* sehr.

Es gibt noch andere Unterfamilien bei den Lycaenidae und darin Arten, die in ihrem Erscheinungsbild den anderen Vertretern der Familie kaum ähnlich

Rechts: Ein Vertreter der Lycaeninae ist der Kleine Feuerfalter *Lycaena phlaeas* L., der eine außerordentlich weite Verbreitung hat. Sie reicht von Nordamerika über Europa und Nordafrika bis zum Fernen Osten. Im Gegensatz zu den meisten Feuerfaltern sehen bei dieser Art Männchen und Weibchen sehr ähnlich aus (×8).

Unten: Ein charakteristisches Tier aus der Unterfamilie Polyommatinae ist der nordamerikanische Bläuling *Everes comyntas* Godt. Man beachte vor allem die fein geringelten Fühler, ein typisches Merkmal dieser Familie (×5).

Lycaenidae

sind – vor allem die afrikanischen *Lipteninae,* die eher Acraeidae oder Pieridae gleichen. Eine andere, sehr eigenartige Unterfamilie ist die der *Liphyrinae;* die Falter ähneln Nachtfaltern, die jungen Raupen leben mit Ameisen zusammen.

Die Eier sind abgeflacht oder kugelig und zart gerippt oder genarbt. Die Raupen erinnern ein wenig an Asseln. Ihre Farbe ist überwiegend grün oder braun. Sie ernähren sich von vielen verschiedenen Futterpflanzen, doch gilt im allgemeinen, daß Zipfelfalter an Bäumen und Sträuchern, Bläulinge an Leguminosen und Feuerfalter an Ampfer (*Rumex*-Arten) vorkommen. Die Puppen sind kurz und untersetzt, normalerweise mit einem Seidengürtel an Blätter angeheftet. Einige gleichen Vogelkot, die einiger anderer Gattungen sehen aus wie winzige Affenköpfe.

Oben: Ein wundervoller, langschwänziger Vertreter der Theclinae ist *Hypolycaena liara* Druce aus dem Kongo-Gebiet. Die Augenflecken in Zusammenhang mit den Schwänzen erwecken den Eindruck eines „Kopfes". Er ermuntert Räuber, diese Stelle anzugreifen, und das macht es dem Schmetterling möglich, ohne ernsthaften Schaden zu entfliehen (×8).

Lycaenidae

Eumaeus
1 *debora* Hbn. ♀. V. (Mex.)
2 *minyas* Hbn. (USA)
Evenus
3 *gabriela* Cr. ♀. V. (Braz.)
4 *coronata* Hew. ♀. (Ecua.)
5 *regalis* Cr. (Braz.)
Thestius
6 *pholeus* Cr.f.meridionalis Draudt V. (Braz.)
Calycopis
7 *cerata* Hew. V. (Ecua.)
8 *atrius* H.-Schaff. (Braz.)
Theritas
9 *mavors* Hbn. (Braz.)
10 *tagyra* Hew.f.floralia Druce V. (Peru)
Cycnus
11 *battus* Cr. ♀. (Ecua.)
12 *battus* Cr. V. (Mex.)
13 *phaleros* L. ♀. V. (Braz.)
'Thecla'
14 *auda* Hew. V. (Col.)
15 *lisus* Stoll ♀. (Ecua.)
16 *bitias* Cr. (Braz.)
17 *phydela* Hew. (Braz.)
18 *phydela* Hew. ♀. V. (Braz.)
19 *loxurina* Feld. (red form) ♀. (Ecua.)
20 *gibberosa* Hew. (Ecua.)
21 *gabatha* Hew. ♀. (Col.)
22 *cyllarus* Cr. (Braz.)
Pseudolycaena
23 *damo* Druce ♀. V. (Mex.)
24 *marsyas* L. (Braz.)
Japonica
25 *saepestriata* Hew. V. (Jap.)
Arawacus
26 *sito* Bsdv. (Mex.)
27 *togarna* Hew. (Ecua.)
Panthiades
28 *selica* Hew. (Braz.)
29 *pelion* Cr. V. (Braz.)
Atlides
30 *torfrida* Hew. (Braz.)
Arcas
31 *ducalis* Westw. V. (Braz.)
32 *imperialis* Cr. (Peru)
Laesopsis
33 *roboris* Esp. V. (Spain)
Hypaurotis
34 *crysalus* Edw. (USA)
Callophrys
35 *rubi* L. V. (Eng.)
Strymondia
36 *spini* Schiff V. (Fran.)
37 *w-album* Knoch V. (Eng.)
Satyrium
38 *californica* Edw. V. (USA)
Nordmannia
39 *ilicis* Esp. ♀. (Fran.)
Ussuriana
40 *michaelis* Oberth. (USSR)
Yasoda
41 *pita* Horsf.s.sp.dohertyi Fruhst. ♀. (M
Quercusia
42 *quercus* L. ♀. (Eng.)
Chrysozephyrus
43 *smaragdina* Brem. (Jap.)
Favonius
44 *saphirinus* Stgr. (USSR)
Euaspa
45 *forsteri* Esaki & Shirôzu (Form.)
46 *milionia* Hew. V. (Ind.)
Tanuetheira
47 *timon* Fab. (Cam.)
Jacoona
48 *anasuga* Feld. ♀. (Malay.)
49 *anasuga* Feld. (Malay.)
Sinthusa

alika Horsf.s.sp.*amata* Dist. (Malay.)
lycaena
bona Hew. (Ugan.)
olaus
eculus Hopff.s.sp.*dolores* Suffert (S. Af.)
laus
as Westw. ♀. (S.W.Af.)
os Druce (Ken.)
era
us Trim. ♀. (Ugan.)
hnaeoides Trim. ♀. V. (Ugan.)
ia
CHARANA) mandarina Hew. V. (Ind.)
pus Fab.s.sp.*maxentius* Fruhst.
indra Horsf.s.sp.*indra* Moore (Ind.)
pus Fab. (Ind.)
chrysops

61 *polycletus* L.V. (N.G.)
62 *protogenes* Feld.s.sp.*thesaurus* G.-Smith
Actis V. (N.G.)
63 *mimeta* Karsch (Ugan.)
Ancema
64 *ctesia* Hew.s.sp.*cakravasti* Fruhst.
Arhopala (Form.)
65 *areste* Hew. (Ind.)
66 *hercules* Hew.s.sp.*herculina* Stgr. (N.G.)
67 *eridanus* Feld.s.sp.*padus* Feld. ♀. V.
68 *aexone* Hew. (N.G.) (Halm.)
69 *horsfieldi* Pag.f.*leokrates* Fruhst. (Born.)
Cheritra
70 *orpheus* Feld. (Phil.)
Rapala
71 *selira* Moore (Ind.)
Pseudalmenus

72 *myrsilus* s.sp.*zephyrus* Waterhouse &
Hypochlorosis Lyell (Aus.)
73 *lorquinii* Feld.s.sp.*humboldti* Druce
Pilodeudorix (N.G.)
74 *ankoleensis* Stempffer (Ugan.)
Neomyrina
75 *hiemalis* Godm. & Salv.f.*periculosa*
Amblypodia Fruhst. (Sum.)
76 *narada* Horsf.s.sp.*dina* Fruhst. (Ind.)
Deudorix
77 *epijarbas* Moore (Ind.)
Zeltus
78 *amasa* Hew. (Ind.)
Rathinda
79 *amor* Fab. V. (Ind.)
Iraota
80 *timoleon* Stoll V. (Ind.)

Oxylides
81 *faunus* Dry.f.*albata* Auriv. (Ugan.)
Philiris
82 *helena* Snellen (N.G.)
Eooxylides
83 *tharis* Geyer s.sp.*distanti* Riley V. (Malay.)
Myrina
84 *silenus* Fab.s.sp.*ficedula* Trim. (S. Af.)
Horaga
85 *rarasana* Sonan ♀. V. (Form.)
Stugeta
86 *bowkeri* Trim. (S. Af.)
Artipe
87 *eryx* L. V. (Ind.)
Leptomyrina
88 *lara* L. ♀. (S. Af.)
Remelana
89 *jangala* Horsf.f.*phaedra* Fruhst. V. (Ind.)

173

Lycaenidae

Phasis
1 *thero* L. (S. Af.)
Axiocerces
2 *harpax* Fab.f.*bambana* G.-Smith. (S. Af.)
3 *amanga* Westw. (Ken.)
4 *jacksoni* Stempffer (Som.)
Spindasis
5 *lohita* Horsf. (Ind.)
6 *natalensis* Dbldy. & Hew.ab.*obscura* Auriv. (S. Af.)
7 *vulcanus* Fab. V. (Ind.)
Aphnaeus
8 *orcas* Dry. V. (Ken.)
Paralucia
9 *aenea* Miskin (Aus.)
Lucia
10 *limbaria* Swainson (Aus.)
Aloeides
11 *thyra* L. V. (S. Af.)
12 *taikosama* Wallen. (S.Af.)
Catapaecilma
13 *elegans* Druce f.*major* Druce ♀. V. (Ind.)
Tomares
14 *ballus* Fab. ♀. (Fran.)
15 *mauritanicus* Lucas V. (Afghan.)
16 *nogelii* H.-Schaff. V. (Tky.)
Ogyris
17 *zosine* Hew.s.sp.*zolivia* Waterhouse (Aus.)
18 *genoveva* Hew.s.sp.*gela* Waterhouse ♀. (Aus.)
19 *gigantea* Trim. ♀. V. (aberrant) (Rhod.)
20 *patricia* Trim. (S. Af.)
21 *oreas* Tite (S. Af.)
Poecilmitis
22 *thysbe* L. (S. Af.)
23 *uranus* Pennington (S. Af.)
24 *felthami* Trim. (S. Af.)
Apharitis
25 *acamas* Klug (Iran)
Cupidopsis
26 *jobates* Hopff. ♀. (S. Af.)
Castalius
27 *hintza* Trim. (S. Af.)
28 *rosimon* Fab. ♀. V. (Ind.)
Lampides
29 *boeticus* L. ♀. V. (Fran.)
Philotes
30 *sonorensis* Feld. (USA)
Azanus
31 *moriqua* Wallen. V. (S. Af.)
Pseudonacaduba
32 *sichela* Wallen. (S. Af.)
Anthene
33 *lemnos* Hew. ♀. (S. Af.)
34 *larydas* Cr. V. (Ugan.)
Actizera
35 *lucida* Trim. (S. Af.)
Freyeria
36 *trochilus* Freyer ♀. V. (Ind.)
Zizina
37 *otis* Fab.s.sp.*indica* Murray (Ind.)
Celastrina
38 *albocaerulea* Moore s.sp.*sauteri* Fruhst. (Chin.)
Luthrodes
39 *cleotas* Guérin.s.sp.*kaiphas* Fruhst. (N.G.)
Catochrysops
40 *strabo* Fab. (Ind.)
Iolana
41 *iolas* Ochs. (Switz.)
Plebicula
42 *escheri* Hbn. (Fran.)
43 *dorylas* Schiff. (Spain)
Agriades
44 *glandon* de Prunner (Fran.)
Syntarucus
45 *plinius* Fab. V. (Ind.)
Phlyaria
46 *cyara* Hew. (Cam.)
Albulina
47 *orbitulus* de Prunner V. (Switz.)
Hemiargus
48 *thomasi* Clench ♀. V. (USA)
Neolucia
49 *serpentata* H.-Schaff. (Aus.)
50 *agricola* Westw. V. (Tas.)
Tarucus
51 *alteratus* Moore ♀. (Ind.)
52 *rosaceus* Austaut V. (aberrant) (Egypt)
Parelodina
53 *aroa* B.-Baker. (N.G.)
Euchrysops
54 *dolorosa* Trim. (S. Af.)
55 *cnejus* Fab. ♀. (Ind.)
56 *pandava* Horsf. (Ind.)
Talicada
57 *nyseus* Guérin. ♀. V. (Ind.)
Meleageria
58 *daphnis* Schiff. (Fran.)
59 *daphnis* Schiff. ♀. (Fran.)
Agrodiaetus
60 *damon* Schiff. (Fran.)

damon Schiff. ♀. V. (Spain)
ucopsyche
lygdamus Dbldy. (Can.)
alexis Poda V. (Austria)
galathea Blanch. V. (Pak.)
cia
artaxerxes Fab. ♀. V. (Scot.)
agestis Denis & Schiff. V. (Eng.)
culinea
teleius Berg. (Germ.)
nausithous Berg. V. (Germ.)
bejus
icarioides Bsdv. (Can.)
ides
bochus Stoll s.sp.nabonassar Fruhst. (Malay.)
philatus Snellen s.sp.subditus Moore (Malay.)
cimina
optilete Knoch V. (Fran.)
res
argiades Pallas s.sp.kawaii Mats. ♀. V. (Jap.)
hecops
fulgens Doherty V. (Ind.)
yommatus
loewii Z.s.sp.lockharti Hem. (Jord.)

76 *eros* Ochs. (Switz.)
77 *icarus* Rott.s.sp.mariscolore Kane ♀. (Irld.)
Cacyreus
78 *lingeus* Stoll ♀. (S. Af.)
Curetis
79 *santana* Moore s.sp.malayica Feld. (Malay.)
80 *acuta* Moore s.sp.paracuta de Nicév. ♀. (Jap.)
Epitola
81 *miranda* Stgr. (Ugan.)
82 *crowleyi* Sharpe (Ugan.)
83 *honorius* Fab. (Cam.)
Hewitsonia
84 *similis* Auriv. s.sp.ugandae Jack. (Ugan.)
85 *boisduvali* Hew. V. (Nig.)
Lycaena
86 *helle* Schiff. ♀. (Fran.)
87 *pang* Oberth. ♀. V. (Chin.)
88 *athamanthis* Ev.s.sp.iliensis Stgr. (Chin.)
89 *arota* Bsdv.s.sp.virginiensis Edw. (USA)
90 *salustius* Fab. (N.Z.)
91 *feredayi* Hudson ♀. (N.Z.)
92 *pavana* Koll. (Ind.)
93 *splendens* Stgr. (USSR)
94 *dispar* Haworth (Eng.)
95 *xanthoides* Bsdv.s.sp.dione Scudder (USA)

96 *boldernarum* Btlr. (N.Z.)
97 *thoe* Guérin. (Can.)
98 *li* Oberth. V. (Chin.)
99 *kasyapa* Moore (Ind.)
100 *orus* Cr. (S. Af.)
101 *epixanthe* Bsdv. (USA)
102 *rubidus* Behr (USA)
103 *cupreus* Edw. (USA)
104 *helloides* Reak. (Can.)
105 *hermes* Edw. (USA)
106 *sultan* Stgr. (USSR)
107 *heteronea* Bsdv. (USA)
108 *evansi* de Nicév. (Ind.)
Heodes
109 *tityrus* Poda s.sp.subalpinus Speyer (Switz.)
110 *tityrus* Poda V. (Fran.)
111 *alciphron* Rott.s.sp.gordius Sulzer (Fran.)
Palaeochrysophanus
112 *hippothoe* L. (Germ.)
Thersamonia
113 *ochimus* H.-Schaff. (Iran)
114 *thersamon* Esp. (Hun.)
115 *asabinus* H.-Schaff.s.sp.tauricus Rühl-Heyne (Syria)
116 *thetis* Klug s.sp.aditya Moore (Ind.)
117 *phoebus* Blach. (Alg.)

Iophanus
118 *pyrrhias* Godm. & Salv. (Guat.)
Heliophorus
119 *epicles* Godt. ♀. V. (Chin.)
120 *androcles* Dbldy. & Hew. (Ind.)
121 *sena* Koll. V. (Ind.)
122 *brahma* Moore (Tib.)
Poritia
123 *philota* Hew. (Malay.)
Allotinus
124 *posidion* Fruhst. ♀. (Java)
Miletus
125 *symethus* Cr. ♀. (Java)
Telipna
126 *nyanza* Neave ♀. (Ugan.)
Mimacraea
127 *marshalli* Trim.s.sp.dohertyi Roths. (Ken.)
Mimeresia
128 *neavei* J. & T. V. (Ugan.)
Liptena
129 *homeyeri* Dew. V. (Zam.)
Citrinophila
130 *erastus* Hew. (Ugan.)
Liphyra
131 *brassolis* Westw. ♀. (Aus.)

175

Kapitel 18
Libytheidae – Schnauzenfalter
Nemeobiidae – Würfelfalter

Die beiden in diesem Kapitel behandelten Familien sind in älteren Werken oft vereint. Auch wenn sie hier als zwei eigene behandelt werden, rechtfertigt eigentlich die geringe Größe der ersteren (mit nur etwa einem Dutzend Arten) keine vollständige Trennung.

Libytheidae

Verschiedene Arten sind Wanderfalter. Die Familie ist zwar sehr klein, aber in allen Regionen der Welt vertreten. Die Falter sind von fast allen anderen Tagschmetterlingen an den riesigen Labialpalpen zu unterscheiden, die dem Kopf der Tiere ein eigenartiges Aussehen verleihen. In Größe und zackiger Flügelform sind sie ziemlich einheitlich; ihre Flügelspannweite beträgt etwa 40–65 mm. Die meisten Arten sind dunkelbraun gefärbt und tragen hellere Zeichnungen; *L. geoffroyi* aus Neuguinea sieht besonders apart aus durch ihren malvenfarbigen Überzug.

Die Eier sind elliptisch und mit scharfen Rippen versehen. Die grünen, schwach behaarten Raupen erinnern an die der Pieridae. Die meisten Arten fressen an *Celtis*. Die Puppen sind glatt mit einem auffälligen Rückenhöcker und vorstehenden Flügelscheiden. Als Stürzpuppen hängen sie mit dem Kopf nach unten von den Blättern der Futterpflanze herab.

Nemeobiidae

Im Gegensatz zur vorher behandelten Familie ist diese mit nahezu zweitausend Arten eine der umfangreichsten Tagfalterfamilien. Die allermeisten

Die Nemeobiidae, früher auch unter den Namen Riodinidae oder Erycinidae bekannt, sind typisch für die Regenwälder Südamerikas. Obwohl sie allgemein klein sind, wetteifern ihre funkelnden Farben sogar mit denen der Kolibris. Die beiden hier gezeigten Falter wurden am Rio Huallaga in Peru fotografiert, einem der tagfalterreichsten Gebiete der Welt.
Rechts: *Mesosemia croesus* Fab. (×10), eine der vielen Arten mit eigenartig punktierten Augenflecken. Unten: der prächtige *Lasaia moeros* Stgr. (×5).

Libytheidae — Nemeobiidae

Arten sind auf die neotropische Region beschränkt; in allen anderen Gebieten sind sie nur sehr gering vertreten, so ist in Europa nur eine Art beheimatet (*Hamearis lucina*).

Trotz ihrer Häufigkeit bekommt man viele Arten kaum zu Gesicht, weil sie nach Art der Nachtfalter unter Blättern sitzen.

Die meisten Arten sind klein, ihre Flügelspannweite liegt zwischen 20 mm und etwa 65 mm. In der Flügelform, in der Zeichnung und Färbung zeigen sie jedoch die überraschendsten Variationen aller Tagfalterfamilien. Viele weisen lebhafte Farbkombinationen oder metallisch glänzende schillernde Tönungen auf. Zu letzteren gehören zum Beispiel Arten der neotropischen Gattung *Ancyluris*, bei denen man oft von „lebenden Edelsteinen" spricht. Die Flügel können gerundet oder gezackt sein, in einigen Fällen auch extravagant geschwänzt (zum Beispiel *Helicopis*-Arten). Aufgrund solch großer Variation ist es kaum überraschend, daß viele Vertreter dieser Familie den Arten aus anderen Tagfalterfamilien sowie auch Nachtfaltern sehr gleichen.

Die Eier sind im allgemeinen halbkugelig mit regelmäßigen Eindrücken. Die Raupen sind asselförmig, gewöhnlich grün oder weißlich gefärbt und fein behaart. Einige tragen leuchtend gefärbte Höcker. Sie fressen an den unterschiedlichsten Pflanzen. Die Puppen weisen eine große Formenmannigfaltigkeit auf. Einige hängen frei am Schwanzende, andere sind mit Seidengürteln auf der Oberfläche von Blättern befestigt, ähnlich wie die der Lycaenidae.

Unten: Der Braune Würfelfalter *Hamearis lucina* L. ist der einzige Vertreter der Nemeobiidae in Europa. In Färbung und Zeichnungsmuster gleicht er den Scheckenfaltern (Nymphalidae) (×10).

Libytheidae

Libythea
1 *myrrha* Godt. (Ind.)
2 *labdaca* Westw. (Nig.)
3 *carinenta* Cr. (USA)
4 *geoffroyi* Godt.s.sp.maenia Fruhst. (N.G.)

Nemeobiidae

Dicallaneura
5 *decorata* Hew.s.sp.conos Fruhst. ♀. V. (N.G.)
6 *ribbei* Rober.s.sp.arfakensis Fruhst. V. (N.G.)
Praetaxila
7 *segecia* Hew.s.sp.yaniya Fruhst. V. (N.G.)
8 *satraps* G.-Smith & Kirby (N.G.)
Dodona
9 *ouida* Moore (Ind.)
10 *ouida* Moore (spring fm.) V. (Ind.)
11 *eugenes* Bates s.sp.venox Fruhst. V. (Ind.)
12 *durga* Koll. (Ind.)
Zemeros
13 *flegyas* Cr. V. (Ind.)
Abisara
14 *rogersi* Druce ♀. (Cong.)
15 *kausambi* Feld. V. (Malay.)
Stalachtis
16 *phlegia* Cr.f.phlegetonia Perty. (Braz.)
17 *zephyritis* Dalm.s.sp.evelina Btlr. (Braz.)
18 *calliope* L. (Braz.)
Teratophthalma
19 *marsena* Hew.f.semivitrea Seitz V. (Peru)
Styx
20 *infernalis* Stgr. (Peru)
Mesosemia
21 *loruhama* Hew. (Ecua.)
Semomesia
22 *croesus* Fab. ♀. f.trilineata Btlr. (Braz.)
Diophtalma
23 *matisca* Hew. ♀. (Peru)
Sarota
24 *chrysus* Stoll f.dematria Westw.V. (Ecua.)
Euselasia
25 *erythraea* Hew. (Ecua.)
26 *orfita* Cr.f.euodias Hew. V. (Braz.)
27 *thucydides* Fab. (Braz.)
Methone
28 *cecilia* Cr.f.magnarea Seitz. (Braz.)
Parcella
29 *amarynthina* Feld. V. (Argent.)
Napaea
30 *nepos* Fab. (Peru)
Themone
31 *pais* Hbn. (Braz.)
Helicopis
32 *endymion* Cr. V. (Guy.)
33 *cupido* L.f.erotica Seitz V. (Braz.)
34 *acis* Fab. ♀. (Braz.)
Alesa
35 *amesis* Cr. ♀. (Peru)
Riodina
36 *lysippoides* Berg. (Argent.)
Panara
37 *phereclus* L. (Peru)
Menander
38 *hebrus* Cr. (Braz.)
Symmachia
39 *rubina* Bates ♀. (Col.)
40 *championi* Godm. & Salv. (Mex.)
Caria
41 *domitianus* Fab.f.ino Godm. & S. (Mex.)
42 *rhacotis* Godm. & Salv. ♀. V. (Mex.)
43 *mantinea* Feld.f.amazonica Feld. (Braz.)

nesis
mandana Cr. (Braz.)
lucinda Cr. ♀. V. (Ecua.)
incoides Schaus (Argent.)
elanis (= *Lymnas*)
pixe Bsdv. (Chile)
cephise Ménétr. V. (Mex.)
opfferia
militaris Hopff. (Peru)
iseme
neurodes Feld.f.caudalis Bates (Ecua.)
alectryo Westw.f.spectanda Stich. (Peru)
heope
terambus Godt. (Braz.)
hisbe
lycorias Hew. (Hond.)
irenea Stoll (Ecua.)
horinea (= *Zeonia*)
batesii Sndrs. (Peru)

56 *faunus* Fab. (Braz.)
57 *sylphina* Bates V. (Bol.)
Hyphilaria
58 *parthenis* Westw.f.virgatula Stich. (Braz.)
Rhetus (= *Diorina*)
59 *dysonii* Sndrs.f.psecas Sndrs. (Peru)
60 *periander* Cr. ♀. (Peru)
61 *arcius* L.f.huanus Sndrs. (Peru)
Echenais
62 *penthea* Cr. (Braz.)
Notheme
63 *erota* Cr. (Peru)
Nymphidium
64 *lamis* Stoll (Ecua.)
Baeotis
65 *bacaenis* Hew.f.elegantula Hopff. (Peru)
Metacharis
66 *regalis* Btlr.f.indissimilis Weeks (Ecua.)

Calliona
67 *siaka* Hew. (Peru)
Calospila
68 *lasthenes* Hew.f.zeurippa Bsdv. (Mex.)
69 *emylius* Cr. (Peru)
Aricoris
70 *flammula* Bates (Peru)
Ancyluris
71 *meliboeus* Fab. V. (Peru)
72 *formosissima* Hew. V. (Peru)
73 *huascar* Sndrs. (Peru)
74 *inca* Sndrs. ♀. (Col.)
75 *mira* Hew. (Peru)
76 *aulestes* Cr.f.lamprotaenia* Stich. ♀. (Ecua.)
77 *pulchra* Hew.s.sp.formosa Hew. (Ecua.)
Necyria
78 *vetulonia* Hew. (Ecua.)
79 *duellona* Westw. V. (Peru)

80 *manco* Sndrs. (Col.)
Calydna
81 *caieta* Hew. (Braz.)
82 *calamisa* Hew. (Braz.)
Cyrenia
83 *martia* Westw. V. (Peru).
Lasaia
84 *agesilas* Latr.f.narses Stgr. (Argent.)
Apodemia
85 *mormo* Feld.f.cythera Edw. (USA)
Audre
86 *epulus* Cr. (Argent.)
Crocozona
87 *caecias* Hew. V. (Ecua.)
Charis
88 *nilus* ♀. V. (Mex.)
Anteros
89 *carausius* Westw.f.principalis Hopff. V. (Ecua.)
90 *bracteata* Hew. V. (Ecua.)

179

Kapitel 19
Heliconiidae
Heliconiiden

Die Familie der Heliconiidae besteht aus fast 70 neotropischen Arten. Vier von ihnen kommen auch in den Südstaaten der USA vor. Sie sind kenntlich an den schmalen Flügeln, den gewöhnlich langen Fühlern und dem dünnen, langen Hinterleib. Ihre Größe ist bemerkenswert einheitlich, sie schwankt zwischen 60 und 100 mm.

Ihre ungenießbare Körperflüssigkeit schützt die Arten vor Räubern. Diese Eigenschaft wird durch leuchtende Farben und charakteristische Zeichnungsmuster signalisiert; die Farben Rot, Orange, Gelb und Blau sind auf vielfältige Weise mit Schwarz kombiniert. Auch innerhalb einer Art sind die Färbungsunterschiede oft enorm, und darum ist diese Familie für Anfänger-Lepidopterologen eine der schwierigsten; einige Formen sind nur sehr schwer bestimmbar. Weitere Schwierigkeiten ergeben sich auch aus der Mimikry: Arten der gleichen Gattung oder auch verschiedener Gattungen gleichen manchen Tagfalterarten aus anderen Familien, besonders den Ithomiidae. Diese Merkmale bilden wohl den bekanntesten Anhaltspunkt für die Theorie der Müllerschen Mimikry (Kapitel 9).

Die Falter können gewöhnlich nur langsam und träge fliegen, als ob sie sich ihrer Schutzfärbung „bewußt" wären. Oft kommen sie massenhaft auf Lichtungen zusammen, nachts bilden sie „Schlafgemeinschaften" und hängen dann in Trauben an niedrigem Gebüsch. Sehr oft kommen sie Nacht für Nacht wieder an den gleichen Platz.

Die Eier sind von besonderer spindelförmiger oder flaschenförmiger Gestalt; sie werden einzeln abgelegt. Die dornigen Raupen fressen fast ausschließlich an *Passiflora*-Arten. Die Puppen sind buckelig und mit Dornen besetzt. Sie hängen mit dem Kopf nach unten von den Stämmen der Futterpflanzen.

Da sie sich in Gefangenschaft leicht halten lassen, lange leben und sehr variabel sind, gehören Arten aus dieser Familie zu den Tagfaltern, die am häufigsten zu Experimenten verwendet werden.

Rechts: *Heliconius charithonia* L. ist nicht nur die typische Art der Gattung *Heliconius*, sondern auch eine von nur zwei Arten dieser Gattung, die nach den USA eindringen. Heliconiidae sind sehr langlebige Tagfalter: der Naturforscher William Beebe hielt einen *charithonia* mehrere Monate lang als Haustier; er nannte ihn Higgins. Der Falter rechts wurde Nektar saugend in den Everglades Floridas fotografiert (×8).

Rechts: Der auffallend hübsche *Heliconius burneyi* Hbn. sonnt sich hier auf einem Blatt im Amazonas-Gebiet von Brasilien (×3). Die große Länge der Fühler ist klar zu erkennen. Hier handelt es sich um die Rasse *catharinae* Stgr.; eine andere Form der Art ist auf Seite 183 abgebildet.

Links: Der blaurückige, gelb gebänderte *Heliconius sara* Fab. gehört zu den variableren *Heliconius*-Arten. Hier ist die Rasse *apseudes* Hbn. aus Brasilien abgebildet. Eine andere Form dieser Art findet man auf Seite 182.

181

Heliconiidae

Heliconius
1 *antiochus* L. (Col.)
2 *cydno* Dbldy.s.sp.zelinde Btlr. (Col.)
3 *sapho* Drury s.sp.leuce Dbldy. (Hond.)
4 *cydno* Dbldy. (Col.)
5 *eleuchia* Hew. (Col.)
6 *eleuchia* Hew.s.sp.primularis Btlr. (Ecua.)
7 *cydno* Dbldy.s.sp.weymeri Stgr. (Col.)
8 *sapho* Drury s.sp.nov.? (Ecua.)
9 *cydno* Dbldy.s.sp.galanthus Bates (Hond.)
10 *sara* Fab.s.sp.sprucei Bates (Ecua.)
11 *erato* L.s.sp.chestertonii Hew. (Col.)
12 *wallacei* Reak.s.sp.flavescens Weym. (Peru)
13 *sara* Fab. (Col.)
14 *antiochus* L.s.sp.salvinii Dewitz. (Col.)
15 *antiochus* L.s.sp.aranea Fab. (Col.)
16 *hecuba* Hew.f.cassandra Feld. V. (Ecua.)
17 *cydno* Dbldy.s.sp.weymeri Stgr.f.gustavi Stgr (Col.)
18 *erato* L.s.sp.cyrbia Latr. & Godt. (Ecua.)
19 *melpomene* L.s.sp.sticheli Riffarth (Ecua.)
20 *melpomene* L.s.sp.vulcanus Btlr. (Col.)

erato L. s.sp.venus Stgr.V. (Col.)
pachinus Salvin (Pan.)
doris L.f.transiens Stgr. (aberrant) (Col.)
doris L.f.transiens Stgr. (Col.)
doris L.s.sp.aristomache Riffarth f.viridis Stgr. (aberrant) (Col.)
doris L.f.viridana Stich. (Col.)

27 doris L. (Ecua.)
28 doris L.f.metharmina Stgr. (Braz.)
29 melpomene L.s.sp.aglaope Feld. f. gratiosa Niepelt (Ecua.)
30 erato L.f.leda Stgr. (Braz.)
31 melpomene L.s.sp.thelxiope Hbn. (Braz.)
32 melpomene L.s.sp.vicinus Ménétr. (Braz.)

33 burneyi Hbn.s.sp.huebneri Stgr. (Braz.)
34 xanthocles Bates s.sp.melete Feld. (Braz.)
35 melpomene L.s.sp.penelope Stgr.f.penelopeia Stgr. (Braz.)

Eueides
36 vibilia Godt.s.sp.vialis Stich. ♀. (Hond.)
37 eanes Hew.f.aides Stich. (Peru)

183

Heliconiidae

Heliconius

1. *erato* L.s.sp.phyllis Fab.f.anacreon G.-Smith & Kirby (Bol.)
2. *erato* L.s.sp.phyllis Fab.f.anacreon G.-Smith & Kirby (aberrant) (Bol.)
3. *melpomene* L.f.funebris Möschler (Guy.)
4. *melpomene* L.s.sp.amaryllis Feld. (Peru)
5. *erato* L.s.sp.phyllis Fab.f.artifex Stich. (Braz.)
6. *erato* L.s.sp.petiverana Dbldy. (Mex.)
7. *erato* L.s.sp.amalfreda Riffarth.f.dryope Riffarth. (Braz.)
8. *erato* L.s.sp.amalfreda Riffarth.f.dryope Riffarth (aberrant) (Braz.)
9. *melpomene* L.f.atrosecta Riffarth. (Guy.)
10. *melpomene* L.f.eltringhami Joicey & Kaye (Bra.)
11. *erato* L.s.sp.hydara Hew.f.tristis Riffarth. (Venez.)
12. *melpomene* L.f.lucinda Riffarth. (Guy.)
13. *heurippa* Hew. ♀. (Col.)
14. *melpomene* L.s.sp.aglaope Feld.f.isolda Niepel (Ecua.)
15. *clysonimus* Latr.s.sp.hygiana Hew. (Ecua.)

ricini L. (Guy.)
erato L.f.roseoflava Neus. (aberrant) (Ecua.)
erato L.f.radiata auct.? (Ecua.)
erato L.s.sp.notabilis Godm. & Salv. (Ecua.)
melpomene L.s.sp.plesseni Riffarth f.corona Niepelt (Ecua.)
telesiphe Dbldy.s.sp.sotericus Salvin (Ecua.)
clysonimus Latr. (Mex.)

23 *hortense* Guér. (Mex.)
24 *erato* L.f. amazona Stgr. (Braz.)
25 *melpomene* L.s.sp.penelope Stgr. (Braz.)
26 *timareta* Hew.f.insolita Riffarth (Ecua.)
27 *besckei* Ménétr.V. (Braz.)
28 *melpomene* L.s.sp.xenoclea Hew. (Peru)
29 *erato* L.s.sp.amalfreda Riffarth f.elimaea Erichson (Braz.)

30 *erato* L.s.sp.amalfreda Riffarth (aberrant) (Braz.)
31 *erato* L.s.sp.amalfreda Riffarth (Braz.)
32 *hecalesia* Hew.s.sp.formosus Bates (C. Rica)
33 *hecalesia* Hew. (Col.)
Eueides
34 *tales* Cr.f.surdus Stich. (Braz.)
35 *tales* Cr. (Guy.)
36 *tales* Cr.f.pythagoras Kirby ♀. (Braz.)

185

Heliconiidae
Heliconius
1 *ethilla* Godt.s.sp.eucoma Hbn. (Peru)
2 *numata* Cr.s.sp.silvana Cr. (Braz.)
3 *ismenius* Latr. (Col.)
4 *metaphorus* Weym. ♀. (Braz.)
5 *ismenius* Latr.s.sp.telchinia Dbldy. (El Sal.)
6 *numata* Cr.f.mavors Weym. (Braz.)
7 *numata* Cr.s.sp.isabellinus Bates (Braz.)
8 *numata* Cr.s.sp.superioris Btlr. (Braz.)
9 *numata* Cr. ♀. (Braz.)
10 *numata* Cr.f.melanops Weym. (Braz.)
11 *hecale* Fab.s.sp.quitalena Hew.f.felix Weym. (Peru)
12 *hecale* Fab. (Guy.)
13 *hecale* Fab.s.sp.fornarina Hew. (Guat.)
14 *numata* Cr.s.sp.aristiona Hew.f. bicoloratus Btlr. (Peru)
15 *hecale* Fab.s.sp.novatus Bates (Bol.)
16 *hecale* Fab.s.sp.vetustus Btlr. (Braz.)
17 *numata* Cr.s.sp.silvana Cr.f.brasiliensis Neus. (Braz.)
18 *ethilla* Godt.s.sp.narcaea Godt.f.physcoa Seitz.

Eueides
19 *isabellae* Cr. (Braz.)

24 *lineata* Salv. & Godm. (Braz.)
25 *aliphera* Godt. V. (Braz.)
Dryas
26 *julia* Fab. (Peru)
27 *julia* Fab.s.sp.delila Fab. (Mex.)
28 *julia* Fab.s.sp.cyllene Cr. (USA)
Dione
29 *glycera* Feld. (Ecua.)

30 *moneta* Hbn.s.sp.poeyii Btlr. V. (Mex.)
31 *juno* Cr. V. (Peru)
Dryadula
32 *phaetusa* Stich. V. (Braz.)
Philaethria
33 *dido* L. (Peru)
Podotricha
34 *euchroia* Dbldy.s.sp.caucana Riley (Col.)

35 *telesiphe* Hew.s.sp.tithraustes Salv. (Ecua.)
Agraulis
36 *vanillae* L.s.sp.lucina Feld. V. (Peru)
37 *vanillae* L.s.sp.lucina Feld.f.catella auct? V. (Peru)

isabellae Cr.f.dissoluta Stich. (Peru)
isabellae Cr.f.pellucida Srnka (Peru)
isabellae Cr.s.sp.dianassa Hbn. (Braz.)
aliphera Godt.f.gracilis Stich. (Mex.)

Kapitel 20
Acraeidae
Acraeiden

Die Familie der Acraeidae umfaßt kleine bis mittelgroße Tagfalter mit meist schmalen Flügeln und langen, schlanken Hinterleibern. Zwar gibt es ein paar Arten in der indo-australischen Region (z. B. Arten aus den Gattungen *Pareba* und *Miyana*) und eine umfangreiche Gattung *(Actinote)* in Südamerika, die eigentliche Heimat dieser Familie ist aber Afrika. Aus diesem Kontinent und aus Madagaskar sind fast 200 Arten bekannt.

Ihre Flügelspannweite reicht von etwas mehr als 25 mm (die kleinsten *Acraea*-Arten) bis ca. 90 mm *(Bematistes)*. Überwiegend sind sie rotbraun oder sandfarben getönt und passen sich damit in die afrikanische Landschaft ein. Bei einigen Arten sind Flügelpartien durchsichtig; sie gleichen oberflächlich eher anderen Insekten als Schmetterlingen. Acraeiden fliegen langsam, oft gesellig; manchmal kommen sie in solchen Mengen zusammen vor, daß niedrige Büsche von ihnen fast ganz bedeckt sind.

Die meisten Arten können eine ungenießbare gelbe Flüssigkeit aus dem Thorax ausstoßen, was ihnen einen bedeutenden Schutz vor Räubern bietet. Des-

Unten: Man nimmt an, daß die gefleckten Körper und die Flügelmuster der Acraeidae eventuellen Räubern ihre Giftigkeit signalisieren. Die hübsch gezeichnete *Acraea anacreon* Trim. ist eine der bekanntesten Arten in Südafrika; manchmal findet man sie in großen Gruppen zusammen auf Nahrungssuche. Dieses Tier hat seinen Saugrüssel tief in die Blüte gesteckt, um Nektar zu trinken (×10). Die Oberseite des Falters ist auf Seite 190 zu sehen.

Acraeidae

Oben: In der neotropischen Region ist diese Familie durch die eigenartige Gattung *Actinote* vertreten. Alle Arten sehen mit ihren auffallend stacheligen Haaren auf der Flügelunterseite etwas schwächlich aus. Dieses eindrucksvoll gebänderte Tier ist *Actinote momina* Jord. vom Rio Huallaga in Peru (×8).

Links: Viele Lepidopterologen sind der Ansicht, die Acraeidae seien in ihrer Erscheinung ein wenig langweilig. Davon macht aber sicher die zarte, schöne südafrikanische *Acraea zetes* L. eine Ausnahme. Hier die Rasse *acara* Hew. (×8). Ein Weibchen der Typenform ist auf Seite 190 abgebildet.

wegen findet eine ganze Anzahl von ihnen Nachahmer in anderen Tagfalterfamilien. Angehörige ganz anderer Familien (z. B. Papilionidae und Lycaenidae) zeigen *Acraea*-ähnliche Farben und Muster und sind ihnen auch in ihrer Verhaltensweise ähnlich. In mancher Hinsicht entspricht die Familie den neotropischen Heliconiidae.

Die neotropischen Vertreter *(Actinote)* bewohnen hauptsächlich Waldlichtungen. Ihre Flügel sind stärker behaart als die der afrikanischen Vertreter.

Die Raupen tragen Dornen, und die meisten der afrikanischen Arten fressen an Passifloraceen, die neotropischen *Actinote* dagegen an den verschiedensten Pflanzen.

Acraeidae

Acraea
1 *pentapolis* Ward (Ugan.)
2 *quirina* Fab. (Ugan.)
3 *iturina* G.-Smith. (Ugan.)
4 *hamata* J. & T. (Cong.)
5 *eltringhami* J. & T. (Ugan.)
6 *anacreon* Trim. (Ugan.)
7 *penelope* Stgr. (Ugan.)
8 *excelsior* Sharpe (Ken.)
9 *sotikensis* Sharpe (Ugan.)
10 *goetzi* Thurau V. (Ugan.)
11 *caldarena* Hew. (Ken.)
12 *pudorella* Auriv. (Ken.)
13 *equatorialis* Neave (Ken.)
14 *rabbaiae* Ward (Moz.)
15 *terpsichore* L. ♀. (S. Af.)
16 *igati* Bsdv. (Madgr.)
17 *admatha* Hew.f.leucographa Ribbe (Ken.)
18 *asboloplintha* Karsch (Ugan.)
19 *encedon* L.f.lycoides Le D. (C.A.R.)
20 *encedon* L. (C.A.R.)
21 *burgessi* Jack. ♀. (Ugan.)
22 *aglaonice* Westw. (Rhod.)
23 *bonasia* Fab.s.sp.alicia Sharpe (Ken.)
24 *cinerea* Neave f.alberta Elt. (Ugan.)
25 *humilis* Sharpe (Ugan.)
26 *alciopoides* J. & T. (Ugan.)
27 *ansorgei* G.-Smith (Ugan.)
28 *amicitiae* Heron (Ugan.)
29 *servona* Godt. (Ugan.)
30 *semivitrea* Auriv. (Ugan.)
31 *oreas* Sharpe (Ugan.)
32 *eponina* Cr.V. (C.A.R.)
33 *anemosa* Hew. V. (Tan.)
34 *zetes* L. ♀. (Ugan.)
35 *grosvenori* Elt. ♀. (Ugan.)
36 *rogersi* Hew. (Ugan.)
37 *niobe* Sharpe (São Tomé)

8 *cepheus* L. (Nig.)
9 *althoffi* Dewitz. (Ugan.)
10 *jodutta* Fab. (Ken.)
11 *acrita* Hew. (Tan.)
12 *rogersi* Hew. f.salambo G.-Smith. (Cong.)
13 *egina* Cr. (Tan.)
14 *alciope* Hew. ♀. f.aurivilii Stgr. (Ugan.)
15 *lycoa* Godt. (Cam.)
16 *violae* Fab. (Ind.)
47 *andromacha* Fab.s.sp.sanderi R. & J. V. (N.G.)
48 *andromacha* Fab. V. (Aus.)
Bematistes
49 *umbra* Dry.s.sp.hemileuca Jord. (= *macaria* Fab.) (Ugan.)
50 *consanguinea* Auriv.s.sp.albicolor Karsch (Ugan.)
51 *quadricolor* Rog. (Ugan.)
52 *alcinoe* Feld. (Ugan.)
53 *elgonense* Poul. ♀. (Ugan.)
54 *elongata* Btlr. ♀. (Cong.)
55 *poggei* Dewitz. ♀. (Ugan.)
56 *elgonense* Poul. ♀. f.torvense Poul. (Ugan.)
Pardopsis
57 *punctatissima* Bsdv. (Ken.)
Pareba
58 *issoria* Hbn. (= *vesta* Fab.) (Ind.)
Miyana
59 *meyeri* Kirsch (N.G.)
Actinote
60 *parapheles* Jord. (Braz.)
61 *anteas* Dbldy. (Venez.)
62 *surima* Sch. (Braz.)
63 *equatoria* Bates (Ecua.)
64 *diceus* Latr. (Col.)
65 *anaxo* Hopff. (Peru)
66 *laverna* Dbldy. (Venez.)
67 *leucomelas* Bates (Guat.)
68 *stratonice* Latr. (Col.)

Kapitel 21
Nymphalidae —
Scheckenfalter, Füchse, Admirale, Landkärtchen, Schillerfalter usw.

Die Familie der Nymphalidae ist in allen Faunenregionen der Welt verbreitet. Man kennt mehrere tausend Arten. Die kleinsten besitzen eine Flügelspannweite von nur 25 mm *(Dynamine)*, die größten bis zu 130 mm (Weibchen von *Sasakia*, *Charaxes* und *Prepona*). Zu dieser Familie gehören auch einige der farblich schönsten Tagfalter; weit ist die Spanne der Zeichnung und der Flügelform.

Viele der größeren Gruppen tragen volkstümliche Namen. Die Scheckenfalter und Perlmutterfalter *(Argynnini)* sind orange oder gelbbraun mit dunkleren Zeichnungen, auf der Unterseite oft mit Silberflecken. Sie sind hauptsächlich auf der nördlichen Hemisphäre beheimatet. Vanessen *(Vanessidi)* sind sehr weit verbreitet, zu ihnen gehört der größte Kosmopolit unter den Tagfaltern, der Distelfalter *Vanessa cardui*.

Die Dschungel Südamerikas sind reich an Nymphalidae, einige Gattungen kommen nur dort vor *(Callicore, Perisama, Callithea* usw); wenig andere Tagfalter vereinen wie sie Farbenpracht und auffallende Musterung. Größer und ebenso zauberhaft sind die herrlichen Arten der Gattungen *Agrias* und *Prepona*. Sie sind mit den prächtigen Erdbeerbaumfaltern *(Charaxes)* nahe verwandt, die zu den schnellsten Fliegern unter den Tagfaltern gehören. Man findet sie in allen Regionen der Alten Welt, hauptsächlich jedoch in Afrika.

Admirale *(Limenitini)* tragen ihren Namen nach der gebänderten Zeichnung ihrer Flügel, die an Streifen der Marineuniformen erinnert. Diese Falter und ihre zahlreichen Verwandten sind in allen Regionen vertreten, manche Arten sehen sich täuschend ähnlich.

Die *Cyrestis*-Arten der Alten Welt haben ungewöhnliche landkartenartige Flügelzeichnungen und eine eigenartige Flügelform. Noch seltsamer sind ihre Verwandten aus der Neuen Welt *(Marpesia)*, die lange Hinterflügelschwänze besitzen. Darum sehen sie ähnlich aus wie Schwalbenschwänze (Papilionidae). Eine andere Unterfamilie mit Vertretern in der Alten und Neuen Welt ist die der *Apaturinae* oder Schillerfalter. Die Männchen mancher Arten zeigen herrlichste Strukturfärbung, die am besten sichtbar ist, wenn man die Falter aus einem schrägen Winkel von oben betrachtet.

Die Eier sind verschieden in der Form, im allgemeinen höher als breit. Ihre Oberfläche trägt häufig Rippen, die sich manchmal zu Flecken ausdehnen. Die Raupen der meisten Gruppen dieser Familie tragen mehr oder weniger Dornen, die Haut der Charaxinae und Apaturinae ist jedoch glatt, nur ihr Kopf und (oder) Schwanz zeigen Fortsätze. Ähnlich ist es bei den Puppen, die meisten sind kantig mit dornigem Äußeren, nur die der Charaxinae sind glatt. Einige Arten (zum Beispiel Vertreter des Tribus *Vanessidi*) haben goldglänzende Puppen.

1. *Vila azeca* Dbldy. & Hew. (Peru)

2. *Byblia acheloia* Wallen. V. (Ugan.)

3. *Eurytela hiarbas* Dry. (Ken.)

4. *Pseudergolis wedah* Koll. (Ind.)

Oben: Ergoliden (Eurytelinae) und ein Schein-Ergolide. Angehörige dieser eigenartigen Unterfamilie erwecken den Anschein, als ob sie gar nicht miteinander verwandt wären. Nr. 4 ist genau das Gegenteil: er ist kein richtiger Ergolide, sondern mit *Marpesia* verwandt (Seite 210) (alle × 1,5).

Rechts oben: *Anartia amathea* L. aus Kolumbien (× 4).

Rechts unten: Eine Gruppe von *Cyrestis elegans* Bsdv. aus Madagaskar (× 1,5).

Links: *Vindula arsinoe* Cr. fliegt besonders schnell. Hier die ssp. *ada* Btlr. aus Australien (× 0,25).

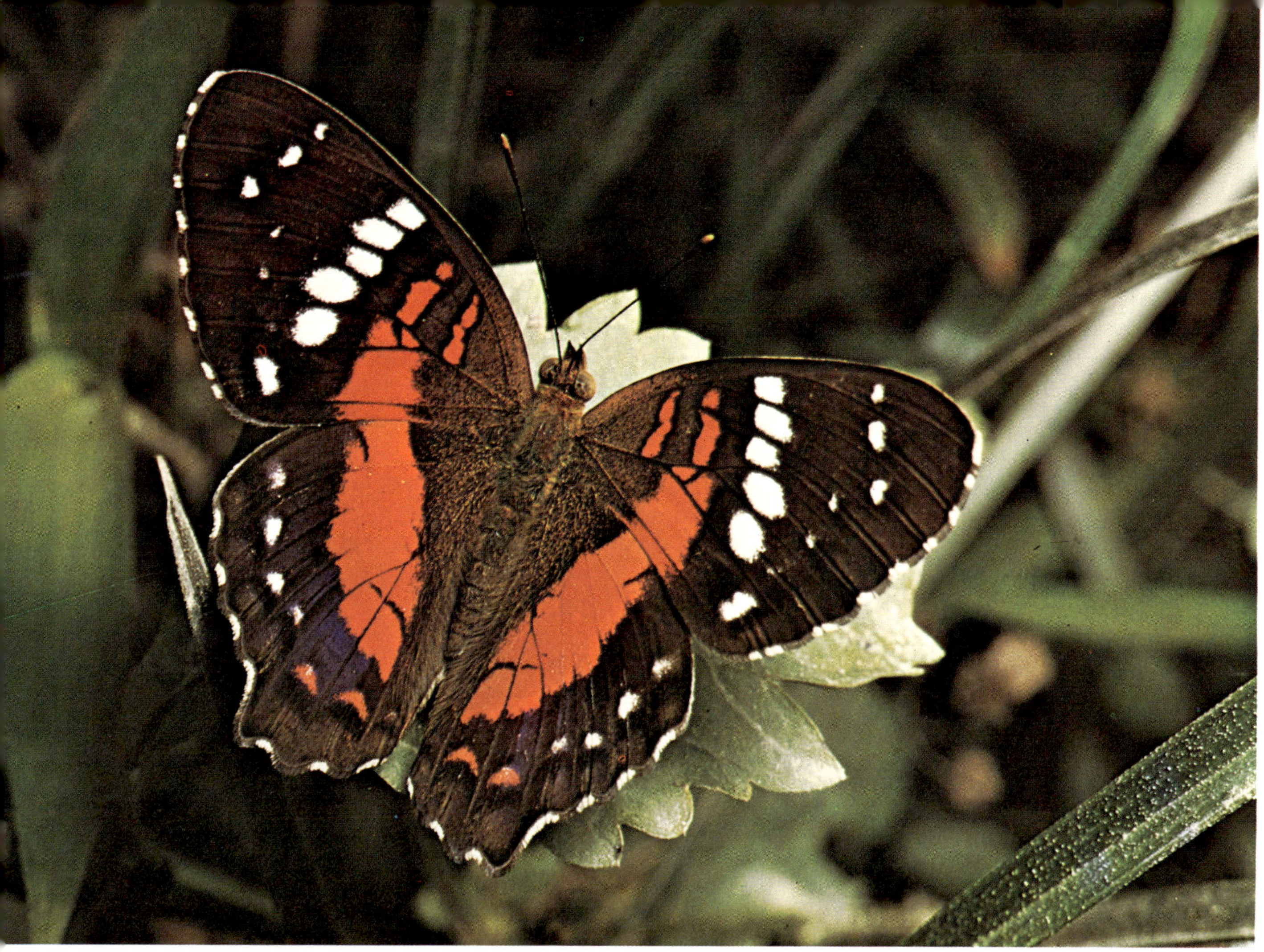

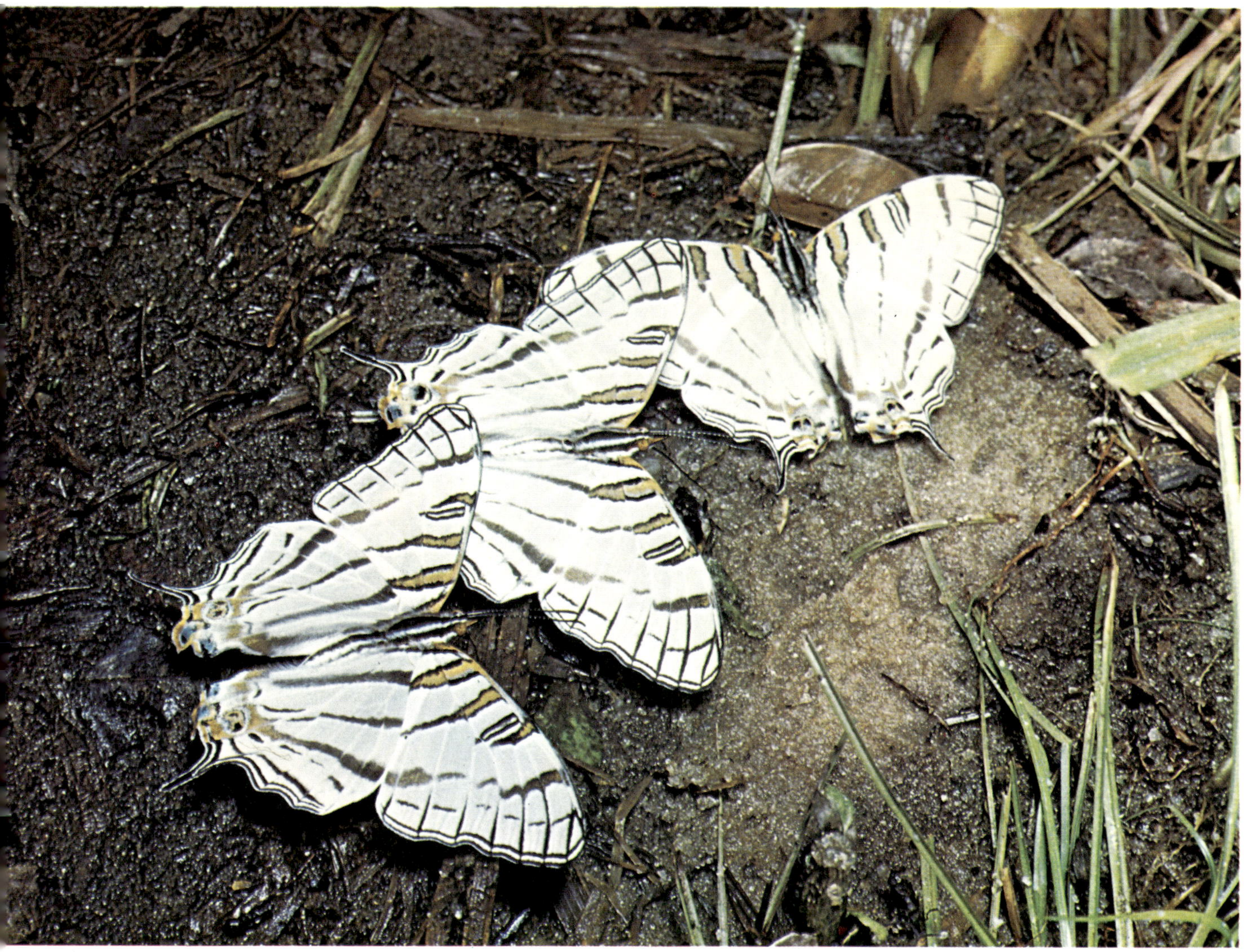

Nymphalidae
Mesoacidalia
1 *aglaja* L. V. (Eng.)
Brenthis
2 *ino* Rott. V. (Germ.)
3 *ino* Rott. ♀. V. (Germ.)
4 *hecate* Schiff. ♀. V. (Fran.)
Clossiana
5 *titania* Esp. V. (Switz.)
6 *selene* Schiff. V. (Eng.)
7 *euphrosyne* L. (Eng.)
8 *dia* L. (Austria)
Mellicta
9 *athalia* Rott. (Eng.)

Issoria
10 *modesta* Blanch. (Chile)
11 *cytheris* Dry. V. (Chile)
12 *hanningtoni* Elwes V. (Ugan.)
13 *gemmata* Btlr.s.sp.altissima Elwes V. (Tib.)
Melitaea
14 *diamina* Lang (Germ.)
15 *cinxia* L. ♀. (Eng.)
16 *trivia* Schiff.s.sp.robertsi Btlr. ♀. (Jord.)
17 *phoebe* Schiff. (Austria)
Boloria
19 *pales* Schiff.s.sp.generator Stgr.f.juldussica Wagner ♀. V. (Ind.)

20 *pales* Schiff.s.sp.palustris Fruhst. V. (Switz.)
Fabriciana
21 *niobe* L.s.sp.orientalis Alph.V. (USSR)
22 *elisa* Godt. V. (Corsica)
23 *adippe* Schiff. ♀. V. (Eng.)
24 *nerippe* Feld.s.sp.nerippina Fruhst. ♀. V. (Tib.)
Proclossiana
25 *eunomia* Esp. V. (Nor.)
Euphydryas
26 *cynthia* Schiff s.sp.alpicola Galvagni (Austria)
27 *maturna* L. ♀. (Fran.)
28 *aurinia* Rott. ♀. (Eng.)
29 *chalcedona* Dbldy. & Hew. s.sp.dwinellei Edw. (USA)

30 *phaeton* Dry. V. (USA)
31 *iduna* Dalm. ♀. (Swed.)
Pandoriana
32 *pandora* Schiff. V. (Spain)
Speyeria
33 *edwardsii* Reak. V. (Can.)
34 *zerene* Bsdv.s.sp.bremneri Edw. V. (aberrant) (Can.)
35 *hydaspe* Bsdv. V. (USA)
36 *idalia* Dry. V. (USA)
37 *mormonia* Bsdv.s.sp.artonis Edw. V. (USA)
38 *mormonia* Bsdv.s.sp.erinna Edw. V. (USA)
39 *nokomis* Edw. V. (USA)
40 *diana* Cr. ♀. (USA)
41 *cybele* Fab. ♀. (USA)

hlosyne
2 *gabbii* Behr V. (USA)
3 *palla* Bsdv. ♀. (USA)
4 *gaudialis* Bates ♀. (USA)
5 *janais* Druce V. (USA)
6 *eumeda* Godm. & Salv. (Mex.)
7 *melanarge* Bates (Guat.)
8 *lacinia* Geyer (Mex.)
hyciodes
9 *philyra* Hew. ♀. (Mex.)
0 *ianthe* Fab. V. (Braz.)
1 *letitia* Hew. (Ecua.)
2 *lansdorfi* Godt. (Braz.)
3 *teletusa* Godt. (Argent.)

54 *simois* Hew. (Argent.)
55 *tharos* Dry. (USA)
56 *drusilla* Feld. (Venez.)
57 *quintilla* Hew. (Ecua.)
58 *campestris* Behr ♀. V. (aberrant) (Mex.)
59 *elaphiaea* Hew.f.abrupta Rob. (Ecua.)
60 *ildica* Hew. V. (Ecua.)
61 *proclea* Dbldy. & Hew. (Jam.)
62 *liriope* Cr. (Peru)
Microtia
63 *elva* Bates (Mex.)
Gnathotriche
64 *exclamationis* Koll. (Venez.)
Timelaea

65 *maculata* Brem.s.sp.formosana Fruhst. (Form.)
Euptoieta
66 *hegesia* Cr. (Braz.)
Damora
67 *sagana* Dbldy. & Hew. ♀. (Chin.)
Argynnis
68 *anadyomene* Feld. (Chin.)
Childrena
69 *childreni* Gray ♀. V. (Ind.)
Phalanta
70 *columbina* Cr. (Ugan.)

Argyronome
71 *laodice* Pallas s.sp.rudra Moore V. (Ind.)
Argyreus
72 *hyperbius* Johannsen s.sp.niugini Samson V. (N.G.)
Dynamine
73 *glauce* Bates V. (Braz.)
74 *racidula* Hew. V. (Braz.)
75 *theseus* Feld. (Mex.)
76 *egaea* Fab. ♀. (Braz.)
77 *dyonis* Hbn. (Mex.)
78 *zenobia* Bates (Ecua.)
79 *gisella* Hew.f.peruviana Stgr. (Peru)

195

Nymphalidae

Anetia
1 *numidia* Hbn. (Haiti)
2 *insignis* Salv. V. (C. Rica)
Cethosia
3 *myrina* Feld. (Celeb.)
4 *biblis* Dry.s.sp.sandakana Fruhst. V. (Phil.)
5 *penthesilea* Cr.s.sp.methypsea Btlr. V. (Malay.)
6 *hypsea* Dbldy.s.sp.hypsina Feld. V. (Malay.)
7 *obscura* Guér.s.sp.gabrielis Roths. V. (Manus I.)
8 *nietneri* Feld. V. (Sri Lank.)
9 *chrysippe* Fab.s.sp.insulata Btlr. V. (Key I.)
Vindula
10 *sapor* Godm. & Salv. (Solom.)
Terinos
11 *tethys* Hew.s.sp.udaios Fruhst. (N.G.)
12 *alurgis* Godm. & Salv. (N.G.)
13 *clarissa* Bsdv.s.sp.falcata Fruhst. (Thai.)
Cupha
14 *prosope* Fab. (Aus.)
15 *erymanthis* Dry.s.sp.lotis Sulzer (Malay.)
Rhinopalpa
16 *polynice* Cr.s.sp.validice Fruhst. V. (Phil.)
Vagrans
17 *egista* Cr.s.sp.macromalayana Fruhst. ♀. (Malay.)
Cirrochroa
18 *regina* Feld.s.sp.sophene Fruhst. V. (N.G.)
19 *imperatrix* G.-Smith. (Biak.)
Aglais
20 *caschmirensis* Koll. (Ind.)
21 *milberti* Godt. (USA)
Nymphalis
22 *californica* Bsdv. ♀. (USA)

vau-album Denis & Schiff. (USA)
xanthomelas Schiff. s.sp.*japonica* Stich
ecis
rhadama Bsdv. (Madgr.)
almana L.f.*asterie* L. (Ind.)
limnoria Klug f.*taveta* Rogen. (Som.)
sophia Fab. ♀. (Ugan.)
ynes
websteri G.-Smith ♀. V. (N.G.)

30 *geoffroyi* Guér.s.sp.*guerini* Wall. (Aus.)
Symbrenthia
31 *hypselis* Godt. V. (Java)
32 *hippoclus* Cr.s.sp.*lucinus* Fruhst. (Malay.)
Antanartia
33 *abyssinica* Feld. (Eth.)
34 *hippomene* Hbn. (Ugan.)
35 *delius* Dry. V. (C.A.R.)
Catacroptera

36 *cloanthe* Cr.s.sp.*ligata* R. & J. (S. Leone)
Anartia
37 *jatrophae* L. (Mex.)
Vanessa
38 *dejeani* Godt. (Java)
39 *itea* Fab. ♀. (N.Z.)
40 *gonerilla* Fab. ♀. (N.Z.)
Polygonia
41 *interrogationis* Fab. ♀. (USA)

42 *c-aureum* L. ♀. (Jap.)
43 *egea* Cr. (Fran.)
44 *zephyrus* Edw. ♀. (USA)
Vanessula
45 *milca* Hew. (Ugan.)
Junonia
46 *evarete* Cr.s.sp.*livia* Stgr. (Bol.)
Hypanartia
47 *kefersteini* Dbldy. (Peru)

Nymphalidae
Cynandra
 1 *opis* Dry. (Cam.)
Metamorpha
 2 *elissa* Hbn. ♀. V. (Peru)
Pseudacraea
 3 *dolomena* Hew.f.albostriata Lathy. (Ugan.)
 4 *kunowi* Dewitz.s.sp.burgessi Jack. (Ugan.)
 5 *clarki* Btlr.f.egina Auriv. (C.A.R.)
 6 *semire* Cr. (C.A.R.)
 7 *hostilia* Dry.s.sp.warburgi Auriv. (Ugan.)
 8 *boisduvali* Dbldy.f.trimeni Btlr. ♀. (Ken.)
Colobura
 9 *dirce* L.V. (Peru)
Siproeta
 10 *superba* Bates (Mex.)
 11 *epaphus* Latr. (Mex.)
 12 *stelenes* L.s.sp.biplagiata Fruhst. (Hond.)
Catuna
 13 *sikorana* Rogen. (Ug
Pseudoneptis
 14 *coenobita* Fab. (S. L
Hamanumida
 15 *daedalus* Fab. (Ken.
Napeocles

6 *jucunda* Hbn. (Peru)
Hypolimnas
7 *dinarcha* Hew. (C.A.R.)
8 *dubius* de Beauvais f.anthedon Dbldy. (aberrant)(Nig.)
9 *antevorta* Dist. (Tan.)
10 *bolina* L.s.sp.nerina Fab. ♀.

f.pallescens Btlr. (Fiji)
21 *antilope* Cr.s.sp.truentus Fruhst. (Phil.)
22 *dexithea* Hew. (Madgr.)
23 *deois* Hew.s.sp.divina Fruhst. (N.G.)
Salamis

24 *anteva* Ward. (Madgr.)
25 *cytora* Dbldy. & Hew. (S. Leone)
Doleschallia
26 *dascon* Godm. & Salv. (N.G.)
Kallima
27 *ansorgei* Roths. (Cam.)
28 *rumia* Dbldy. & Westw. (Cam.)

30 *horsfieldi* Koll.s.sp.philarchus
29 *jacksoni* Sharpe ♀. (Ugan.) Westw. (Sri Lank.)
Yoma
31 *sabina* Cr.s.sp.vasuki Doherty (Form.)
Amnosia
32 *decora* Dbldy. & Hew. ♀. (Born.)

199

Nymphalidae
Pyrrhogyra
1 *otolais* Bates V. (Mex.)
2 *neaerea* L.V. (Guy.)
Bolboneura
3 *sylphis* Bates (Mex.)
Temenis
4 *laothoe* Cr.f.*violetta* Fruhst. (Peru)
5 *pulchra* Hew.s.sp.*dilutior* Fruhst. (Peru)
Asterope
6 *pechueli* Dew. (C.A.R.)
7 *amulia* Cr.V. (C.A.R.)
8 *natalensis* Bsdv. V. (S. Af.)
9 *trimeni* Auriv. (S. Af.)
10 *boisduvali* Wallen. (S. Af.)
Catonephele
11 *salacia* Hew. (Peru)
12 *acontius* L. (Peru)
13 *numilia* Cr. ♀. (Braz.)
14 *chromis* Dbldy. & Hew. V. (Peru)
15 *nyctimus* Westw. ♀. (Venez.)
Myscelia
16 *orsis* Dry. (Braz.)
17 *cyananthe* Feld. (Mex.)
18 *capenas* Hew. ♀. (Braz.)
19 *ethusa* Bsdv.f.*rogenhoferi* Feld. (Mex.)
Epiphile
20 *lampethusa* Dbldy. & Hew. (Peru)
21 *dilecta* Stgr. (Bol.)
22 *kalbreyeri* Fassl (Col.)
23 *adrasta* Hew. (Mex.)
24 *orea* Hbn. (Peru)
Nessaea
25 *hewitsoni* Feld. (Braz.)
26 *aglaura* Dbldy. & Hew. V. (Guat.)
27 *ancaeus* L. (Peru)
Eunica
28 *augusta* Bates (Col.)
29 *sophonisba* Cr. (Guy.)
30 *tatila* H.-Schaff.s.sp.*coerulea* Godm.

Salv. (aberrant) (Mex.)
1 *macris* Godt. V. (Braz.)
2 *tatila* H.-Schaff.s.sp.tatilina Fruhst. (Braz.)
3 *alcmena* Dbldy. & Hew.f.irma Fruhst. V. (Peru)
4 *excelsa* Godm. & Salv. (Peru)
5 *bechina* Hew.s.sp.chorienes Fruhst. V. (Braz.)
6 *cabira* Feld.s.sp.carias Hew. (Col.)

37 *chlorochroa* Salv. V. (Peru)
38 *eurota* Cr.s.sp.flora Feld. (Peru)
39 *margarita* Godt. (Braz.)
40 *norica* Hew. (Peru)
41 *amelia* Cr. V. (Braz.)
42 *orphise* Cr. (Guy.)
43 *monima* Cr.s.sp.modesta Bates (Col.)

Nica
44 *flavilla* Hbn. V. (Braz.)

Lucinia
45 *sida* Hbn. V. (Haiti)

Callithea
46 *batesii* Hew. (Braz.)
47 *leprieuri* Feisth. V. (Braz.)
48 *sapphira* Hbn. (Braz.)
49 *sapphira* Hbn. ♀. (Braz.)
50 *philotima* Rebel (Peru)
51 *adamsi* Lathy (Peru)

52 *bartletti* Godm. & Salv. V. (Braz.)
53 *markii* Hew. (Braz.)
54 *davisi* Btlr. (Col.)
55 *davisi* Btlr.s.sp.tirapatensis Kaye V. (Peru)
56 *adamsi* Lathy V. (Peru)
57 *bartletti* Godm. & Salv. V. (aberrant) (Peru)
58 *optima* Btlr. V. (Ecua.)
59 *buckleyi* Hew.f.staudingeri Rob. (Braz.)

Nymphalidae

Diaethria
1 *clymena* Cr. V. (Peru)
2 *neglecta* Salv. V. (Col.)
3 *astala* Guér. (Mex.)
4 *meridionalis* Bates V. (Braz.)
5 *anna* Guér. V. (Mex.)
6 *marchalii* Guér. V. (Col.)
7 *pavira* Guen. (Peru)
8 *candrena* Godt. V. (Argent.)
9 *lidwina* Feld. (Peru)
10 *dodone* Guen. (Col.)

Perisama
11 *euriclea* Dbldy. & Hew. V. (Peru)
12 *cloelia* Hew. (Peru)
13 *bonplandii* Guér.f.d'orbigyni Guér.
14 *priene* Hopff. V. (Peru)
15 *vaninka* Hew. (Col.)
16 *philinus* Dbldy.f.saussurei Guen.
17 *plistia* Fruhst. V. (Peru)
18 *comnena* Hew. V. (Peru)
19 *oppelii* Latr. V. (Col.)
20 *philinus* Dbldy.f.saussurei Guen.
21 *xanthica* Hew. V. (Peru)
22 *humboldtii* Guér. V. (Col.)
23 *clisithera* Hew. (Bol.)
24 *cecidas* Hew. V. (Ecua.)
25 *clisithera* Hew. (Bol.)
26 *patara* Hew. (Peru)
27 *cabirnia* Hew. V. (Bol.)
28 *oppelii* Latr.s.sp.viridinota Btlr. (Peru)
29 *morona* Hew. V. (Peru)
30 *bonplandii* Guér.s.sp.mola D (Ecua.)
31 *bonplandii* Guér.f.albipennis V. (Col.)
32 *bonplandii* Guér. V. (Peru)
33 *eminens* Oberth. (Peru)

Callidula
34 *pyramus* Fab. ♀. (Braz.)

Callicore
35 *discrepans* Stich. (Peru)
36 *maimuna* Hew. (Peru)
37 *pitheas* Latr. V. (Col.)

8 *cyclops* Stgr. ♀. V. (Braz.)
9 *maximillia* Fruhst. (Peru)
0 *cyllene* Dbldy. & Westw. V. (Braz.)
1 *hystaspes* Fab. (Peru)
2 *hydaspes* Dry. (Braz.)
3 *tolima* Hew. (Ecua.)
4 *hesperis* Guér. V. (Peru)
5 *eucale* Fruhst. ♀. (Braz.)
6 *hystaspes* Fab. V. (Peru)
7 *hydaspes* Dry. V. (Braz.)
8 *eunomia* Hew.f.aurantiaca Oberth.

49 *pygas* Godt.f.splendens Oberth.
50 *cajetani* Guen. V. (Peru)
51 *excelsior* Hew.f.excelsissima Stgr.
52 *astarte* Cr. ♀. (Braz.)
53 *selima* Guen. V. (Braz.)
54 *michaeli* Stgr. (Braz.)
55 *atacama* Hew. (Ecua.)
56 *aegina* Feld. (Peru)
57 *casta* Salv. (Mex.)
58 *patelina* Hew. (Hond.)
59 *mengeli* Dillon (Peru)

60 *lyca* Dbldy. & Hew. (Mex.)
61 *arirambae* Dücke (Braz.)
62 *manova* Fruhst. V. (Col.)
63 *mionina* Hew. V. (Venez.)
64 *hydarnis* Godt. (Braz.)
65 *sorana* Godt. ♀. (Braz.)
66 *sorana* Godt. V. (Braz.)
67 *titania* Salv. V. (Mex.)
68 *patelina* Hew. ♀. V. (Hond.)
69 *brome* Bsdv. (Col.)

Paulogramma
70 *pyracmon* Godt. (Braz.)
Catacore
71 *kolyma* Hew. (Peru)
72 *kolyma* Hew. V. (Ecua.)
Cybdelis
73 *phaesyla* Hbn.s.sp.boliviana Salv. (Peru)
Cyclogramma
74 *pandama* Dbldy. & Hew. V. (Mex.)
Antigonis
75 *pharsalia* Hew. V. (Peru)

Nymphalidae
Neptis
1 *nandina* Moore (Ind.)
2 *brebissonii* Bsdv. V. (N.G.)
3 *miah* Moore (Ind.)
4 *zaida* Westw. (Ind.)
5 *agatha* Stoll. (Ken.)
6 *hesione* Leech ♀. V. (Chin.)
7 *soma* Moore (Ind.)
8 *saclava* Bsdv.s.sp.marpessa Hopff. (Ugan.)
9 *nicomedes* Hew. (Ugan.)
10 *woodwardi* Sharpe (Ugan.)
11 *melicerta* Dry. (Ken.)
12 *strigata* Auriv. (Ugan.)
Pantoporia
13 *kasa* Moore (Phil.)
14 *cama* Moore (Ind.)
15 *venilia* L. ♀. (N.G.)
16 *hordonia* Stoll. ♀. (Burma)
17 *epimethis* Feld. (Phil.)
18 *ranga* Moore (Ind.)
19 *nefte* Cr. (Malay.)
20 *nefte* Cr.s.sp.inara Dbldy. (Ind.)
21 *dama* Moore V. (Phil.)
22 *nefte* Cr.s.sp.inara Dbldy. ♀. (Ind.)
Lebadea
23 *martha* Fab. (Malay.)
Athyma
24 *perius* L.V. (Ind.)
Abrota
25 *ganga* Moore (Ind.)
Phaedyma

shepherdi Moore (Aus.)
enitis
reducta Stgr. (Fran.)
daraxa Dbldy. (Ind.)
trivena Moore V. (Ind.)
albomaculata Leech (Chin.)
zayla Dbldy. (Ind.)
urdaneta Feld. (Phil.)
procris Cr. (Ind.)
arthemis Dry. (USA)
dudu Westw. (Malay.)

36 populi L.V. (Austria)
37 bredowii Geyer V. (Mex.)
38 astyanax Fab. V. (USA)
39 lycone Hew. (Celeb.)
40 lymire Hew. (Celeb.)
Adelpha
41 epione Godt. V. (Peru)
42 melona Hew. V. (Bol.)
43 melanthe Bates V. (Pan.)
44 iphicla L.s.sp.massilia Feld. (Mex.)
45 aricia Hew.s.sp.serenita Fruhst. V. (Peru)

46 ethelda Hew. (Ecua.)
47 syma Godt. V. (Braz.)
48 celerio Btlr. V. (Peru)
49 saundersi Hew. V. (Ecua.)
50 serpa Bsdv. V. (Braz.)
51 olynthia Feld.s.sp.olynthina Fruhst. (Peru)
52 mythra Godt. V. (Braz.)
53 lara Hew. (Peru)
54 alala Hew.f.cora Fruhst. (Peru)
55 fessonia Hew. V. (Mex.)

Nymphalidae

Baeotus
 1 *baeotus* Dbldy. & Hew. (Ecua.)
 2 *japetus* Stgr. V. (Peru)
Historis
 3 *odius* Fab.s.sp.*orion* Fab. (Peru)
Smyrna
 4 *blomfildia* Fab. (Braz.)

Bebearia
 5 *oxione* Hew. ♀. (Angola)
 6 *ikelemba* Auriv. (Ugan.)
 7 *zonara* Btlr. (Nig.)
 8 *sophus* Fab. ♀. (S. Leone)
 9 *barce* Dbldy. (S. Leone)
 10 *plistonax* Hew. ♀. (Cam.)

Euriphene
 11 *leonis* Auriv. (S. Leone)
 12 *gambiae* Feisth. ♀. V. (Cam.)
 13 *atrovirens* Mab. (Cam.)
Euryphura
 14 *chalcis* Feld. (Nig.)
Pycina
 15 *zamba* Dbldy. & Hew. V. (Bol.)

21 *sylvia* Cr.s.sp.*thesaurus* Mathew (Solom.)
Euphaedra
22 *francina* Godt. (S. Leone)
23 *eupalus* Fab. ♀. (S. Leone)
24 *eusemoides* G.-Smith & Kirby. (Cam.)
25 *cyparissa* Cr. (C.A.R.)
26 *losinga* Hew. (Cam.)
27 *neophron* Hopff.f.*violacea* Btlr. (Ken.)
28 *imperialis* Lindemans V. (Cam.)
29 *gausape* Btlr.f.*extensa* Bartel ♀. V. (Cam.)
30 *zaddachi* Dew.f.*christyi* Sharpe V. (Ugan.)
31 *edwardsi* Hoev. (C.A.R.)
32 *medon* L. (Cam.)

Nymphalidae

Lexias
1 *aeropa* L.s.sp.eutychius Fruhst. V. (N.G.)

Cynitia
2 *iapis* Godt.s.sp.bottgeri Fruhst. (Java)
3 *julii* Lesson s.sp.bougainvillei Corbet (Malay.)

Tanaecia
4 *pelea* Fab. (Malay.)

Euthalia
5 *nais* Forster (Ind.)
6 *aconthea* Cr. (Java)
7 *adonia* Cr. (Java)
8 *evelina* Stoll s.sp.laudabilis Swinhoe (Ind.)
9 *kosempona* Fruhst. (Form.)
10 *duda* Stgr. (Ind.)
11 *khasiana* Swinhoe (Ind.)

Cymothoe
12 *reinholdi* Plotz. ♀. (C.A.R.)
13 *beckeri* H.-Schaff.s.sp.theodosia Stgr. ♀. (C.A.R.)
14 *alcimeda* Godt.f.trimeni Auriv. (S. Af.)
15 *theobene* Dbldy. & Hew. (Ken.)

Hamadryas
16 *fumosa* Stgr. ♀. (Nig.)
17 *teita* van Som. (Ken.)
18 *coccinata* Hew. (Ugan.)
19 *sangaris* Godt. ♀. (C.A.R.)
20 *lurida* Btlr. (Ugan.)
21 *lucasi* Doumet (Cam.)
Ectima
22 *liria* Fab. (Braz.)
23 *glauconome* Bates (Mex.)
24 *chloe* Cr. (Braz.)
25 *atlantis* Bates V. (Guat.)
26 *fornax* Hbn. V. (Braz.)
27 *arinome* Lucas V. (Peru)
28 *februa* Hbn.s.sp.gudula Fruhst. V. (Mex.)
29 *belladonna* Bates (Braz.)
30 *velutina* Bates (Braz.)
31 *guatemalena* Bates (Mex.)
32 *alicia* Bates (Peru)
Batesia
33 *hypochlora* Feld. (Peru)
34 *hypochlora* Feld.s.sp.hemichrysa Salv. & Godm. V. (Ecua.)
Panacea
35 *procilla* Hew. V. (Col.)
36 *prola* Dbldy. & Hew. V. (Col.)

Nymphalidae

Cyrestis
1 *camillus* Fab. (C.A.R.)
2 *cocles* Fab.s.sp.*earli* Dist. (Malay.)
3 *themire* Hon. (Malay.)
4 *thyodamas* Bsdv.s.sp.*formosana* Fruhst. (Form.)
5 *thyonneus* Cr.s.sp.*celebensis* Stgr.
6 *acilia* Godt.s.sp.*tervisia* Fruhst. (N.G.)

Apaturopsis
7 *cleochares* Hew. (Ugan.)

Asterocampa
8 *celtis* Bsdv. (USA)

Doxocopa
9 *lavinia* Btlr.f.*ornata* Fruhst. (Peru)
10 *cherubina* Feld. (Peru)
11 *elis* Feld. (Ecua.)
12 *laure* Dry. (Mex.)
13 *cyane* Latr.s.sp.*reducta* Rob. (Peru)
14 *pavon* Latr. (Bol.)
15 *selina* Bates (Braz.)
16 *felderi* Godm. & Salv. V. (Venez.)
17 *kallina* Stgr. ♀. (Braz.)
18 *seraphina* Hbn. ♀. (Braz.)
19 *agathina* Er. (Braz.)

Marpesia
20 *corinna* Latr. (Ecua.)
21 *coresia* Godt. V. (Mex.)
22 *iole* Dry. (Col.)
23 *harmonia* Dbldy. & Hew. ♀. (M
24 *petreus* Bates (Peru)
25 *orsilochus* Fab. (Venez.)

Euripus

nyctelius Dbldy.s.sp.euploeoides Feld. (Malay.)

lcyra
superba Leech s.sp.takamukui Mats. ♀. (Form.)
plesseni Fruhst. ♀. V. (Form.)

ibochiona
coresia Hbn. (Java)
nicea Gray s.sp.subucula Fruhst.

Chersonesia
31 *risa* Dbldy. (Ind.)

Herona
32 *marathus* Dbldy. (Ind.)

Sephisa
33 *daimio* Mats. (Form.)
34 *chandra* Moore V. (Ind.)

Hestina
35 *persimilis* Westw. (Tib.)
36 *assimilis* L.s.sp.formosana Moore (Form.)

Apatura
37 *ulupi* Doherty s.sp.arakii Naritomi ♀. V. (Form.)
38 *parisatis* Westw. V. (Ind.)
39 *parisatis* Westw. ♀. (Ind.)
40 *schrenckii* Ménétr. V. (Korea)
41 *iris* L. (Germ.)
42 *ambica* Koll. V. (Ind.)
43 *chrysolora* Fruhst. (Form.)

Apaturina
44 *erminea* Cr.s.sp.papuana Ribbe (N.G.)

Dichorragia
45 *nesimachus* Bsdv. (Ind.)

211

Nymphalidae

Agrias
1 *amydon* Hew.s.sp.phalcidon Hew. (Braz.)
2 *amydon* Hew.s.sp.phalcidon Hew. V. (Braz.)
3 *claudina* Godt.s.sp.claudianus Stgr. (Braz.)
4 *claudina* Godt.s.sp.claudianus Stgr. (aberrant) (Braz.)
5 *claudina* Godt.s.sp.claudianus Stgr. V. (Braz.)
6 *claudina* Godt.s.sp.lugens Stgr.f. decyanea Niepelt (Peru)
7 *claudina* Godt.s.sp.lugens Stgr. (Peru)
8 *claudina* Godt.s.sp.lugina Fruhst.f. godmani Fruhst. (Braz.)
9 *claudina* Godt.s.sp.sardanapalus Bates ab. cyanelateralis Le Moult (Braz.)
10 *claudina* Godt.s.sp.lugens Stgr. (Peru)
11 *claudina* Godt.s.sp.amazonica S

14 *claudina* Godt.f.sahlkei Hon. (Guy.)
15 *claudina* Godt.f.maroniensis Le Moult (Guy.)
16 *claudina* Godt. V. (Guy.)
17 *aedon* Hew.s.sp.narcissus Stgr. V. (Braz.)
18 *beata* Stgr. (Peru)
19 *beata* Stgr.f.staudingeri Michener (Peru)
20 *beata* Stgr.s.sp.stuarti Godm. & Salv. (Col.)
21 *beata* Stgr. V. (Peru)
22 *amydon* Hew.s.sp.tryphon
23 *amydon* Hew.f.muzoensis (Col.)
24 *amydon* Hew.s.sp.boliviensis Fruhst. (aberrant) (Bol.)
25 *amydon* Hew.s.sp.pericles Bates f. trajanus Fruhst. ♀. (Braz.)
26 *amydon* Hew.s.sp.tryphon Fruhst. ab. citrinarius Lathy V. (Peru)

2 *claudina* Godt.s.sp.amazonica Stgr.f.vesta Fruhst. (Braz.)
3 *claudina* Godt.trans.f.subsahlkei

213

Nymphalidae
Prepona
1 *praeneste* Hew. (Peru)
2 *buckleyana* Hew. (Bol.)
3 *demophon* L.s.sp.extincta Stgr.V. (Braz.)
4 *demophoon* Hbn.s.sp.antimache Hbn. V. (Braz.)
5 *licomedes* Cr.s.sp.scyrus Fruhst. V. (Peru)
6 *omphale* Hbn.s.sp.amesia Fruhst.f.dives Fruhst. (Peru)
7 *xenagoras* Hew. (Bol.)
8 *meander* Cr.s.sp.megabates Fruhst. V. (Peru)
9 *pheridamas* Cr. (Braz.)
10 *eugenes* Bates V. (Peru)
11 *chalciope* Hbn.s.sp.domna Fruhst. V. (Braz.)
12 *subomphale* Le Moult (Guat.)

chromus Guér. (Peru)
dexamenus Hopff. (Peru)
aeomorpha
splendida Roths. (Peru)

Prothoe
16 *franck* Godt.s.sp.uniformis Btlr. (Malay.)
17 *australis* Guér.s.sp.hewitsoni Wall.f.adua Fruhst. V. (N.G.)
18 *calydonia* Hew. V. (Malay.)

Euxanthe
19 *madagascariensis* Lucas V. (Madgr.)
20 *trajanus* Ward (Cam.)
21 *tiberius* G.-Smith. (Ken.)
22 *eurinome* Cr. (Ugan.)
23 *wakefieldi* Ward (Tan.)

Nymphalidae
Charaxes
1 *fulvescens* Auriv. (C.A.R.)
2 *analava* Ward. V. (Madgr.)
3 *candiope* Godt. V. (Cam.)
4 *cowani* Btlr. (Madgr.)
5 *protoclea* Feisth.s.sp.*azota* Hew. (Ken.)
6 *zingha* Stoll. (Cam.)
7 *lucretius* Cr.s.sp.*intermedius* van Som. (C.A.R.)
8 *opinatus* Heron (Ugan.)
9 *pleione* Godt. V. (Cam.)
10 *jahlusa* Trim. ♀. V. (S. Af.)
11 *eupale* Dry. V. (S. Leone)
12 *subornatus* Schultze V. (Cam.)
13 *acraeoides* Druce (Cam.)
14 *hildebrandti* Dew. (C.A.R.)
15 *pollux* Cr.V. (Cam.)

6 *andranodorus* Mab. ♀. V. (Madgr.)
7 *castor* Cr. V. (C.A.R.)
8 *lasti* G.-Smith. (light fm.) (Ken.)
9 *zoolina* Westw.s.sp.betsimisaraka Lucas ♀. V. (Madgr.)
20 *paphianus* Ward (Cam.)
21 *kahldeni* Homeyer & Dew. V. (C.A.R.)
22 *anticlea* Dry.s.sp.proadusta van Som. (Cam.)
23 *nichetes* G.-Smith. (Ugan.)
24 *pelias* Cr. V. (S. Af.)
25 *eudoxus* Dry.s.sp.mechowi Roths. V. (Cam.)
26 *druceanus* Btlr.s.sp.teita van Som. ♀. V. (Ken.)
27 *lactetinctus* Karsch s.sp.busogus van Som. ♀. (Ugan.)

Nymphalidae

Charaxes
1 *numenes* Hew. (Cam.)
2 *cithaeron* Feld.s.sp.nairobicus van Som. (Ken.)
3 *bohemani* Feld. (Tan.)
4 *aubyni* van Som. & Jack. ♀. (Ken.)
5 *etesipe* Godt. V. (Cam.)
6 *guderiana* Dew. (Tan.)
7 *fabius* Fab.s.sp.cerynthus Fruhst. (Sri Lank.)
8 *laodice* Dry. (Cong.)
9 *etheocles* Cr.s.sp.ochracea Roths. ♀. (Gabon)
10 *montieri* Stgr. & Schatz (São Tomé)
11 *violetta* G.-Smith. ♀. (Tan.)
12 *xiphares* Cr.s.sp.maudei J. & T. ♀. (Tan.)

ameliae Doumet (C.A.R.)
distanti Hon. V. (Malay.)
hadrianus Ward (Cam.)
nobilis Druce V. (C.A.R.)
lydiae Holl. (Cam.)

18 *nitebis* Hew. (Celeb.)
19 *latona* Btlr.s.sp.papuensis Btlr. (N.G.)
Polyura
20 *pyrrhus* L.s.sp.sempronius Fab. V. (Aus.)
21 *dehaani* Dbldy. V. (Java)

22 *jalysus* Feld. V. (Malay.)
23 *athamas* Dry.s.sp.samatha Moore V. (Malay.)
24 *moori* Dist. V. (Malay.)
25 *narcaea* Hew.s.sp.meghaduta Fruhst. V. (Form.)
26 *schreiberi* Godt.s.sp.tisamenus Fruhst. V. (Malay.)

Nymphalidae
Palla
1 *ussheri* Btlr. (C.A.R.)
2 *violinitens* Crowley ♀. (Cam.)
3 *decius* Cr. (Cong.)

Anaea
4 *fabius* Cr.s.sp.cecrops Dbldy. & Hew. (Col.)
5 *cubana* Druce (Cuba)
6 *philumena* Dbldy. (Bol.)
7 *glaucone* Feld. (Peru)
8 *nessus* Latr. (Peru)

9 *electra* Westw. (Mex.)
10 *archidona* Hew. V. (Col.)
11 *xenocles* Westw. (Peru)
12 *tehuana* Hall (Mex.)
13 *glycerium* Dbldy. (Mex.)
14 *syene* Hew. (Col.)

5 *echemus* Dbldy. (Cuba)
6 *anna* Stgr. (Peru)
7 *polyxo* Druce V. (Peru)
8 *laura* Druce s.sp.*rosae* Fassl. ♀. V. (Col.)
9 *praxias* Hopff. (Peru)
0 *ryphea* Cr. (Braz.)

21 *eribotes* Fab. (Guy.)
22 *panariste* Hew. (Col.)
23 *alberta* Druce (Peru)
24 *arginussa* Geyer s.sp.*onophis* Feld. (Ecua.)
25 *titan* Feld. (Peru)
26 *itys* Cr. ♀. (Braz.)

27 *clytemnestra* Cr. V. (Peru)
28 *tyrianthina* Salv. & Godm. (Bol.)
29 *xenocrates* Westw. (Peru)
30 *pasibula* Dbldy. (Venez.)
31 *cyanea* Salv. & Godm. (Peru)
32 *marthesia* Cr.f.*mars* Bates (Peru)

Kapitel 22
Amathusiidae
Amathusiiden

Zur Familie der Amathusiidae zählen weniger als 100 Arten, die eigentlich auf die indo-australische Faunenregion beschränkt sind, allerdings können ein oder zwei Arten in die östliche Paläarktis eindringen. Die kleinsten (*Faunis*-Arten) haben eine Flügelspannweite von etwa 65 mm, die größten – es sind die Weibchen von *Zeuxidia aurelius* – bis zu 150 mm. Sie sind mit den Morphos von Südamerika nahe verwandt, einige von ihnen sind wundervoll blau gefärbt. Ganz besonders kennzeichnend sind die Augenflecken (Ocellen) auf der Unterseite der Flügel.

Bei vielen Arten ist die Flügelfläche im Verhältnis zum Körper sehr groß, darum sind es auch keine besonders schnellen Flieger. Sie legen nur kurze Strecken zurück und halten sich zwischen Bambus und im Dickicht auf. Die Arten einiger Gattungen sind fast ausnahmslos Dämmerungstiere, sie fliegen nur im Halbdunkel, abends oder frühmorgens. In Hochlagen oder auf freien Plätzen findet man sie nicht, doch können sie auf Lichtungen erscheinen, wo sie von überreifen Früchten angelockt werden.

Die *Zeuxidia*-Arten aus Malaysia sind wegen ihrer ungewöhnlich zugespitzten Flügelform und ihrer zarten malvenartigen Färbung erwähnenswert. Eine ähnliche Form haben auch die viel trüber gefärbten Arten der Gattung *Amathusia*. Diese tragen auf der Unterseite jedoch auffallende Bänder.

Zwei Gattungen mit runderen Flügeln: *Thaumantis*, zu der die Arten mit dem herrlichsten Blau zählen, und *Taenaris* mit einer großen Zahl von Arten, bei denen die Augenflecken auf der Unterseite besonders groß sind.

Die Gattungen *Faunis* und *Discophora* umfassen meist kleinere Arten, einige sind hell gefärbt. Im Gegensatz zu ihnen sind die *Stichophthalma*-Arten sehr groß, auf ihrer Unterseite tragen sie lange Ketten von Flecken, sie gleichen den *Morpho*-Arten am meisten.

Die Eier sind kugelig oder abgeplattet; die Raupen leben gewöhnlich gesellig. Sie tragen Haarbüschel und gegabelte Kopf- und Schwanzfortsätze und erinnern an Raupen der Morphiden und Satyriden. Einige an Palmen lebende Arten können in solchen Mengen vorkommen, daß die Bäume kahlgefressen werden. Die hängenden Puppen sind ziemlich lang und besitzen auffällige paarige Kopffortsätze, die die ungewöhnlich langen Palpen enthalten.

Unten links: Eine Gruppe von *Faunis eumeus* Dry. saugt in Hongkong an überreifen Früchten. Viele Arten der Familie bevorzugen dieses Futter.

Amathusiidae

Links: Falter der Gattung *Taenaris* tragen auf beiden Seiten der Flügel besonders große Augenflecken. Aus diesem Grunde und wegen der Variabilität der meisten Arten sind sie von Sammlern besonders begehrt. Eine der seltensten und interessantesten Arten ist *T. butleri* Oberth., die stellenweise in Papua gefangen wird. Hier sind Ober- und Unterseite der Flügel abgebildet (etwas verkleinert). Andere Arten dieser herrlichen Gattung sind auf Seite 226/227 zu sehen.

Oben: Eine der prächtigsten Amathusiidae ist *Zeuxidia aurelius* Cr. aus Malaysia. Das Weibchen (×1,5) ist einer der größten Tagfalter dieser Region. (Das Männchen ist in der Mitte der Seiten 224/225 zu sehen). Beide Geschlechter fliegen im Dämmerlicht; das Weibchen läßt sich selten sehen, kann aber mit faulen Früchten angelockt werden. Völlig intakte Stücke sind in freier Wildbahn selten und in Sammlungen noch seltener, weil die riesigen Flügel leicht abgerieben werden und zerreißen.

Amathusiidae

Thaumantis
1 *odana* Godt.s.sp.*pishuna* Fruhst. (Malay.)
2 *klugius* Zink.f.*lucipor* Westw. (Born.)
3 *diores* Dbldy. (Ind.)

4 *noureddin* Westw. ♀. (Malay.)
Zeuxidia
5 *doubledayi* Westw. ♀. (Malay.)
6 *aurelius* Cr. (Malay.)
7 *amethystus* Btlr. (Malay.)

Amathusia
8 *phidippus* L. (Java)
9 *binghami* Fruhst. V. (Malay.)
Faunis
10 *menado* Hew.f.*fruhstorferi* Rob. V. (Celeb.)

canens Hbn. (Born.)
aerope Leech ♀. V. (Chin.)
mona
lena Atk. (Chin.)

Enispe
14 *euthymius* Dbldy.f.tesselata Moore (Ind.)
15 *cycnus* Westw.s.sp.verbanus Fruhst. (Ind.)
Xanthotaenia
16 *busiris* Westw. V. (Malay.)

Discophora
17 *necho* Feld.s.sp.engamon Fruhst. (Malay.)
Amathuxidia
18 *amythaon* Dbldy.s.sp.dilucida Hon. (Malay.)
Stichophthalma
19 *neumogeni* Leech (Chin.)

225

Amathusiidae
Stichophthalma
1 *howqua* Westw.s.sp.formosana Fruhst. ♀. (Form.)
2 *camadeva* Westw.s.sp.camadevoides de Nicév. (Ind.)
3 *fruhstorferi* Rob. ♀. (Chin.)
Thauria
4 *aliris* Westw. V. (Born.)
5 *aliris* Westw.s.sp.pseudaliris Btlr. (Malay.)

Morphotenaris
6 *schoenbergi* Fruhst.s.sp.littoralis Roths. & Dur. (N.G.)
Hyantis
7 *hodeva* Hew.f.infumata Stgr. ♀. V. (N.G.)

uenaris
macrops Feld. V. (Batchian)
dimona Hew.s.sp.areia Fruhst. V. (N.G.)
domitilla Hew. V. (Batchian)
bioculatus Guér.s.sp.charonides Stgr. V. (N.G.)
horsfieldi Swains. V. (Java)

13 catops Westw.s.sp.mylaechoides Fruhst. V. (N.G.)
14 onolaus Kirsch s.sp.saturatior Fruhst. V. (N.G.)
15 chionides Godm. & Salv. V. (N.G.)
16 phorcas Westw.s.sp.uranus Stgr. ♀. V. (N. Brit.)

Morphopsis
17 albertisi Oberth.s.sp.astrolabiensis Stich. V. (N.G.)
18 ula Roths. & Jord. (N.G.)

Kapitel 23
Morphidae
Morphos

Morpho bedeutet wunderschön oder wohlgeformt und paßt genau zu den Angehörigen der kleinen Familie Morphidae. In jedem Museum oder in jeder Schmetterlingsausstellung sind es gerade die schillerndblauen Farben der meisten *Morpho*-Arten, die die Aufmerksamkeit des Publikums als erste anziehen. Es gibt etwa 80 Arten; sie kommen nur in der neotropischen Region vor. Dort zählen sie zu den auffälligsten und bekanntesten Bewohnern der tropischen Regenwälder. Die kleinste Art *(M. rhodopteron)* hat eine Flügelspannweite von etwas mehr als 75 mm, die größte *(M. hecuba)* über 200 mm, sie gehört damit zu den Riesen der südamerikanischen Tagfalterwelt.

Nicht alle Arten zeigen die glänzenden blauen Töne, bei einigen Arten sind nur die Männchen so blau. Der besonders kräftig schillernde Charakter der Färbung (da sie strukturbedingt ist, verblaßt sie nicht) hat dazu geführt, daß die Flügel im Schmuck- und Souvenirgeschäft verwendet wurden, z. B. zu Bildern aus Schmetterlingsflügeln – was glücklicherweise heute nicht mehr so beliebt ist.

Allen Arten, ob sie nun blau, zart grünlichweiß (z. B. die *catenaria*-Gruppe) oder braunschattiert (*hercules*-Gruppe und andere) sind, ist gemeinsam, daß sie auf der Flügelunterseite mehr oder weniger ausgebildete Ketten von Augenflecken oder Ocellen besitzen.

Die Eier sind halbkugelig. Die Raupen tragen auffällige, leuchtend gefärbte Haarpinsel, oft auch einen gegabelten Schwanz, der an den der Satyridae erinnert. Im allgemeinen sind sie gesellig und fressen an den verschiedensten Kletterpflanzen, vor allem an Leguminosen. Bei den Puppen treten die Flügelscheiden deutlich hervor, sie besitzen kleine Kopffortsätze.

Rechts: Solch ein Pärchen des riesigen *Morpho neoptolemus* Wood (×2) sieht man in Dschungel Perus nur selten. Oben sitzt das blassere Weibchen. Bei beiden Geschlechtern sind die Flügeloberseiten dunkel und tragen breite blaue Bänder, ähnlich wie bei *M. deidamia* (Seite 236).

Unten: Eine der größten, ganz blauen Arten ist *Morpho didius* Hopff. aus Peru; hier untersucht er auf einer Dschungellichtung nassen Sand (×1,25). Die Färbung der Unterseite und die Ausbildung der Augenflecken ist bei dieser Art sehr variabel. Die Oberseite ist ähnlich wie bei *M. amathonte* (Seite 234/235 wo auch das Weibchen von *didius* abgebildet ist).

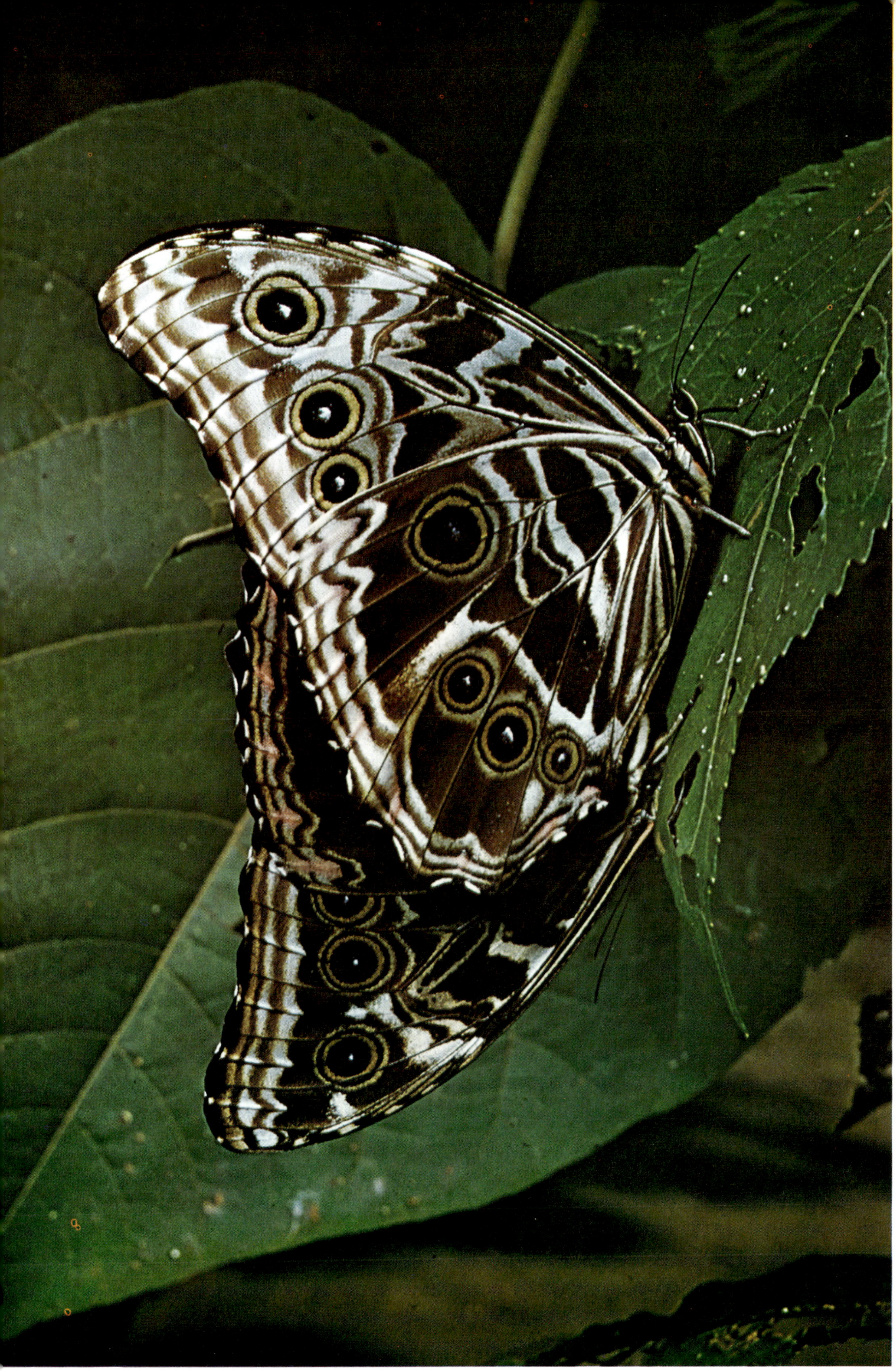

Morphidae
Morpho
1 *hecuba* L.s.sp.obidona Fruhst. (Braz.)
2 *cisseis* Feld. (Braz.)

hercules Dalman. V. (Braz.)
amphitrion Stgr. (Peru)
telemachus L.f.metellus Cr. V. (Braz.)
hecuba L.s.sp.obidona Fruhst. V. (Braz.)
phanodemus Hew. V. (Peru)

Morphidae
Morpho
1 *rhetenor* Cr. (Guy.)
2 *cypris* Westw. (Col.)
3 *adonis* Cr.s.sp.huallaga Michael ♀. (Peru)
4 *adonis* Cr. (Guy.)
5 *adonis* Cr.s.sp.huallaga Michael (? = marcus

Schaller) V. (Peru)
helena Stgr. ♀. (Peru)
aurora Westw. s.sp.aureola Fruhst. (Peru)
aurora Westw.s.sp.aureola Fruhst. V. (Peru)

9 *diana* Dixey s.sp.augustinae Le Cerf (Guy.)
10 *helena* Stgr. (Peru)
11 *anaxibia* Esp. ♀. (Braz.)

Morphidae
Morpho
1 *sulkowskyi* Koll. (Braz.)
2 *thamyris* Feld. (Braz.)
3 *catenaria* Perry ♀. f.marmorata Fruhst. V. (Braz.)
4 *amathonte* Deyrolle (Col.)

5 *polyphemus* Dbldy. & Hew. (Mex.)
6 *godarti* Guér. (Bol.)
7 *didius* Hopff. ♀. (Peru)
8 *thamyris* Feld. V. (Braz.)
9 *ockendeni* Roths. ♀. (Peru)
10 *luna* Btlr. (Mex.)
11 *nestira* Hbn. (Braz.)

Morphidae
Morpho
1 *deidamia* Hbn. (Guy.)
2 *deidamia* Hbn. V. (Guy.)
3 *menelaus* L.s.sp.terrestris Btlr. ♀. (Braz.)
4 *menelaus* L.s.sp.guyanensis Le Moult (Guy.)
5 *patroclus* Feld.s.sp.orestes Weber V. (Peru)

7 *hyacinthus* Btlr. (Mex.)
8 *peleides* Koll. (Col.)
9 *montezuma* Guen. V. (Hond.)
achilles L. (Braz.)

10 *achilleana* Hbn.f.violacea Fruhst. (Braz.)
11 *achilleana* Hbn.f.violacea Fruhst. V. (Braz.)
12 *patroclus* Feld.s.sp.orestes Weber (Peru)

Kapitel 24
Brassolidae
Brassoliden

Nicht ganz 80 Arten aus der neotropischen Region gehören zur Familie der Brassolidae. Die meisten sind sehr groß, einige *Caligo*-Arten erreichen eine Flügelspannweite von 200 mm. Im Gegensatz dazu bleibt die Flügelspannweite der ziemlich eintönig gefärbten *Narope*-Arten unter 60 mm. Die Oberseite ist im allgemeinen matt braun gefärbt und mehr oder weniger stark gebändert mit helleren Flecken. Ein paar Arten haben allerdings auch tiefblaue oder purpurn überhauchte Flügel. Die Weibchen sind im allgemeinen größer, ansonsten gleichen sich die Geschlechter aber. Die Männchen der meisten Arten besitzen Geruchsfelder und Haarpinsel.

Die Angehörigen der Familie sind vorwiegend Waldbewohner und Dämmerungstiere. Einige der riesigen Arten *(Caligo)* aus Mittelamerika sind als Schädlinge in Bananenpflanzungen bekannt. Im Zwielicht kann man sie in großer Zahl um die Plantagen fliegen sehen. Sie gehören zu den größten südamerikanischen Tagfaltern; sie besitzen auffällige Augenzeichnungen auf der Unterseite der Flügel, von denen man annimmt, daß sie den Faltern einen gewissen Schutz verleihen. Insektenfressende Vögel werden dadurch ebenso verwirrt wie durch das Rasseln, das die großen Flügel beim Schlagen hervorbringen.

Auch andere Angehörige der Familie zeigen augenähnliche Zeichnungen auf der Flügelunterseite, aber selten so beeindruckend. Zu den eigenartigsten gehören die *Dynastor*-Arten, von denen man annimmt, daß sie zu den primitivsten Mitgliedern der Familie gehören.

Die Eier sind kugelförmig, meist etwas abgeplattet und deutlich gerippt. Die Raupen leben gewöhnlich gesellig und fressen an Palmen, Bananen und anderen Monocotyledonen. Sie sind längsgestreift und besitzen manchmal kurze Dornen; ihr Kopf ist dicht behaart. Die untersetzten Puppen sitzen kopfabwärts an den Futterpflanzen. Bei einer Gattung *(Brassolis)* bleiben sie im Raupennest.

Links: Die Arten der Gattung *Caligo* sehen auf der Unterseite so aus, als wenn Federn um ein riesiges Auge herumständen. *Caligo eurilochus* Cr. ist eine der bekanntesten Arten – hier handelt es sich um die ssp. *brasiliensis* Feld. (×0,75). Eine andere Form der gleichen Art ist auf Seite 242/243 abgebildet.

Brassolidae

Links: *Penetes pamphanis* Westw. hat eine ungewöhnliche Gestalt und ist unter den Brassolidae sowohl in der Flügelform, als auch im Flügelgeäder einzigartig. Es gibt nur diese Art in dieser Gattung. *Pamphanis* findet man nur in Brasilien. Sie kommt zwar an mehreren verschiedenen Fundplätzen vor, muß aber auch dort als Seltenheit angesehen werden (×0,25).

Oben: Diese *Selenophanes cassiope* Cr. ist gerade aus der Puppenhülle, links vom Falter, geschlüpft. Die Art ist in Peru beheimatet, dieses Exemplar gehört zur ssp. *cassiopeia* Stgr. Man beachte, wie wirkungsvoll die Tarnfärbung der Flügelunterseite ist, die mit der Baumrinde verschwimmt. Das ist ein Merkmal vieler anderer Mitglieder dieser Familie (×4).

Brassolidae
Dynastor
1 *napoleon* Westw. V. (Braz.)

Dasyophthalma
2 *creusa* Hbn. V. (Braz.)
3 *rusina* Godt. (Braz.)
4 *rusina* Godt. f. *geraensis* auct? (Braz.)

Brassolis
5 *sophorae* L. ♀. V. (Guy.)
6 *astyra* Godt. (Braz.)

rope
cyllastros Westw. (Braz.)
sarastro Stgr. V. (Col.)

Catoblepia
9 *amphirhoe* Hbn.s.sp.placita Stich. V. (Braz.)
10 *berecynthia* Cr.s.sp.midas Stich. ♀. V. (Peru)

Caligo
11 *beltrao* Ill. V. (Braz.)
12 *idomeneus* L.s.sp.agamemnon Weym. ♀. V. (Ecua.)
13 *idomeneus* L.s.sp.idomenides Fruhst. V. (Peru)

241

Brassolidae
Caligo
 1 *uranus* H.-Schaff. (Mex.)
 2 *oberthurii* Deyrolle.s.sp.phokilides Fruhst. V. (Peru)
 3 *eurilochus* Cr.s.sp.livius Stgr. ♀. V. (Peru)
 4 *placidianus* Stgr. V. (Peru)
Opoptera
 5 *sulcius* Stgr. V. (Braz.)
 6 *aorsa* Godt.s.sp.hilara Stich. (Peru)

siphanes
invirae Hbn.s.sp.*agasthenes* Fruhst. (Peru)
batea Hbn. V. (Braz.)
quiteria Cr.s.sp.*farraga* Stich. V. (Bol.)
boisduvali Westw. (Mex.)
11 *boisduvali* Westw. V. (Mex.)
12 *tamarindi* Feld.s.sp.*bogotanus* Dist. (Col.)
Eryphanis
13 *aesacus* H.-Schaff. (Mex.)
14 *polyxena* Meerb.s.sp.*amphimedon* Feld. (Braz.)

Kapitel 25
Satyridae
Augenfalter

Anfänger in der Schmetterlingskunde finden diese Familie sicherlich langweilig. Zugegeben, die meisten der 2500 – 3000 Arten dieser Familie sind vorwiegend braun schattiert. Wie es bei einer so großen Artenzahl zu erwarten ist, kommen Augenfalter in allen Regionen der Welt vor, ihre Flügelform und die Zeichnungsmuster sind sehr verschiedenartig. Eine große Zahl von Arten gleicht auch kaum mehr dem oben angedeuteten Typ eines Satyriden, sondern sieht Faltern aus anderen Familien ähnlich.

Ihre Flügelspannweite reicht von etwa 25 mm *(Coenonympha)* bis 130 mm *(Neorina)*. Augenflecken (Ocellen) gehören zu den charakteristischen Merkmalen der Familie. Manchmal sind sie sehr ausgeprägt und bilden ganze Reihen oder Ketten; nur wenige Gattungen haben überhaupt keine.

Eine der ungewöhnlichsten Gruppen ist die der neotropischen *Haeterinae*; viele von ihnen besitzen durchsichtige Flügel und leuchtende Farbflecken. Südamerika ist reich an Satyridae, viele der dortigen Gruppen sind in anderen Regionen nicht vertreten.

Zahlreiche tropische Satyridae fliegen am liebsten in der Abenddämmerung oder halten sich im Schatten auf. Arten aus nördlichen Regionen teilen dieses Verhalten im allgemeinen nicht. Letztere findet man in fast jedem geeigneten Gelände. Einige sind auch für ganz bestimmte Gebiete charakteristisch, so die Gattung *Oeneis* für die Subarktis und die Gattung *Erebia* für die Gebirge.

Arten der Gattung *Elymnias* gehören zu den interessantesten Satyriden der indo-australischen Region. Fast alle Arten ähneln Faltern aus anderen Familien, vor allem Danaidae. In manchen Fällen ahmen Männchen und Weibchen der gleichen Art verschiedene „Modelle" nach, wodurch sie unterschiedlich aussehen.

Die Eier sind im allgemeinen kugelförmig und fein gerippt. Die meist glatten Raupen zeigen häufig Schattierungen von Grün, manchmal mit Längsstreifung. Eine Schwanzgabel ist stets mehr oder weniger stark entwickelt. Die überwiegende Mehrzahl von ihnen frißt an Gräsern oder verwandten Pflanzen. Die Puppen sind gewöhnlich ziemlich gedrungen und besitzen keine auffälligen Fortsätze. Sie können mit dem Schwanzende aufgehängt sein oder an Graswurzeln bzw. unter Steinen liegen.

Ganz oben: Der hübsche *Pierella dracontis* Hbn. aus Brasilien (×2,5).

Oben: Man vergleiche einmal diesen typischen Falter des europäischen *Aphantopus hyperantus* L. mit dem auf Seite 54/55 abgebildeten aberranten Stück.

Links: Der europäische *Melanargia galathea* L. gleicht oberflächlich einem Weißling (Pieridae). Die normale Form ist schwarzweiß wie ein Schachbrett (so heißt er auch). Sehr seltene Aberrationen können auch fast ganz schwarz oder weiß sein (×5).

Rechts: Zur Gattung *Neorina* gehören einige der größten Satyridae. Hier sind in natürlicher Größe abgebildet: 1. *N. lowii* Dbldy. ssp. *neophyta* Fruhst. V (Malay.). 2. *N. krishna* Westw. ssp. *archaica* Fruhst. (Ind.). 3. *N. patria* Leech ssp. *westwoodi* Moore ♀ V (Ind.).

Satyridae

Cithaerias
1 *esmeralda* Dbldy. (Braz.)
2 *philis* Cr. (Guy.)
3 *aurorina* Weym. (Peru)
4 *pireta* Cr.s.sp.menander Dry. ♀. (Ecua.)

Pierella
5 *lena* L.s.sp.glaucolena Stgr. (Peru)
6 *hortona* Hew.f.ocellata f.nov. (Peru)
7 *nereis* Dry. (Braz.)

Melanitis
8 *leda* L. (Ken.)

Ragadia
9 *crisia* Gey. V. (Java)

Paralethe
10 *dendrophilus* Trim. (S. Af.)

Aeropetes
11 *tulbaghia* L. (S. Af.)

Caerois
12 *gerdrudtus* Fab. (Ecua.)

Antirrhea
13 *philoctetes* L. (Braz.)

Aphysoneura
14 *pigmentaria* Karsch (Ken.)

Enodia
15 *andromacha* Hbn. (USA)

Paramecera
16 *xicaque* Reak. V. (Mex.)

Bia
17 *actorion* L. (Peru)

Mantaria
18 *maculata* Hopff. V. (C. Rica)

Patala
19 *yama* Moore V. (Ind.)

Neope
20 *pulaha* Moore s.sp.didia Fruhst. (Form.)

Ethope
21 *himachala* Moore (Ind.)

ethera
2 *pimplea* Er. V. (Phil.)
rites
3 *medura* Horsf. V. (Java)
ethe
4 *confusa* Auriv. V. (Ind.)
Mycalesis
5 *nicotia* Hew. V. (Ind.)
6 *patnia* Moore V. (Sri Lank.)
7 *patnia* Moore ♀. V. (Sri Lank.)
8 *ita* Feld. (Phil.)
9 *phidon* Hew. V. (N.G.)

30 *malsarida* Btlr. V. (Ind.)
Ptychandra
31 *lorquinii* Feld. (Phil.)
Henotesia
32 *perspicua* Trim. (S. Af.)
Orsotriaena
33 *medus* Fab. V. (Ind.)
Lasiommata
34 *maera* L.s.sp.schakra Koll. (Ind.)
35 *megera* L. (Eng.)

Pararge
36 *aegeria* L.s.sp.tircis Btlr. (Eng.)
37 *aegeria* L. (Spain)
Nemetis
38 *minerva* Fab. (Malay.)
Lopinga
39 *achine* Scop. ♀. V. (Fran.)
Tatinga
40 *praeusta* Leech V. (Chin.)

Gnophodes
41 *parmeno* Dbldy. & Hew. ♀. V. (Ugan.)
Elymnias
42 *hypermnestra* L.s.sp.fraterna Btlr. ♀. (Sri Lank.)
43 *vasudeva* Moore. V. (Ind.)
44 *nesaea* L.s.sp.lioneli Fruhst. (Malay.)
Kirinia
45 *roxelana* Cr. (Tky.)

247

Satyridae

Calinaga
1 *buddha* Moore s.sp.*brahma* Btlr.
Oreixenica
2 *lathionella* Westw.s.sp.*herceus* Waterhouse & Lyell (Aus.)
Geitoneura
3 *acantha* Don. (Aus.)
Oressinoma
4 *typhla* Dbldy. & Hew. V. (Ecua.)
Cercyonis
5 *pegala* Fab.f.*nephele* Kirby ♀. (USA)
Satyrodes
6 *eurydice* Johannson ♀. (USA)
Heteronympha
7 *merope* Fab. (Aus.)
Lamprolenis
8 *nitida* Godm. & Salv. (N.G.)
Argyrophenga
9 *antipodum* Dbldy. V. (N.Z.)
Tisiphone
10 *abeona* Don. (Aus.)
Euptychia
11 *chloris* Cr. V. (Braz.)
12 *cephus* Fab. (Braz.)
13 *metaleuca* Bsdv. (C. Rica)
Taygetis
14 *chrysogone* Dbldy. & Hew. (Peru)
15 *albinotata* Btlr. V. (Peru)
Pseudonympha
16 *hyperbius* L. ♀. (S. Af.)
17 *trimeni* Btlr. (S. Af.)
Ypthima
18 *tamatevae* Bsdv. V. (Madgr.)
19 *huebneri* Kirby. V. (Ind.)
Physcaeneura
20 *pione* Godm. V. (Ken.)
Coenonympha
21 *pamphilus* L. (Eng.)
22 *california* Westw. V. (USA)
23 *dorus* Esp. (Fran.)
24 *hero* L. ♀. V. (Swed.)
25 *arcania* L. (Germ.)
26 *sunbecca* Ev. V. (USSR)
Callerebia
27 *scanda* Moore V. (Ind.)
Pampasatyrus
28 *limonias* Phil. (Argent.)
Pyronia
29 *tithonus* L. (Eng.)
Erebia
30 *ligea* L. V. (Swed.)
31 *zapateri* Oberth. (Spain)

epiphron Knoch s.sp.mnemon
Haworth (Eng.)
aethiops Esp. ♀. V. (Eng.)
ira
mintha Geyer V. (S. Af.)
cassus L. ♀. (S. Af.)
aedalma
inconspicua Btlr. V. (Ecua.)
xeoschistus
pronax Hew. ♀. V. (Peru)
onophila
unifasciata Lathy V. (Ecua.)
eneis
uhleri Reak. ♀. (Can.)

Calisto
40 hysius Godt. V. (Haiti)
Pseudosteroma
41 pronophila Feld. V. (Col.)
Corades
42 iduna Hew.f.peruviana Btlr. (Peru)
43 cistene Hew.f.dymantis Thieme V. (Ecua.)
Lasiophila
44 cirta Feld. (Peru)
45 prosymna Hew. (Ecua.)
46 gita sp.nov. (Peru)
Aulocera
47 saraswati Koll. (Ind.)

Paroeneis
48 palaearcticus Stgr.s.sp.sikkimensis Stgr. (Tib.)
Drucina
49 orsedice Hew. (Ecua.)
Eretris
50 porphyria Feld.s.sp.rubricaria Thieme V. (Peru)
Melanargia
51 occitanica Esp. (Fran.)
Hipparchia
52 semele L. (Eng.)
Neominois
53 ridingsii Edw. (USA)

Lymanopoda
54 nivea Stgr.s.sp.sororcula Thieme (Ecua.)
55 acraeida Btlr. (Peru)
56 leaena Hew.V. (Ecua.)
57 labda Hew. V. (Col.)
Pedaliodes
58 hopfferi Stgr. (Peru)
59 phaedra Hew. V. (Col.)
Argyrophorus
60 argenteus Blanch. V. (Chile)
Junea
61 whitelyi Druce V. (Ecua.)

Kapitel 26
Ithomiidae
Ithomiiden

Die interessante Familie der Ithomiidae besteht aus einigen hundert kleinen bis mittelgroßen Schmetterlingen mit schmalen Flügeln und dünnem Hinterleib. Ihre Flügelspannweite reicht von etwas mehr als 25 mm *(Scada)* bis etwa 115 mm *(Thyridia)*.

Viele Arten haben fast ganz durchsichtige Flügel, während andere lebhaft gefärbt sind. Orangebraune Töne bilden die Grundfarbe, in der schwarze und weiße Bänder- oder Fleckenmuster erscheinen. Einige von diesen gleichen Arten der Heliconiidae so stark, daß man sie kaum unterscheiden kann. Nur eine Untersuchung des Flügelgeäders und anderer Merkmale macht eine Trennung der Familien möglich.

Mit einer einzigen Ausnahme gehören alle Arten zur Unterfamilie *Ithomiinae* und sind auf die neotropische Region beschränkt. Die einzige Ausnahme bildet *Tellervo zoilus* aus Australien und Neuguinea.

Wie bei den Heliconiidae sind die Körperflüssigkeiten aller Arten ekelhaft schmeckend, das schützt sie vor Räubern. Viele werden von ungeschützten Arten aus anderen Familien nachgeahmt. Die Falter fliegen langsam, die meisten bewohnen ausschließlich Waldgebiete, eine Anzahl von Arten mit durchsichtigen Flügeln findet sich auf offenen Lichtungen.

Die Raupen sind glatt und spärlich behaart. Die meisten fressen an Solanaceae. Die Puppen sind gedrungen und stark gekrümmt, die Flügelscheiden stehen vor. Sie hängen mit dem Kopf nach unten, von einem seidenen Kissen herunter.

Rechts: *Tellervo zoilus* Fab. aus Australien ist so etwas wie ein Puzzle in der Evolution. Das einzige Mitglied dieser Familie, das außerhalb Amerikas vorkommt, ist geographisch so weit von seinen Verwandten getrennt, daß sein Ursprung ein Rätsel bleibt. So viel man bisher weiß, ist es die einzige Art der Unterfamilie und unterscheidet sich von allen anderen Ithomiidae dadurch, daß die Männchen keine Dufthaare besitzen. Einige der zahlreichen Formen von *zoilus* aus der australischen Region sind früher als eigene Arten angesehen worden.

Rechts: Wie viele andere Ithomiidae ist *Mechanitis polymnia* L. Arten aus der Familie Heliconiidae täuschend ähnlich. Da beide Familien bestimmten Räubern zuwider sind, ist es wahrscheinlich, daß solche Ähnlichkeiten für beide nützlich sind (siehe Kapitel 9). Dies hier ist ein Tier der ssp. *solaria* Forbes aus Trinidad (×8).

Links: Mit seinen zarten durchsichtigen Flügeln und den langen Fühlern ist *Ithomia ellara* Hew. eine der charakteristischen Arten dieser Familie. Das hier abgebildete Tier gehört zur ssp. *eleonora* Haensch und wurde in Peru fotografiert (×8).

Ithomiidae

Ithomiidae

Athesis
1 *clearista* Dbldy. & Hew. ♀. (Venez.)
Elzunia
2 *cassandrina* Srnka V. (Col.)
3 *pavonii* Btlr. (Ecua.)
Tithorea
4 *harmonia* Cr.s.sp.pseudethra Btlr. (Braz.)
5 *tarricina* Hew. (Col.)
6 *tarricina* Hew.s.sp.duenna Bates (Mex.)
Eutresis
7 *hypereia* Dbldy. & Hew. (Venez.)

Melinaea
8 *comma* Forbes s.sp.simulator Fox (Ecua.)
9 *maelus* Hew.s.sp.cydon Godm. & Salv. (Peru)
10 *mneophilus* Hew.s.sp.zaneka Btlr. (Ecua.)
11 *mnemopsis* Berg (Bol.)
Sais
12 *rosalia* Cr.s.sp.mosella Hew. ♀. (Venez.)
13 *zitella* Hew. (Peru)
Mechanitis
14 *mantineus* Hew. ♀. (Ecua.)

15 *messenoides* Feld.s.sp.deceptus Btlr. (Peru)
16 *lycidice* Bates (Venez.)
17 *truncata* Btlr.s.sp.huallaga Stgr. (Peru)
Hypothyris
18 *antonia* Hew. ♀. (Ecua.)
19 *lycaste* Fab.s.sp.dionaea Hew. ♀. (Mex.)
20 *euclea* Latr. ♀. (Ecua.)
21 *pyrippe* Hopff. (Ecua.)
22 *daeta* Bsdv. (Braz.)
Godyris

23 *zygia* Godm. & Salv.s.sp.sosunga Reak. ♀. (Hond.)
24 *zavaleta* Hew. (Col.)
25 *duillia* Hew. (Peru)
Hyalyris
26 *excelsa* Feld.s.sp.decumana Godm. & Salv. ♀. (C. Rica)
27 *avinoffi* Fox (Venez.)
28 *oulita* Hew.♀. (Peru)
29 *coeno* Dbldy. & Hew. ♀. (Venez.)

ocna H.-Schaff. V. (Ecua.)
homia
  anaphissa H.-Schaff. (Col.)
  drymo Hbn. (Braz.)
  iphianassa Dbldy. & Hew. (Venez.)
  hyala Hew. (Ecua.)
orbulis
  ocalea Dbldy. & Hew. (Venez.)
apeogenes
  peridia Hew. (Col.)
  crispina Hew. (Ecua.)

38 tolosa Hew. (Mex.)
Ceratinia
39 nise Cr. (Guy.)
Aeria
40 elodina Stgr. (Venez.)
41 eurimedia Cr.s.sp.pacifica Godm. & Salv. ♀. (Mex.)
Callithomia
42 hydra Feld.s.sp.beronilla Hew. ♀. (Col.)
43 phagesia Hew. ♀. (Ecua.)
Dircenna

44 dero Hbn. ♀. (Braz.)
Hypomenitis
45 theudelinda Hew. ♀. (Peru)
Oleria
46 tigilla Weym. ♀. (Ecua.)
47 zelica Hew. ♀. (Ecua.)
48 makrena Hew. (Venez.)
Hypoleria
49 libethris Feld. (Venez.)
50 andromica Hew. (Col.)
Epityches

51 eupompe Geyer (Braz.)
Pteronymia
52 primula Bates (Ecua.)
53 huamba Haensch (Col.)
Episcada
54 mira Hew. (Ecua.)
55 salvinia Bates (Guat.)
Thyridia
56 psidii Cr. (Peru)
Xanthocleis
57 aedesia Dbldy. & Hew. ♀. (Ecua.)

253

Kapitel 27
Danaidae
Danaiden, Monarch

Die Familie der Danaidae ist vorwiegend in den Tropen und Subtropen verbreitet und enthält ungefähr 300 Arten. Flügelform und Zeichnungsmuster sind bei allen erstaunlich ähnlich. Die Flügelspannweite reicht von etwa 50 mm *(Danaus pumila)* bis 180 mm *(Idea)*. Arten aus verschiedenen Gattungen sind oft sehr weit verbreitet, einige sind bedeutende Wanderfalter, ihre Verbreitungsgebiete reichen bis in die gemäßigten Zonen. Dort scheinen sie sich jedoch nicht dauernd halten zu können, wie man sie auch nicht in größeren Höhenlagen findet. In den warmen Tiefländern gehören sie dagegen zu den häufigsten und auffälligsten Tagfaltern. Die meisten Arten fliegen nur langsam, haben eindrucksvolle Flügelzeichnungen und weiß gefleckte Körpersegmente.

Die Flügel der *Danaus*-Arten sind orangefarben oder weißlich mit auffälligen dunklen Adern und Flecken. Hierzu gehört einer der bedeutendsten Wanderfalter, *Danaus plexippus,* dessen Verbreitung beinahe den ganzen Erdball umfaßt. Besonders hervorstechend sind die riesigen *Idea*-Arten der orientalischen Region, die nur langsam fliegen.

Lycorea- und *Ituna*-Arten gibt es fast ausschließlich in der neotropischen Region. Die ungewöhnlichen Merkmale dieser Unterfamilie deuten auf Verwandtschaft mit Angehörigen der Familie Ithomiidae hin.

Die *Euploea*-Arten sind fast schwarz gefärbt, manche Arten zeigen aber einen leuchtenden Purpurglanz. Die Gattung aus dem indo-australischen Gebiet ist die größte innerhalb der Familie.

Alle Arten enthalten unangenehme oder sogar giftige Körperflüssigkeiten, die

Danaidae

von den Futterpflanzen der Raupen stammen – vor allem von Asclepiadaceae und Apocynaceae. Deshalb werden sie von Räubern kaum verfolgt. Es ist auch bezeichnend, daß viele Arten von den verschiedensten nichtgiftigen Tagfaltergruppen nachgeahmt werden.

Die Eier haben eine abgeflachte, kuppelförmige Gestalt und sind auffällig gerippt. Die Raupen sind glatt, im allgemeinen leuchtend bunt quergestreift und tragen 2–4 Paar fadenförmige Anhänge, wodurch sie recht aggressiv aussehen. Die Puppen hängen mit dem Kopf nach unten an einem dünnen Seidenkissen; sie haben eine gedrungene, rundliche Form ohne beträchtliche Vorsprünge. Außer einer besonderen wachsartigen Beschaffenheit und Färbung tragen sie leuchtende Gold- oder Silberflecken, die Puppen einiger Arten sind fast ganz metallisch oder perlmuttartig.

Oben: *Danaus limiace* Cr. ist in Indien beheimatet. Trotz seiner zarten Gestalt wird er von Räubern nicht verfolgt, weil er zu den Arten gehört, die am widerwärtigsten schmecken. Er zählt zu einer Gruppe von Arten, die in allen Tropenzonen der Alten Welt vorkommen (×3,5).

Rechts: Zu den Faltern der Gattung *Idea* aus der Alten Welt gehören die größten Danaidae. Diese Abbildungen zeigen die Tiere in etwas weniger als ihrer halben Körpergröße. 1. *I. d'urvillei* Bsdv. (N. G.) 2. *I. blanchardi* March. (Celeb.) 3. *I. lynceus* Dry. ssp. *reinwardti* Moore (Malay.).

Links: *Danaus plexippus* L. ist der bekannteste Wanderfalter. Er kommt in weiten Gebieten der Erde vor und trägt darum zahlreiche volkstümliche Namen, auch den deutschen „Monarch", obwohl er bei uns nicht heimisch ist. Er kann wie wohl kein anderer Tagfalter ungewöhnlich lange durchfliegen (siehe Kapitel 5) (×4).

Danaidae

Danaus
1 *limniace* Cr.s.sp.petiverana Dbldy. & Hew. (Cam.)
2 *affinis* Fab. V. (Aus.)
3 *genutia* Cr.s.sp.conspicua Btlr. ♀. (Celeb.)
4 *melanippus* Cr.s.sp.lotis Cr. V. (Born.)
5 *fumata* Btlr. (Sri Lank.)
6 *chrysippus* L.f.alcippus Cr. (S. Af.)
7 *melanippus* Cr.s.sp.hegesippus Cr. (Malay.)
8 *aspasia* Fab. ♀. (Malay.)
9 *pumila* Bsdv. (Loyalty Isles)
10 *eryx* Fab. ♀. (Burma)
11 *weiskei* Roths. (N.G.)
12 *vulgaris* Btlr.s.sp.macrina Fruhst. (Malay.)
13 *melusine* G.-Smith s.sp.cythion Fruhst. (N.G.)
14 *cleona* Cr.s.sp.luciplena Fruhst. (Celeb.)
15 *choaspes* Btlr. (Celeb.)

15 *philene* Stoll s.sp.insolata Btlr. (Solom.)
16 *formosa* Godm. (Ken.)
17 *eresimus* Cr. (Braz.)
18 *chrysippus* L.f.dorippus Kuge (Ind.)
19 *philene* Stoll s.sp.ferruginea Btlr. V. (N.G.)
20 *chrysippus* L.s.sp.bataviana Moore ♀. V. (Celeb.)
22 *schenkii* Koch V. (Solom.)
23 *gilippus* Cr.s.sp.jamaicensis Bates ♀. (Jam.)
24 *sita* Koll.s.sp.ethologa Swinhoe (Malay.)
25 *melaneus* Cr.s.sp.sinopion Fruhst. ♀. (Malay.)
26 *plexippus* L.s.sp.erippus Cr. (Braz.)
Amauris
27 *damocles* Beauvoir f.damoclides Stgr. (Ken.)
28 *vashti* Btlr. (C.A.R.)
29 *ellioti* Btlr. (Ugan.)
30 *albimaculata* Btlr. (Ken.)
Ituna
31 *lamirus* Latr. (Ecua.)
Lycorea
32 *ceres* Cr.f.atergatis Dbldy. & Hew. (Mex.)

Danaidae
Euploea
1 *wallacei* Feld.s.sp.melia Fruhst. (N.G.)
2 *treitschkei* Bsdv. ♀. (N.G.)
3 *eurianassa* Hew. (N.G.)
4 *dufresne* Godt. (Phil)
5 *leucostictos* Gmelin (Born.)
6 *sylvester* Fab. (Aus.)
7 *batesi* Feld.s.sp.honesta Btlr. V. (Solom.)
8 *core* Cr.s.sp.corinna Macleay ♀. (Aus.)
9 *radamanthus* Fab. (Ind.)
10 *tulliolus* Fab.s.sp.niveata Btlr. (Aus.)
11 *tulliolus* Fab.s.sp.saundersi Btlr. (Aru.)
12 *callithoe* Bsdv.f.hansemanni Hon. (N.G.)
13 *phaenareta* Schaller s.sp.unibrunnea Godm. &

Salv. (N. Brit.)
redtenbacheri Feld.s.sp.malayica Btlr. (Malay.)
stephensii Feld.s.sp.pumila Btlr. (N.G.)
boisduvali Lucas s.sp.bakeri Poulton (N. Heb.)
mniszechi Feld. (Celeb.)

18 *algea* Godt.f.fruhstorferi Rob. (Celeb.)
19 *nemertes* Hbn.s.sp.novarum-ebudum Carpenter (N. Heb.)
20 *phaenareta* Schaller s.sp.unibrunnea Godm. & Salv. f. browni Godt. ♀. (N. Brit.)

Idea
21 *jasonia* Westw. ♀. (Ind.)
22 *hadeni* Wood-Mason (Burma)
Ideopsis
23 *gaura* Horsf.s.sp.perakana Fruhst. (Malay.)
24 *vitrea* Blanch. ♀. (Celeb.)

Die Tagfalter der Welt

Systematisches Verzeichnis

Dieses Verzeichnis enthält alle bekannten Arten von acht, alle Gattungen von drei und alle Triben von den verbleibenden vier Schmetterlingsfamilien. Wir sahen uns wegen Platzmangel gezwungen, diese Auswahl zu treffen.

Alle bekannten Arten sind aufgeführt bei:	**Papilionidae, Libytheidae, Heliconiidae, Acraeidae, Amathusiidae, Morphidae, Brassolidae, Danaidae.**
Alle Gattungen (in sehr vielen Fällen alle bekannten Arten jeder Gattung) sind aufgeführt bei:	**Pieridae, Nymphalidae, Ithomiidae.**
Alle Triben (bei sehr kleinen sind alle Gattungen einbezogen – und in mehreren Fällen alle bekannten Arten) sind erfaßt bei:	**Hesperiidae, Lycaenidae, Nemeobiidae, Satyridae.**

Abkürzungen:
(außer denen der Autorennamen und Länder auf den Seiten 108 – 109)

*	**abgebildet**	mg	**möglicherweise**
♂	**Männchen**	O	**Oberseite**
♀	**Weibchen**	Pal	**Paläarktis, paläarktisch**
ab.	**Aberration**		
Af.	**Afrikaner, afrikanisch**	sg	**Subgenus, Untergattung**
Aust.	**Australier, australisch**		
ⓔ	**etwa**	s. sp.	**Subspezies, Unterart**
f.	**Form**	T	**Gattungstyp**
F	**Flügel**		
G	**Grundfarbe**	s	**sehr**
Grp	**Gruppe**	v	**ventral, Unterseite**
h/F	**Hinterflügel**	V/F	**Vorderflügel**
im allgem.	**im allgemeinen**	vgl.	**vergleiche**
Lfp	**Futterpflanze der Raupe**	?	**zweifelhaft oder fragliche Zuordnung**

Es muß darauf hingewiesen werden, daß es schon lange üblich ist, den Autor eines Artnamens in Klammern zu setzen, wenn sich der Gattungsname inzwischen geändert hat. Da dieses jetzt für die weitaus größte Zahl der Arten zutrifft und außerdem größtenteils falsch angewandt wurde, verzichten wir im vorliegenden Werk darauf.

Bei jedem Schmetterling ist folgendes hinzugefügt worden:

a) Immer aufgeführt:	**Name des Beschreibenden, Hinweis auf den Gattungstyp, Verbreitung.**
b) Aufgeführt, wenn es sehr wichtig oder möglich war:	**frühere lateinische Namen der Familien, Gattungen oder Arten, charakteristische Einzelheiten (bei nicht abgebildeten Arten), besondere Merkmale, wie z. B. Mimikry, fragliche Zuordnung usw.**

Seite 110 – 113

FAMILIE HESPERIIDAE
Gedrungene, breitköpfige Tagfalter, Fühler meist voneinander entfernt stehend. Alle 6 Beine voll entwickelt.
Unterfamilie Coeliadina 7 Gattungen der Alten Welt verwandt mit den Pyrrhopyginae. Raupen oft farbig.
Lfp. Dicotyledonen
Gattung Coeliades 20 afrikanische Arten
Lfp. Combretum
forestan Stoll T
**chalybe* Westw.
**hanno* Plotz
Gattung Pyrrhochalcia monotypisch
**iphis* Dry. T
Gattung Hasora
ⓔ Indo-Aust.-Arten
Lfp. Mucuna, Pangamius
badra Moore T
**discolor* Feld.
**borneensis* Elwes & Edw.
Gattung Choaspes ⓔ 6 Indo-Aust. Arten
**benjaminii* Guèr. T
Gattung Bibasis (Ismene)
ⓔ 16 Indo-Chin. Arten
sena Moore T
**harisa* Moore
Gattung Allora 2 Indo-Aust. Arten
doleschalii Feld. T
major Roths.
Gattung Badamia 2 Indo-Aust. Arten
exclamationis Fab. T
atrox Btlr.
Unterfamilie Pyrrhopyginae 20 neotropische Gattungen
Gattung Pyrrhopyge ⓔ 60 Arten
Lfp. Psidium, etc.
phidias L. T
araxes Hew. auch in S.-USA
**maculosa* Hew.
**telassa* Hew.
**aziza* Hew.
**cometes* Cr. (Untergattung Yangua)
Gattung Mysoria weniger als 6 Arten
**barcastus* Sepp T
Gattung Amenis 2 Arten
**pionia* Hew. T
baroni G. & S.
Gattung Jemadia Mehr als 6 Arten
**hospita* Btlr. T
Gattung Myscelus ⓔ 10 Arten
nobilis Cr. ähnlich wie die nächste, T
**phoronis* Hew.
Gattung Oxynetra 4 Arten
**semihyalina* Feld. T
Gattung Mimoniades ⓔ 10 Arten
ocyalus Hbn. ähnlich wie die nächste, T
**versicolor* Latr.
**nurscia* Swains. (Untergattung Mahotis)
Unterfamilie Pyrginae in allen Regionen der Welt, ⓔ 150 Gattungen und Hunderte von Arten
Gattung Phareas neotropisch, monotypisch
**coeleste* Westw. Oberseite dunkelblau, T
Gattung Phocides ⓔ 20 neotropische Arten. Ähnlich wie Pyrrhopyge.
polybius Fab. T
**pigmalion* Cr. auch S.-USA
Gattung Astraptes (Telegonus) Fast drei Dutzend Arten
narcosius Stoll (*aulestes* Cr.), T
**anaphus* Cr.
Gattung Pythonides (Ate) 15 neotropische Arten
jovianus Stoll, ähnlich wie die nächste, T
**herennius* Geyer
**lancea* Hew.
Gattung Autochton (Cecropterus) 12 neotropische Arten, 2 erreichen S.-USA
**itylus* Hbn., T
Gattung Mylon
ⓔ 12 neotropische Arten
lassia Hew., T
**cajus* Plotz (Untergattung Eudamidas).
Gattung Heliopetes 12 nearktische und neotropische Arten
arsalte L. ähnlich wie die nächste, T
**laviana* Hew.
Gattung Noctuana
ⓔ 6 neotropische Arten
**noctua* Feld., T
Gattung Antigonus (Chaetoneura) 6 neotropische Arten
**erosus* Hbn., T
Gattung Systasea 3 mittelamerikanische Arten
**pulverulenta* Feld. auch S.-USA, T
Gattung Aguna 12 neotropische Arten (früher in Epargyreus)
Lfp. Leguminosae
camagura Williams, T
asander Hew. sehr groß, dunkelbraun
claxon Evans, neuerdings auch in USA
Gattung Urbanus (Eudamus) 24 nearktische und neotropische Arten
Lfp. Leguminosae
proteus L. ähnlich wie die nächste, T
**simplicius* Stoll
Gattung Achylodes (Sebaldia) weniger als 6 neotropische Arten
**busiris* Cr. Motten-ähnlich, Lfp. Citrus, T
Gattung Pygrus (Syrichtus)
ⓔ 24 holarktische Arten
Lfp. Potentilla, Malva etc.
**malvae* L., T
**cacaliae* Rambur
**oileus* L. (*syrichtus* Fab.)
Gattung Erynnis
ⓔ 15 holarktische Arten
Lfp. Lotus, Eryngium etc.
**tages* L., T
*icelus Scudder & Burgess
Gattung Spialia
ⓔ 30 Arten der Alten Welt
**galba* Fab., T
Gattung Gomalia afrikanisch, monotypisch
**elma* Trim., T
Gattung Eretis weniger als 12 afrikanische Arten (früher in der Gattung Sarangesa)
melania Mab., ähnlich wie die nächste, T
**djaelaelae* Wallen.
Gattung Sarangesa 20 afrikanische und orientalische Arten
Lfp. Asystasia
dasahara Moore, T
**bouvieri* Mab.
**maculata* Mab.
Gattung Eagris 6 afrikanische Arten
sabadius Gray, T
**lucetia* Hew.
Gattung Netrobalane afrikanisch, monotypisch
**canopus* Trim. (früher in der Gattung Eagris), T
Gattung Caprona (Abaratha) weniger als 6 afrikanische und orientalische Arten
pillaana Wallen., T
**agama* Moore (*syrichthus* Feld.)
Gattung Celaenorrhinus 60 Arten der Alten Welt. Nicht in Aust.
Lfp. Strobilanthes
eligius Stoll, T
**ratna* Fruhst.
**illustris* Mab.
**proxima* Mab.
Gattung Coladenia
ⓔ 12 orientalische Arten
indrani Moore, T
**dan* Fab.
Gattung Abantis 12 afrikanische Arten
tettensis Hopff.
**paradisea* Btlr.
Gattung Tagiades
ⓔ 15 orientalische und afrikanische Arten
Lfp. Discorea
**japetus* Stoll, T
**flesus* Fab.
**litigiosa* Mosch.
Gattung Odontoptilium 3 orientalische Arten
Lfp. Allophyllus
**angulata* Feld., T
Gattung Euschemon Australisch, monotypisch
Lfp. Wilkiea & Tristania
**rafflesia* Macleay ♂ wie ein Nachtschmetterling, T
Unterfamilie Trapezitinae 16 Gattungen und ⓔ 60 australische Arten
Gattung Dispar monotypisch, Lfp. Poa etc.
**compacta* Btlr., T
Unterfamilie Hesperiinae 250 Gattungen und 2000 Arten in allen Regionen der Welt
Gattung Hesperia 16 nearktische Arten
Lfp. Festuca etc.
**comma* L., auch paläarktisch, T
Gattung Poanes 12 nearktische und mittelamerikanische Arten
massasoit Scudder, T
**hobomok* Harris
Gattung Hylephila (Euthymus) weniger als 12 neotropische Arten
**phylaeus* Dry. auch in den USA und Kanada, T
Gattung Ochlodes
ⓔ 16 holarktische Arten
Lfp. Holcus etc.
agricola Bsdv. (*nemorum* Bsdv.), T
**venata* Brem. & Grey
**sylvanoides* Bsdv.
Gattung Telicota 20 indo-australische Arten
Lfp. Imperata
**augias* L. (*colon* Fab.), T
Gattung Thymelicus
ⓔ 8 paläarktische Arten
Lfp. Holcus etc.
**acteon* Rott., T
**sylvestris* Poda
**lineola* Ochs., auch nearktisch
Gattung Carterocephalus 12 meist paläarktische Arten. Lfp. Bromus
**palaemon* Pallas, auch nearktisch, T
Gattung Lepella afrikanisch, monotypisch
**lepeletier* Latr.
Gattung Metisella
ⓔ 20 afrikanische Arten
metis L. ähnlich wie die nächste, T
**orientalis* Auriv.
**willemi* Wallen.
Gattung Gegenes 4 Arten der Alten Welt
**pumilio* Hoffmansegg, Europa, T
Gattung Pelopidas 20 orientalische und äthiopische Arten
midea Walker (*thrax* Hbn.), T
**mathias* Fab. letztere ist ähnlich
Gattung Sabera weniger als 12 Arten
caesina Hew., T
**fuliginosa* Miskin
Gattung Sancus orientalisch, monotypisch
**fuligo* Mab., Lfp. Phrynium, T
Gattung Taractrocera 12 indo-australische Arten
Lfp. Imperata
**maevius* Fab., T
Gattung Ampittia 8 indo-chinesische und afrikanische Arten
Lfp. Gräser
**dioscorides* Fab. (*maro* Fab.), T
Gattung Iambrix 5 orientalische Arten
**salsala* Moore, T
Gattung Notocrypta weniger als 12 indo-australische Arten
Lfp. Alpinia
curvifascia Feld., T
**waigensis* Plotz
Gattung Erionota 6 orientalische Arten
Lfp. Rhaphis etc.
**thrax* L., T
Gattung Plastingia 24 orientalische Arten
flavescens Feld., T
**liburnia* Hew.
Gattung Leona
ⓔ 9 afrikanische Arten
leonora Plotz, T
**lissa* Evans
Gattung Pardaleodes 6 afrikanische Arten
edipus Stoll, T
**sator* Westw.
Gattung Xanthodisca 3 äthiopische Arten
**vibius* Hew., T
Gattung Osmodes weniger als 12 afrikanische Arten
laronia Hew., T
**thora* Plotz
Gattung Ceratrichia 12 afrikanische Arten
nothus Fab., T
**flava* Hew.
**brunnea* B.-Baker
Gattung Acleros 8 äthiopische Arten
leucopyga Mab., T
**mackenii* Trim.
Gattung Artitropa 6 äthiopische Arten
**erinnys* Trim., T
Gattung Alera 4 neotropische Arten
furcata Mab., T
**vulpina* Feld.
Gattung Perichares 8 neotropische Arten
**philetes* Gmelin, neuerdings a… in den USA, T
Gattung Vettius 20 neotropische Arten
phyllus Cr., T
**diversa* H.-Schaff.
**coryna* Hew.
Gattung Parphorus 12 neotropische Arten
storax Mab., T
**decora* H.-Schaff.
Unterfamilie Megathyminae wenige sehr große amerikanische Arten
2 Gattungen
Gattung Aegiale mexikanisch, monotypis…
hesperiaris Walker, T
Gattung Megathymus
ⓔ 12 nearktische und mittelamerikanische Arte…
Lfp. Yucca
yuccae Bsdv. & Leconte, T
**streckeri* Skinner
Seite 114 – 159
FAMILIE PAPILIONIDAE Oft sehr große Schmetterlin… Hinterflügel können geschwänzt sein, Krallen a… den Tarsen einfach, alle 6 Beine voll entwickelt.
Unterfamilie Baroniinae
Gattung Baronia mexikanisch, monotypis…
**brevicornis* Salv., primitiv, T
Unterfamilie Parnassiinae Paläarktisch und nearktisch, montan, das Weibchen hat nach d… Kopulation eine hornige Hinterleibstasche (Sphr… Raupen haben Sekundärdornen, Lfp. Sedum, Saxifraga et… Puppe im Gespinst.
Tribus Parnassiini
Gattung Archon Naher Osten, monotypis…
**apollinus* Hbst., Lfp. Aristoloch…
Gattung Hypermnestra Persien, monotypisch
**helios* Nick., Wüstenart, T
Gattung Parnassius
**apollo* L., viele Rassen und Formen, T
**apollonius* Evers.
**honrathi* Stgr.
bremeri Bremer, deutlich sichtb… schwarze Adern
**phoebus* Fab. (*delius* Esp.), holarktisch
actius Evers., Turkestan, zugesp… V/F
**jaquemontii* Bsdv., sehr variabe…
**epaphus* Oberth.
**tianschanicus* Oberth. (*discobo…* Alph.)
**nomion* Hbn.
? *nomius* Gr.-Grsh. (mg. *nomi…*
? *beresowskyi* Stgr. (mg. *epaphus*-Form)
(Untergattung Doritis)
Genitalunterschiede?
Gruppe I (*mnemosyne*-Gruppe)
**mnemosyne* L.
**glacialis* Btlr.
stubbendorfi Ménétr., wie letzter…
**eversmanni* Ménétr., holarktisc…
nordmanni Nordmann, glasige V… Spitze
ariadne Lederer (*clarius* Evers.)
**clodius* Ménétr.
orleans Oberth., China, blaue h/… Flecken
Gruppe II (*hardwickii*-Gruppe)
**hardwickii* Gray
Gruppe III (*szechenyii*-Gruppe)
**szechenyii* Friv.
cephalus Gr.-Grsh., blaue h/F Flecken
pythia Roths.
Gruppe IV (*acco*-Gruppe), vor allem in Tibet
**acco* Gray (Untergattung Tadu…
przewalskii Alph.
maharaja Avin.
rothschildianus Bryk
? *hunningtoni* Avin. (mg. kleine *acco*-Form)
Gruppe V (*delphius*-Gruppe) Kashmir – UdSSR
**delphius* Evers., sehr variabel
acdestis Gr.-Grsh.
patricius Niepelt
stenosemus Hon.
? *stoliczkanus* Feld. (mg. *delphi…*
Gruppe VI (*charltonius*-Gruppe)
**charltonius* Gray (Untergattung Kailasius)
**autocrator* Avin., Pamir, Selten…
inopinatus Kotzsch

Systematik

xias Pungeler, Turkestan
ruppe VII (tenedius-Gruppe)
enedius Evers.
ruppe VIII (simo-Gruppe)
simo Gray
ruppe IX (imperator-Gruppe)
mperator Oberth.
ribus Zerynthini
attung Allancastria
Europa, Kleinasien
cerisy Godt., Lfp. Aristolochia, T
eyrollei Oberth., Lfp. wie letztere,
yrien
attung Sericinus China,
onotypisch
montela Gray (telamon Don.) ♂
aß, T
attung Parnalius
(Zerynthia & Thais).
polyxena Denis & Schiff., T
umina L., Lfp. Aristolochia
attung Luehdorfia
Lfp. Aristolochia
puziloi Ersch., T
aponica Leech
bosniackii Rebel, fossile Form
attung Bhutanitis (Armandia)
idderdalii Atk., T
haidina Blanch
dlowi Gabriel
mansfieldi Riley (mg. Luehdorfia)
nterfamilie Papilioninae
schließt alle Arten ein,
die volkstümlich
„Schwalbenschwänze"
genannt werden
ribus Leptocircini, Tibien
und Tarsen beschuppt
attung Lamproptera
(Leptocircus)
urius Fab., Lfp. Combretaceae, T
meges Zink, grüne Bänder
attung Teinopalpus
Lfp. Daphne
mperialis Hope, T
aureus Mell, China (mg. s. sp. der
tzteren)
attung Eurytides
(iphitias Hbn., T)
meist neotropisch,
wenige nearktisch
Lfp. Anonaceae
ruppe I (marcellus-Gruppe)
marcellus Cr. (ajax L.), sehr
ariabel
eladon Lucas, Kuba, blaßgrün
rcesilaus Lucas, Venezuela
onaria Btlr. Haiti
philolaus Bsdv.
berthuri R. & J., Honduras
anticles Bates, Panama, G gelb
epidaus Dbldy.
bellerophon Dalm.
ruppe II (lysithous-Gruppe),
Arten ahmen Parides nach,
rote Basalflecke auf der
Unterseite
ysithous Hbn., sehr variabel
phaon Bsdv.
harmodius Dbldy.
ariarathes Esp.
us Fab., Venezuela und Kolumbien,
ie nächste
elesis Bates, ähnlich wie ariarathes
ranchus Dbldy., Honduras, wie
tztere
xynias Hew., spitze Schwänze
rapeza R. & J.
thymbraeus Bsdv.
asius Fab.
euryleon Hew.
icrodamas Burmeister,
attus-Nachahmer
pausanias Hew.,
elicon-Nachahmer
protodamas Godt.
hibeha Fassl
umbachi Vogeler
hipparchus Stgr., mg. Aberration
ruppe III (protesilaus-Gruppe)
protesilaus L.
telesilaus Feld.
glaucolaus Bates
molops R. & J.
stenodesmus R. & J.
agesilaus Guér.
orthosilaus Weym. selten
helios R. & J. Brasilien, G gelblich
aris R. & J., Ecua., G rosa
embrikstrandi d'Almeida
avassosi d'Almeida
ruppe IV (thyastes-Gruppe)
thyastes Dry.
marchandi Bsdv.
leucaspis Godt.
lacandones Bates
alliste Bates, Guatemala, G gelblich
ioxippus Hew., Kolumbien, sehr
unkel
ruppe V (dolicaon-Gruppe)
dolicaon Cr.
hitas Hbn., Brasilien, G lederfarben
rabilis Btlr., Panama und Costa
ica
columbus Koll.
erville Godt., Peru, ähnlich wie
etztere
allias R. & J., schmale dunkle
eichnung
salvini Bates, wie protesilaus-Gruppe

Gattung Protographium,
monotypisch
*leosthenes Dbldy., Lfp. Melodorum,
T
Gattung Iphiclides paläarktisch
*podalirius L., Lfp. Prunus
? feisthamelii Duponchel, mg. s. sp.
? podalirinus Oberth., Tibet, mg. s. sp.
Gattung Graphium (sarpedon L. T)
Alte Welt, viele Unterarten
Lfp. Anonaceae
Gruppe I (codrus-Gruppe)
indo.-austr.
*codrus Cr. (Untergattung Idaides)
*macleayanus Leach
weiskei Ribbe, ähnlich wie nächste
*stresemanni Roths.
*cloanthus Westw.
*sarpedon L. (siehe Anhang 1), T
protensor Gistel, ähnlich wie letztere
*milon Feld.
*gelon Bsdv.
*empedocles Fab. (empedovana
Corbet)
*mendana Godm. & Salv., sehr selten
? clymenus Leech, mg.
cloanthus-Form
Gruppe II (eurypylus-Gruppe)
indo-austr.
*eurypylus L.
*evemon Bsdv.
doson Feld, ähnlich wie letztere
*arycles Bsdv.
*bathycles Zink.
leechi Roths, China, ähnlich wie
letztere
*agamemnon L.
meeki Roths., nahe letzterer, selten
*macfarlanei Btlr.
*meyeri Hopff.
? procles G.-Smith, (mg. doson-Form)
Gruppe III (wallacei-Gruppe)
*wallacei Hew.
hicateon Mathew, ähnlich wie letztere
*browni Godm. & Salv.
(Untergattung Arisbe) (Zelima) Äthiop.
Gruppe I (antheus-Gruppe)
antheus Cr., ähnlich wie die nächste
*evombar Bsdv.
? mercutius G.-Smith & Kirby,
antheus-f.?
Gruppe II (porthaon-Gruppe)
*porthaon Hew.
Gruppe III (colonna-Gruppe)
colonna Ward, dunkler als nächste
Gruppe IV (policenes-Gruppe)
*policenes Cr.
nigrescens Eimer, Kamerun, selten
junodi Trim., Mozambique
*polistratus G.-Smith
? boolae Strand
Gruppe V (illyris-Gruppe)
*illyris Hew.
*gudenusi Rebel
*kirbyi Hew.
Gruppe VI (philonoe-Gruppe)
*philonoe Ward
Gruppe VII (leonidas-Gruppe)
*leonidas Fab., Danaid-Nachahmer
*cyrnus Bsdv.
levassori Oberth., G durchgehend
cremefarben
Gruppe VIII (ucalegon-Gruppe)
*ucalegon Hew.
*hachei Dew.
*ucalegonides Stgr.
*almansor Hon.
*adamastor Bsdv.
*agamedes Westw.
*odin Strand
martensi Dufresne
auriger Btlr.
weberi Holl.
olbrechtsi Berger
? simoni Auriv. (mg. ucalegon-Form)
? fulleri G.-Smith, ucalegonides-f.?
? aurivilliusi Seeldrayers,
agamedes-f.?
Gruppe IX (tynderaeus-Gruppe)
*tynderaeus Fab.
*latreillianus Godt.
Gruppe X (pylades-Gruppe)
*pylades Fab. (angolanus Goeze)
morania Angas S. Af., ähnlich wie
letztere
*endochus Bsdv.
*taboranus Oberth.
*ridleyanus White,
Acraea-Nachahmer
(Untergattung Pathysa)
Gruppe I (antiphates-Gruppe),
indo-austr.
*antiphates Cr.
*nomius Esp.
*aristeus Cr.
*euphrates Feld.
*epaminondas Oberth.
*androcles Bsdv.
*rhesus Bsdv.
dorcus de Haan Celeb., ähnlich wie
letztere
*agetes Westw. (Untergattung
Deoris)
stratiotes G.-Smith, Born., h/F mit
roten Flecken
Gruppe II (macareus-Gruppe)
Danaid-Nachahmer
*macareus Godt. (Untergattung
Paranticopsis)
*xenocles Dbldy.

*ramaceus Westw., (leucothoe
Westw.)
delesserti Guér., Malay., schwarz
und weiß
*megarus Westw.
*deucalion Bsdv.
*thule Wall.
*encelades Bsdv.
phidias Oberth., Annam, geschwänzt
megaera Stgr., Palawan, wie megarus
stratocles Feld., Phil., wie macareus
idaeoides Hew., Phil.,
ausgezeichneter Idea-Nachahmer
Gruppe III (eurous-Gruppe)
paläarktisch
*eurous Leech
*mandarinus Oberth.
*alebion Gray
*tamerlanus Oberth.
*glycerion Gray (Untergattung
Pazala)
*caschmirensis Roths., mg.
eurous-f.?
Gattung Dabasa (Meandrusa)
*hercules Blanch.
*gyas Westw.
*payeni Bsdv.
Tribus Papilionini
Echte Schwalbenschwänze,
die Arten haben ungeschuppte
Tibien und Tarsen.
Lfp. nur Lauraceae und
Rutaceae
Gattung Papilio (machaon L., T)
Division I indo-austr.,
meist Danaid-Nachahmer,
Lfp. Lauraceae
Gruppe I (agestor-Gruppe)
auch paläarktisch
*agestor Gray (Untergattung
Cadugoides)
*epicydes Hew.
*slateri Gray
Gruppe II (clytia-Gruppe)
clytia L., auch paläarktisch, variabel
*paradoxa Zink, (telearchus Hew.)
Gruppe III (veiovis-Gruppe)
*veiovis Hew.
Gruppe IV (laglaizei-Gruppe)
*laglaizei Depuiset, ahmt Alcidis
Nachtschmetterling nach
*toboroi Ribbe
moerneri Auriv., ähnlich wie letztere
Division II nur Alte Welt, Lfp.
Rutaceae, Umbelliferae etc.
Gruppe I (anactus-Gruppe),
Stellung zweifelhaft
*anactus Macleay (mg.
machaon-Gruppe?)
Gruppe II (aegeus-Gruppe)
australasiat.
*aegeus Don. ♂ schwarz und
cremefarben, ♀ variiert
tydeus Feld., Molukken, ähnlich wie
letztere
*bridgei Math.
*weymeri Niepelt, (cartereti Oberth.)
*gambrisius Cr.
*inopinatus Btlr.
*oberon G.-Smith, mg.
aegeus-Form?
*woodfordi Godm. & Salv.
*ptolychus Godm. & Salv.
? heringi Niepelt
? erskinei Math.
Gruppe III (godeffroyi-Gruppe)
godeffroyi Semp. Samoa, wie die
nächste
*ilioneus Don., (amynthor Bsdv.)
schmeltzi H.-Schaff., Fidschji, sehr
dunkel
Gruppe IV (polytes-Gruppe)
(Untergattung Menelaides),
orientalisch
*polytes L., auch paläarktisch, ♀
Nachahmer
*ambrax Bsdv.
*phestus Guér.
Gruppe V (castor-Gruppe), oriental.
*castor Westw., (Untergatt. Tamera)
*dravidarum W.-Mas.
? mahadeva Moore, castor-Form?
Gruppe VI (fuscus-Gruppe),
indo-austr.
*fuscus Goeze, sehr variabel
*canopus Westw.
*albinus Wall.
*hipponous Feld.
diophantus G.-Smith, Sumatra
antonio Hew., Phil., cremefarbene
V/F Flecken
noblei de Nicév., Burma, wie letztere
? walkeri Jans., Indien
? sakontala Hew., Indien
? jordani Fruhst., Celebes
Gruppe VII (helenus-Gruppe),
orientalisch
*helenus L., auch paläarktisch
*sataspes Feld.
*iswaroides Fruhst.
*iswara White
*chaon Westw., auch paläarktisch
nephelus Bsdv., mg. Form letzterer
nubilus Stgr., Borneo, wie letztere
Gruppe VIII (memnon-Gruppe),
indo-austr.
*memnon L., variabel, ♀ polymorph
*ascalaphus Bsdv.
*polymnestor Cr.
*mayo Atk.

*lowi Druce
*rumanzovia Esch.
deiphobus L., Halm., ähnlich letzterer
oenomaus Godt., Timor, ♀ Nachahmer
forbesi G.-Smith, Sum., wie nächste
*lampsacus Bsdv.
acheron G.-Smith, Borneo, dunkler
Gruppe IX (protenor-Gruppe),
Indochina
*protenor Cr., (Untergattung Sainia)
*alcmenor Feld. (rhetenor Westw.)
*demetrius Cr., mg. protenor-Form?
*macilentus Jans.
*thaiwanus Roths.
Gruppe X (bootes-Gruppe),
Indochina
*bootes Westw., Nachahmer
*janaka Moore, (Untergattung
Mimbyasa)
*elwesi Leech, (maraho Shiraki &
Sonan)
Gruppe XI (demolion-Gruppe),
Alte Welt
*demolion Cr., (Untergattung
Araminta)
liomedon Moore, Indien, ähnlich wie
letztere
*gigon Feld.
*euchenor Guér.
*menestheus Dry., die nächste ist
ähnlich
lormieri Dist., V/F Band gerade
*ohpidicephalus Oberth.
Gruppe XII (demoleus-Gruppe),
Äthiopien etc.
demoleus L., indo-austr., nahe
nächster
*demodocus Esp.
*erithonioides G.-Smith
*morondavana G.-Smith
*grosesmithi Roths.
Gruppe XIII (xuthus-Gruppe),
orientalisch
*xuthus L., auch paläarktisch
? benguetana J. & T., s. sp. der
letzteren?
Gruppe XIV (machaon-Gruppe),
holarktisch
*machaon L., Lfp. Umbelliferae, T
*hippocrates Feld., s. sp. der letzteren?
*alexanor Esp.
*hospiton Guen.
*zelicaon Lucas, nearktisch (und die
nächsten 10)
*indra Reak, viele Rassen
brevicauda Saunders, orange
Bänder
bairdi Edw., ähnlich wie machaon
*oregonia Edw., mg. Form letzterer
*polyxenes Fab., sehr variabel
? joanae Heitzman, mg. Form letzterer
? gothica Remington, zelicaon-Form?
? nitra Edw., wahrscheinlich
zelicaon-Form
? rudkini Comstock
? kahli Chermock
Gruppe XIV (paris-Gruppe),
indo-paläarktisch
Lfp. vorwiegend Rutaceae
*paris L., (Untergattung Achillides),
variabel
karna Feld., Java, ähnlich wie letztere
*bianor Cr.
maackii Ménétr., Japan, ähnlich wie
letztere
*dialis Leech
*hoppo Mats.
*krishna Moore
*arcturus Westw.
*polyctor Bsdv., (Untergatt. Sarbaria)
elphenor Dbldy., Indien, schwanzlos
Gruppe XV (palinurus-Gruppe),
orientalisch
*palinurus Fab., mehrere Rassen
*crino Fab., (Untergattung Harimala)
*buddha Westw.
*blumei Bsdv.
Gruppe XVI (peranthus-Gruppe),
indo-austr.
*peranthus Fab., viele Unterarten
*pericles Wall.
lorquinianus Feld., Halmaheira
neumoegeni Hon., Sumba, ♀ wie
palinurus
Gruppe XVII (ulysses-Gruppe),
australasiat.
*ulysses L., viele Rassen, nahe der
nächsten
*montrouzieri Bsdv.
Division III Äthiopien
Gruppe I (rex-Gruppe)
Danaid-Nachahmer
*rex Oberth. (Untergattung
Melindopsis)
Gruppe II (phorcas-Gruppe)
*phorcas Cr., ♀ manchmal gelb
*constantinus Ward
*nobilis Rogen (siehe Anhang 1)
*euphranor Trim.
*hesperus Westw., die nächste ist
ähnlich
pelodorus Btlr., mehr h/F Flecken
*dardanus Brown, ♀ Formen sind
Nachahmer
? nandina Roths., phorcas Ab.?
Gruppe III (cynorta-Gruppe),
ungeschwänzt
*cynorta Fab., ♂ ähnlich wie nächste
*plagiatus Auriv.

*echerioides Trim.
*zoroastres Druce
*jacksoni Sharpe
*fulleborni Karsch
*sjoestedti Auriv.
Gruppe IV (gallienus-Gruppe)
gallienus Auriv., ähnlich wie nächste
*mechowi Dew.
*zenobius Godt. (cypraeofila Btlr.).
*zenobia Fab.
*mechowianus Dew., die nächste ist
ähnlich
andronicus Ward, V/F Bänder sind
gebogen
Gruppe V (nireus-Gruppe),
(Untergattung Eques)
*nireus L., die nächste ist ähnlich
sosia Roths., ununterbrochen
gesäumtes Band
*mackinnoni Sharpe
*charopus Westw.
*hornimani Dist.
*aethiops R. & J.
*oribazus Bsdv.
bromius Dbldy., die nächste ist ähnlich
brontes Godm. (magdae Gifford)
*thuraui Karsch
*manlius Fab.
*epiphorbas Bsdv.
*phorbanta L.
? teita van Som., wie nireus
? interjecta van Som., wie letztere
Gruppe VI (delalandii-Gruppe)
*delalandii Godt.
*mangoura Hew., ♂ blau gebändert
Gruppe VII (leucotaenia-Gruppe)
*leucotaenia Roths.
Division IV, nearktisch, Lfp.
Lauraceae etc.
Gruppe I (troilus-Gruppe),
(Untergattung Pterourus)
*troilus L., Battus-Nachahmer
*palamedes Dry.
Gruppe II (glaucus-Gruppe),
(Untergattung Jasoniades)
*glaucus L. (turnus L.), ♂ wie die
nächste
*rutulus Lucas, die nächste ist ähnlich
eurymedon Lucas, G weiß
*pilumnus Bsdv., die nächste ist ähnl.
multicaudata Kirby, (daunus Bsdv.)
? alexiares Hopff., Mexiko
Division V, neotropisch
Gruppe I (thoas-Gruppe),
(Untergattung Heraclides)
Lfp. Rutaceae
thoas L., ähnlich wie nächste
*cresphontes Cr.
*paeon Bsdv., Oberseite ähnlich
letzterer
homothoas R. & J., nahe
cresphontes
*andraemon Hbn.
*machaonides Esp.
*ornythion Bsdv.
*lycophron Hbn., (astyalus Godt.)
*thersites Fab.
*androgeos Cr., (Untergattung
Calaides)
*aristodemus Esp.
*caiguanabus Poey, die nächste ist
ähnlich
*aristor Godt., Haiti, unterbrochene
Bänder
Gruppe II (anchisiades-Gruppe),
einige Arten gleichen
Parides,
Lfp. Citrus
*anchisiades Esp.
chiansiades Westw., ähnlich wie
letztere
*isidorus Dbldy., die nächste ist ähnl.
rhodostictus Btlr. & Cruce, Costa Rica
maroni Moreau, Guy., wie isidorus
erostratinus Vazquez, wie letztere
*erostratus Westw., die nächste ist
ähnlich
oxynius Hbn., Kuba, getüpfelte Ränder
epenetus Westw., Ecuador,
schwanzlos
pelaus Fab., Jamaika und Kuba,
blasses V/F Band
*hyppason Cr.
*pharnaces Dbldy.
*rogeri Bsdv.
Gruppe III (torquatus-Gruppe),
Lfp. Citrus
*torquatus Cr., ♀ schwarz und rot
*hectorides Esp., wie letztere
tasso Stgr., Brasilien, wie nächste
himeros Hopff., ähnelt torquatus
garleppi Stgr., Bolivien
lamarchei Stgr., Bolivien
? peleides Esp.
Gruppe IV (zagreus-Gruppe), Nachahm.
*zagreus Dbldy.
*ascolius Feld.
*bachus Feld.
? neyi Niepelt, Ecuador (mg.
zagreus-Form)
Gruppe V (scamander-Gruppe),
Lfp. Lauraceae
*scamander Bsdv.
*hellanichus Hew.
*xanthopleura Godm. & Salv.
birchalli Hew., Col., schwanzlos
Gruppe VI (homerus-Gruppe),
Lfp. Lauraceae
*homerus Fab., größter
Schwalbenschwanz

Systematik

*garamas Hbn., ♂ ähnlich letzterer
*euterpinus Godm. & Salv.
*warscewiczi Hopff.
*cacicus Lucas
*victorinus Dbldy., die nächste ist ähnlich
diazi Racheli & Sbordoni, zwei Schwänze
*cleotas Gray
*aristeus Cr.
? cephalus Godm. & Salv., (mg. cleotas-Form)
? judicael Oberth. (mg. aristeus-Form)
Tribus Druryeini, afrikanisch (siehe Anhang 2)
Gattung Druryeia
*antimachus Dry., T
Gattung Iterus
*zalmoxis Hew., T
Tribus Troidini
Alte und Neue Welt, Lfp. gewöhnlich Aristolochia, Tibien und Tarsen unbeschuppt, ♂ hat im allgemeinen auffällige Analduftklappen
Gattung Euryades, neotropische gemäßigte Zone
*corethrus Bsdv., T
*duponchelii Lucas
Gattung Cressida (Eurycus), Australien
Diese Gattung und die letztere sehen ähnlich aus wie Parnassius.
*cressida Fab., (heliconides Swains.)
Gattung Parides (echemon Hbn., T) neotropisch, Schattenbewohner
Gruppe I (ascanius-Gruppe), geschwänzte Arten
*ascanius Cr.
*gundalachianus Feld., (columbus H.-Sch.)
*agavus Dry., die nächste ist ähnlich
proneus Hbn., Brasilien, gerades V/F Band
phalaecus Hew., Ecuador, wie letztere
*chamissonia Esch.
*perrhebus Bsdv.
*alopius Godm. & Salv.
*montezuma Westw.
*photinus Dbldy.
? dares Hew., Nicaragua (mg. Form letzterer)
Gruppe II (aeneas-Gruppe), weiße F-Ränder, gewöhnlich schwanzlos
*aeneas L.
schuppi Rob., ähnlich wie letztere
*coelus Bsdv.
klagesi Ehrmann, Venezuela, nahe letzterer
steinbachi Roths., Bolivien, wie coleus, groß
*triopas Godt., (Untergattung Ascanides)
hahneli Stgr., wie letztere, aber 3 V/F Flecken
quadratus Stgr., Peru, sehr lange Flügel
chabrias Hew., Peru, sehr klein, wenige V/F Flecken
pizarro Stgr., Peru, ähnlich aber ohne Flecken
*tros Fab. (dardanus Fab.), geschwänzt
orellana Hew., Peru, ausgedehntes Rot auf h/F
*sesotris Cr. (Untergatt. Endopogon)
*childrenae Gray
*erlaces Gray
*drucei Btlr.
*vertumnus Cr.
*erithalion Bsdv., ♂ wie letztere
anchises L., ähnlich wie nächste
*iphidamas Fab.
lycimenes Bsdv., Mittelamerika
polyzelus Feld., wie letztere, keine V/F Flecken
phosphorus Bates, Guy., wie drucei
cutorina Stgr., Ecua. und Peru, wie letztere
nephalion Godt., Brasilien
eversmanni Ehrmann
burchellanus Westw., Brasilien, dunkle V/F Flecken
? hedae Foetterle (mg. anchises-Form)
Gruppe III (lysander-Gruppe), rote F-Ränder
*lysander Cr., ♂ ähnlich wie neophilus
*timias Gray, wie letztere
*zacynthus Fab.
aglaope Gray, Bol., ähnlich letzterer
*neophilus Hbn.
*echemon Hbn., (echelus Hbn), T
*arcas Cr.
*panthonus Cr.
Gattung Atrophaneura (semperi Feld., T) große, manchmal geschwänzte Arten, im allgemeinen indo-australisch
Gruppe I (antenor-Gruppe), Madagascar
*antenor Dry., Lfp. Combretaceae
Gruppe II (latreillei-Gruppe), schmale Flügel
*latreillei Don.
*polyeuctes Dbldy., (philoxenus Gray)
dasarada Moore (Untergattung Panosmia)
nevilli W.-Mas., China, ohne Schwanzfleck
adamsoni G.-Smith, Tenasserim.
*alcinous Klug
crassipes Oberth., Burma, wie letztere
daemonius Alph., China, wie alcinous
hedistus Jord., Yunnan, schmaler Schwanz
plutonius Oberth., W. Chin., sehr dunkel
mencius Feld, auch dunkel
impediens Roths., wie letztere
laos Riley & Godfrey, wie alcinous
febanus Fruhst., Formosa, ausgedehntes Rot
? lama Oberth., (polyeuctes-Form?)
? polla de Nicév (latreillei-Form?)
Gruppe III (nox-Gruppe) haarähnliche Verlängerungen auf h/F, Duftklappen bei den ersten 4 Arten
*nox Swains (Untergattung Karanga)
*varuna White, die nächste ist ähnlich
zaleucus Hew., Burma, weiße h/F Flecken
luchti Roepke
sycorax G.-Smith, Sumatra, wie nächste
*priapus Bsdv.
hageni Rogen., ähnlich wie letztere
aidoneus Dbldy., Ind., dunkel, wie varuna
*horishanus Mats. (sauteri Heyne)
*semperi Feld. (erythrosoma Reak.), T
kuehni Hon., Celeb., h/F Unterseite rot
dixoni G.-Smith., Celeb., wie letztere
Gruppe IV (coon-Gruppe), spatelartige Schwänze
*coon Fab., einige Rassen haben roten h/F Flecken
rhodifer Btlr., Andamans, wie letztere
*neptunus Guér., (Untergattung Balignina)
Gattung Pachliopta, indo-austr.
*aristolochiae Fab., T
atropos Stgr., Palawan. sehr dunkel
mariae Semp., Phil., ähnl. wie nächste
*annae Feld., Phil., nächste ist ähnlich
phegeus Hopff., Phil., wie annae
schadenbergi Semp., Phil., wie letztere
strandi Bryk., Phil., nahe letzterer
liris Godt., Tenimber, gestreifte V/F
oreon Doherty, Sumba, wie letztere
*polydorus L., viele Rassen, nicht geschwänzt
pandiyana Moore, Ind., nahe der nächsten
*jophon Gray, die nächste ist ähnlich
polyphontes Bsdv., Celebes und Molukken
*hector L., (Untergattung Tros)
Gattung Troides (helena L., T), vor allem in Indo-Austr., diese und die zwei nächsten Gattungen sind als „Vogelflügler" bekannt
Gruppe I (hypolitus-Gruppe)
*hypolitus Cr., größte der Gattung
Gruppe II (amphrysus-Gruppe)
amphrysus Cr., Malay., ähnlich der nächsten
*cuneifer Oberth.
*mirandus Btlr., leuchtendblaue V/F (♂)
andromache Stgr., Borneo, klein und dunkel
Gruppe III (haliphron-Gruppe)
haliphron Stgr., weit verbreitet und variabel
darsius Gray, Ceylon
*vandepolli Snell.
*criton Feld.
riedeli Kirsch, Tenimber
? plato Wall., Timor, (mg. haliphron-Form?)
Gruppe IV (helena-Gruppe)
helena L. T. ähnlich wie nächste
*oblongomaculatus Goeze
Gruppe V (aeacus-Gruppe)
*aeacus Feld., die nächste ist ähnl.
minos Cr., Indien
rhadamantus Lucas, Phil., sehr dunkel
*magellanus Feld., h/F reflektieren
prattorum J. & T., Buru, wie letztere
Gattung Trogonoptera, lange V/F
brookianus Wall., Borneo, T
*s. sp. albescens Roths., Malay.
s. sp. trogon Voll., Sumatra
s. sp. natunensis Roths., Natuna Inseln
*trojana Stgr., Palawan
Gattung Ornithoptera (priamus L., T), australasiat., größte und schönste Tagfalter
(Untergattung Schoenbergia) ♂ ohne Geschlechtsmerkmale auf V/F
*paradisea Stgr., N. G., geschw. Art
s. sp. arfakensis J. & T., Arfak Mts.
*meridionalis Roths., N. G., auch geschwänzt
s. sp. tarunggarensis J. & T., Wanggar
tithonus de Haan, N. G., wie chimaera
s. sp. waigeuensis Roths., Waigeu
chimaera Rotsh., N. G., grüner als nächste
*s. sp. flavidior Roths., (mg. einzige Form)
? s. sp. charybdis van Eecke (f.?)
*rothschildi Kenrick, N. G.
goliath Oberth., Waigeu. (die gleiche wie nächste?)
*s. sp. supremus Rob., N. G.
*s. sp. titan G.-Smith, N. G.
s. sp. atlas Roths., Kapaur
s. sp. samson Niepelt, Arfak Mts.
s. sp. procus Roths., Ceram. (Anhang 3)
(Untergattung Ornithoptera) ♂ mit Geschlechtsmerkmal auf V/F
priamus L., Amboina, sehr groß
*s. sp. poseidon Dbldy., N. G.
*s. sp. teucrus J. & T., Biak, wie letztere
*s. sp. demophanes Fruhst., Trobriands
s. sp. admiralitatis Roths., Admiralitätsinseln
*s. sp. arruana Feld., (hecuba Rob.) Aru
*s. sp. boisduvali Mont., Woodlark Insel
s. sp. bornemanni Pag., N. Brit., sehr dunkel
s. sp. pronomus Gray, Cap York
s. sp. euphorion Gray, N. Queensland
s. sp. richmondia Gray, S. Queensland, sehr klein
*s. sp. urvilleanus Guér., Solom, blaue Rasse
s. sp. caelestis Roths., Louisiade, blau
*s. sp. miokensis Ribbe, Mioko, blau-grün
aesacus Ney, Obi., ähnlich wie priamus
*croesus Wall., Batchian, gold-orange
*s. sp. lydius Feld., Halm., sehr ähnlich (Untergattung Aetheoptera), lange, schmale V/F
victoriae Gray, Guad., ♀ sehr groß
*s. sp. regis Roths., Bougain, ♀ dunkel
*s. sp. reginae Salv., Malaita
*s. sp. rubianus Roths., Rubiana, dunkler
s. sp. isabellae Roths., Ysabel Insel
*s. sp. epiphanes Schmid, S. Cristoval
*s. sp. resplendens Ehrmann, Choiseul (mg. große regis-f.?)
*alexandrae Roths., N. G., größte Art
? allotei Roths., Bougain (mg. Hybride, siehe Anhang 4)
Gattung Battus (polydamas L., T) amerikan.
Gruppe I (philenor-Gruppe)
*philenor L., (Untergattung Laertias)
*devilliers Godt., die nächste ist ähnlich
zetides Munroe, (zetes Westw.), Haiti
streckerianus Hon., Peru, gelbe Flecken
polystictus Btlr., schwach gefleckt
*archidamas Bsdv., Oberseite wie nächste
*polydamas L., (Untergattung Ithobalus)
*philetas Hew.
*madyes Dbldy., variabel
Gruppe II (belus-Gruppe)
*belus Gr., sehr variabel
*laodamas Feld.
*lycidas Cr.
*crassus Cr.
eracon Godm. & Salv., Mexiko, geflecktes Band
Seite 160 – 169
FAMILIE PIERIDAE Grundfarbe im allgemeinen weiß oder gelb, Tarsalkrallen zweigespalten, alle 6 Beine voll entwickelt.
Unterfamilie Pseudopontiinae afrikan.
Gattung Pseudopontia
*paradoxa Plotz, ungewöhnlich primitiv
? cepheus Ehrmann (mg. Form letzterer)
Unterfamilie Dismorphiinae zart, langflüglig, bis auf wenige neotropisch
Gattung Leptidea, paläarktisch, Lfp. Leguminosae
*sinapis L., weiß, dunkle V/F Spitzen, T
duponcheli Stgr.
morsei Fenton
amurensis Ménétr.
gigantea Leech, Chin., größte Art
Gattung Pseudopieris, neotropisch (wie Pieris)
nehemia Bsdv., T
? penia Hopff., wahrscheinlich einzige Form
Gattung Dismorphia 100 neotropische Arten, einige Nachahmer
laia Cr., nahe der nächsten, T
*amphione Cr., Mechanitis-Nachahmer
*orise Bdsv., Thyridia-Nachahmer
*nemesis Latr.
*teresa Hew.
*medora Dbldy.
*lysis Hew.
*lygdamis Hew.
*theugenis Dbldy. (Untergattung Enantia)
*melite L., auch S.-USA
Unterfamilie Pierinae „Weißlinge" 100 Arten, alle Regionen der Welt
Tribus Pierini
Gattung Aporia 12 paläarktische Arten, Lfp. Rosaceae
*crataegi L., die nächste ist ähnlich, T
largeteaui Oberth., schwache V/F Bänder
lotis Leech, Chin. dunkle Ränder
nabellica Bsdv., Chin., dunkle F-Basen
larraldei Oberth., auch orientalisch
potanini Alph., wie letztere
*hippia Brem.
Gattung Metaporia, 6 indochin. Arten
*agathon Gray, T
soracta Moore
procris Leech
*leucodice Evers.
Gattung Mesapia, tibetan., monotypisch
peloria Hew., wie kleine A. hippia, T
Gattung Baltia ⓔ 5 tibetan. Arten aus sehr großer Höhe, abgerundete Flügel
shawii Bates, T
butleri Moore
sikkima Fruhst.
Gattung Neophasia, nearktisch
*menapia Feld., die nächste ist ähnlich
terlooti Behr, G des ♂ orange
Gattung Eucheira neotropisch, monotypisch
*socialis Westw., mit letzterer verwandt
Gattung Phulia ⓔ, 6 neotropische montane Arten der gemäßigten Zone
nymphula Blanch, Bol., wie Euchloe, T
Gattung Piercolias 3 Arten, wie letztere
huanaco Stgr. Bol., wie sehr kleine Colias, T
Gattung Pieris ⓔ, 30 hauptsächlich paläarktische Arten, mehrere Wanderfalter, ♀ dunkler, Lfp. Cruciferae
*brassicae L., T
*rapae L., auch nearktisch
*napi L., wie letztere, sehr variabel
cruciferarum Bsdv., nearktisch, napi-f.?
virginiensis Edw., nearktisch
*bryoniae Ochs., variabel
*melete Ménétr.
*euridice Leech
ergane Hbn.
manni Mayer
krueperi Stgr.
naganum Moore
brassicoides Guér., Äthiop., dunkle Adern.
(Untergattung Pontieuchloia), nearktisch
*protodice L.
beckerii Edw., ähnlich wie letztere
sisymbrii Bsdv., wie letztere
(Untergattung Theochila), neotropisch
meneacte Bsdv., einige verwandte Arten
Gattung Ascia 6 amerikanische Arten
*monuste L., Wanderfalter, ähnlich wie nächste
josephina Godt. (Untergatt. Ganyra)
buniae Hbn., Bras., größte Art
? paramaryllis Coms., Jam., josephina-f.?
Gattung Pontia, meist paläarktisch
*daplidice L., T
chloridice Hbn., ähnlich wie letztere
*glauconome Klug.
helice L., Äthiop.
Gattung Synchloe paläarktisch, monotypisch
*callidice Hbn., mg. Pontia-Art, T
Gattung Tatochila ⓔ 12 neotropische Arten
autodice Hbn., Argent., T
*xanthodice Lucas, nahe letzterer
*microdice Blanch., nächste ist ähnlich
theodice Bsdv., Chile und Peru
orthodice Weym., Bol., nahe letzterer
Gattung Leptophobia 6 neotropische Arten
eleone Dbldy., Col. und Venez., T
*caesia Lucas
*penthica Feld.
Gattung Itaballia 6 neotropische Arten, Unterseite gestreift
pandosia Hew., ähnlich der nächsten, T
*pisonis Hew.
mandela Feld., ♀ f. weit verbreitet
Gattung Perrhybris 6 neotropische Arten ♀ können Heliconius-Arten gleichen
*pamela Cr. (pyrrha Cr.), T
lorena Hew. Peru, ähnlich let
*lypera Koll.
Gattung Anapheis indo-aust monotypisch
java Sparrman (siehe Anhar
Gattung Belenois 20 afrikanische Arten
*calypso Dry., Lfp. Capparis,
*aurota Fab.
gidica Godt., nahe letzterer
*rubrosignata Weym., nächst ähnlich
theora Dbldy., sehr variabel
thysa Hopff., wie letztere
*antsianaka Ward.
*solilucis Btlr.
*raffrayi Oberth.
creona Cr.
*severina Cr., mg. creona-For
Gattung Dixeia Äthiop. ♀ dur
doxo Godt., Lfp. Capparis, T
*pigea Bsdv.
cebron Ward., gleicht B. solilu
dixeyi Neave
orbona Geyer
spilleri Spiller, ganz gelb
capricornis Ward
astarte Btlr.
Gattung Pinacopterys afrikan., monotypisch
*eriphia Godt., vergl. Melanar (Sat.), T
Gattung Mylothris ⓔ 24 äthiop. Arten
Gruppe I (chloris-Gruppe) 1
chloris Fab., weiß, getüpfelte
poppea Cr., V/F Ansatz leuch orange
rhodope Fab., V/F orange
agathina Cr., ♀ gleicht crocea
Gruppe II (trimenia-Gruppe)
trimenia Btlr., gelbe h/F
*smithi Mab., größte Art
splendens Le Cerf
*crocea Btlr.
Gruppe III (sagala-Gruppe)
sagala G.-Smith, ♂ mit dunkle
ruandana Strand
Gruppe IV (bernice-Gruppe)
bernice Hew., kann roten Seitenflecken haben
carcassoni van Som.
Gattung Pseudomylothris Af., monotypisch
leonora Kruger, gleicht Mylo
Gattung Cepora (Huphina) 30 indo-austr. Arten, Lf Capparidaceae. parallele Formen bei De
nerissa Fab., wie nächste, abe orange, T
*lea Dbldy. (judith Fab.), siehe
judith Fab., Java, mg. die gleic
*aspasia Stoll
*abnormis Wall., typische f.
*eperia Bsdv.
*perimale Don., abgebildete F sehr dunkel
quadricolor Godm & Salv., N.
laeta Hew., Timor, wie Delias splendida
affinis Voll., (Untergattung Aoa dunkle Bänder
Gattung Phrissura Phil., monotypisch
aegis Feld., Malay., dunkle Rä
Gattung Ixias ⓔ 12 indo-austr. Arten, Lfp. Capparis (siehe Anhang 6)
*pyrene L., variabel, auch paläarktisch, T
*marianne Cr.
vollenhovi Wall., Timor, nahe n
venilia Godt.
reinwardti Voll., Timor, wie ver
Gattung Hesperocharis (Cathaemia) ⓔ 15 neotropische Arte
*erota Lucas, T
anguitia Godt., Brasil., nahe le
nereina Hopff., Bol. und Peru, letztere
hirlandia Stoll., gelbe und orar Unterseite
Gattung Leodonta, neotropis
*dysoni Dbldy., T
tellane Hew., Col., G gelb
Gattung Catasticta 50 neotropische Arten (einige zweifelhaft)
nimbice Bsdv., ähnlich wie nä
*manco Dbldy.
*actinotis Btlr. ♀ Nachahmer
*sisamnus Fab.
*pieris Hopff.
*straminea Btlr.
*corcyra Feld.
*teutila Dbldy.
Gattung Archonias, weniger als 6 neotropis Nachahmer-Arten
*tereas Godt. T, Parides-Nach (Pap.)
*bellona Cr., Helicon-Nachahn
Gattung Charonias, neotropis
*eurytele Hew., T
theano Bsdv., Bras., dunkler
Gattung Pereute ⓔ 10 neotropische Arte

Systematik

allinice Feld., nahe der nächsten, T
callinira Stgr.
eucodrosime Koll., dunkler
wainsoni Gray, gelber Fleck auf
V/F Unterseite
telthusa Hew.
Gattung Delias (*aglaia* L, T)
150 hauptsächlich indo-austr. Arten, variabel, Lfp. Loranthus
Gruppe I (*singhapura*-Gruppe)
singhapura Wall., Borneo
themis Hew., letztere ist ähnlich
goranis G.-Smith, Burma
kuehni Hon., Celebes
Gruppe II (*nysa*-Gruppe)
nysa Fab., Aust., klein
dice Voll., nächste ist ähnlich
naudei J. & Noakes, Biak
enniana Oberth., W. Iran, nahe *dice*
emoulti T., Timor, nur eine bekannt
georgina Feld., Boreneo
blanca Feld., Borneo
schuppi T., Serang
dumasi Roths., Buru
mansuelensis T., Ceram
vaterstradti Roths., Halm.
hempeli Dannatt., Halm.
nomea Bsdv., Sumatra
ruhstorferi Hon., Java
ribbei Rob., Aru
* *pulla* T.
Gruppe III (*chrysomelaena*-Gruppe)
chrysomelaena Voll.
adas G.-Smith, N. G.
otila Heller, N. Brit., Oberseite farbenprächtig
caliban G.-Smith, Goodenough Insel
viridomara Fruhst., N. G.
Gruppe IV (*stresemanni*-Gruppe)
stresemanni Roths., Ceram
schmassmanni J. & T.
ecerfi J. & T., Iran
Gruppe V (*geraldina*-Gruppe), N. G.
geraldina G.-Smith, nahe nächster
aroa Ribbe (? mg. *pheres*-Form)
pheres Jord.
sagessa Fruhst.
microsticha Roths., nächste ist ähnlich
sphenodiscus Roepke
heroni Kenrick
eudiabolus Roths.
mitator Kenrick
hypomelas R. & J.
argentata Roepke
kamputi Ribbe
nigropunctata J. & Noakes
thompsoni J. & T.
uningputi Ribbe
abrophora Roepke, (mg. *sagessa*-f.)
rileyi J. & T.
citrona J. & T.
Gruppe VI (*eichhorni*-Gruppe), N. G.
eichhorni Roths., nahe nächster
hallstromi Sanf. & Bnt.
karstenziana Roths., kompliziert gemustert
gilliardi Sanf. & Bnt., wie letztere
leucobalia Jord., G weißlich
toxopei Roepke
catisa Jord.
Gruppe VI (*bornemanni*-Grup.), N. G.
bornemanni Ribbe
nais Jord., dunkler
caroli Kenrick
castaneus Kenrick
pratti Kenrick
zebra Roepke
Gruppe VIII (*iltis*-Gruppe), N. G.
iltis Ribbe, nahe nächster
mesoblema Jord.
callista Jord., ♀ wie *weiskei*
bakeri Kenrick
?luctuosa Jord., (mg. *iltis*-Form)
Gruppe IX (*weiskei*-Gruppe)
weiskei Ribbe
callima J. & T., sehr dunkel
campbelli J. & T.
phippsi J. & T.
hapalina Jord., ♀ wie *weiskei*
marguerita J. & T.
?leucias Jord., (mg. *weiskei*-Form)
Gruppe X (*kummeri*-Gruppe), N. G.
kummeri Ribbe, unterbrochenes rotes Band auf h/F
ligata Roths., letztere ist ähnlich
isocharis Roths.
alepa Jord.
dixeyi Kenrick
bothwelli Kenrick
Gruppe XI (*nigrina*-Gruppe)
nigrina Fab., kleiner als nächste
joiceyi T.
ornytion Godm. & Salv.
dohertyi Oberth., Biak., nahe letzterer
funerea Roths. Halm., wie letztere
duris Hew.
eximia Roths., N. Irland
wollastoni Roths., W. Iran
prouti J. & T., Buru
Gruppe XII (*belladonna*-Gruppe), hauptsächlich paläarktisch
belladonna Fab., nahe nächster
wilemani Jord., nächste ist ähnlich
lativitta Leech, Chin.
berinda Moore, Indo-Chin.
sanaca Moore, Ind.
patrua Leech, Chin.
subnubila Leech, Chin.
benasu Mart., Celebes.
Gruppe XIII (*aglaia*-Gruppe), sehr variabel
aglaia L., Indo-Chin.
henningia Esch., nahe letzterer
thysbe Cr.
crithoe Bsdv.
ninus Wall., Malaysia
wodi T., Mindanao
? *acalis* Godt.
Gruppe XIV (*albertisi*-Gruppe), N. G.
albertisi Oberth., nächste ist ähnlich
discus Hon., weiße V/F Bänder
Gruppe XV (*clathrata*-Gruppe), N. G.
clathrata R. & J.
mariae J. & T.
mira Roths.
elongatus Kenrick
catocausta Jord.
klossi Roths.
?inexpectata (mg. *mira*-Form)
Gruppe XVI (*niepelti*-Gruppe), N. G.
niepelti Ribbe, nächste ist ähnlich
meeki R. & J., weißer h/F Flecken
anamesa Bennett (? *niepelti*-Form)
Gruppe XVII (*belisama*-Gruppe)
belisama Cr.
aurantiaca Doherty (? Form letzterer)
descombesi Bsdv.
diaphana Semp.
splendida Roths.
madetes Godm. & Salv.
eumolpe, G.-Smith
aruna Bsdv., Oberseite gelb
zebuda Hew., Celebes
levicki Roths., Mindanao
ellipsis de Joannis, N. Caled., selten
aganippe Don., Aust., rotgefleckt
harpalyce Don., wie letztere
?sthenoboea Bsdv., Molukken
Gruppe XVIII (*dorimene*-Gruppe)
dorimene Cr., Ambon, dunkler als nächste
agostina Hew., nächste ist ähnlich
baracasa Semp., Malay.
biaka J. & Noakes, Biak, dunkel
gabia Bsdv., N. G., wie *dice*, seitlich nicht schwarz
subviridis J. & T., Serang
melusina Stgr., Celebes
dorylaea Feld., Java
apatala J. & T., Buru
eileenae J. & T., Timor
echidna Hew., Ambon
rothschildi Holl., Buru
hippodamia Wall., Aru
narses Heller, N. Brit.
mavroneria Fruhst., N. G., klein
alberti Roths., Choiseul
?omissa Roths., N. G.
Gruppe XIX (*isse*-Gruppe)
isse Cr., Ambon usw., dunkle Ränder
ennia Wall.
candida Vooll., Batchian, groß
sacha G.-Smith, Obi
bosnikiana J. & Noakes, Biak
parennia Roepke, N. G.
lytaea Godm. & Salv., N. Brit.
?multicolor J. & Noakes, (*ennia*-Form)
Gruppe XX (*hyparete*-Gruppe), sehr variabel (Untergattung Piccarda) ?nicht sicher
hyparete L.
rosenbergi Voll.
eucharis Dry.
salvini Btlr., nächste ist ähnlich
bagoe Bsdv., N. Irland, gelbe V/F Bänder
argenthona Fab., Aust., nahe nächst.
schoenbergi Roths.
timorensis Bsdv.
periboea Godt.
mysis Fab., nächste ist ähnlich
euphemia G.-Smith, Biak, größer
doylei Sanf. & Bnt.
nitisi Stgr., Sula-Inseln
fasciata Roths., Sumba
sambawana Roths., Sambawa
poecilea Voll., Batchian & Halm.
caeneus L., Ambon, wie *duris*
Gattung Prioneris hauptsächlich indo-malaiisch, kann Delias gleichen, aber ♂ hat gekerbte V/F Seiten
thestylis Dbldy., variiert jahreszeitlich, T
cornelia Voll., Borneo, nahe letzterer
sita Feld., Ind., wie *D. eucharis*
autothisbe Hbn., nächste ist ähnlich
hypsipyle Weym., Sum., Zellen der h/F nicht rot
clemanthe Dbldy., Ind., nahe nächster
philonome Bsdv., nächste ist ähnlich
vollenhovi Wall., Borneo
Gattung Apias 40 hauptsächlich indo-austr. Arten, einige afrik. Arten gleichen Mylothris, aber ♂ haben anale Haarbüschel, Lfp. Capparis
libythea Fab., blasser als nächste
lycnida Cr.
nero Fab., variabel
celestina Bsdv.
indra Moore, Ind., variabel
pandione Geyer, letztere ist ähnlich
melania Fab., nächste kann nur f. sein
paulina Cr., auch paläarktisch
sylvia Fab., afrik., wie Mylothris
drusilla Cr., einzige amerikanische Art
Gattung Saletara indo-austr.
panda Godt., Indonesien, G gelb, T
cycinna Hew., Oberseite wie *A. celestina*
liberia Cr., Molukken, nahe letzterer
?giscon G.-Smith, Solom., wie *panda*
Gattung Melete (Daptoneura) weniger als 12 neotropische Arten, variabel
lycimnia Cr., nächste ist ähnlich, T
florinda Btlr., Venez.
salacia Godt., Mex., Unterseite mit Mittelband
Gattung Mathania ⓔ 6 neotropische, montane Arten
esther Oberth., Bol., G gelb, T
agasicles Hew., blasser als letztere
aureomaculata Dognin, Ecua.
Gattung Udaiana Malay., monotypisch
cynis Hew., G weiß, schwarze Spitzen, T
Gattung Elodina (*therasia* Feld., T)
Gattung Elodinesthes (*anticyra* Fruhst., T)
Gattung Leuciacria (monotypisch *acuta* R. & J., T) 3 Gattungen mit 20 australasiat. Arten, G weiß/blaßgelb, schwarze Spitzen, Lfp. Capparis, mg. verwandt mit neotropischer Leptophobia
Gattung Leptosia Alte Welt, G weiß, dunkler V/F Fleck, Lfp. Capparis
nina Fab. (*xiphia* Fab.), weit verbr., T
medusa Cr., Äthiop.
alcesta Stoll., wie letztere
uganda Neus., wie letztere
Gattung Leucidia 4 neotropische Arten, G weiß, sehr klein,
elvina Godt., Brasil., T
Gattung Anthocharis holarktisch, Lfp. Cruciferae (siehe Anhang 7)
cardamines L., T
cethura Feld.
pima Edw. (? mg. Form letzterer)
sara Bsdv.
damone Bsdv., paläarktisch
belia L., letztere ist ähnlich
gruneri H.-Schaff., Pal., G gelb
eupheno L., Pal., (? mg. *belia*-Form)
bambusarum Oberth., Chin., V/F ganz rot
?dammersi Coms., nearktisch
Gattung Falcapica holarktisch, Lfp. Cruciferae (oft mit letzterer zusammengefaßt)
genutia Fab., (*midea* Hbn.), nearktisch, T
scolymus Btlr., letztere ist ähnlich
lanceolata Bsdv., nearktisch
bieti Oberth., Chin.
Gattung Zegris paläarktisch, kleine orange Spitzen, Raupe haarig, Puppe im Kokon
eupheme Esp., T
fausti Christ.
Gattung Microzegris asiat., monotypisch
pyrothoe Evers., nahe letzterer, T
Gattung Elphinstonia 4 paläarktische Arten, nahe nächster
charlonia Donzel, T
Gattung Euchloe weniger als 10 Arten, die meisten paläarktisch, Lfp. Cruciferae
ausonia Hbn., T
belemia Esp.
falloui Allard, auch äthiop.
ausonides Bsdv., nearktisch
creusa Dbldy. & Hew., wie letztere
olympia Edw., wie letztere
Tribus Colotini (Teracolini) wegen der Äderung von den Pierini abgetrennt, hauptsächlich Alte Welt
Gattung Eroessa neotropisch, monotypisch
chilensis Guér., Chile, montan, T
Gattung Hebomoia indo-austr., größte der Pieridae
glaucippe L., auch paläarktisch, variabel, T
leucippe Cr.
Gattung Colotis (Teracolus) ⓔ 50 äthiop. und oriental. Arten, auffällige jahreszeitliche Variation, ♀ können dimorph sein, Lfp. Capparis
Gruppe I (*amata*-Gruppe) ⓔ 12 Arten
amata Fab., Afrika bis Indien, T
aurigineus Btlr.
vesta Reiche, ähnlich letzterer
protomedia Klug
Gruppe II (*celimene*-Gruppe)
celimene Lucas, Afrika, purpurne V/F Spitzen
Gruppe III (*halimede*-Gruppe)
halimede Klug
zoe Grand.
venosus Stgr.
pleione Klug
Gruppe IV (*ione*-Gruppe), 6 Arten
ione Godt., nahe nächster
regina Trim.
Gruppe V (*danae*-Gruppe), 3 Arten
danae Fab., Afrika und Indien
Gruppe VI (*eucharis*-Gruppe)
eucharis Fab., Afrika und Indien
Gruppe VII (*antevippe*-Gruppe)
antevippe Bsdv., kein dunkles V/F Band
evenina Wallen., beide afrikan.
Gruppe VIII (*evippe*-Gruppe), 6 Arten
evippe L., variabel
daira Klug, ♀ dimorph
etrida Bsdv.
Gruppe IX (*agoye*-Gruppe)
agoye Wallen., afrikan., dunkle Adern
Gruppe X (*liagore*-Gruppe)
liagore Klug, afrikan., blaßorange Spitzen
Gruppe XI (*evanthides*-Gruppe)
evanthides Holl., Afrika, sehr klein
Gruppe XII (*evagore*-Gruppe)
evagore Klug, sehr variabel
niveus Btlr., Socotra Insel
Gruppe XIII (*mananhari*-Gruppe)
mananhari Ward, Afrika, G gelb
Gruppe XIV (*eris*-Gruppe)
eris Klug
Gruppe XV (*subfasciatus*-Gruppe)
subfasciatus Swains., G gelb
ducissa Dognin (? Form letzterer)
Gruppe XVI (*fausta*-Gruppe)
fausta Olivier, Afrika bis Indien
Gruppe XVII (*eulimene*-Gruppe)
eulimene Klug, Afr. (Untergattung Calopieris)
Gattung Gideona Madagascar, monotypisch (oft mit letzterer zusammengefaßt)
lucasi Grand., T
Gattung Eronia afrikan.
cleodora Hbn., T
leda Bsdv.
Gattung Nepheronia afrikan., variabel
argia Fab., T
thalassina Bsdv.
pharis Bsdv.
usambara Auriv.
buqueti Bsdv.
Gattung Valeria (Pareronia) ⓔ 10 indo-austr. Arten, ♀ Nachahmer der Danaidae, Lfp. Capparis etc.
valeria Cr., ♀ Nachahmer von *Danaus aspasia*, T
boebera Esch., (?mg. Form letzterer)
tritaea Feld., Celeb., groß, dunkle Ränder
Unterfamilie Coliadinae „Gelblinge" ⓔ 200 Arten, Beispiele aus allen Regionen der Welt.
Gattung Catopsilia (Callidryas) hauptsächlich indo-austr., oft Wanderfalter, Lfp. Cassia etc.
crocale Cr., (siehe Anhang 8), T
pomona Fab., sehr variabel
pyranthe L.
scylla L., Malay., gelbe h/F
florella Fab., äthiop.
thauruma Reak.
?grandidieri Mad., Madagascar
?mabillei Neus., wie letztere
Gattung Phoebis (früher mit letzterer zusammengefaßt), Neue Welt
argante Fab., Unterseite mit unterbrochenem Band, T
agarithe Bsdv., Oberseite nahe letzterer
cipris Fab.
rurina Feld.
* *philea* L.
sennae L. (*eubule* L.)
avellaneda H.-Schaff. (s. Anhang 9)
statira Cr. (Untergattung Aphrissa)
trite L., neotropisch, G gelb
editha Btlr., Haiti
godartiana Swains., wie letztere
orbis Poey, Kuba
boisduvalii Feld., Kolumbien
jada Btlr., Guatemala
Gattung Anteos neotropisch, Lfp. Cassia
maerula Fab., Wanderfalter in USA, T
clorinde Godt., wie letztere
menippe Hbn. (Untergatt. Klotsius)
Gattung Gonepteryx paläarktisch, Lfp. Rhamnus
rhamni L., nächste ist ähnlich
mahaguru Gistel, (*zaneka* Moore), oriental.
farinosa Zeller
amintha Blanch.
alvinda Blanch., Tibet
cleopatra L.
?cleobule Hbn., Kanarische Inseln (f. letzterer)
?aspasia Ménétr., Chin.
(? *mahaguru*-f.)
Gattung Kricogonia neotropisch
castalia Fab., nächste ist mg. f., T
?lyside Godt., auch in USA
?cabrerai Ramsden, Kuba
Gattung Dercas Indo-Malay. und Chin.
verhuelli Hoev., mehrere Rassen, T
lycorias Dbldy.
enara Swinhoe, Chin. (? *verhuelli*-f.)
Gattung Eurema ⓔ 40 amerikan. Arten (siehe Anhang 10)
daira Godt., nahe nächster, T
elathea Cr.
arbela Hbn.
mexicana Bsdv., variabel
nicippe Cr.
venusta Bsdv.
proterpia Fab. (Untergattung Pyrisitia)
westwoodi Bsdv.
atinas Hew. (Untergattung Teriocolias), Bol.
Gattung Terias ⓔ 30 Arten der Alten Welt, Lfp. Cassia etc.
hecabe L., T
laeta Bsdv.
brenda Dbldy. & Hew.
tilaha Horsf.
candida Cr.
smilax Don.
harina Horsf. (Untergattung Gandaca)
Gattung Nathalis sehr kleine amerikan. Arten, Puppe ohne Kopffortsatz
iole Bsdv., T
plauta Dbldy. & Hew., Venez. wie Colia
Gattung Colias ⓔ 70 hauptsächlich holarktische Arten, Einordnung vieler zweifelhaft. ♀ häufig dimorph, Lfp. Leguminosae
hyale L., T
erate Esp.
australis Vty. (*calida* Vty.)
crocea Geoffroy (*edusa* Fab.)
fieldi Ménétr.
eogene Feld.
romanovi Gr.-Grsh.
staudingeri Alph.
wiskotti Stgr.
phicomone Esp.
cristophi Gr.-Grsh.
palaeno L., auch nearktisch
nastes Bsdv., wie letztere
lesbia Fab.
dimera Dbldy. & Hew.
electo L., äthiop.
eurytheme Bsdv.
philodice Godt.
alexandra Edw.
harfordii Edw., nahe letzterer
occidentalis Scudder, nearktisch
pelidne Bsdv. & Leconte, wie letztere
gigantea Strecker, wie *eurytheme*
interior Scudder, wie *alexandra*
behrii Edw., nearktisch, G. dunkelgrün
meadii Edw., nearktisch
hecla Lefebre, wie letztere
boothii Curtis, arktisch
Gattung Zerene (Megonostoma) oft mit letzterer zusammengefaßt, verschiedene Arten sind wahrscheinlich nur Unterformen
cesonia Stoll, USA, T
eurydice Bsdv.
therapis Feld. (? mg. *cesonia*-Form)
Seite 170 – 175
FAMILIE LYCAENIDAE
Fühler gewöhnlich schwarz und weiß geringelt, alle 6 Beine entwickelt, aber das vordere Paar kann beim ♂ kürzer sein, Hunderte von Gattungen und mehrere tausend Arten.
Unterfamilie Lipteninae
fast 50 afrikan. Gattungen mit vielen Arten, gleichen Tagfaltern anderer Familien, Raupen haben Haarbüschel, Lfp. Lichens
Tribus Pentilini
Gattung Telipna 25 Arten
acraea Westw., T
nyanza Neave
Tribus Liptenini
Gattung Mimacraea 20 Arten
darwinia Btlr., T
marshalli Trim.
Gattung Mimeresia 12 Arten
libentina Hew., T
neavei J. & T.
Gattung Citrinophila ⓔ 10 Arten
marginalis Kirby, T
erastus Hew.
Gattung Liptena 70 Arten
undularis Hew., T
homereyi Dew.

Systematik

Gattung Epitola 80 Arten
posthumus Fab., nahe nächster, T
**crowleyi* Sharpe
**honorius* Fab.
**miranda* Stgr.
Gattung Hewitsonia 8 Arten
**boisduvali* Hew., T
**similis* Auriv. (siehe Anhang 11)
Unterfamilie Poritiinae
6 oriental. Gattungen, mit letzterer verwandt, frühe Stadien ähnlich.
Gattung Poritia ⓔ 6 Arten
hewitsoni Moore, T
* *philota* Hew., letztere ist ähnlich
Unterfamilie Liphyrinae
ⓔ 6 meist afrikan. Arten, Larven bei Ameisen
Gattung Liphyra
**brassolis* Westw., Austr., T
castnia Strand, N. G.
Unterfamilie Miletinae
4 Triben mit vorwiegend afrikan. und oriental. Gattungen, Larven fressen Blattläuse.
Gattung Miletus (Gerydus)
ⓔ 6 Arten
**symethus* Cr., T
Gattung Allotinus ⓔ 6 Arten
fallax Feld, T
**posidion* Fruhst.
Andere Triben in dieser Unterfamilie sind: Tarakini, Lachnocnemini und Spalgini, zur letzteren gehört der bekannte amerikanische *Feniseca tarquinius* Fab.
Unterfamilie Ogyrinae
(wird angesehen als ein Tribus von Theclinae)
Gattung Ogyris ⓔ 16 austr. Arten, Lfp. Loranthus, Raupen kommen in Ameisennestern vor.
abrota Westw., kleiner als nächste, T
**zosine* Hew.
**genoveva* Hew., ♂ ganz blau
Unterfamilie Theclinae
„Zipfelfalter", eine große Anzahl oft geschwänzter Arten
Tribus Theclini
ⓔ 30 vorwiegend holarktische und orientalische Gattungen, h/F haben nie mehr als einen Schwanz.
Gattung Laesopsis
paläarktisch, monotypisch
**roboris* Esp., Lfp., Fraxinus, T
Gattung Thecla (Zephyrus)
paläarktisch, monotypisch (siehe Anhang 12)
**betulae* L. Lfp. Prunus, T
Gattung Ussuriana
ⓔ 4 paläarktische Arten
**michaelis* Oberth., T
Gattung Japonica
ⓔ 5 paläarktische Arten
**saepestriata* Hew., Obers. orange, T
Gattung Hypaurotis
nearktisch, monotypisch
**crysalus* Edw., Lfp. Quercus, T
Gattung Euaspa
ⓔ 4 indo-paläarktische Arten
**milionia* Hew., T
**forsteri* Esaki & Shirôzu
Gattung Chrysozephyrus
6 paläarktische Arten, Lfp. Quercus
**smaragdina* Brem., T
Gattung Favonius
ⓔ 6 paläarktische Arten, Lfp. Quercus
orientalis Murray, T
**saphirinus* Stgr.
Gattung Quercusia
ⓔ 5 paläarktische Arten (früher zusammengefaßt mit Thecla (Zephyrus)).
**quercus* L., Lfp. Quercus, T
Tribus Arhopalini
„Eichenzipfelfalter" 17 Gattungen großer indo-austr. Arten, können bis zu 3 h/F Schwänze haben.
Gattung Arhopala
(Narathura mit T, *hypomuta* wird oft für diese Gattung angegeben) ⓔ 200 Arten werden auf mehrere Untergattungen verteilt, Lfp. Hopea etc. Raupen leben bei Ameisen
phryxus Bsdv., T
**hercules* Hew., größte Art
**aexone* Hew.
**horsfieldi* Pag.
**areste* Hew.
**eridanus* Feld.
Tribus Zesiini
4 kleine indo-austr. Gattungen, Arten gewöhnlich geschwänzt, Lfp. Acacia, Raupen leben bei Ameisen
Gattung Pseudalmenus
austr., monotypisch
**myrsilus* Westw., T
Andere Gattungen in diesem Tribus sind Zesius, Jalmenus u. Protialmenus.

Tribus Amblypodiini 2 indo-austr. Gattungen und eine afrikan., Arten untersetzt
Gattung Amblypodia (Horsfieldia)
**narada* Horsf., T
anetta Stgr., Molukken
Gattung Iraota 5 Arten
maecenas Fab. (? Form nächster), T
**timoleon* Stoll., Oberseite blau
Gattung Myrina 3 afrikan. Arten
**silenus* Fab., Lfp. Ficus, T
Tribus Oxylidini
eine einzige afrikan. Gattung, Arten haben drei lange h/F Schwänze
Gattung Oxylides ⓔ 12 Arten
**faunus* Dry., T
melanomitra Karsch (Untergattung Syrmoptera)
Tribus Hypotheclini
indo-austr., 1 h/F Schwanz
Gattung Hypochlorosis ⓔ 6 Arten
antipha Hew., T
**lorquinii* Feld.
Gattung Hypothecla
astyla Feld., T
Tribus Loxurini 6 oriental. Gattungen, Arten haben mindestens einen langen h/F Schwanz.
Gattung Yasoda monotypisch
**pita* Horsf. (*tripuncta* Hew.), T
Gattung Loxura
einige Arten ähnlich letzterer
atymnus Stoll, Lfp. Dioscorea, T
Gattung Neomyrina monotypisch
**hiemalis* Godm. & Salv. (*nivea* G. & S.), T
Gattung Eooxylides ⓔ 5 Arten
**tharis* Geyer, T
Die verbleibenden Gattungen in diesem Tribus sind Thamala und Drina
Tribus Horagini oriental., Arten haben 3 h/F Schwänze
Gattung Horaga ⓔ 8 Arten
onyx Moore, Lfp. Coraria, T
**rarasana* Sonan
Gattung Rathinda mg. monotypisch (andere Arten zweifelhaft)
**amor* Fab., Lfp. Eugenia etc., T
Tribus Cheritrini
6 oriental. und 1 afrikan. Gattung, Arten haben 2 h/F Schwänze.
Gattung Cheritra Lfp. Xylia
freja Fab. dunkelbraun, lange Schwänze, T
aurea Druce (Untergattung Ritra)
**orpheus* Feld., wie letztere
Tribus Iolaini
30 oriental. und afrikan. Gattungen, Arten haben 2 oder 3 h/F Schwänze.
Gattung Tajuria
ⓔ 30 oriental. Arten, Lfp. Loranthus
**cippus* Fab., variabel, T
**jalindra* Horsf.
**mandarina* Hew. (Untergattung Charana)
Gattung Jacoona 6 oriental. Arten (manchmal mit *Neocheritra* T *amrita* Feld., zusammengeschlossen)
**anasuga* Feld., T
(Die folgenden 5 Gattungen sind äthiop. Alle früher zusammengefaßt in **Iolaus** T *eurisus* Cr.), Lfp. Loranthus.
Gattung Epamera 40 Arten
**sidus* Trim., T
**aphnaeoides* Trim., gleicht Aphnaeus
Gattung Argiolaus
**silas* Westw., T
**lalos* Druce
crawshayi Btlr.
Gattung Tanuetheira, monotypisch
**timon* Fab., T
Gattung Stugeta ⓔ 6 Arten
**bowkeri* Trim., T
Gattung Hemiolaus ⓔ 6 Arten, vor allem Madagaskar
**caeculus* Hopff., T
Tribus Remelanini oriental.
Gattung Remelana, monotypisch
**jangala* Horsf., Oberseite mit Blau, T
Gattung Ancema (Camena)
**ctesia* Hew., (siehe Anhang 13), T
Gattung Pseudotajuria
donatana de Nicév., T
Tribus Hypolycaenini
afrikan. und oriental. Arten, gewöhnlich mit 2 oder 3 h/F Schwänzen – einer oft sehr lang
Gattung Hypolycaena 30 Arten, die meisten afrikan., Lfp. Vangoeria etc.
sipylus Feld., Molukken, T
**lebona* Hew.
**liara* Druce
Gattung Zeltus
oriental., monotypisch
**amasa* Hew. (*etolus* Fab.), T
Gattung Leptomyrina
7 afrikan. Arten, Lfp. Cotyledon etc.

phidias Fab., ähnlich wie nächste, T
**lara* L. (Untergattung Gonatomyrina)
(Die verbleibenden Gattungen in diesem Tribus sind Chiliaria und mg. Tatura)
Tribus Deudorigini
ⓔ 20 hauptsächlich afrikan. und oriental. Gattungen, die meisten Arten geschwänzt.
Gattung Deudorix
ⓔ 5 oriental. Arten, Raupen fressen an Früchten von Punica, Psidium etc.
**epijarbas* Moore, T
(Die nächsten 3 Gattungen werden oft mit letzterer zusammengefaßt)
Gattung Artipe ⓔ 4 oriental. Arten
**eryx* L., T
Gattung Actis 3 afrikan. Arten
**mimeta* Karsch (*perigrapha* Karsch), T
Gattung Pilodeudorix
12 afrikan. Arten
camerona Plotz, ähnlich wie nächste, T
**ankoleensis* Stempffer
Gattung Sinthusa
ⓔ 8 oriental. Arten
nasaka Horsf., nahe nächster, T
**malika* Horsf.
Gattung Rapala 30 indo-austr. und paläarktische Arten in mehreren Untergattungen, Lfp. Nephalium etc.
varuna Horsf., blauschwarz, T
**selira* Moore (Untergattung Hysudra)
Tribus Eumaeini mehr als 60 Gattungen, die meisten neotropisch, einige holarktisch, Hunderte von Arten gewöhnlich mit 1 oder 2 h/F Schwänzen (siehe Anhang 14).
Gattung Callophrys
ⓔ 30 holarktische Arten in mehreren Untergattungen, Lfp. unterschiedlich Genista, Pinus, Vaccinium etc.
**rubi* L., T
niphon Hbn. (Untergatt. Incisalia), USA
Gattung Normannia
ⓔ 5 paläarktische Arten, Lfp. Prunus, Quercus
myrtale Klug, Libanon, nahe nächster,
**ilicis* Esp.
Gattung Strymondia
16 paläarktische Arten, Lfp. Prunus, Ulmus
thalia Leech, Chin., T
**spini* Schiff.
**w-album* Knoch
pruni L., nahe letzterer
Gattung Strymon 30 Arten, hauptsächlich neotropisch, Lfp. Trema, Malva etc. (siehe Anhang 15)
melinus Hbn., auch in den USA, T
Gattung Satyrium ⓔ 5 Arten, hauptsächlich holarktisch, Lfp. Quercus, Salix etc.
fulginosa Edw., schwanzlos, T
**californica* Edw. (*acadica* Edw.)
Gattung Calycopis
25 neotropische Arten
cecrops Fab., auch in USA
**cerata* Hew.
**atrius* H.-Schaff.
Gattung Panthiades
25 neotropische Arten, Lfp. Quercus
**pelion* Cr., Oberseite leucht. blau, T
**selica* Hew.
m-album Bsdv. & Leconte, auch USA
Gattung Arawacus
20 neotropische Arten
linus Fab., nahe nächster, T
**togarna* Hew.
**sito* Bsdv.
Gattung Cycnus
ⓔ 10 neotropische Arten
**phaleros* L., T
**battus* Cr.
(Die Gattungszugehörigkeit der folgenden verwandten **Thecla** Arten ist ungewiß)
**gibberosa* Hew., eigenart. V/F Form
**phydela* Hew.
Gattung Pseudolycaena neotropisch
**marsyas* L., T
**damo* Druce, Oberseite wie letztere
Gattung Atlides
ⓔ 20 neotropische Arten, Lfp. Phorodendron etc.
halesus Cr., Oberseite wie nächste, auch in USA, T
**torfrida* Hew.
Gattung Thestius
5 neotropische Arten
**pholeus* Cr., T
(Die Gattungszugehörigkeit der folgenden **Thecla** verwandten Arten ist ungewiß)
**cyllarus* Cr.
**bitias* Cr. (*syncellus* Cr.)
**gabatha* Hew.
**lisus* Stoll
**auda* Hew.
**loxurina* Feld. norm. Form purpurfarb.

Gattung Theritas
exakte Begrenzung dieser neotropischen Gattung ist problematisch (Name oft falsch angewandt)
**mavors* Hbn., T
**tagyra* Hew. (provisorische Einordnung)
Gattung Evenus
ⓔ 10 neotropische Arten
**regalis* Cr., T
**gabriela* Cr. (provis. Einordnung)
**coronata* Hew. (wie letztere) ♂ ganz blau
Gattung Arcas 7 neotropische Arten
**imperialis* Cr., T
**ducalis* Westw., Oberseite wie letztere
tuneta Hew., größer, Oberseite grün, gebändert
Gattung Eumaeus amerikan. Arten, gleichen Nemeobiidae
**minyas* Hbn., T
atala Poey, USA, nahe letzterer
**debora* Hbn., nur Mittelamerika
Tribus Lucinii 8 Gattungen meist austral.-asiat., keine h/F Schwänze, Raupen vieler Arten leben mit Ameisen zusammen
Gattung Lucia monotypisch
**limbaria* Swains., T
Gattung Paralucia Lfp. Bursaria
**aenea* Miskin, T
aurifer Blanch, nahe letzterer
Gattung Hypochrysops 60 Arten
**polycletus* L., T
apelles Fab., nahe letzterer
**protogenes* Feld.
Gattung Philiris 50 Arten
ilias Feld., Ambon etc., siehe nächste, T
**helena* Snell, größer und dunkler
(Die übrigen Gattungen in diesem Tribus sind Pseudodipsas, Waigeum, Parachrysops und Titea)
Tribus Catapaecilmatini
Gattung Catapaecilma
ⓔ 4 oriental. Arten
**elegans* Druce, T
delicatum de Nicév. (Untergattung Acupicta)
Tribus Aphnaeini 15 afrikan. und oriental. Gattungen, die meisten Arten sind geschwänzt, können Feuerfaltern gleichen (Lycaeninae).
Gattung Aphnaeus
12 afrikan. Arten
**orcas* Dry., T
hutchinsoni Trim., silbrig gefleckte Oberseite
Gattung Apharitis ⓔ 6 afrikan. und paläoriental. Arten, Lfp. Cassia
epargyros Evers., nahe nächster, T
**acamas* Klug
Gattung Cigaritis
2 oder 3 paläarktische Arten
zohra Donzel, T
Gattung Spindasis
40 afrikan. und oriental. Arten (früher Aphnaeus), Lfp. Convolvulaceae etc.
**natalensis* Dbldy. & Hew., T
**lohita* Horsf.
**vulcanus* Fab.
aderna Plotz (Untergattung Lipaphnaeus)
ella Hew., S. Afrika (wie letztere)
Gattung Axiocerces
6 afrikan. Arten, Lfp. Ximenia
**harpax* Fab. (*perion* Cr.), T
**amanga* Westw.
**jacksoni* Stempffer
Gattung Phasis
ⓔ 4 afrikan. Arten, Lfp. Melianthus, Rhus etc., Raupen leben mit Ameisen zusammen
**thero* L., T
Gattung Aloeides
ⓔ 24 afrikan. Arten, manche zweifelhaft, Lfp. Aspalathus
pierus Cr., orangefarbener als nächste, T
**taikosama* Wallen.
**thyra* L.
Gattung Poecilmitis
ⓔ 30 afrikan. Arten, Lfp. Zygophyllum
lycegenes Trim., ähnlich wie nächste, T
**felthami* Trim.
**thysbe* L.
**uranus* Pennington
Tribus Tomarini
ⓔ 6 paläarktische Arten, schwanzlos, ähneln Feuerfaltern (Lycaeninae) aber näher als letztere, Lfp. Leguminosae
Gattung Tomares (Thestor)
**ballus* Fab. ♂ braun, ♂ ♀ Unterseite grün
**mauritanicus* Lucas
**nogelii* H.-Schaff.

Unterfamilie Curetinae
ⓔ 10 hauptsächlich indo-malay. Arten, schwanzlos, zeigen Sexualdimorphi
Lfp. Pongamia
Gattung Curetis variabel
thetis Dry., ähnlich wie nächste
**santana* Moore
**acuta* Moore ♂ orange
Unterfamilie Polyommatinae
„Bläulinge" enorme Za
Gattungen und Arten, in allen Regionen der W
vor allem holarktisch un
orientalisch, können sc
h/F Schwänze haben.
Tribus Lycaenesthini
5 afrikan. und oriental. Gattungen, winzige falsche „Schwänze".
Gattung Anthene
120 Arten, meist afrikan. Lfp. Cassia, Nephelium etc. (früher zusammen
zu **Lycaenesthes** T *bengalensis* Moore).
**larydas* Cr., T
**lemnos* Hew.
**amarah* Guér.
**sylvanus* Dry.
robusta Auriv. (Untergattung Cupidesthes)
(Die anderen Gattungen dieses
Tribus sind Neurypexina, Neurellipes, Monile und Triclen
Tribus Candalidini
8 australasiat. Gattunge
Arten ungewöhnlich g
schwanzlos (oft zu einer
Gattung Candalides zusammengefaßt).
Gattung Candalides
xanthospilos Hbn., gelbe V/F Fle
Tribus Niphandini
oriental., schwanzlos
Gattung Niphanda mg. monotypisch
(andere Arten zweifelha
tessellata Moore, wie Anthene,
Tribus Polyommatini
140 Gattungen und Hun
von Arten, in allen Regionen der Welt (sehr revisionsbedürftig)
Gattung Cupidopsis
3 afrikan. Arten, Lfp. Leguminosae
**jobates* Hopff., T
Gattung Pseudonacaduba
(Petrelaea) ⓔ 6 afrikan. und oriental. Arten
aethiops Mab., ähnlich wie nächste, T
**sichela* Wallen.
dana de Nicév. (T von Petrelae
Gattung Nacaduba
ⓔ 10 oriental. Arten, ähnlich wie letztere
kurava Moore, T
Gattung Neolucia 5 austr. Arte
Lfp. Rhagodia und Atrip
**agricola* Westw., T
**serpentata* H.-Schaff.
Gattung Danis (Thysonotis)
ⓔ 20 austr. Arten, Lfp. Alphitonia
**danis* Cr., T
cyanea Cr., ähnlich, kleiner
Gattung Lampides (Cosmolyc
monotypisch, Lfp. Leguminosae
**boeticus* L., T, Wanderfalter, g
Alte Welt
Gattung Jamides ⓔ 30 indo-
geschwänzte Arten, Lfp. Leguminosae (früher mit letzterer zusammengefaßt)
**bochus* Stoll, T
**philatus* Snell
celeno Cr., nahe letzterer
Gattung Catochrysops
ⓔ 6 indo-austr. geschw
Arten, Lfp. Leguminosae
**strabo* Fab., T
Gattung Phlyaria afrikan.
**cyara* Hew., T
heritsia Hew.
Gattung Cacyreus ⓔ 8 afrikar
geschwänzte Arten, Lfp. Labiatae etc.
**lingeus* Stoll, T
Gattung Syntarucus
15 Arten, meist afrikan., Lfp. Plumbago
pyrithous L. (*telivanus* Lang), T,
weitverbreitet
**plinius* Fab., indo-austr., letzte
ähnlich
Gattung Castalius
ⓔ 15 Arten, meist afrika
Lfp. Zizyphus
**rosimon* Fab., T
**hintza* Trim. (Untergattung Z
Gattung Tarucus
ⓔ 15 Arten, hauptsächli
afrikan. und oriental., Lfp. Zizyphus
theophrastus Fab., T

Systematik

*alteratus Moore (? Form letzterer)
*rosaceus Aus. (mediterraneae B.-Baker)
Gattung Zizina ⓔ 6 Arten der Alten Welt, Lfp. Leguminosae
*otis Fab., T, weitverbreitet
Gattung Actizera afrikan., sehr klein, Lfp. Oxalis
atrigemmata Btlr., T, nahe nächster
*lucida Trim.
stellata Trim.
Gattung Everes ⓔ 6 holarktische und indo-austr. Arten, sehr kleine h/F Schwänze, Lfp. Medicago etc.
*argiades Pallas, T, (siehe Anhang 16)
*comyntas Godt.
*acturnus Godt.
Gattung Cupido 3 oder 4 sehr kleine paläarktische Arten, Lfp. Leguminosae
minimus Fuessly, T
Gattung Talicada oriental., monotypisch
*nyseus Guér., T
Gattung Pithecops ⓔ 5 oriental. Arten, schwanzlos, Lfp. Leguminosae
corax Fruhst., T, Unterseite nahe der nächsten
*fulgens Doherty
Gattung Azanus ⓔ 12 äthiop. und oriental. Arten, schwanzlos, Lfp. Acacia
ubaldus Stoll, T, dunkler als nächste
*moriqua Wallen.
*isis Dry.
Gattung Celastrina 12 holarktische und indo-austr. Arten (können zu **Lycaenopsis** T, haraldus Feld., zusammengefaßt sein), schwanzlos, Lfp. Ilex etc.
*argiolus L., T
*albocaerulea Moore
Gattung Parelodina N. G., monotypisch
*aroa B.-Baker, T, ähnelt Pierid
Gattung Glaucopsyche ⓔ 6 holarktische Arten, Lfp. Lathyrus, Astragalus etc.
*lygdamus Dbldy., T
*alexis Poda (cyllarus Rott.)
*galathea Blanch.
Gattung Philotes ⓔ 12 holarktische Arten, meist amerikan., Lfp. Sedum, etc.
*sonorensis Feld., T
Gattung Iolana paläarktisch, monotypisch
*iolas Ochs., T, Lfp. Colutea
Gattung Maculinea ⓔ 6 paläarktische Arten, Raupen leben mit Ameisen zusammen
alcon Schiff., T, weniger Flecken als nächste
*teleius Berg.
arion L., heller als letztere
*nausithous Berg.
Gattung Euchrysops 30 Arten, meist afrikan., einige indo-austr. (früher mit **Catochrysops** zusammengefaßt) einige geschwänzt, Lfp. Leguminosae
*cnejus Fab., T
*dolorosa Trim.
*pandava Horsf.
Gattung Lepidochrysops ⓔ 70 afrikan. Arten, Lfp. Selago etc., Raupen leben mit Ameisen zusammen
parsimon Fab., T
*oreas Tite
*patricia Trim.
*gigantea Trim.
Gattung Polyommatus ⓔ 6 paläarktische Arten, Lfp. Leguminosae, (siehe Anhang 17)
*icarus Rott., T, typisches ♀ düsterer
*loewii Z.
*eros Ochs.
Gattung Plebejus 12 holarktische Arten, meist amerikan., Lfp. Leguminosae
*argus L., T
*icarioides Bsdv. (Untergattung Icaricia)
Gattung Cyaniris 3 oder 4 paläarktische Arten, Lfp. Leguminosae
semiargus Rott. (acis Schiff.), T
Gattung Aricia ⓔ 6 paläarktische Arten, die meisten ohne Blau, Lfp. Geraniaceae etc.
*agestis Denis & Schiff., T
*artaxerxes Fab.
?allous Geyer (Form letzterer)
Gattung Agriades ⓔ 4 paläarktische Arten, Lfp. Primulaceae
*glandon de Prunner, T, auch in USA
Gattung Vacciniina holarktisch, mg. monotypisch, Lfp. Vaccinium
*optilete Knoch, T
Gattung Albulina paläarktisch, mg. monotypisch, Lfp. Astragalus
*orbitulus de Prunner (pheretes Hbn.), T
Gattung Meleageria paläarktisch, mg. monotypisch, Lfp. Thymus etc.
*daphnis Schiff. (meleager Esp.), T
Gattung Agrodiaetus ⓔ 6 paläarktische Arten, Lfp. Onbrychis
*damon Schiff., T
Gattung Lysandra ⓔ 6 paläarktische Arten, Lfp. Hippocrepis etc.
*coridon Poda, T, variabel (siehe Seite 73)
*bellargus Rott.
Gattung Plebicula ⓔ 7 paläarktische Arten, Lfp. Astragalus
*dorylas Schiff., T
*escheri Hbn.
Gattung Luthrodes Austr. (früher zusammengefaßt mit **Chilades** T, laius Stoll.)
*cleotas Guér., T
buruana Holl., Obi, keine orangen h/F
Gattung Freyeria Alte Welt, mg. monotypisch, Lfp. Indigofera etc.
*trochylus Freyer, T, weitverbreitet
Gattung Hemiargus ⓔ 5 amerikan. Arten, Lfp. Prosopis, Abrus etc.
antibubastus Hbn., T, (? Form nächster)
ceraunus Fab., ähnlich wie nächste
*thomasi Clench
Unterfamilie Lycaeninae „Feuerfalter" hauptsächlich holarktisch, die meisten Arten sind rot-gold, manche geschwänzt
Gattung Lycaena (Chrysophanus) Lfp. Rumex, Polygonum, etc. (siehe Anhang 17)
*phlaeas L., T, holarktisch
*dispar Haworth, Typen-f. ausgestorben
*splendens Stgr.
*pavana Koll.
*kasyapa Moore
*li Oberth.
*pang Oberth.
*helle Schiff. (amphidamas Esp.)
*athamanthis Ev.
*evansi de Nicév.
*sultan Stgr.
irmae Bailey, paläarktisch
standfussi Gr.-Grsh., paläarktisch
tseng Oberth., paläarktisch
ouang Oberth., paläarktisch
caspius Lederer, Pal (sg. Hyrcanana)
sarthus Stgr. Pal. (sg. Sarthusia)
phoenicurus Lederer, Pal., (sg. Phoenicurusia)
*hermes Edw.
*rubidus Behr (Untergatt. Chalceria)
*cupreus Edw.
*thoe Guér.
*xanthoides Bsdv. (Untergattung Gaeides)
*helloides Reak.
*arota Bsdv. (Untergattung Tharsalea)
*heteronea Bsdv., ♂ leuchtendblau
*epixanthe Bsdv. (Untergattung Epidemia)
editha Mead, nearktisch
gorgon Bsdv., nearktisch
mariposa Reak., nearktisch
nivalis Bsdv., nearktisch
dorcas Kirby, nearktisch
snowi Edw. (? Form von cupreus)
*orus Cr., äthiop., Lfp. Polygonum
clarki Dickson, wie letztere
abotti Holl (mg. phlaeas-Form) (Untergattung Antipodolycaena) (siehe Anhang 18)
*boldernarum Btlr., Lfp. Muhlenbeckia
*salustius Fab., wie letztere
*feredayi Hudson, wie letztere
Gattung Heodes paläarkt. Lfp. Rumex
virgaureae L., T, Unterseite wie T. ochimus
*alciphron Rott.
*tityrus Poda (dorilis Hufnagel)
ottomanus Lefebre
Gattung Palaeochrysophanus paläarktisch, monotypisch, Lfp. Rumex
*hippothoe L. (chryseis Den. & Shf.), T
Gattung Thersamonia paläarktisch, Lfp. Rumex, Sarothamnus
*thersamon Esp., T
*phoebus Blach.
*ochimus H.-Schaff.
*asabinus H.-Schaff.
*thetis Klug, abgebildete s. sp. mg. nächste
solskyi Ersch., nahe letzterer
lampon Lederer
Gattung Heliophorus (Ilerda) ⓔ 10 paläarktische und oriental. Arten, ähneln Theclinae, Lfp. Rumex etc.
*epicles Godt., T
*androcles Dbldy. & Hew.
*brahma Moore
*sena Koll.
Gattung Iophanus neotropisch, monotypisch
*pyrrhias Godm. & Salv. (siehe Anhang 19)

Seite 176 – 178
FAMILIE LIBYTHEIDAE
An den verlängerten Palpen kann man die Arten dieser Familie leicht von fast allen Tagfaltern unterscheiden, ♂ haben verkümmerte, bürstenähnliche Vorderbeine (wie Nymphalidae), ♀ haben 6 vollentwickelte Beine.
Gattung Libythea alle Regionen der Welt, einige Wanderfalter, Lfp. Celtis etc.
*celtis Laicharting, T, paläarktisch
lepita Moore, mg. Form letzterer
narina Godt., oriental.
*myrrha Godt., wie letztere
*labdaca Westw., afrikan.
laius Trim., mg. Form letzterer
cinyras Trim., wie letztere
*geoffroyi Godt., Indonesien und Australien
(Untergattung Libytheana T, bachmanii)
bachmanii Kirtland, amerikan.
carinenta Cr., wie letztere

Seite 176 – 179
FAMILIE NEMEOBIIDAE
(Erycinidae oder Riodinidae) alle Regionen der Welt, aber die meisten neotropisch, Fühlerkeulen häufig zugespitzt, ♂ haben verkümmerte Vorderbeine, ♀ haben 6 voll entwickelte Beine.
Sektion I Gattungen der Alten Welt
Gattung Hamearis paläarktisch, monotypisch
*lucina L., T, Lfp. Primula
Gattung Dodona 15 oriental. Arten, Lfp. Moesa etc.
*durga Koll., T
*eugenes Bates
*ouida Moore, variabel
Gattung Hyporion (princeps Oberth., T)
Gattung Polycaena (tamerlana Stgr., T) Zwei Gattungen mit ⓔ 6 kleinen, ostpaläarktischen Arten nahe Hamearis
Gattung Abisara ⓔ 20 oriental. und afrikan. Arten, Lfp. Myrsineae
*kausambi Feld., T
*rogersi Druce
Gattung Saribia 3 äthiop. Arten, nahe letzterer, aber 2 h/F Schwänze
tepahi Bsdv., T, Madgr.
Gattung Zemeros indo-paläarktisch, Lfp. Moesa
*flegyas Cr., T
emesoides Feld.
Gattung Laxita (teneta Hew., T)
Gattung Taxila (haquinus Fab., T) 2 Gattungen mit ⓔ 12 indo-malay. Arten, Unterseite blau-gefleckt, nahe nächster
Gattung Dicallaneura ⓔ 12 australasiat. Arten
pulchra Guér., T, ähnlich nächster
*ribbei Rob.
*decorata Hew.
Gattung Praetaxila (Sospita) 12 australasiat. Arten
*segecia Hew., T
*satraps G.-Smith
Gattung Stiboges indo-chin., monotypisch, gleicht neotropischen **Nymphidium**
nymphidia Btlr., T
Sektion II Gattungen der Neuen Welt, nur wenige der ungefähr 150 Gattungen einbezogen (siehe Anhang 20), neotropisch
Gattung Euselasia ⓔ 100 Arten
gelon Stoll, T
*erythraea Hew.
*thucydides Fab.
*orfita Cr., gleicht Euptychia (Sat.)
abreas Edw., Wanderfalter in USA
Gattung Methone (Methonella) monotypisch
*cecilia Cr., T
Gattung Helicopis vielschwänzige Arten
*cupido L., T
*endymion Cr.
*acis Fab.
Gattung Eurybia 12 Arten, auffällige V/F Augenflecken
halimede Hbn., T
Gattung Mesosemia ⓔ 70 Arten, die nächsten 2 Gattungen wurden früher einbezogen.
philocles L., T
*loruhama Hew.
Gattung Semomesia 3 Arten
*croesus Fab., T
Gattung Teratophthalma ⓔ 5 Arten
phelina Feld., T, ähnlich nächster
*marsena Hew.
Gattung Diophtalma ⓔ 5 Arten
telegone Bsdv., T
*matisca Hew.
Gattung Hyphilaria ⓔ 4 Arten
nicia Hbn., T
*parthenis Westw.
Gattung Napaea ⓔ 8 Arten
eucharila Bates, T
*nepos Fab.
Gattung Alesa ⓔ 5 Arten, ♂ gewöhnlich ganz schwarz
prema Godt., T
*amesis Cr.
Gattung Themone
*pais Hbn., T
poecila Bates
Gattung Panara
thisbe Fab., T, ähnlich nächster
*phereclus L.
Gattung Riodina (Erycina) ⓔ 5 Arten
lysippus L., T, größer als nächste
*lysippoides Berg., letztere ist ähnlich
Gattung Melanis (Lymnas) ⓔ 30 Arten
melander Stoll (electron Fab.), T
*pixe Bsdv.
*cephise Ménétr.
Gattung Chorinea (Zeonia)
licursis Fab., T
*batesii Sndrs.
*faunus Fab.
*sylphina Bates
timandra Sndrs.
amazon Sndrs.
?heliconides Swains. (T von Zeonia)
Gattung Rhetus (Diorina)
*arcius L., T
*dysonii Sndrs.
*periander Cr., ♂ leuchtendblau
arthurianus E.-Sh.
Gattung Ancyluris einige der schönsten Arten
*meliboeus Fab., T, Unterseite rot gebändert
*aulestes Cr., ♂ nahe letzt., variabel
*mira Hew.
colubra Sndrs., schmalere Bänder als letztere
*pulchra Hew.
*huascar Sndrs.
*inca Sndrs.
jurgenseni Sndrs., nahe der nächsten
*formosissima Hew., Oberseite weiß gebändert
aristodorus Mor., nahe letzterer
Gattung Cyrenia, monotypisch
*martia Westw., T
Gattung Necyria
bellona Westw., T, ähnlich nächster
*duellona Westw.
*vetulonia Hew.
*manco Sndrs.
ingaretha Hew.
saundersi Hew.
zaneta Hew.
Gattung Lyropteryx
*apollonia Westw., T
lyra Sndrs., rote Bänder (? f. letzterer)
terpsichore Westw.
diadocis Stich.
Gattung Notheme monotypisch
*erota Cr. (ouranus Stoll.), T
Gattung Hopfferia monotypisch
*militaris Hopff. (luculenta Ersch.), T
Gattung Symmachia 30 Arten
probetor Stoll, T, ähnlich nächster
*championi Godm. & Salv.
*rubina Bates, gleicht Lithosiiden Nachtfalter
Gattung Caria ⓔ 16 Arten
plutargus Fab., T, nahe nächster
*mantinea Feld.
*rhacotis Godm. & Salv.
*domitianus Fab., auch in USA gefunden
Gattung Baeotis ⓔ 12 Arten
hisbon Cr., T
*bacaenis Hew.
Gattung Anteros 8 Arten
formosus Cr., T, ähnlich nächster
*bracteata Hew.
carausius Westw.
Gattung Sarota ⓔ 7 Arten
*chrysus Stoll, T
Gattung Charis 30 Arten mit schillernden Linien
ania Hbn. (auius Cr.), T
(Untergattung Calephelis (Lephelisca))
*nilus Feld. USA (mit ⓔ 5 anderen)
virginiensis Guér. (T von Calephelis)
Gattung Crocozona
pheretima Feld., T, kein rotes h/F Band
*caecias Hew., letztere ist ähnlich
fasciata Hopff.
Gattung Parcella (Amblygonia) monotypisch
*amarynthina Feld., T
Gattung Amarynthis monotypisch, wie letztere, aber größer und rotgebändert
meneria Cr., T, sehr variabel
Gattung Lasaia ⓔ 6 Arten
meris Stoll, T, h/F seitlich weiße Flecken
*agesilas Latr., auch in USA, letztere ist nahe
*moeros Stgr.
Gattung Calydna
thersander Stoll, T
*calamisa Hew.
*caieta Hew.
Gattung Emesis 25 Arten
cereus L., T
*mandana Cr.
zela Btlr., auch in USA gefunden
emesia Hew., wie letzere
*lucinda Cr.
fatima Cr. (Untergattung Nelone)
*incoides Schaus (wie letztere)
Gattung Siseme ⓔ 8 Arten
*alectryo Westw., T
*neurodes Feld.
Gattung Apodemia ⓔ 12 Arten, die Hälfte nearktisch
*mormo Feld., T, USA
Gattung Audre (Hamearis) ⓔ 16 Arten
*epulus Cr., T
Gattung Metacharis ⓔ 10 Arten
ptolomaeus Fab., T
*regalis Btlr.
Gattung Calospila (Polystichtis oder Lemonias) ⓔ 30 Arten
zeanger Stoll, T
*lasthenes Hew.
*emylius Cr.
Gattung Echenais 30 Arten
thelepus Cr., T
*penthea Cr.
Gattung Calliona
irene Westw., T, kleiner als nächste
*siaka Hew.
latona Hew.
Gattung Nymphidium ⓔ 50 Arten
caricae L., T, orange h/F Bänder
*lamis Stoll (Untergattung Juditha)
Gattung Thisbe Weibchen gleichen Dynamine (Nymphalidae)
*irenea Stoll, T
*lycorias Hew.
molela Hew.
Gattung Menander (Tharops) ⓔ 10 Arten
menander Stoll, T
*hebrus Cr.
Gattung Stalachtis ⓔ 10 Arten, die Ithomiidae gleichen
phaedusa Hbn., T
*phlegia Cr.
*zephyritis Dalm.
*calliope L.
Gattung Aricoris 25 Arten
tisiphone Westw., T
*flammula Bates
Gattung Theope 40 Arten
*terambus Godt., T
Gattung Styx monotypisch
*infernalis Stgr., T (siehe Anhang 21)

Seite 180 – 187
FAMILIE HELICONIIDAE
fast alle neotropisch, V/F lang und schmal, Fühler gewöhnlich lang, Zellen der h/F geschlossen, erstes Beinpaar verkürzt, Variation und beträchtliche interspezifische Mimikry – alle s. sp. einbezogen, Lfp. Passiflora etc.
Gattung Heliconius (charithonia L., T) fast 50 Arten
*numata Cr.
*s. sp. silvana Cr.
*s. sp. superioris Btlr.
*s. sp. isabellinus Bates
*s. sp. aristiona Hew. (siehe Anhang 22)
s. sp. peeblesi J.
s. sp. talboti J. & Kaye
s. sp. leopardus Weym.
s. sp. messene Feld.
s. sp. euphone Feld.
s. sp. zobrysi Fruhst.
*ismenius Latr. (fritschei Mosch)
*s. sp. telchinia Dbldy.
s. sp. clarcescens Btlr.
s. sp. occidentalis Neus.
s. sp. immoderata Stich.
s. sp. fasciatus Godm. & Salv.
*metaphorus Weym., vergl. C. hydra (Ith.)
pardalinus Bates, Amazon., nahe nächster
*hecale Fab. (urania Müller)
*s. sp. quitalena Hew.
*s. sp. fornarina Hew.
*s. sp. novatus Bates.
*s. sp. vetustus Btlr.
s. sp. barcanti Brown & Yeper
s. sp. clearei Hall
s. sp. radiosus Btlr.
s. sp. latus Riffarth
s. sp. ennuis Weym.
s. sp. nigrofasciatus Weym.
s. sp. styx Niepelt
s. sp. zuleika Hew.
s. sp. melicerta Bates
s. sp. semiphorus Stgr.
s. sp. jucundus Bates
s. sp. xanthicles Bates

Systematik

s. sp. anderida Hew.
s. sp. ithaca Feld.
s. sp. sisyphus Salv.
ethilla Godt. (_flavidus_ Weym.)
*s. sp. narcaea Godt.
*s. sp. eucoma Hbn.
s. sp. claudia Godm. & Salv.
s. sp. semiflavidius Weym.
s. sp. metalilus Btlr.
s. sp. thielei Riffarth
s. sp. flavomaculatus Weym., wie _narcaea_
s. sp. adela Neus.
s. sp. tyndarus Weym.
s. sp. nebulosa Kaye
s. sp. aerotome Feld.
godmani Stgr., Col., wie _hecalesia_
aoede Hbn., Ecua., ähnelt _erato_
s. sp. astydamia Erichson
s. sp. bartletti Druce
s. sp. faleria Fruhst.
metharme Erichson, weitverbreitet, wie _doris_
s. sp. thetis Bsdv.
hierax Hew., Ecua., wie _timareta_, h/F rot
*_hecuba_ Hew., vgl. _E. cassandra_ (Ith.)
crispinus Kruger, Col., ähnl. wie _atthis_
choarina Hew., Ecua., wie letztere, mehr Flecken
xanthocles Bates (_vala_ Stgr.)
*s. sp. melete Feld.
*s. sp. caternaulti Stgr.
s. sp. melior Stgr.
wallacei Reak.
*s. sp. flavescens Weym.
s. sp. clytia Cr.
s. sp. kayi Neus.
s. sp. elsa Riffarth
burneyi Hbn.
*s. sp. catharinae Stgr.
*s. sp. nuebneri Stgr.
s. sp. lindigii Feld.
s. sp. serpensis Kaye
egeria Cr., Guy., ähnlich wie _burneyi_
s. sp. egerides Stgr.
s. sp. hylas Weym.
s. sp. homogena Bryk
astraea Stgr., auch wie _burneyi_
*_doris_ L., große Farbvariation
* s. sp. aristomache Riffarth
nattereri Feld., Bras., selten, gelb gebändert
?_fruhstorferi_ Riffarth, (? dunkle f. letzterer)
*_atthis_ Dbldy. (siehe Seite 81)
elevatus Noldner, Amazon., wie _xanthocles_
s. sp. bari Oberth.
s. sp. schmassmanni J. & T.
s. sp. perchlora J. & t.
s. sp. roraima Turner
s. sp. luciana Lichy
s. sp. tumaturnari Kaye
s. sp. pseudocupidineus Neus.
?s. sp. taracuanus Bryk
*_heurippa_ Hew.
*_besckei_ Ménétr.
*_melpomene_ L., sehr variabel
*s. sp. amaryllis Feld.
*s. sp. aglaope Feld.
*s. sp. plesseni Riffarth
*s. sp. penelope Stgr.
*s. sp. xenoclea Hew.
*s. sp. thelxiope Hbn.
*s. sp. vicinus Ménétr.
*s. sp. vulcanus Btlr.
*s. sp. sticheli Riffarth
s. sp. meriana Turner
s. sp. unimaculata Hew.
s. sp. rosina Bsdv.
s. sp. modesta Riffarth
s. sp. cythera Hew.
s. sp. euryades Riffarth
s. sp. amandus G.-Smith & Kirby
s. sp. nanna Stich.
*_cydno_ Dbldy.
*s. sp. zelinde Btlr.
*s. sp. weymeri Stgr.
*s. sp. galanthus Bates
s. sp. alithea Hew.
s. sp. wernickei Weym.
*_timareta_ Hew.
*_pachinus_ Salv.
hermathena Hew., Amazon., selten, wie _besckei_
s. sp. vereatta Stich. (? mg. verschieden)
himera Hew., Ecua., selten, wie _clysonimus_
*_erato_ L., sehr variabel
*s. sp. cyrbia Latr. & Godt.
*s. sp. phyllis Fab.
*s. sp. petiverana Dbldy., auch in USA
*s. sp. amalfreda Riffarth
*s. sp. hydara Hew.
*s. sp. notabilis Godm. & Salv.
*s. sp. chestertonii Hew.
*s. sp. venus Stgr.
*s. sp. amphitrite Riffarth
*s. sp. venustus Salv.
*s. sp. demophon Ménétr.
s. sp. microlea Kaye
s. sp. favorinus Hopff.
s. sp. lativitta Bates
s. sp. dignus Stich.
s. sp. meliorina Neus.
s. sp. reductimacula Bryk
s. sp. estrella Bryk
*_hecalesia_ Hew., vgl. _T. tarricina_ (Ith.)
*s. sp. formosus Bates
s. sp. eximus Stich.
*_telesiphe_ Dbldy. (siehe Seite 78)
*s. sp. sotericus Salv. (wie letztere)
?s. sp. nivea Kaye (? cretaceus Neus.)
*_clysonimus_ Latr.
*s. sp. hygiana Hew.
s. sp. montanus Salv.
s. sp. fischeri Fassl
s. sp. semirubra J. & Kaye
*_hortense_ Guér.
*_charithonia_ L., T, auch in USA
s. sp. simulator Rob.
s. sp. punctata Hall
?s. sp. peruviana Feld (siehe Anhang 23)
*_ricini_ L. (_insularis_ Stich.)
demeter Stgr., Peru, gelbe V/F Flecken
s. sp. turneri Brown & Benson
s. sp. eratosignis J. & T.
s. sp. beebei Turner
s. sp. bouqueti Nöldner
*_sara_ Fab. (_magdalena_ Bates)
*s. sp. apseudes Hbn.
*s. sp. sprucei Bates
s. sp. veraepacis Stich.
s. sp. fulgidus Hew.
s. sp. theudda Hew.
s. sp. brevimaculata Stgr.
s. sp. thamar Hbn. (rhea Cr.)
leucadia Bates, Ecua., wie _sara_ sprucei
*_antiochus_ L.
*s. sp. salvinii Dew.
*s. sp. aranea Fab.
s. sp. alba Riffarth
*_sapho_ Dry. (siehe Anhang 24)
*s. sp. leuce Dbldy.
congenor Weym., Ecua., wie _wallacei_
*_eleuchia_ Hew.
*s. sp. primularis Btlr.
s. sp. eleusinus Stgr.
hewitsoni Stgr., Costa Rica, wie _pachinus_

Gattung Eueides
(_dianassa_ Hbn., T) oft als Untergattung letzterer betrachtet, leicht zu unterscheiden durch ihre für gewöhnlich geringere Größe und die kürzeren Fühler.

procula Dbldy., Venez., wie _H. clysonimus_
s. sp. edias Hew.
s. sp. eurysaces Hew.
lampeto Bates, Ecua., wie _H. numata_
s. sp. acacates Hew.
vibilia Godt., Bras.
*s. sp. vialis Stich. (vicinalis Stich.)
s. sp. unifasciatus Btlr.
*_isabellae_ Cr.
*s. sp. dianassa Hbn. T (siehe Anhang 25)
pavana Ménétr., Bras., wie _vibilia_, blasser
*_lineata_ Salv. & Godm.
*_eanes_ Hew.
*_tales_ Cr.
s. sp. xenophanes Feld.
s. sp. cognata Weym.
lybia Fab., weitverbreitet, wie _lineata_
s. sp. olympia Fab.
* _aliphera_ Godt., vergl. _D. julia_
?_cleobaea_ Geyer (_isabellae_ – f.), USA

Gattung Dryas (Colaenis) monotypisch

*_julia_ Fab. (_iulia_ Fab.), T, auch in USA
*s. sp. delila Fab.
*s. sp. cyllene Cr.
s. sp. hispaniola Hall
?s. sp. moderata Stich. (mg. delila-F.)
?s. sp. carteri Riley (mg. cyllene-F.)
?s. sp. nudeola Stich. (wie letztere)
?s. sp. warneri Hall (wie letztere)
?s. sp. juncta Coms.
?s. sp. dominicana Hall
?s. sp. lucia Riley (mg. moderata-F.)
?s. sp. framptoni Riley (wie letztere)

Gattung Dryadula monotypisch

*_phaetusa_ Stich., T, Wanderfalter, USA

Gattung Philaethria
(früher fälschlich als Metamorpha bekannt – eine Nymphaliden-Gattung)

*_dido_ L., T, vergl. _S. stelenes_ (Nymph.)
?_wernickei_ Rob. (mg. s. sp. letzterer)

Gattung Dione (Arten dieser und der nächsten Gattung gleichen oberflächlich den Argynninae (Nymphalidae)

*_juno_ Cr., T
?s. sp. huascana Reak., mg. einzige Form
?s. sp. andicola Bates, wie letztere
*_glycera_ Feld. (_gnophota_ Stich.)
moneta Hbn.
*s. sp. poeyii Btlr.
s. sp. butleri Stich.
?_miraculosa_ Hering

Gattung Agraulis monotypisch, oft mit letzterer zusammengefaßt

vanillae L., T, auch in USA
*s. sp. lucina Feld.
s. sp. incarnata Riley
s. sp. nigrior Michener
s. sp. insularis Maynard
s. sp. galapagensis Holl.
s. sp. maculosa Stich.
?s. sp. forbesi Michener (? f. letzterer)

Gattung Podotricha

euchroia Dbldy., T
*s. sp. caucana Riley
*s. sp. mellosa Stich.
?s. sp. straminea (? Form letzterer)
*_telesiphe_ Hew. (siehe Seite 78)
*s. sp. tithraustes Salv. (wie letztere)

Seite 188 – 191
FAMILIE ACRAEIDAE
hauptsächlich äthiop., einige indo-austr. und eine Gattung gänzlich neotropisch, 1. Beinpaar stark reduziert, Analregion der h/F ohne Falte.

Gattung Acraea (_horta_ L., T)
Lfp. Passiflora etc.

Gruppe I (_satis_-Gruppe)
satis Ward
zonata Hew.
*_rabbaiae_ Ward
Gruppe II (_pentapolis_-Gruppe)
*_pentapolis_ Ward, typisch f., weniger h/F rot
vesperalis G.-Smith
Gruppe III (_terpsichore_-Gruppe)
*_terpsichore_ L. (_neobule_ Dbldy.), auch in Indien
obeira Hew., Madgr., nahe letzterer
lia Mab., Madgr., wie letztere
hova Bsdv., Madgr.
ranavalona Bsdv., Madgr.
*_iturina_ G.-Smith
kalinzu Carpenter, nahe letzterer
*_humilis_ Sharpe
*_quirina_ Fab.
*_rogersi_ Hew., variabel
*_admatha_ Hew., typische f. kein h/F weiß
punctimarginae Pinhey
*_eltringhami_ J. & T., nächster ähnlich
insignis Dist., fortlaufendes Randband am h/F
*_igati_ Bsdv., nächste ist sehr ähnlich
damii Voll., dunkler Fleck auf h/F Seite
*_hamata_ J. & T., selten
eugenia Karsch
bourgeoni Schouteden
rileyi Le D.
acutipennis Schouteden
machequena G.-Smith
zambesina Auriv.
horta L. T.
camaena Dry.
cerasa Hew.
?_kraka_ Auriv., (? f. letzterer)
?_unimaculata_ G.-Smith ?_cerasa_-f.)
?_cerita_ Sharpe (wie letztere)
?_matuapa_ G.-Smith (?_terpsichore_-f.)
?_iturinoides_ Stoneham
Gruppe IV (_zetes_-Gruppe), größ. Arten
*_zetes_ L., variabel
chilo Godm.
?_hypoleuca_ Trim.
Gruppe V (_anemosa_-Gruppe)
*-_nemosa_ Hew.
pseudolycia Btlr.
turna Mab., Madgr.
?_welwitschii_ Rogen
Gruppe VI (_egina_-Gruppe)
*_egina_ Cr.
Gruppe VII (_cepheus_-Gruppe)
*_cepheus_ L.
petraea Bsdv., nahe nächster
guillemei Oberth.
diogenes Suffert
buttneri Rogen.
violarum Bsdv.
asema Hew.
omrora Trim.
lofua Elt.
bailunduensis Wichgraf
nohara Bsdv.
chambezi Neave
mansya Elt.
onerata Trim.
atolmis Westw.
periphanes Oberth.
?_rohlfsi_ Suffert (_petraea_-f.)
Gruppe VIII (_aureola_-Gruppe)
aureola Elt., Angola, orange-gelb
Gruppe IX (_acrita_-Gruppe)
*_acrita_ Hew., variabel
chaeribula Oberth.
lualabae Neave
?_manca_ Thurau, mg. _acrita_-f.
Gruppe X (_caecilia_-Gruppe)
caecilia Fab.
*_caldarena_ Hew.
*_pudorella_ Auriv.
*_equatoralis_ Neave
*_aglaonice_ Westw.
*_asboloplintha_ Karsch
leucopyga Auriv.
intermedia Wichgraf
rhodesiana Wichgraf
mima Neave
braesia Godm.
sykesi Sharpe
doubledayi Guér. & Lefebre
oncaea Hopff.
ela Elt.
axina Westw.
marnois Rogen.
atergatis Westw.
stenobea Wallen.
lygus Druce
natalica Bsdv.
Gruppe XI (_rahira_-Gruppe)
rahira Bsdv.
*_anacreon_ Trim.
guichardi Gabriel
zitja Bsdv.
mirifica Lathy
?_wigginsi_ Neave (?_anacreon_-f.)
Gruppe XII (_encedon_-Gruppe)
*_encedon_ L., sehr variabel
lycia Fab., wie blasse Form letzterer
?_fumosa_ Auriv.
Gruppe XIII (_bonasia_-Gruppe), kleine Arten
*_bonasia_ Fab., variabel
*_goetzi_ Thurau
*_excelsior_ Sharpe
*_sotikensis_ Sharpe, variabel
*_eponina_ Cr., wie letztere
*_burgessi_ Jack.
mirabilis Btlr.
miranda Riley
uvui G.-Smith, wie _excelsior_
lumiri B.-Baker
cabira Hopff.
rupicola Sch.
viviana Stgr.
acerata Hew.
pullula Grünberg
bettiana T.
jordani Le D.
maji Carpenter
?_rangatana_ Elt. (mg. _eponia_-f.)
?_ventura_ Hew. wie letztere
?_karschi_ Auriv. (mg. _sotikensis_-f.)
Gruppe XIV (_oberthuri_-Gruppe)
oberthuri Btlr.
*_althoffi_ Dew.
bergeri Gaede
Gruppe XV (_pharsalus_-Gruppe)
pharsalus Ward, wie _cepheus_, blasse V/F Querstreifen
?_vuilloti_ Mab. (? f. letzterer)
Gruppe XVI (_circeis_-Gruppe)
circeis Dry.
*_grosvenori_ Elt.
*_penelope_ Stgr.
*_servona_ Godt.
*_oreas_ Sharpe
*_semivitrea_ Auriv.
perenna Dbldy.
orina Hew.
peneleos Ward
pelopeia Stgr.
parrhasia Fab.
ungemachi Le Cerf
kukenthali Le D.
newtoni Sharpe
ntebiae Sharpe (_mairessei_ Auriv.)
melanoxantha Sharpe
conradti Oberth.
buschbecki Dew.
Gruppe XVII (_masamba_-Gruppe)
masamba Ward
*_cinerea_ Neave
igola Trim.
aubyni Elt.
simulata Le D.
orestia Hew.
quirinalis G.-Smith
fornax Btlr.
strattipocles Oberth.
sambavae Ward
siliana Oberth.
?_sambar_ Stoneham (?_orestia_-f.)
Gruppe XVIII (_jodutta_-Gruppe)
*_jodutta_ Fab.
*_lycoa_ Godt.
*_niobe_ Sharpe
*_amicitiae_ Heron
*_ansorgei_ G.-Smith, ♀ polymorph
*_alciope_ Hew., wie letztere
*_alciopoides_ J. & T.
safie Feld.
baxteri Sharpe
disjuncta G.-Smith
actinotina Neave
esebria Hew.
johnstoni Godm., variabel
insularis Sharpe
Gruppe XIX (_violae_-Gruppe), indo-austr.
*_violae_ Fab. (Untergattung Telchinia)
Gruppe XX (_andromacha_-Gruppe), austr.
*_andromacha_ Fab., variabel

Gattung Pareba
orientalisch und ostpaläarktisch, monotypisch (oft mit letzterer Gattung zusammengefaßt)

*_issoria_ Hbn. (_vesta_ Fab.), T, weitverbreitet

Gattung Pardopsis
afrikan., monotypisch

*_punctatissima_ Bsdv., T, auch Madgr.

Gattung Miyana australasiat.

moluccana Feld., T, wie _A. semivitrea_
*_meyeri_ Kirsch

Gattung Bematistes
(Planema) afrikan., größer als andere Acraeidae, Arten werden von Tagfaltern verschiedener Familien nachgeahmt.

Gruppe I (_umbra_-Gruppe)
*_umbra_ Dry. (_macaria_ Fab.), T, nahe nächster _macarista_ Sharpe, keine seitlichen V/F Flecken
*_alcinoe_ Feld.
*_quadricolor_ Rogen.
*_consanguinea_ Auriv., blasse f. a
*_elongense_ Poul., variabel
*_poggei_ Dew.
*_elongata_ Btlr.
vestalis Feld.
aganice Hew.
scalivittata Btlr.
adrasta Weym.
formosa Btlr.
pseudeuryta Godm. & Salv.
excisa Btlr.
persanguinea Rebel
consanguinoides Le D.
epiprotea Btlr.
simulata Le D.
Gruppe II (_epaea_-Gruppe)
epaea Cr., ♀ variabel (siehe Seit
tellus Auriv.
epitellus Stgr.

Gattung Actinote (_thalia_ L. T.)
neotropisch, Unterseite d V/F (in einigen Fällen h/F) mit Borsten,
Lfp. Compositae etc.

Gruppe I (_abana_-Gruppe)
abana Hew.
erinome Feld.
radiata Hew. (Untergattung Altir
Gruppe II (_hylonome_-Gruppe)
hylonome Dbldy.
euryleuca Jord.
Gruppe III (_neleus_-Gruppe)
neleus Latr.
alcione Hew., ähnlich wie nächs
*_stratonice_ Latr.
Gruppe IV (_ozomene_-Gruppe)
ozomene Godt., nahe nächster
*_leucomelas_ Bates
*_diceus_ Latr., variabel
*_anaxo_ Hopff.
*_laverna_ Dbldy.
*_momina_ Jord.
demonica Hopff., nahe letzterer
adoxa Jord.
callianthe Feld.
naura Druce
trinacria Feld.
tenebrosa Hew.
segesta Weym.
flavibasis Jord.
jucunda Jord.
griseata Btlr.
hilaris Jord.
amphilecta Jord.
eresia Feld.
desmiala Jord.
leontine Weym.
negra Feld.
Gruppe V (_thalia_-Gruppe)
thalia L., T, nahe nächster
*_anteas_ Dbldy.
*_parapheles_ Jord.
*_equatoria_ Bates, variabel
*_surima_ Schmaus
cedestes Jord.
terpsinoe Feld.
quatemalena Bates, wie _equator_
melampeplos Godm. & Salv.
lapitha Stgr., halbdurchsichtig
pellenea Hbn., wie _parapheles_, va
pyrrha Fab.
carycina Jord.
quadra Schaus
perisa Jord.
alalia Feld.
Gruppe VI (_mamita_-Gruppe)
mamita Burmeister, halbdurchsic
canutia Hopff.

Seite 192 – 221
FAMILIE NYMPHALIDAE,
alle Regionen der Welt, Fühler stark gekeult, das 1. Beinpaar verküm und bürstenförmig, viele Arten robust gebaut, sehr unterschiedliche Flügelformen (siehe Anhang 26).

Unterfamilie Argynninae,
alle Regionen der Welt, aber meist holarktisch, Grundfarbe gelbbraun oder braun-dunkel gefl

Sektion I (Tribus Argynnini)
hauptsächlich gemäßigte Zonen, aber bis zur Subarktis und den Troper oft silbrige Unterseitenzeichnungen.

Gattung Speyeria,
nearktisch, große Arten, sehr variabel, einige Ke betrachten viele Formen gesondert und erkennen mehr als 30 Arten an,
Lfp. Viola

*_idalia_ Dry., T
*_cybele_ Fab. (Untergattung Neoacidalia)
*_nokomis_ Edw.
*_mormonia_ Bsdv., sehr variabel
*_edwardsii_ Reak.
*_zerene_ Bsdv.
*_hydaspe_ Bsdv.
*_diana_ Cr., Grundfarbe des ♂ gelb
aphrodite Fab., Kanada und Ost der USA
atlantis Edw., wie letztere

Systematik

calippe Bsdv., Westen der USA
coronis Behr, wie letztere
egleis Behr, wie letztere
Gattung Fabriciana
hauptsächlich paläarktisch, Lfp. Viola
**niobe* L., T
**adippe* Schiff. (*cydippe* L.)
**elisa* Godt.
**nerippe* Feld.
kamala Moore, ind.
?jainadeva Moore
?taigetana Reuss
?auresiana Fruhst.
Gattung Mesoacidalia
hauptsächlich paläarktisch, Lfp. Viola
**aglaia* L. (*charlotta* Haworth), T
clara Blanch.
vitatha Moore
claudia Fawcett
alexandra Ménétr., wie nächste
?liauteyi Oberth. (mg. *aglaia*-f.)
Gattung Argynnis
paläarktisch und orientalisch, Lfp. Viola (frühere Autoren gebrauchten diesen Namen für alle Perlmuttfalter)
**paphia* L., T, ♀ dimorph
**anadyomene* Feld.
Gattung Pandoriana
paläarktisch, monotypisch, Lfp. Viola
**pandora* Schiff. (*maja* Cr.), T
Gattung Childrena orientalisch
**childreni* Gray, T, nächste ist nahe
zenobia Leech, chin., kleiner
Gattung Damora
paläarktisch, monotypisch
**sagana* Dbldy. & Hew., T, ♂ wie *paphia*
Gattung Argyreus
paläarktisch und indo-austr., monotypisch, Lfp. Viola
**hyperbius* Johannsen, T, weitverbreitet
Gattung Argyronome
indo-paläarktisch
**laodice* Pallas, T., nächste ist ähnlich
ruslana Motsch, chin. und japan.
Gattung Issoria,
verschiedene Regionen, Lfp. Viola etc.
**lathonia*, T, paläarktisch, Wanderfalter
**hanningtoni* Elwes
excelsior Btlr., Äthiop.
smaragdifera Btlr., wie letztere
uganda Rob., wie letztere
**gemmata* Btlr.
eugenia Evers., Chin., nahe letzterer (Untergattung Yramea) gemäßigte Zone
**cytheris* Dry., T, in großen Höhen
**modesta* Blanch, wie letztere
darwini Stgr., wie letztere
inca Stgr., Bol., in großen Höhen
cora Lucas, Peru, wie letztere
Gattung Brenthis paläarktisch, Lfp. Viola etc.
**hecate* Schiff., T
**ino* Rott., variabel
daphne Schiff.
Gattung Clossiana
paläarktisch und nearktisch, einige Autoren trennen die Formen der nearktischen Arten ab, Lfp. Viola
**selene* Schiff., T, auch in USA
**euphrosyne* L.
**dia* L.
**titania* Esp., auch in USA
frigga Thunberg, holarktisch
freija Thunberg, holarktisch
improba Btlr., holarktisch
polaris Bsdv., holarktisch
chariclea Schneider, wie letztere
thore Hbn., paläarktisch
selenis Evers., pal.
hegemone Stgr., pal.
oscarus Evers., pal.
gong Oberth., umfangreiche Silberflecken
iphigenia Graes, pal
angarensis Ersch., pal.
jerdoni Lang, pal.
hakutosana Mats., wie letztere
**perryi* Btlr.
?erubescens Stgr.
?amphilochus Ménétr.
astarte Dbldy., nearktisch
kriemhild Strecker, nearktisch
toddi Holl. (*bellona* Fab.), nearktisch
alberta Edw., nearktisch
distincta Gibson, nearktisch
epithore Edw., wie letztere
Gattung Proclossiana
holarktisch, monotypisch
**eunomia* Esp. (*aphirape* Hbn.), T
Gattung Boloria paläarktisch, Lfp. Vaccinium etc.
**pales* Schiff., T, variabel
graeca Stgr., Balkan, nahe letzterer
napaea Hoffmanseg, auch nearktisch
**sifanica* Gr.-Grsh.
?aquilonaris Stich. (mg. *pales*-f.)
Gattung Phalanta (Atella)
3 oder 4 äthiop. und oriental. Arten, Lfp. Alsodeia und Salix, (siehe Anhang 27)
phalantha Dry., T, weitverbreitet
**columbina* Cr.
Gattung Smerina monotypisch
manoro Ward, T, Madgr., sichelförmige V/F
Gattung Lachnoptera Äthiop., ♂ haben h/F Duftflecken, ♀ weißlich gebändert, Lfp. Rawsonia
anticlia Hbn. (*iole* Fab.), T
ayresii Trim.
Sektion II (Tribus Melitaeini)
„Damenbretter", hauptsächlich holarktisch
Gattung Euphydryas 13 Arten, einige nur nearktisch, Lfp. Plantago, Scabiosa etc.
**phaeton* Dry., T
**chalcedona* Dbldy. & Hew.
**aurinia* Rott.
**cynthia* Schiff.
**maturna* L.
**iduna* Dalm.
Gattung Mellicta
13 paläarktische Arten, Lfp. Linaria, Veronica etc. (frühere Autoren schlossen diese Gattung mit der nächsten zusammen)
**athalia* Rott., T, zweifelhaft in USA
Gattung Melitaea
ⓔ 40 meist paläarktische Arten. Lfp. Plantago, Centaurea etc.
**cinxia* L., T
**diamina* Lang
**phoebe* Schiff.
**didyma* Esp.
**trivia* Schiff.
Gattung Microtia,
mittelamerikan., winzig
**elva* Bates, T, auch S. USA
dymas Edw., wie letztere
draudti Rob.
Gattung Chlosyne
ⓔ 25 amerikan. Arten, sehr variabel, Lfp. Aster
**janais* Druce, T
**eumeda* Godm. & Salv.
**gaudialis* Bates
**gabbii* Behr
**palla* Bsdv.
**lacina* Geyer
**melanarge* Bates
ehrenbergii Hbn. (Untergattung Anameca)
leanira Feld. (Untergattung Thessalia)
perezi H.-Schaff. (Untergattung Atlantea)
elada Hew. (Untergattung Texola) (Untergattung Poladryas? nicht berechtigt)
minuta Edw., T, nearktisch, Lfp. Pentstemon
pola Bsdv.
Gattung Phycoides amerikan., sehr variabel, Lfp. Compositae etc.
Gruppe I (Untergattung Phyciodes) mg. 100 Arten
**tharos* Dry., T
**liriope* Cr.
**simois* Hew.
**teletusa* Godt.
**drusilla* Feld.
**campestris* Behr
**elaphiaea* Hew.
**ianthe* Fab.
Gruppe II (Untergattung Antillea) westind.
pelops Dry., T, keinen weißen Apikalfleck
**proclea* Dbldy. & Hew.
Gruppe III (Untergattung Eresia) ⓔ 50 Arten, ähneln den Ithomiidae
eunice Hbn., T, wie nächste
**philyra* Hew.
**letitia* Hew.
**ildica* Hew.
**landsdorfi* Godt.
**quintilla* Hew.
Gattung Gnathotriche neotropisch
**exclamationis* Koll., T
sodalis Stgr., Col., ähnlich
Gattung Timelaea paläarktisch
**maculata* Brem., T, kleines Exemplar abgebildet
albescens Oberth.
nana Leech
Sektion III (Tribus Dynamini)
provisorisch (siehe Anhang 28)
Gattung Dynamine
ⓔ 50 neotropische Arten, auffälliger Sexualdimorphismus, Lfp. Tragia, Dalechampia etc.
mylitta Cr., T, nahe nächster
**dyonis* Hbn., auch S. USA
**glauce* Bates
**radicula* Hew.
**egaea* Fab.
**zenobia* Bates
**gisella* Hew.
**theseus* Feld.
Unterfamilie Anetinae
provisorisch (siehe Anhang 29)
Gattung Anetia (Clothilda)
Mittelamerika und Antillen
**numidia* Hbn., T
**insignis* Salv., nächste ist ähnlich
cubana Salv., Haiti und Kuba
Unterfamilie Nymphalinae,
alle Regionen der Welt
die Arten zeigen große Formenvielfalt
Sektion I (Gattung Cethosia und Verwandte)
indo-austr., oft auffälliger Sexualdimorphismus
Gattung Cethosia
♀ meist dunkler, manchmal dimorph, Lfp. Passiflora (einige Merkmale deuten auf Verwandtschaft mit den Heliconiidae hin)
cydippe L., T, (? f. nächster)
**chrysippe* Fab., ungewöhnliche Form abgebildet
**biblis* Dry., sehr variabel
**hypsea* Dbldy.
**penthesilea* Cr.
**obscura* Guér.
**nietneri* Feld.
**myrina* Feld., anlockender Duft
cyane Dry., Ind.
moesta Feld.
lamarcki Godt., Timor, G, tiefblau
lechenaulti Godt., ähnelt *N. antiopa*
?gabinia Weym.
?luzonica Feld.
?mindanensis Feld.
Gattung Terinos ⓔ 8 Arten, Lfp. Antidesma und Rinorea
**clarissa* Bsdv., T, nächste ist ähnlich
terpander Hew. Malay., kleiner
**alurgis* Godm. & Salv.
**tethys* Hew.
Gattung Rhinopalpa
monotypisch (frühere Autoren trennten einige Formen ab)
**polynice* Cr., T, variabel
Gattung Vindula (Cynthia)
♀ größer, gewöhnlich weiß-gebändert, Lfp. Adenia etc.
**arsinoe* Cr., T, nächste ist ähnlich
erota Fab., indo-malay.
sapor Godm. & Salv.
obiensis Roths., Obi
Gattung Vagrans (Issoria)
monotypisch, Lfp. Flacourtia
**egista* Cr., T, weitverbreitet, variabel
Gattung Cupha 12 Arten abgerundete V/F, Lfp. Flacourtia
**erymanthis* Dry., T
**prosope* Fab.
Gattung Cirrochroa ⓔ 20 Arten, nur einige leuchtend gefärbt, Lfp. Hydnocarpus etc.
aoris Dbldy., T, Ind., wie kleine Vindula
**imperatrix* G.-Smith
**regina* Feld.
satyrina Feld. (Untergattung Algia)
fasciata Feld. (Untergattung Raduca nicht berechtigt?)
Sektion II (Tribus Vanessidi)
alle Regionen der Welt, geringer Sexualdimorphismus, einige zeigen auffällige jahreszeitliche Variation.
Gattung Vanessa (Pyrameis)
Lfp. Urtica, Carduus, verschiedene Compositae
atalanta L., T, holarktisch, rote Bänder
indica Hbst., orient.
**itea* Fab. (Untergattung Bassaris)
**gonerilla* Fab.
**dejeani* Godt., nächste ist ähnlich
samani Hagen, Sumatra
tameamea Esch., Hawaii, groß
limenitoides Oberth. (Untergatt. Lelex)
?vulcania Godt. (f. von *indica*) (Untergattung Cynthia)
**cardui* L., T
anabella Field, nearktisch
virginiensis Dry. (*huntera* Fab.), USA
terpsichore Phil., neotropisch
myrinna Dbldy., wie letztere
?kershawi Mcoy., Aus., (?*cardui*-f.)
?carye Hbn. (?Synonym von *anabella*)
Gattung Vanessula
afrikan., monotypisch
**milca* Hew., T
Gattung Antanartia afrikan., Lfp. Urtica, Musanga etc.
**delius* Dry., T
**hippomene* Hbn.
**abyssinica* Feld.
schaenia Trim.
borbonica Oberth.
Gattung Hypanartia
9 neotropische Arten, manchmal mit der letzten Gattung zusammengefaßt
**lethe* Fab., T
**kefersteini* Dbldy.
Gattung Symbrenthia
ⓔ 6 vor allem indo-malay. Arten, Lfp. Urtica
**hippoclus* Cr., T
**hypselis* Godt.
Gattung Aglais weitverbreitet, Lfp. Urtica (früher einbezogen in Vanessa oder Nymphalis)
**urticae* L., T
**milberti* Godt.
**caschmirensis* Koll.
Gattung Inachis paläarktisch, monotypisch, Lfp. Urtica (früher zusammen mit Vanessa oder Nymphalis)
**io* L., T
Gattung Nymphalis (Vanessa)
hauptsächlich holarktisch, Lfp. Ulmus, Salix etc.
**polychloros* L. T
**xanthomelas* Schiff.
**californica* Bsdv.
**vau-album* Denis & Schiff. (siehe Anhang 30)
**antiopa* L.
canace L. (Untergattung Kaniska), blaue Bänder
cyanomelas Dbldy. & Hew., Mex., wie letztere
Gattung Polygonia
ⓔ 15 meist holarktische Arten, Lfp. Urtica, Humulus etc.
**c-aureum* L. T
**c-album* L.
**egea* Cr.
**zephyrus* Edw.
**interrogationis* Fab.
progne Cr. (Untergattung Grapta)
Gattung Araschnia
ⓔ 6 paläarktische Arten, ein wenig ähnlich zu Chlosyne, Lfp. Urtica
**levana* L., T, variiert jahreszeitlich
Gattung Precis (Junonia)
40 Arten der Alten Welt, meist äthiop., Lfp. Labiatae, Acanthaceae
**octavia* Cr., T, variiert jahreszeitlich
**tugela* Trim.
**sophia* Fab.
**limnoria* Klug
**rhadama* Bsdv.
**almana* L., variiert jahreszeitlich
**hierta* Fab., nächste ist ähnlich
westermanni Westw., orange, n. gelb
atlites L., oriental., grau mit Ocellen
orithya L., äthiop. und oriental., G blau
iphita Cr., oriental., sehr dunkel
Gattung Catacroptera
afrikan., monotypisch
**cloanthe* Cr., T
Gattung Junonia (Precis)
amerikan., Lfp. Plantago, etc.
evarete Cr. (*lavinia* Cr.), T
**livia* Stgr. (? wahrscheinlich *evarete*-f.)
?genoveva Cr. (wie letztere)
Gattung Mynes 8 australasiat. Arten, Lfp. Laportea
**geoffroyi* Guer., T, nächste ist ähnlich
doubledayi, Wall., Serang, größer
**websteri* G.-Smith, selten
Gattung Anartia neotropisch, Lfp. Jatropha, Lippia etc.
**jatrophae* L., T, auch Süden der USA
**amathea* L.
fatima Fab., auch S. USA
lytrea Godt., Kuba
Gattung Metamorpha
neotropisch, monotypisch
**elissa* Hbn., T
Gattung Siproeta (Victorina)
neotropisch, Lfp. Blechum
trayja Hbn., T, (? f. nächster)
**epaphus* Latr.
**superba* Bates
**stelenes* L., auch S. USA, variabel
Sektion III (Gattung Pseudacraea und Verwandte) Äthiop., meiste Arten ähneln Vertretern anderer Sektionen oder Familien
Gattung Pseudacraea (*eurytus* L., T)
die meisten ahmen eklig schmeckende Arten nach, vor allem Acraeidae, Lfp. Chrysophyllum etc.
Gruppe I (*semire*-Gruppe)
**semire* Cr.
Gruppe II (*hostilia*-Gruppe)
**hostilia* Dry.
**boisduvali* Dbldy., vergl. *Acraea egina*
Gruppe III (*eurytus*-Gruppe)
**eurytus* L., T, sehr variabel
**dolomena* Hew.
dolichiste Hall
Gruppe IV (*lucretia*-Gruppe)
lucretia Cr., weiße Bänder, variabel
**kunowi* Dew.
**clarki* Btlr.
kumothales Overlaet
acholica Riley
poggei Dew., wie *D. chrysippus* (Dan.)
deludens Neave, wie *A. cheria* (Dan.)
Gruppe V (*glaucina*-Gruppe)
glaucina Guen., wie *semire*, h/F dunk.
amaurina Neus.
Gattung Hamanumida
monotypisch, frühe Entwicklungsstufen deuten auf Verbindung mit Euphaedra hin, Lfp. Combretum
**daedalus* Fab., T
Gattung Aterica
Arten gleichen Euriphene, Lfp. Quisqualis
rabena Bsdv., T, Madgr., h/F orange
**galene* Brown, ♀ hat orange h/F
Gattung Crenidomimas monotypisch
concordia Hopff., gleicht *A. pechueli*
Gattung Cynandra monotypisch
**opis* Dry., T, wie Euriphene
Gattung Pseudargynnis monotypisch
hegemone Godt., T, G orange
Gattung Catuna wie Euriphene
crithea Dry., T, h/F Flecken gelb
**sikorana* Rogen., letzterer fehlt h/F Band
angustata Feld.
oberthueri Karsch
Gattung Pseudoneptis monotypisch
**coenobita* Fab., T gleicht Neptis
Sektion IV (Tribus Hypolimnidi)
hauptsächlich Alte Welt, manchmal polymorph
Gattung Hypolimnas (*pandarus* L., T)
Tropen der Alten Welt, Lfp. Portulaca, Pseuderanthemum, Fleurya etc.
Gruppe I (*misippus*-Gruppe)
indo-austr. (Mimikry bei *misippus* siehe Seite 78)
**misippus* L., auch USA, Afrika und Paläarktik
**bolina* L., auch Afrika, ♀ polymorph
**pandarus* L., T, nächste ist ähnlich
saundersii Hew., Timor
octocula Btlr., N. Heb., nahe letzterer
**deois* Hew.
**antilope* Cr.
pithoeka Kirsch, ähnlich letzterer
alimena L., Aus., blau-gebändert
diomea Hew., Celebes, violett-gebändert
?dimona Fruhst. (mg. f. letzterer)
Gruppe II (*salmacis*-Gruppe), Äthiop.
salmacis Dry., grau-blau, dunkl. Adern
monteironis Druce, ähnlich letzterer
chapmani Hew., trüber
**antevorta* Dist.
**dexithea* Hew.
Gruppe III (*dinarcha*-Gruppe), Äthiop.
**dinarcha* Hew.
mechowi Dew., nahe letzterer
Gruppe IV (*dubius*-Gruppe), Äthiop.
**dubius* de Beauvais, ungewöhnliche Form abgebildet
deceptor Trim.
usambara Ward, roter Analfleck a. h/F
Gattung Amnosia
oriental., monotypisch
**decora* Dbldy. & Hew. T
Gattung Kallima (*paralekta* Horsf., T) „Blattschmetterlinge" (siehe Seite 61) Lfp. Acanthaceae
Gruppe I (*inachus*-Gruppe), oriental.
inachus Bsdv., G blau, orange V/F Bänd.
**paralekta* Horsf., T, Obers. wie letztere
**horsfieldi* Koll.
spiridiva G.-Smith, Sumatra
?alompra Moore (mg. f. letzterer)
?albofasciata Moore (*horsfieldi*-f.)
Gruppe II (*rumia*-Gruppe), afrikan.
**rumia* Dbldy. & Westw., ♀ weiß-gebänd.
**jacksoni* Sharpe, ♂ leuchtender blau
Gruppe III (*cymodoce*-Gruppe)
cymodoce Cr., dunkler als nächste
**ansorgei* Roths.
Gattung Salamis, Äthiop., eckige Flügelform, Lfp. Asystasia, Isoglossa etc.
Gruppe I (*augustina*-Gruppe)
augustina Bsdv., T, Madgr.
**anteva* Ward, letztere ist ähnlich
cacta Fab., helles V/F Band fehlt
Gruppe II (*parhassus*-Gruppe), G perlmuttartig
parhassus Dry., ♂ spiegelt rosafarben
anacardii L., dunklere Zeichnungen
duprei Vinson, Madgr., sehr eckig
**strandi* Rob.
Gruppe III (*cytora*-Gruppe)
**cytora* Dbldy.
temora Feld., G tiefblau
Gattung Yoma indo-austr.
**sabina* Cr., T, weitverbreitet
algina Bsdv., N. G., weniger eckig
Gattung Napeocles neotropisch, monotypisch provisorische Plazierung)
**jucunda* Hbn., T
Gattung Doleschallia
10 indo-austr. Arten, Lfp. Pseuderanthemum
bisaltide Cr., T, weitverbreitet, G gelbbraun
**dascon* Godm. & Salv.
Sektion V (Tribus Coloburini)
neotropisch, Lfp. Urticaceae
Gattung Historis Wanderfalter in USA
**odius* Fab., T, kleines Exemplar abgebildet
acheronta Fab. (Untergattung Coea), Schwänze
Gattung Smyrna
**blomfildia* Fab., T, nächste ist ähnlich
karwinskii Hbn., Mittelam. und Mexico
Gattung Pycina
**zamba* Dbldy. & Hew., T
zelys Btlr. & Druce, Panama und Costa Rica
Gattung Baeotus (Megistanis)
**baeotus* Dbldy. & Hew., T
**japetus* Stgr., Unterseite blasser
deucalion Feld., gelbe Mittelbänder
Gattung Colobura (Gynaecia)
monotypisch
**dirce* L., T, Oberseite braun, cremefarbener V/F Querstreifen
Gattung Tigridia (Callizona)
monotypisch, Lfp. Theobroma (zeigt gewisse Ähnlichkeit mit Biblini)
acesta L., T, klein, gestreifte Unterseite

Systematik

Unterfamilie Eurytelinae alle tropische Zonen, jedoch meist neotropisch
Tribus Biblini weitverbreitet, Costaladern basal geschwollen (siehe Anhang 31), können Arten anderer Familien gleichen.
Gattung Ariadne (Ergolis) ⓔ 16 Arten, meist indo-austr. Lfp. Ricinus und Tragia
ariadne L., T, ähnelt _P. wedah_
enotrea Cr., Äthiop.
pagenstecheri Suffert, wie letztere
Gattung Laringa Malay.
horsfieldi Bsdv., T, grau-blaue Bänder
castelnaui Feld., ♂ tiefblau
Gattung Eurytela afrikan., Lfp. Ricinus und Tragia
dryope Cr., T, gelbe Bänder
*_hiarbas_ Dry., letzte ist ähnlich
alinda Mab.
narinda Ward
Gattung Neptidopsis Äthiop., gleicht Neptis
ophione Cr., T
fulgurata Bsdv.
Gattung Mesoxantha afrikan.
ethosea Dry., T, gelb, dunkle Bänder
katera Stoneham
Gattung Byblia afrikan., Lfp. Tragia
ilithyia Dry., T, auch in Indien
*_acheloia_ Wallen.
anvatara Bsdv.
Gattung Biblis (Didonis) neotropisch, auch S. USA, monotypisch, Lfp. Tragia
hyperia Cr. (_biblis_ Fab.), rotes h/F Band
Gattung Libythina neotropisch, monotypisch, lange Palpen
cuvieri Godt., T, purpurn, wie Eunica
Gattung Mestra (Cystineura) ⓔ 7 neotropische Arten, Lfp. Tragia
hypermnestra Hbn., T, zart, weißlich
amymone Ménétr., auch S. USA
teleboas Ménétr. (Untergattung Archimestra)
Gattung Vila (Olina) ⓔ 6 neotrop. Arten, gleichen Ithomiidae
*_azeca_ Dbldy. & Hew., T
Tribus Eunicini hauptsächlich neotropisch (eine Gattung äthiop.), klein, oft leuchtend gefärbt
Gattung Pyrrhogyra ⓔ 8 neotropische Arten, Lfp. ? Paullinia
*_neaerea_ L., T, Oberseite mit weißen Bändern
edocia Dbldy. & Hew., Bänd. blaßgrün
*_otolais_ Bates
Gattung Temenis
*_laothoe_ Cr., T, sehr variabel (Untergattung Callicorina – siehe Anhang 32)
*_pulchra_ Hew., vergl. _C. cynosura_
Gattung Lucinia Antillen, monotypisch, geschwollene Medianader im V/F
*_sida_ Hbn., T
Gattung Bolboneura neotropisch, monotypisch, geschwollene Medianader im V/F (früher einbezogen in Temenis)
*_sylphis_ Bates, T
Gattung Nica neotropisch, monotypisch
*_flavilla_ Hbn., T, sehr variabel
Gattung Peria nördl. neotropischer Bereich, monotypisch
lamis Cr., T, G braun, Unterseite wie letztere
Gattung Asterope (Crenis) Äthiop., ⓔ 16 Art. Lfp. Exoecaria
rosa Hew., T, nahe nächster
*_pechueli_ Dew.
*_natalensis_ Bsdv.
*_boisduvali_ Wallen.
*_trimeni_ Auriv.
*_amulia_ Cr.
madagascariensis Bsdv. (Untergattung Sallya)
Gattung Epiphile ⓔ 20 neotropische Arten, Lfp. Paullinia etc.
*_orea_ Hbn., T, sehr variabel
*_adrasta_ Hew.
*_lampethusa_ Dbldy. & Hew.
*_dilecta_ Stgr.
*_kalbreyeri_ Fassl
Gattung Catonephele ⓔ 12 neotropische Arten, auffälliger Sexualdimorphismus, Lfp. Alchornia
*_acontius_ L., T, ♂ hat Duftfeld auf der V/F Unterseite
orites Stich., ähnlich letzterer
*_chromis_ Dbldy. & Hew.
*_salacia_ Hew.
*_nyctimus_ Westw., typische ♀ Muster
*_numilia_ Cr., ♂ ovale, orange Flecken
Gattung Nessaea neotropisch, auffälliger Sexualdimorphismus
*_anaceus_ L. (_obrinus_ L.), T, nahe nächster
batesii Feld., Guy., reduziertes h/F Band
*_aglaura_ Dbldy. & Hew., orange h/F Flecken
*_hewitsoni_ Feld., nächste ist ähnlich
regina Salv., Venez., kein Blau auf h/F
lesondieri Le Moult, Brasilien
thalia Bargmann, Col.
Gattung Myscelia ⓔ 12 neotropische Arten, Lfp. Dalechampia
*_orsis_ Dry., T
*_ethusa_ Bsdv., Wanderfalter in USA
*_cyananthe_ Feld., wie letztere
*_capenas_ Hew.
Gattung Eunica ⓔ 40 neotropische Arten, einige mit geschwollener Medianader auf V/F, Lfp. Zanthoxylum, Sebastiana etc.
*_monima_ Cr., T, Wanderfalter, auch S.-USA
*_tatila_ H.-Schaff., varia. auch S. USA
*_orphise_ Cr.
*_amelia_ Cr.
*_norica_ Hew.
*_margarita_ Godt.
*_eurota_ Cr.
*_alcmena_ Dbldy & Hew.
*_excelsa_ Godm. & Salv.
*_bechina_ Hew.
*_cabira_ Feld.
*_augusta_ Bates
*_macris_ Godt.
*_chlorochroa_ Salv., Unterseite Callithea-ähnlich
*_sophonisba_ Cr., wie letztere
Tribus Catagrammidi neotropisch, gewöhnlich klein, Unterseite oft genauso schön gefärbt wie Oberseite
Gattung Callithea (_leprieuri_ Feisth., T) Fühler stark gekeult, Farbmuster ähnlich wie bei Agrias (siehe Anhang 33)
Gruppe I (_sapphira_-Gruppe), ♂ h/F Diskus glatt
*_sapphira_ Hbn.
*_markii_ Hew.
*_batesii_ Hew.
*_bartletti_ Godm. & Salv., variabel
*_adamsi_ Lathy
*_buckleyi_ Hew., vergl. _Agrias beata_
*_davisi_ Btlr. (_hewitsoni_ Stgr.), variabel
degandii Hew., ähnlich wie _bartletti_
srnkai Hon., weniger Flecken auf der Unterseite wie bei letzterer
whitelyi Salv.
salvini Stgr.
lugens Druce
Gruppe II (_leprieuri_-Gruppe), ♂ h/F Diskus haarig
*_leprieuri_ Feisth., T, Obers. blaugrün
*_philotima_ Rebel, vergl. _Agrias beata_
*_optima_ Btlr., Oberseite wie letztere
depuiseti Feld., ähnlich wie _leprieuri_
freyja Rob., nahe _philotima_
fassli Rob., wie letztere
Gattung Diaethria (Callicore) ⓔ 40 Arten, die meisten mit 88 oder 89 als Muster auf der Unterseite, Lfp. ? Trema (siehe Anhang 34)
*_clymena_ Cr., T, Wanderfalter in USA
*_lidwina_ Feld., Unterseite wie letztere
*_astala_ Guér.
*_anna_ Guér.
*_marchalii_ Guér
*_candrena_ Godt.
*_meridionalis_ Bates
*_neglecta_ Salv.
*_pavira_ Guen.
*_dodone_ Guen., Perisama-ähnlich
asteria Godm. & Salv., Wanderfalter in USA
Gattung Perisama 50 Arten mit einer großen Skala metallischer Färbung
*_bonplandii_ Guér., T, sehr variabel
*_cabirnia_ Hew.
*_euriclea_ Dbldy. & Hew.
*_priene_ Hopff.
*_morona_ Hew.
*_philinus_ Dbldy. (?_chaseba_ Hew.)
*_oppelii_ Latr., variabel
*_cleolia_ Hew.
*_comnena_ Hew.
*_eminens_ Oberth.
*_humboldtii_ Guér.
*_xanthica_ Hew.
*_vaninka_ Hew.
*_patara_ Hew.
*_clisithera_ Hew.
*_plistia_ Fruhst.
campaspe Hew. (Untergatt. Orophila)
*_cecidas_ Hew. (wie letztere)
Gattung Cybdelis monotypisch
*_phaesyla_ Hbn. (_mnasylus_ Dbldy. & Hew.)
Gattung Antigonis monotypisch (früher zusammengefaßt mit letzterer)
*_pharsalia_ Hew., T, Obers. purpurrot
Gattung Cyclogramma
*_pandama_ Dbldy. & Hew., T, nächste nahe
bachis Dbldy., kein oranges Band auf V/F Oberseite
tertia Strecker, Costa Rica
Gattung Callidula (Haematera) monotypisch (einige Formen werden von anderen Autoren abgesondert), Lfp. Sapindaceae
*_pyramus_ Fab., T, ♂ auf allen Flüg. rot
Gattung Paulogramma (früher zusammengefaßt mit der nächsten Gattung)
*_pyracmon_ Godt., T, nächste ähnlich
peristera Hew., rote h/F Flecken
Gattung Callicore (Catagramma) (_astarte_ Cr., T), Lfp. Allophylus (siehe Anhang 34)
Gruppe I (_hydaspes_-Gruppe)
*_hydaspes_ Dry.
*_aegina_ Feld.
*_mengeli_ Dillon
*_lyca_ Dbldy. & Hew.
*_mionina_ Hew.
*_brome_ Bsdv.
transversa Rob., Bolivien
maronensis Oberth., Guy. und Venez.
Gruppe II (_atacama_-Gruppe)
*_atacama_ Hew., Unters. wie nächste
*_manova_ Fruhst.
*_hesperis_ Guér.
*_cajetani_ Guen., nächste sehr ähnlich
felderi Hew., Ecua. und Peru
faustina Bates, Panama, wie _atacama_
Gruppe III (_cyllene_-Gruppe)
*_cyllene_ Dbldy. & Westw., V/F rot oder gelb
*_pygas_ Godt.
*_eucale_ Fruhst.
aphidna Hew., Venezuela, wie _pygas_
Gruppe IV (_hydarnis_-Gruppe)
*_hydarnis_ Godt., Unterseite Diaethria-ähnlich
Gruppe V (_tolima_-Gruppe)
*_tolima_ Hew.
*_eunomia_ Hew., V/F rot oder gelb
*_hystaspes_ Fab.
*_discrepans_ Stich.
denina Hew., Col. und Peru
chimana Oberth. Ecua.
platytaenia Rob., Col.
guatemalena Bates, Mex. bis Nicar.
pacifica Bates, wie letztere
peralta Dillon, Costa Rica
levi Dillon, Peru
bugaba Stgr., Mexiko bis Panama
Gruppe VI (_texa_-Gruppe)
texa Hew., nahe nächster
*_maximilla_ Fruhst.
*_titania_ Salv.
*_maimuna_ Hew., V/F rot oder gelb
Gruppe VII (_cynosura_-Gruppe), größere Arten
*_cynosura_ Dbldy. & Westw.
*_astarte_ Cr., T, ♂ wie nächste
*_selima_ Guen.
*_excelsior_ Hew., variabel
*_michaeli_ Stgr.
coruscans Rob., nahe letzterer
*_pastazza_ Stgr.
*_patelina_ Hew.
*_casta_ Salv.
*_arirambae_ Dücke
*_sorana_ Godt., nächste ähnlich
oculata Guen., Bol., kein rotes V/F Band
ines Hopp., Col., wie große _discrepans_
Gruppe VIII (_pitheas_-Gruppe)
*_pitheas_ Latr., Oberseite wie _cynosura_
*_cyclops_ Stgr., selten
Gattung Catacore monotypisch, sehr variabel
*_kolyma_ Hew., können rote h/F Flecken haben
Unterfamilie Limenitidinae alle Regionen der Welt
Sektion I (Tribus Limentini) Gattungen der Alten und der Neuen Welt, die meisten Arten haben helle Bänder auf dunklem Grund, wenig Sexualdimorphismus
Gattung Limenitis „Admirale" ⓔ 50 holarktische und oriental. Arten, Lfp. (Alte Welt) Lonicera, Mussaenda und Nauclea, (Neue Welt) Salix etc.
*_populi_ L., T
*_reducta_ Stgr.
*_trivena_ Moore, nächste ähnlich
camilla L. (Untergattung Ladoga), dunkler
*_daraxa_ Dbldy. (Untergattung Sumalia)
*_urdaneta_ Feld.
*_procris_ Cr. (Untergattung Moduza)
*_zayla_ Dbldy. (Untergatt. Parasarpa)
*_lycone_ Hew.
*_lymire_ Hew.
*_dudu_ Westw.
*_albomaculata_ Leech, vergl. _H. misippus_
*_danava_ Moore (Untergattung Auzakia)
*_archippus_ Cr., Nachahmer von _D. plexippus_ (Dan.)
*_arthemis_ Dry. (mg. nächste gleiche Art)
*_astyanax_ Fab., Nachahmer von _B. philenor_ (Pap.)
weidermeyerii Edw., nearktisch
lorquini Bsdv., wie letztere
*_bredowii_ Geyer, Übergang zu Adelpha
Gattung Adelpha mg. 100 neotropische Arten, sehr nahe letzterer Lfp. ?Gonzalea
mesentina Cr., T, kleiner als nächste
*_melanthe_ Bates, letztere ähnlich
*_fessonia_ Hew., auch USA (wie Limenitis)
*_epione_ Godt.
*_melona_ Hew.
*_iphicla_ L.
*_aricia_ Hew.
*_ethelda_ Hew., nächste ähnlich
leuceria Druce, Mex., breitere Bänder
*_syma_ Godt.
*_celerio_ Btlr.
*_saundersi_ Hew.
*_serpa_ Bsdv.
*_olynthia_ Feld.
*_mythra_ Godt.
*_alala_ Hew.
*_lara_ Hew.
isis Dry., Bras., ähnlich letzterer
zina Hew., Col., runde weiße h/F Flecken
demialba Btlr., M.-Amerika, gefleckte Spitzen
Gattung Lebadea oriental.
*_martha_ Fab., T
alankara Horsf., Java und Sumatra
Gattung Pandita oriental., ?monotypisch
sinope Moore, T, Malay., orange/schwarz
?_imitans_ Btlr., Nias. (mg-_sinope_-f.)
Gattung Parthenos indo-austr., Lfp. Adenia und Tinospora
*_sylvia_ Cr., T, viele Rassen
*_tigrina_ Fruhst.
*_aspila_ Hon.
Gattung Neurosigma monotypisch
*_doubledayi_ Westw., T, Himalaya
Gattung Abrota indo-paläarktisch
*_ganga_ Moore, T
pratti Leech, Chin.
Gattung Athyma ⓔ 12 oriental. Arten, Lfp. Phyllanthus
*_perius_ L. T, weitverbreitet
eulimene Godt., australasiat.
Sektion II (Tribus Neptini) Alte Welt, G schwarz/weiß oder schwarz/orange
Gattung Pantoporia 12 indo-austr. Arten, auffälliger Sexualdimorphismus, ♀ oft polymorph, Lfp. Olea und Lonicera
*_hordonia_ Stoll, T
*_kasa_ Moore
*_dama_ Moore
*_cama_ Moore
*_venilia_ L.
*_epimethis_ Feld.
*_ranga_ Moore
*_nefte_ Cr., sehr variabel
Gattung Lasippa ⓔ 12 indo-austr. Arten
heliodore Fab., T, Burma, wie _N. miah_
Gattung Neptis 100 Arten, hauptsächlich in den Tropen der Alten Welt Lfp. verschiedene Leguminosae, Malvaceae, Tiliaceae etc.
hylas L., T, nahe nächster
*_nandina_ Moore
*_brebissonii_ Bsdv.
*_miah_ Moore
*_zaida_ Moore
*_hesione_ Leech
*_soma_ Moore
*_agatha_ Stoll
*_saclava_ Bsdv.
*_nicomedes_ Hew.
*_woodwardi_ Sharpe
*_melicerta_ Dry.
*_strigata_ Auriv.
rivularis Scop., europäisch
sappho Pallas, wie letztere
Gattung Phaedyma ⓔ 7 indo-austr. Arten, Lfp. Brachychiton, Celtis
amphion L. (_heliodora_ Cr.), T, Molukk.
*_shepherdi_ Moore, letztere ähnlich
Gattung Aldania paläarktisch, Nachahmer von Danaiden
raddei Brem., T, Sibir.
imitans Oberth., wie _D. sita_ (Gattung Cymothoe und Verwandte) Äthiop., Lfp. Rinorea und Dorvyalis
Gattung Cymothoe (_caenis_ Dry., T) 80 Arten, auffälliger Sexualdimorphismus
Gruppe I (_theobene_-Gruppe)
*_theobene_ Dbldy. & Hew.
Gruppe II (_oemilius_-Gruppe)
oemilius Doumet, weiße Medianbänder
fernandina Hall
Gruppe III (_hyarbita_-Gruppe), ♂ gelb
hyarbita Hew., nahe nächster
*_reinholdi_ Plotz, dunkle Linie auf der Unterseite der h/F
hyarbitina Auriv.
beckeri H.-Schaff., ♀ schw. u. w
*_theodosia_ Stgr. (? f. letzterer)
Gruppe IV (_lucasi_-Gruppe) ♂ or
*_lucasi_ Doumet
cloetensi Seeldrayers
owassae Sch.
egesta Cr.
Gruppe V (_lurida_-Gruppe), 11 A
*_lurida_ Btlr.
hypatha Hew., dunkles Medianb
Gruppe VI (_fumana_-Gruppe), ♂
fumana Westw., dunkler als näc
*_fumosa_ Stgr.
vosiana Overlaet
diphyia Karsch
haynae Dew.
superba Auriv.
Gruppe VII (_caenis_-Gruppe), 40 A
caenis Dry., T, G cremefarben, dunkle Ränder
*_alcimeda_ Godt.
*_teita_ van Som.
herminia G.-Smith
jodutta Westw.
Gruppe VIII (_sangaris_-Gruppe) ⓔ Arten
*_sangaris_ Godt., ♂ nahe nächste
*_coccinata_ Hew., nächste ähnlic
aramis Hew., mehr orange-rot
anitorgis Hew., nahe _sangaris_
Gattung Kumothales monotyp (siehe Anhang 35)
inexpectata Overlaet, T
Gattung Euptera ⓔ 8 kleine Arten, oft einbezogen in Cymo
sirene Stgr., T, braun, gelbe Bä
elabontas Hew., zarte, spitzenart Muster
Gattung Pseudathyma 4 Arten, die Neptis gleiche
sibyllina Stgr., T, wie _N. agatha_
Sektion IV (Tribus Euthalini) die meisten indo-austr., einige äthiop. und paläarktische Arten sind kräftig gebaut, Raupen mit federartigen Seitendornen
Gattung Euryphura afrikan., eckige Flügelform, etwas verwandt mit Cymothoe
Gruppe I (_porphyrion_-Gruppe)
porphyrion Ward, T, wie _P. clarki_
nobilis Stgr.
Gruppe II (_achlys_-Gruppe)
achlys Hopff.
*_chalcis_ Feld.
plautilla Hew.
Gattung Euryphaedra afrikan., monotypisch
thauma Stgr., T, grün, wie Acrae
Gattung Harmilla afrikan., blaugrün, Euphaedra-ähr
elegans Auriv., T, gelbe V/F Bär
hawkeri J. & T., selten
Gattung Euriphene (Diestogyna ⓔ 60 afrikan. Arten, viele variabel, ♀ haben gewöhnlich blasses V/F Band
caerulea Bsdv. (_felicia_ Btlr.), T
*_atrovirens_ Mab.
*_gambiae_ Feisth.
*_leonis_ Auriv.
Gattung Bebearia ⓔ 60 afrikan. Arten, viele gleichen Euphaedra (siehe Anhang 35)
iturina Karsch, T, nahe nächster
*_zonara_ Btlr.
absolon Fab., ähnlich letzterer
*_sophus_ Fab.
*_barce_ Dbldy.
*_plistonax_ Hew.
*_oxione_ Hew.
*_ikelemba_ Auriv.
octogramma G.-Smith & Kirby, w _E. francina_
Gattung Euphaedra (_cyparissa_ Cr., T) ⓔ 50 afrikan. Arten, Lfp. Deinbollia, Phialodiscus
Gruppe I (_neophron_-Gruppe)
*_neophron_ Hopff.
Gruppe II (_medon_-Gruppe) ⓔ 12 Arten
*_medon_ L., variabel
*_eupalus_ Fab.
*_losinga_ Hew., nächste ähnlich
spatiosa Mab., reduzierte V/F Bä
*_imperialis_ Lindemans
Gruppe III (_xypete_-Gruppe)
xypete Hew., h/F Unterseite fuchsinfarben
*_gausape_ Btlr.
herberti Sharpe
adolfi-friderici Sch.
crockeri Btlr.
Gruppe IV (_themis_-Gruppe)
themis Hbn., sehr variabel
*_cyparissa_ Cr., T
janetta Btlr.
eberti Auriv.
Gruppe V (_ceres_-Gruppe) ⓔ 13 A
ceres Fab., wie nächste, kleine h/ Flecken
*_francina_ Godt.
preussi Stgr., sehr variabel

Systematik

Gruppe VI (*eleus*-Gruppe) 7 Arten
eleus Dry. (sog. Romaleosoma) G orange
**edwardsi* Hoev.
Gruppe VII (*perseis*-Gruppe)
perseis Dry., nahe nächster
**eusemoides* G.-Smith & Kirby
**zaddachi* Dry.
pseudeleus Hall
Gattung Tanaecia
ⓔ 17 oriental. Arten, einige haben blaue h/F Ränder, die an die nächste Gattung erinnern
**pelea* Fab., T
aruna Feld., ähnlich letzterer
Gattung Cynitia (Felderia)
ⓔ 15 oriental. Arten, manchmal mit der nächsten Gattung vereint
phlegethon Semp., T
**julii* Lesson, letztere ähnlich
**iapis* Godt., variabel
Gattung Euthalia (Adolias)
(*lubentina* Cr., T) oriental., einige ostpaläarktisch, robuste Arten, auffälliger Sexualdimorphismus und lokale Variation, Lfp. Diospyros, Loranthus, Mangifera, Melastoma etc.
Gruppe I (*aconthea*-Gruppe) 30 Arten
**aconthea* Cr.
**adonia* Cr., nächste ähnlich
lubentina Cr., T
franciae Gray, Ind., Unterseite rosa
Gruppe II (*evelina*-Gruppe) 40 Arten
**evelina* Stoll
**kosempona* Fruhst.
**duda* Stgr.
thibetana Pouj., auch paläarktisch
kardama Moore, wie letztere
Gruppe III (*nais*-Gruppe)
**nais* Forster
Gruppe IV (*dirtea*-Gruppe) ⓔ 10 Arten
dirtea Fab., ähnlich nächster
**khasiana* Swinhoe, ♀ braun, gelbe Flecken
canescens Btlr., Borneo, nahe letzterer
cyanipardus Btlr., Assam, sehr groß
Gattung Euthaliopsis
australasiat., monotypisch
aetion Hew., T, G braun, cremefarbene Zeichnungen
Gattung Lexias indo-austr.
**aeropa* L., T
panopus Feld, Phil.
Sektion V (Tribus Ageroniini)
neotropisch, Lfp. Dalechampia (siehe Anhang 36)
Gattung Hamadryas (Ageronia)
Arten haben Gebilde an der Basis der V/F, mit denen sie einen scharfen Laut hervorrufen können
**amphinome* L., T
**februa* Hbn.
**guatemalena* Bates
**glauconome* Bates, nächste ähnlich
amphichloe Bsd. (*ferox* Stgr.)
**atlantis* Bates
**chloe* Cr. (T von Ageronia)
albicornis Stgr., Ama., nahe letzterer
**fornax* Hbn., Wanderfalter in USA
**arinome* Lucas
**alicia* Bates
**velutina* Bates, nächste ähnlich
arethusa Cr. (Untergatt. Peridromia)
arete Dbldy., Unterseite reflektiert nicht
**belladonna* Bates
feronia L., wie *guatemalena*, auch USA
ipthime Bates, weitverbr., wie letztere
epinome Fed., nahe *feronia*
?*elaps* Godm. & Salv., (*atlantis*-f.)
?*rosandra* Fruhst. (?*belladonna*-f.)
Gattung Ectima
iona Dbldy. & Hew., T, Peru
**liria* Fab.
rectifascia Btlr. & Druce, M.-Amerika
Gattung Panacea (Pandora)
**prola* Dbldy. & Hew., T, nächste größ.
regina Bates, Unterseite der h/F mit Ocellen
**procilla* Hew., nächste ähnlich
chalcothea Hew., Col., h/F hellrot
Gattung Batesia monotypisch, früher mit letzterer zusammengefaßt
**hypochlora* Feld., T, Typus auf der Unterseite grün
Unterfamilie Cyrestiinae
(Marpesiinae) Alte und Neue Welt Gattungen, Bau und frühe Stadien deuten auf Verbindung mit Apaturinae hin, Lfp. Ficus oder Verwandte
Gattung Cyrestis
ⓔ 20 hauptsächlich indo-austr. Arten
**thyonneus* Cr., T
**thyodamas* Bsdv., auch ostpaläarktisch
nivea Zink, weitverbreitet, wie letztere
maenalis Erichson, nahe *thyodamas*
achates Btlr., N. G., wie letztere
lutea Zink, Java, G gelb
**themire* Hbn. (*periander* Fab.)
**cocles* Fab.
**acilia* Godt.
camillus Fab., Äthiop.
**elegans* Bsdv., wie letztere
Gattung Chersonesia
ⓔ 8 Arten, meist indo-malay., G gelb oder orange
rahria Moore, T, nahe nächster
**risa* Dbldy.
Gattung Pseudergolis
(provisorische Plazierung), oriental., Lfp. Urticaceae (siehe Anhang 37)
avesta Feld., T, Celebes
**wedah* Koll., letztere ähnlich
Gattung Marpesia (Megalura)
ⓔ 24 neotropische Arten mit langen h/F Schwänzen
eleuchea Hbn., T, Antillen, wie nächste
**petreus* Bates (*peleus* Sulzer), USA
**coresia* Godt., auch USA
chiron Fab, wie letztere
**orsilochus* Fab.
**iole* Dry., nächste ähnlich
hermione Feld., Purpurröte fehlt
**harmonia* Dbldy. & Hew., ♂ orange
berania Hew., wie ♂ letzterer
corita Westw., schwarzer Punkt im V/F Band
**corinna* Latr., letztere u. nächste nahe
marcella Feld., orange, Band unauff.
Unterfamilie Apaturinae
alle Regionen der Welt, ♂ haben oft einen leuchtendblauen oder purpurnen Schimmer, Raupen glatt mit Kopf-„Hörnern" und einem Satyrid-ähnlichen Aussehen
Gattung Apatura 20 paläarktische und indo-malay. Arten, Lfp. Salix, Ulmus, Ostrya etc.
**iris* L., T
ilia Schiff., kleiner V/F Ocellus
**ambica* Koll.
**schrenckii* Ménétr.
**chrysolora* Fruhst., ♂ nächst. ähnlich
**ulupi* Doherty, ♂ hat dunkl. V/F Band
leechi (*chevana*) Moore, Neptis-ähnl.
sordida Moore (Untergattung Chitoria)
**parisatis* Westw. (Untergattung Rohana)
Gattung Dilipa oriental., oft mit letzterer zusammengefaßt
morgiana Westw., T, Ind., wie nächste
fenestra Leech, chin., orange/schwarz
Gattung Apaturina
N. G.?, monotypisch (Variation kann andere Arten einschließen)
**erminea* Cr., T
Gattung Eulaceura Malay., monotypisch, Lfp. Gironniera
osteria Westw., T, ähnlich wie *L. dudu*
Gattung Helcyra
indo-austr. und paläarktisch
chionippe Feld., T, N. G., nächste größ.
**superba* Leech
**plesseni* Fruhst.
?*hemina* Hew., Ind., (mg. *superba*-f.)
Gattung Hestina
ⓔ 10 paläarktische und oriental. Arten, Danaid-Nachahmer
**assimilis* L., T
**persimilis* Westw.
japonica Feld. (Untergattung Diagora)
Gattung Euripus (Idrusia)
paläarktisch und oriental., ♀ polymorph und Nachahmer der Euploea-Arten, Lfp. Urticaceae
halitherses Dbldy., T, wie nächste
**nyctelius* Dbldy.
consimilis Westw.
robustus Wall.
Gattung Herona oriental.
**marathus* Dbldy., T
sumatrana Moore
djarang Fruhst., Nias, selten
Gattung Thaleropis
asiat., monotypisch
ionia Fisiher & Evers, T, wie *P. egea*
Gattung Sephisa indo-chin.
dichroa Koll., T, nahe nächster
**daimio* Mats.
**chandra* Moore
Gattung Sasakia China und Japan
**charonda* Hew., T, ♀ nicht purpurn, größer
funebris Leech, Chin., dunkel geädert
Gattung Dichorragia indo-austr.
**nesimachus* Bsdv., T
ninus Feld., N. G.
Gattung Stibochiona orient. (siehe Anhang 38)
**coresia* Hbn., T
**nicea* Gray
schoenbergi Hon., Borneo
Gattung Asterocampa
vor allem nearktisch, Lfp. Celtis
**celtis* Bsdv., T, nächsten zwei sind ähnlich
clyton Bsdv. & Leconte
leila Edw.
argus Bates, Guat. und Honduras
Gattung Doxocopa (Chloríppe)
30 neotropische Arten, ♂ gewöhnlich leuchtende Strukturfarben (siehe Anhang 39), ♀ können Adelpha ähneln, Lfp. Celtis
**agathina* Cr., T
**felderi* Godm. & Salv., Oberseite wie letztere
**elis* Feld.
**pavon* Latr., auch S. USA
**kallina* Stgr., ♂ wie *agathina*
**selina* Bates
**laure* Dry.
**cyane* Latr.
**lavinia* Btlr.
**cherubina* Feld.
**seraphina* Hbn., ♂ wie letztere
Gattung Apaturopsis Äthiop., provisorische Plazierung (siehe Anhang 40)
**cleochares* Hew., T
kilusa G.-Smith, nahe letzterer
Unterfamilie Charaxinae
alle Regionen der Welt, aber hauptsächlich tropisch, eine sehr eigene Unterfamilie, Arten kräftig gebaut, oft glänzend gefärbt. Eier kugelförmig oder abgeflacht, Raupen glatt mit Kopf-„Hörnern", Puppen am Boden sitzend ähnlich denen der Danaidae oder Apaturinae.
Tribus Preponini neotropisch, ♂ haben auffällige Geruchsbüschel an der Basis der h/F.
Gattung Agrias (*claudina* Godt. (*claudia* Schulze), T)
4 – 9 Arten (siehe Anhang 41)
Gruppe I (*amydon*-Gruppe)
**amydon* Hew.
**phalcidon* Hew. (?*amydon* s. sp.)
**pericles* Bates (?*amydon* s. sp.)
**beata* Stgr., nächste gelbe V/F Basis
hewitsonius Bates (?*beata* s. sp.)
Gruppe II (*claudina*-Gruppe)
**claudina* Godt. (*claudia* Schulze), T
**sardanapalus* Bates (?*claudina* s. sp.)
aedon Hew., Oberseite wie *A. c. lugens*
**narcissus* Stgr. (?*aedon* s. sp.)
Gattung Prepona
sehr nahe verwandt mit letzterer, alle außer ein paar Arten haben blaugrüne Medianbänder
(Untergattung Prepona – h/F Büschel gelb)
demodice Godt., T, (? f. nächster)
laertes Hbn., nahe nächster
**eugenes* Bates
**omphale* Hbn.
pseudomphale Le Moult
**subomphale* Le Moult (? f. letzterer)
**pheridamas* Cr.
**dexamenus* Hopff., Unterseite wie *meander*
**xenagoras*, nächste ähnlich
garleppiana Stgr., Bol. und Peru
deiphile Godt. Bras., wie *xenagoras*
brooksiana Godt., Mex., wie letztere
pylene Hew.
gnorima Bates
neoterpe Hon.
lygia Fruhst.
joiceyi Le Moult
lilianae Le Moult
philipponi Le Moult
pseudojoiceyi Le Moult
rothschildi Le Moult
werneri Hering & Hopp
**praeneste* Hew.
**buckleyana* Hew.
?*sarumani* sp. nov. (siehe Anhang 42)
(Untergattung Archaeoprepona – h/F Büschel schwarz)
**demophon* L., T, Oberseite wie nächste
**demophoon* Hbn., Oberseite blau-gebändert
**meander* Cr., wie letzere
**chalciope* Hbn., wie letztere
**licomedes* Cr., wie letztere
camilla Godm. & Salv.
phaedra Godm. & Salv.
?*luctuosus* Walch.
(Untergattung Noreppa – h/F Flecken schwarz)
**chromus* Guér., T
?*priene* Hew. (mg. s. sp. letzterer)
Gattung Anaeomorpha monotypisch
**splendida* Roths., T
Tribus Prothoini indo-austr.
Gattung Prothoe Lfp. Oxymitra etc.
**franck* Godt., T
**australis* Guér.
regalis Btlr. Assam
ribbei Roths Solom.
*calydonia Hew. (Untergattung Agatasa)
chrysodonia Stgr., Mindanao
Tribus Charaxini Alte Welt, hauptsächlich Äthiopien, können auffälligen Sexualdimorphismus haben
Gattung Euxanthe Äthiop., abgerundete Flügel Lfp. Deinbollia etc.
**eurinome* Cr., T, nächste ähnlich
crossleyi Ward, ausgedehnter h/F Flecken
**wakefieldi* Ward
**madagascariensis* Lucas (sg. Godartia)
**trajanus* Ward (Untergattung Hypomelaena)
**tiberius* G.-Smith
Gattung Charaxes (*jasius* L., T)
meist äthiop., einige indo-austr. und paläarktisch, Lfp. sehr unterschiedlich, Allophyllus, Syzygium, Scutia, Acacia, Deinbollia etc.
Gruppe I (*varanes*-Gruppe) (Untergattung Stonehamia (Hadrodontes))
varanes Cr. (T von Stonehamia)
**fulvescens* Auriv., letztere ähnlich
acuminatus Thurau, s. zugespitzte V/F
balfouri Btlr.
**analava* Ward
Gruppe II (*candiope*-Gruppe)
**candiope* Godt.
antamboulou Lucas, Madag., w. nächste
**cowani* Btlr.
Gruppe III (*cynthia*-Gruppe)
cynthia Btlr., ähnlich wie *lucretius*
**protoclea* Feisth.
boueti Feisth., nahe nächster
**lasti* G.-Smith
Gruppe IV (*lucretius*-Gruppe)
**lucretius* Cr.
octavus Minig
odysseus Stgr.
**lactetinctus* Karsch
Gruppe V (*jasius*-Gruppe)
jasius L., T, variabel, auch paläarktisch
**pelias* Cr., kleiner als letztere
hansali Feld.
**castor* Cr.
brutus Cr., dunkel, weiße Bänder
andara Ward., Madag.
ansorgei Roths.
phoebus Btlr.
**pollux* Cr.
**druceanus* Btlr.
phraortes Dbldy., Madgr., nahe nächster
**andranodorus* Mab.
**eudoxus* Dry.
richelmanni Rob.
Gruppe VI (*tiridates*-Gruppe)
tiridates Cr., nahe nächster
**numenes* Hew.
bipunctatus Roths., ähnlich letzterer
**violetta* G.-Smith
fuscus Plantrou
mixtus Roths.
bubastis Sch.
albimaculatus van Som.
barnsi J. & T.**bohemani* Feld.
schoutedeni Ghesquière
**montieri* Stgr. & Schatz
smaragdalis Btlr.
**xiphares* Cr.
**cithaeron* Feld.
nandina Roths. & Jord.
imperialis Btlr.
**ameliae* Doumet
pythodoris Hew.
?*overlaeti* Schouteden
Gruppe VII (*hadrianus*-Gruppe)
**hadrianus* Ward
Gruppe VIII (*nobilis*-Gruppe)
**nobilis* Druce
superbus Schultze, sehr ähnlich letzterer
**acraeoides* Druce
**fournierae* Le Cerf, selten
**lydiae* Holl., Polyura-ähnlich
Gruppe IX (*zoolina*-Gruppe)
**zoolina* Westw., variiert jahreszeitlich
**kahldeni* Homeyer & Dew., wie letztere
Gruppe X (*eupale*-Gruppe)
**eupale* Dry.
dilutus Roths., nahe letzterer
**subornatus* Schultze
montis Jack.
Gruppe XI (*jahlusa*-Gruppe)
**jahlusa* Trim.
Gruppe XII (*pleione*-Gruppe)
**pleione* Godt. (*lichas* Dbldy.)
**paphianus* Ward
Gruppe XIII (*zingha*-Gruppe)
**zingha* Stoll (Untergattung Zingha)
Gruppe XIV (*etesipe*-Gruppe)
**etesipe* Godt.
penricei Roths.
cacuthis Hew.
paradoxa Lathy
achaemenes Feld.
Gruppe XV (*etheocles*-Gruppe)
**etheocles* Cr., sehr variabel
**anticlea* Dry.
baumanni Rogen.
**opinatus* Heron.
thysi Capronnier
**hildebrandti* Dew.
blanda Roths.
kheili Stgr.
northcotti Roths.
**guderiana* Dew.
pembanus Jord.
usambarae van Som. & Jack
contrarius Weym.
petersi van Som.
marieps van Som. & Jack.
karkloof van Som.
martini van Som.
gallagheri van Som.
alpinus van Som. & Jack
nyikensis van Som.
maccleeryi van Som.
grahamei van Som.
**aubyni* van Som. & Jack.
chepalungu van Som.
virilis Roths.
fulgurata Auriv.
berkeleyi van Som. & Jack.
baileyi van Som.
manica Trim.
pseudophaeus van Som.
chintechi van Som.
protomanica van Som.
ethalion Bsdv., sehr variabel
pondoensis van Som.
viola Btlr., sehr variabel
phaeus Hew.
vansoni van Som.
variata van Som.
loandae van Som.
brainei van Som.
cedreatis Hew.
mafuga van Som.
Gruppe XVI (*nichetes*-Gruppe)
**nichetes* G.-Smith
Gruppe XVII (*laodice*-Gruppe)
**laodice* Dry.
zelica Btlr.
porthos G.-Smith
dunkeli Rob.
doubledayi Auriv.
mycerina Godt.
Gruppe XVIII (*fabius*-Gruppe), indo-austr. (siehe Anhang 43)
**fabius* Fab.
solon Fab (? f. letzterer)
orilus Btlr., Timor, selten
Gruppe XIX (*polyxena*-Gruppe) indo-austr.
polyxena Cr., weitverbreitet, auch paläarktisch
amycus Feld., Phil.
affinis Btlr., Celebes
**latona* Btlr.
marmax Westw., Ind.
aristogiton Feld., Ind.
kahruba Moore, Ind.
**distanti* Hon.
harmodius Feld., Java und Sumatra
antonius Semp., Mindanao
plateni Stgr., Palawan
bupalus Stgr. Palawan
borneensis Btlr., Malay.
?*ocellatus* Fruhst., Sumbawa
?*psaphon* Westw., Ceylon (*polyxena*-f
?**fervens* Btlr., Nias, (wie letztere)
Gruppe XX (*eurialus*-Gruppe), malay.-austr.
eurialus Cr., Ambon und Ceram, groß
durnfordi Dist., Malay.
**nitebis* Hew.
mars Stgr., Celebes
Gattung Polyura (Eriboea)
(*pyrrhus* L., T) indo-austr., einige wenige ostpaläarktisch, Sexualdimorphismus gewöhnlich weniger auffällig als bei Charaxes. Lfp. sehr unterschiedlich Acacia, Albizzia, Grewia etc.
**athamas* Dry., variabel
arja Feld., Ind., blasser
**moori* Dist.
hebe Btlr., nahe letzterer
**jalysus* Feld.
**narcaea* Hew., nächste ähnlich
eudamippus Dbldy., indo-chin., groß
rothschildi Leech, Chin. (? f. letztere)
posidonius Leech, Chin.
nepenthes G.-Smith, Thailand
dolon Westw., Ind.
delphis Dbldy., indo-malay.
**schreiberi* Godt., variabel
cognatus Voll., Celebes (? f. letzterer)
**dehaani* Dbldy. (*kadeni* Feld.)
gamma Lathy, N. Caled., klein
aristophanes Fruhst, Solom. (? f. letzterer)
caphontis Hew., Fidji-Inseln
epigenes Godm. & Salv., Sol., ♂♀ dimorph
**pyrrhus* L., T
clitarchus Hew., N. Caled.
?*jupiter* Btlr., N. G. (mg. *pyrrhus*-f.)
Gattung Palla Äthiop., auffälliger Sexualdimorphismus Lfp. Porana, Toddalia etc.
**decius* Cr., T
**violinitens* Crowley, ♂ nahe letzterer
**ussheri* Btlr.
publius Stgr., ähnlich wie *ussheri*
Tribus Anaeini, fast gänzlich neotropisch, Lfp. variiert Piper, Croton, Camphoromoea, Goeppertia
Gattung Anaea (*troglodyta* Fab., T)
(Untergattung Coenophlebia)
**archidona* Hew., T
(Untergattung Siderone)
**marthesia* Cr., T (siehe Anhang 44)
(Untergattung Zaretis)
**itys* Cr., T (*isidora* Cr.), ♂ braun
**syene* Hew.
callidryas Feld.
(Untergattung Hypna)
**clytemnestra* Cr., T, variabel
(Untergattung Anaea)
troglodyta Fab., T, ähnlich nächster
**cubana* Druce
portia Fab.
borinquenalis Johnson & Coms.

Systematik

astina Fab.
minor Hall
aidea Guér., auch USA
floridalis Johnson & Coms.
andria Scudder, auch USA
(Untergattung Polygrapha)
**cyanea* Salv. & Godm., T
**tyrianthina* Salv. & Godm.
**xenocrates* Westw.
suprema Schaus
(Untergattung Consul (Protogonius))
**fabius* Cr. (*hippona* Fab.), T, variabel
**electra* Westw.
**planariste* Hew.
pandrosa Niepelt
jansoni Salv.
excellens Bates
(Untergattung Fountainea)
**ryphea* Cr., T
eurypyle Feld.
ecuadoralis Johnson & Coms.
sosippus Hopff.
**glycerium* Dbldy., auch USA
johnsoni Avin. & Shoumatoff
venezuelana Johnson & Coms.
cratias Hew.
(Untergattung Memphis (*polycarmes* Fab., T))
Gruppe I (*nessus*-Gruppe)
**nessus* Latr.
**titan* Feld.
nesea Godt.
nobilis Bates
Gruppe II (*pasibula*-Gruppe)
**pasibula* Dbldy.
falcata Hopff.
Gruppe III (*aureola*-Gruppe)
aureola Bates, gezeichnet wie *pasibula*
**anna* Stgr.
**polyxo* Druce
dia Godm. & Salv.
elina Stgr., wie *anna*, V/F oranger Querstreifen
Gruppe IV (*halice*-Gruppe)
halice Godt., ähnlich nächster
**tehuana* Hall
chrysophana Bates
fumata Hall
moretta Druce
evelina Coms.
Gruppe V (*verticordia*-Gruppe)
verticordia Hbn., V/F Flecken
**echemus* Dbldy., letztere ähnlich
pleione Godt.
morena Hall
lankesteri Hall
artacaena Hew.
perenna Godm. & Salv.
Gruppe VI (*arginussa*-Gruppe)
**arginussa* Geyer
austrina Coms.
herbacea Btlr. & Druce
pithyusa Feld, auch USA
lemnos Druce
Gruppe VII (*hedemanni*-Gruppe)
hedemanni Feld., eckiger als nächste
**praxias* Hopff.
acaudata Rob.
Gruppe VIII (*glauce*-Gruppe)
glauce Feld., nächster sehr ähnlich
**glaucone* Feld.
centralis Rob.
cicla Mosch.
felderi Rob.
Gruppe IX (*appias*-Gruppe)
appias Hbn., ähnlich nächster
**xenocles* Westw.
xenippa Hall
Gruppe X (*polycarmes*-Gruppe)
polycarmes Fab., T, dunkelblau, ♂ keinen Schwanz
**laura* Druce, sehr groß
grandis Druce
nenia Druce
vasilia Cr.
bella Coms.
vicinia Stgr.
phantes Hopff.
offa Druce
gudrun Niepelt
lynceus Rob.
lyceus Druce
proserpina Salv.
schausiana Godm. & Salv.
elara Godm. & Salv.
phoebe Druce
ambrosia Druce
forreri Godm. & Salv.
lineata Salv.
florita Druce
orthesia Godm. & Salv.
annetta Coms.
memphis Feld.
aulica Rob.
cleomestra Hew.
anassa Feld.
octavius Fab.
Gruppe XI (*morvus*-Gruppe)
morvus Fab., einige Formen wie nächste
**philumena* Dbldy.
oenomais Bsdv.
chaeronea Feld.
xenica Bates
Gruppe XII (*eribotes*-Gruppe)
**eribotes* Fab.
leonida Cr.
hirta Weym.
otrere Hbn.

arachne Cr., sehr variabel
eleanora Coms.
catinka Druce
pseudiphis Stgr.
beatrix Druce
Gruppe XIII (*iphis*-Gruppe)
iphis Latr., nahe nächster
**alberta* Druce
cerealia Druce
moeris Feld.
lorna Druce
boliviana Druce
cluvia Hopff.

Seite 222 – 227
FAMILIE AMATHUSIIDAE
hauptsächlich indo-austr., Ocellen auf der Unterseite beider Flügelpaare, Fühler sich allmählich verjüngend, Palpen lang, bei einigen Gattungen haben ♂ hochentwickelte Haarpinsel und eine duftverbreitende Vorrichtung.

Gattung Aemona
amathusia Hew., T, indo-chin.
**lena* Atk., gewöhnlich blasser als letztere
?*peali* W.-Mas., Assam, mg. *lena*-f.

Gattung Faunis (Clerome)
**eumeus* Dry., T
**aerope* Leech
**canens* Hbn. (*arcesilaus* Fab.)
**menado* Hew.
assama Westw., Assam
gracilis Btlr., Malay.
stomphax Westw., Borneo, Sumatra
kirata de Nicév., wie letztere
leucis Feld., Phil.
phaon Erichson, wie letztere
?*taraki* Pendlebury, Malay. (mg. *canens*-f.)
?*rufus* Brooks

Gattung Melanocyma
(oft mit letzterer zusammengefaßt)
mg. monotypisch
**faunula* Westw., T
?*faunuloides* de Nicév., Burma, große f.

Gattung Xanthotaenia monotypisch
**busiris* Westw.

Gattung Ensipe
**euthymius* Dbldy., T
lunatus Leech, Chin., nahe letzterer
**cycnus* Westw.

Gattung Discophora ♂ haben kreisförmigen h/F Duftflecken
celinde Stoll, T, Java, gelbe V/F Flecken
**necho* Feld, letztere nahe
amathystina Stich., Borneo
bambusae Feld, Celebes
continentalis Stgr., Ind.
lepida Moore, wie letztere
deo de Nicév., Burma
sondaica Bsdv. (*tullia* Cr.), weitverbr.
philippina Moore, Phil.
simplex Stgr., wie letztere
ogina Latr. & Godt., wie letztere
timora Westw., Malay.

Gattung Amathusia
eckige Flügel und gebänderte Unterseite, ♂ haben Duftkämme an den Hinterleibsseiten, Lfp. Palmen
**phidippus* L., T, weitverbreitet
**binghami* Fruhst.
andamensis Fruhst., Andamans
duponti Toxopeus, Java
lieftincki Toxopeus, wie letztere
ochrotaenia Toxopeus, Sumatra
masina Fruhst., Borneo
perakana Hon., Malay.
gunneryi Corbet & Pendlebury, wie letztere
schonbergi Hon., Sumatra
virgata Btlr., Celebes (sg. Pseudamathusia)
?*patalena* Westw. (mg. *phidippus*-f.)
?*holmanhunti* Corbet & Pendlebury
?*friderici*? Auct.
?*utana* Corbet & Pendlebury
?*ochraceofusca* Hon.

Gattung Zeuxidia sehr eckig
luxeri Hbn., T, Java
**aurelius* Cr., ♀ sehr groß
**amethystus* Btlr., reduzierte h/F, malvenfarben
**doubledayi* Westw., ♂ nahe letzterer
dohrni Fruhst., Java
semperi Feld. Phil., wie *aurelius*
sibulana Hon. Phil., wie letztere
?*nicevillei* Fruhst., Sumatra,
?*doubledayi*-f.
?*mindanaica* Stgr.

Gattung Amathuxidia
**amythaon* Dbldy., T, ♀ V/F Band gelb
plateni Stgr., Celebes, nahe letzterer

Gattung Thaumantis
**odana* Godt., T
**noureddin* Godt., ♂ weniger purpurfarben
**klugius* Zink
**diores* Dbldy.

Gattung Thauria monotypisch
**aliris* Westw., T, ♀ größer

Gattung Stichophthalma
Unterseite Ketten von Ocellen
**howqua* Westw., T
**neumogeni* Leech
**camadeva* Westw.
**fruhstorferi* Rob., nächste ähnlich
louisa W.-Mas., Chin.
nourmahal Westw., Sikkim
editha Riley & Godfrey, Thailand
godfreyi Roths., wie letztere
?*sparta* de Nicév., Assam
?*tytleri* Roths., wie letztere

Gattung Taenaris
hauptsächlich australisch, sehr große Ocellen, bei ♂ immer V/F Rand gekrümmt, die meisten Arten sehr variabel.
nysa Hbn., T, (?f. nächster)
urania L., Ambon etc., nahe letzterer
**macrops* Feld., nächste ähnlich
diana Btlr., Batchian und Halm.
selene Westw., Buru, wie *macrops*
**domitilla* Hew.
**dimona* Hew., nächste ähnlich
gorgo Kirsch, N. G.
**horsfieldi* Swains.
**catops* Westw., nächste ähnlich
artemis Voll., dunkle V/F Basis
myops Feld., wie letztere
**chionides* Godm. & Salv.
alocus Brooks, N. G., gewöhnlich ein h/F Ocellus
cyclops Stgr., wie letztere
**phorcas* Westw.
**bioculatus* Guér.
dina Stgr., N. G., große blaue Ocellen
**butleri* Oberth.
scylla Stgr. (*dohertyi* G.-Smith), Biak
**onolaus* Kirsch, letztere und nächste ähnlich
hyperbolus Kirsch, N. G., größere Ocellen
dioptrica Voll., N. G., wie letztere
honrathi Stgr., N. G., wie letztere
montana Stich., N. G., (?kleine f. letzterer)
mailua G.-Smith, N. G., sehr dunkel

Gattung Hyantis monotypisch, Flügelform anders als bei Taenaris, V/F Ocellus immer vorhanden
**hodeva* Hew., T

Gattung Morphotenaris
manchmal mit letzterer zusammengefaßt
**schoenbergi* Fruhst., T
nivescens Roths., N. G., riesig, ganz weiß

Gattung Morphopsis Neu-Guinea, alle Arten selten
**albertisi* Oberth., T, blasser als nächste
phippsi J. & T., schmalere V/F Bänder
**ula* Roths. & Jord., nächste nahe
meeki Roths. & Jord., bläuliche V/F Bänder

Seite 228 – 237
FAMILIE MORPHIDAE
neotropisch, das erste Beinpaar reduziert und bürstenähnlich, Fühler dünn und zum äußeren Ende hin nur wenig verdickt, beträchtliche jahreszeitliche und geographische Variation, Lfp. Leguminosae etc.

Gattung Morpho (*achilles* L., T)
(siehe Anhang 45)
(Untergattung Iphimedeia)
Gruppe I (*hercules*-Gruppe)
**hercules* Dalm., T, Oberseite nahe nächster
**amphitrion* Stgr.
?*richardus* Fruhst., Brasil.
Gruppe II (*hecuba*-Gruppe)
**hecuba* L., Typus-f. größer
**phanodemus* Hew., Oberseite zwischen letzterer und nächster
**cisseis* Feld.
?*werneri* Hopff., Col., kleiner
Gruppe III (*telemachus*-Gruppe) G variabel
**telemachus* L. (*perseus* Cr.), variabel
theseus Deyrolle, gezähnte h/F
justitiae Godm., Mittelamerika
(Untergattung Iphixibia)
**anaxibia* Esp., ♂ samtblau
(Untergattung Cytheritis)
Gruppe I (*sulkowskyi*-Gruppe)
**sulkowskyi* Koll., nächste ähnlich
Gruppe II (*lympharis*-Gruppe)
lympharis Btlr., Unterseitenflecken nicht unterbrochen
**ockendeni* Roths., ♂ wie *sulkowskyi*
?*stoffeli* Le Moult & Real.
?*eros* Stgr.
?*nymphalis* Le Moult & Real.
Gruppe III (*rhodopteron*-Gruppe), kleiner
rhodopteron Godm. & Salv., Col.
?*schultzei* Le Moult & Real., wie letztere
Gruppe IV (*portis*-Gruppe)
portis Hbn., reduzierte Unterseiten-Ocellen
**thamyris* Feld, letztere sehr ähnlich
Gruppe V (*zephyritis*-Gruppe), nahe nächster
zephyritis Btlr., Bolivien und Peru
Gruppe VI (*aega*-Gruppe)
**aega* Hbn., ♂ leuchtendblau
Gruppe VII (*adonis*-Gruppe), ♂ silberblau
**adonis* Cr.
eugenia Deyrolle, Guyana, größer
uraneis Bates, Brasilien, wie letztere
?*marcus* Schaller (mg. *adonis*-f.)
(Untergattung Balachowskyna)
**aurora* Westw., Typus-f. blasser
(Untergattung Cypritis), ♂ sehr leuchtend
Gruppe I (*cypris*-Gruppe)
**cypris* Westw., ♀ gewöhnlich braun und cremefarben
aphrodite Le Moult & Real., Nicaragua
Gruppe II (*rhetenor*-Gruppe)
**rhetenor* Cr., V/F kann weiße Flecken haben
cacica Stgr., Ecua., weiß gefleckte V/F
**diana* Dixey
**helena* Stgr.
(Untergattung Pessonia) G grünlich-weiß
Gruppe I (*polyphemus*-Gruppe)
**polyphemus* Dbldy. & Hew.
**luna* Btlr.
Gruppe II (*catenaria*-Gruppe)
**catenaria* Perry, variabel, besonders
**laertes* Dry. (*epistrophis* Hbn.)
titei Le Moult & Real., Paraguay
(Untergattung Grasseia)
Gruppe I (*amathonte*-Gruppe)
**amathonte* Deyrolle, Unterseitenocellen gelb
?*centralis* Stgr. (mg. f. letzterer)
Gruppe II (*menelaus*-Gruppe)
**menelaus* L., weitverbreitet, sehr variabel
occidentalis Feld., Brasil., größer
mattogrossensis, T, wie letztere
**nestira* Hbn., nächste ähnlich
melacheilus Stgr., Bras., dunkle V/F Spitze
**didius* Hopff., sehr variabel
**godarti* Guér., (mg. f. letzterer)
(Untergattung Morpho) dunkel, blaugebändert
Gruppe I (*deidamia*-Gruppe)
**deidamia* Hbn.
**neoptolemus* Wood, größer
electra Rob., wie *deidamia*
?*hermione* Rob.
?*briseis* Feld.
Gruppe II (*granadensis*-Gruppe), nahe letzterer
granadensis Feld., Nicaragua bis Ecua.
lycanor Fruhst., Col.
Gruppe III (*rugitaeniata*-Gruppe) *achilles*-ähnlich
rugitaeniata Fruhst., Col. und Ecua.
microphthalmus Fruhst., Col.
?*taboga* Le Moult & Real., Coiba Inseln (Pan.)
Gruppe IV (*peleides*-Gruppe)
**peleides* Koll., weitverbreitet, variabel
**montezuma* Guen., Oberseite wie nächste
**hyacinthus* Btlr., nächste nahe
octavia Bates, Mittelamerika
marinita Btlr., wie letztere
corydon Guen., Venezuela
?*confusa* Le Moult & Real, Col.
Gruppe V (*peleus*-Gruppe), nahe nächster
peleus Rob., Col. und Venezuela
?*tobagoensis* Sheldon, Tobago, f. letzterer
?*parallela* Le Moult, Venezuela (wie letztere)
Gruppe VI (*helenor*-Gruppe)
helenor Cr., weitverbreitet, wie *achilles*
papirius Hopff., breitere Bänder
**achilleana* Hbn., sehr variabel
coelestis Btlr., Bolivien
?*trojana* Rob.
?*leontius* Feld.
Gruppe VII (*achilles*-Gruppe)
**achilles* L., T, viele Rassen
**patroclus* Feld., nächste ähnlich
pseudagamedes Weber
guaraunos Le Moult, Col., Venez. und Bolivien
?*telamon* Rob. (mg. f. letzterer)
Gruppe VIII (*vitrea*-Gruppe)
vitrea Btlr., Col., Venez. und Bolivien

Seite 238 – 243
FAMILIE BRASSOLIDAE
neotropisch, Zellen der h/F abgeschlossen durch vorstehende Diskoidalzellen, das erste Beinpaar reduziert, ♂ haben Haarbüschel (siehe Anhang 46)

Gattung Brassolis
primitiv, Raupen leben gesellig in beutelähnlichen Nestern auf Palmen.
**sophorae* L., T
**astyra* Godt.
haenschi Stich., Ecua.
isthmia Bates, Mittelamerika und Col.
granadensis Stich., Kol. und Ecua.

Gattung Dynastor Lfp. Bananen
**napoleon* Westw., T, Oberseite braun und orange
macrosiris Westw., groß, violett
darius Fab., kleiner, weiß gebändert

Gattung Dasyopthalma Lfp. Bambus
**rusina* Godt., T, variabel
**creusa* Hbn., nächste ähnlich
vertebralis Btlr., Brasil.

Gattung Penetes monotypisch
**pamphanis* Dbldy., T, ungewöhnliche Flügelform

Gattung Narope kleine Arten, die oberflächlich Anaea (Nymphalidae) ähneln, Lfp. Bambus
Gruppe I (*cyllastros*-Gruppe), eck
**cyllastros* Westw., T
**sarastro* Stgr.
anartes Hew., Peru und Bolivien, v letztere
Gruppe II (*nesope*-Gruppe) abgerundete h/F
nesope Hew., Ecuador
Gruppe III (*albopunctum*-Gruppe)
albopunctum Stich., ♂ ohne V/F Duftflecken

Gattung Catoblepia Lfp. Banar
Gruppe I (*xanthus*-Gruppe)
2 h/F Unterseitenocellen
xanthus L., T, nahe nächster
**amphiroe* Hbn., ockerfarbene V/ Bänder
xanthicles Godm., Pan., Col. und E
singularis Weym., Guatemala
versitincta Stich., Guyana
oretorix Hew., Mittelamerika und Ecuador
?*rivalis* Niepelt (mg. *xanthus*-f.)
Gruppe II (*generosa*-Gruppe),
5 – 6 Unterseitenocellen
generosa Stich., Ecuador und Pe
**berecynthia* Cr., letztere ähnlich

Gattung Selenophanes
Gruppe I (*cassiope*-Gruppe)
nierenförmiger Ocellus
**cassiope* Cr., T, oranges V/F Ba
supremus Stich., Ecuador und Per wie letztere
?*andromeda* Stich., Bol. (?*cassiop*
Gruppe II (*josephus*-Gruppe)
runder Ocellus
josephus Godm. & Salv., Guatema

Gattung Opsiphanes
(*sallei* Westw., T)
Lfp. Palmen und Bananen
Gruppe I (*batea*-Gruppe)
**batea* Hbn., T (Untergattung Blepolensis)
didymaon Feld., Brasil, wie letzte
catharinae Stich., Brasil.
bassus Feld., Brasil.
ornamentalis Stich, wie letztere
Gruppe II (*cassiae*-Gruppe)
cassiae L., ockerfarbenes V/F Ba
**invirae* Hbn., nächste ähnlich
cassina Feld., oranger V/F Fleck
**quiteria* Cr.
**boisduvali* Westw.
sallei Westw., T, ockerfarbenes V/ Band
**tamarindi* Feld., letztere und nächste nahe
camena Stgr., Col., ockerfarbenes V/F Band
zelotes Hew., Col. und Pan., wie letztere
?*lutescentefasciatus* Kirby

Gattung Opoptera (*syme* Hbn.,
Gruppe I (*aorsa*-Gruppe)
**aorsa* Godt., nächste ähnlich
arsippe Hopff., Peru und Bolivien
Gruppe II (*syme*-Gruppe)
syme Hbn., T, schmale V/F Banc
**sulcius* Stgr., letzte ähnlich
fruhstorferi Rob., Bras., weiße V/F Bänder
Gruppe III (*staudingeri*-Gruppe)
gepunktete V/F
staudingeri Godm. & Salv., Mittela

Gattung Eryphanis
Gruppe I (*polyxena*-Gruppe)
**polyxena* Meerb., T
Gruppe II (*aesacus*-Gruppe)
**aesacus* H.-Schaff.
gerhardi Weeks, Bol. und Ecua.
reevesi Westw., Bras., wie *polyxe*
zolvizora Hew., Col. und Bol.

Gattung Caligopsis
Unterseite wie Eryphanis, aber Flügelform und Bau wie Caligo
seleucida Hew., T, Bolivien
dondoni Fassl, Brasilien

Gattung Caligo
„Eulen" Lfp. Bananen etc.
Gruppe I (*eurilochus*-Gruppe)
**eurilochus* Cr., T, sehr variabel
**idomeneus* L., schmalere Flügel
**ilioneus* Cr., weitverbreitet
memnon Feld., Mittelamerika
bellerophon Stich., Ecuador
prometheus Koll., Col. und Ecua.
teucer L., weitverbreitet
Gruppe II (*arisbe*-Gruppe)
arisbe Hbn., Brasilien
**oberthurii* Deyrolle
martia Godt., Brasilien, weiße V/F Bänder
Gruppe III (*atreus*-Gruppe)
atreus Koll., dunkler Rand an gelb h/F
**uranus* H.-Schaff. (oft als s. sp. behandelt)
Gruppe IV (*oileus*-Gruppe)
oileus Feld., Mittelband nicht dun
**placidianus* Stgr., letzte ähnlich
oedipus Stich., Honduras
zeuxippus Druce, Ecuador

Systematik

Gruppe V (*beltrao*-Gruppe)
**beltrao* III, Obers. blau, gelber Apex
Seite 244 – 249
FAMILIE SATYRIDAE
alle Regionen der Welt, Palpen gewöhnlich haarig, die meisten Arten haben V/F Adern, die an der Basis geschwollen sind, das erste Beinpaar ist reduziert, Fühler zart, spitz zulaufend, fast 400 Gattungen
Unterfamilie Calinaginae
indo-paläarktisch, früher wurden diese Schmetterlinge als verwandt zu den Apaturinae (Nymphalidae) betrachtet, in mancher Hinsicht stehen sie zwischen den beiden Familien
Gattung Calinaga
**buddha* Moore, T, oriental., weitverbreitet
lhatso Oberth., Tibet
cercyon de Nicé., Chin.
Unterfamilie Haeterinae
neotropisch, Schattenbew.
Gattung Cithaerias
(Callitaera) (siehe Anhang 47)
**pireta* Cr., T
**aurorina* Weym.
**esmeralda* Dbldy.
**philis* Cr.
**pyropina* Godm. & Salv. h/F hell
pellucida Btlr., Bol. und Peru
Gattung Dulcedo monotypisch
polita Hew., T, Mittelam., durchsichtig
Gattung Haetera (Oreas)
**piera* L., T
macleannia Rob., Pan. und Costa Rica
Gattung Pierella (e) 12 Arten
**nereis* Dry., T
**dracontis* Hbn.
**lena* L.
**hortona* Hew. (siehe Anhang 47)
**hyceta* Hew. (siehe Seite 58)
Gattung Pseudohaetera
monotypisch
hypaesia Hew., T, Col. bis Bol., dunkle h/F
Unterfamilie Biinae
alle Regionen der Welt, viele Arten groß mit eckigen Flügeln
Tribus Antirrhini neotropisch
Gattung Antirrhea (e) 12 Arten, Lfp.? Palmen
archaea Hbn., T, Bras., große Ocellen
**philoctetes* L.
tomasia Btlr. (Untergattung Triteleuta)
Gattung Caerois
chorinaeus Fab., T, braun, ockerfarbenes V/F Band
**gerdrudtus* Fab.
Gattung Sinarista monotypisch
adoptiva Weym., T, Col. wie Antirrhea
Tribus Biini neotropisch
Gattung Bia monotypisch, verblüffende Ähnlichkeit mit den Amathusiidae der Alten Welt
**actorion* L. (*actoriaena* Hbn.), T
Tribus Melanitini
hauptsächlich Alte Welt
Gattung Cyllogenes oriental.
suradeva Moore, T, weitgehend wie *M. leda*
janetae de Nicév.
Gattung Gnophodes 4 afrikan. Arten
**parmeno* Dbldy. & Hew., T
Gattung Hipio
(e) 6 indo-austr. Arten
constantia Cr., T
Gattung Melantis (e) 12 Arten
aus allen Regionen der Welt, Lfp. Setaria, Crepuscular, Cynodon etc.
**leda* L., T, weitverbreitet, sehr variabel
Gattung Parantirrhoea
monotypisch, Antirrhea-ähnl.
marshalli W.-Mas., T, S. Ind., selten
Gattung Mantaria (Tisiphone)
provisorische Plazierung, neotropisch
hercyna Hbn., T. Bras., nahe nächster
**maculata* Hopff.
Unterfamilie Elymniinae
vor allem Tropen der Alten Welt, aber auch einige holarktische Arten
Tribus Lethini
Gattung Aeropetes (Meneris)
südafrikan., monotypisch
**tulbaghia* L., T
Gattung Paralethe südafrikan., oft mit letzterer zusammengefaßt, Lfp. Hebenstreitia, Stenotaphrum etc.
**dendrophilus* Trim., T
indosa Trim. (mg. f. letzterer)
Gattung Aphysoneura
afrikan., monotypisch
**pigmentaria* Karsch, T
Gattung Enodia nearktisch, oft zu Lethe gestellt
**andromacha* Hbn. (*portlandia* Fab.), T
creola Skinner, ähnlich letzterer

Gattung Lethe 50 oriental. Arten, für die viele sp. Namen gebraucht werden, gewöhnlich Dämmerungstiere, Lfp. Bambus etc.
europa Fab., T, auch paläarktisch
**confusa* Auriv., letztere ähnlich
Gattung Nemetis
(e) oriental. Arten, oft mit Lethe zusammengefaßt
**minerva* Fab., T, deutliche Duftflecken
Gattung Neope
10 indo-paläarktische Arten
bhadra Moore, T, Ind., größer als nächste
**pulaha* Moore, kürzere „Schwänze"
Gattung Patala oriental., monotypisch, früher mit letzterer zusammengefaßt
**yama* Moore, T
Gattung Ptychandra 3 oriental. Arten
**lorquinii* Feld., T, ♀ weißlich
Gattung Satyrodes nearktisch, monotypisch (oft als Lethe)
**eurydice* Johannson, T, blasse Form abgebildet
Gattung Kirinia
(e) 4 paläarktische Arten
epimenides Ménétr., T, dunkler als nächste
**roxelana* Cr.
Gattung Lasiommata
6 paläarktische Arten, oft zu Pararge gestellt, Lfp. Poa, Festuca etc.
**megera* L., T
**maera* L. (abgebildete f. mg. eigene Art)
Gattung Lopinga
(e) 5 paläarktische Arten, Lfp. Lolium, Triticum etc.
dumetorum Oberth., T, Chin.
**achine* Scop., Unterseite letzterer ähnlich
Gattung Parage (e) 5 paläarktische Arten, Lfp. Triticum etc.
**aegeria* L., T, variabel
Gattung Tatinga
(e) 5 paläarktische Arten, oft mit letzterer zusammengefaßt
thibetanus Oberth., T, Chin.
**praeusta* Leech (weniger Flecken als letztere)
Gattung Ethope
(Anadebis oder Theope) oriental.
**himachala* Moore, T
diademoides Moore, ähnelt Euploea
Gattung Neorina große oriental. Arten
hilda Westw., T, Himalaya, kleinere „Schwänze"
**krishna* Westw., letztere ähnlich
**lowii* Dbldy. (Untergatt. Hermianax)
**patria* Leech
Tribus Zetherini oriental., ungewöhnliche Flügelzeichnung
Gattung Zethera (e) 6 Arten
**pimplea* Er., T
incerta Hew. (Untergatt. Amechania)
Gattung Callarge monotypisch
sagitta Leech, T, weißlich, dunkle Adern
Gattung Penthema oriental., provisorische Plazierung, die großen, dunkel-geäderten Arten wurden früher als Nymphalidae angesehen, sehr variabel, ähneln Danaus und Euploea (Danaidae)
lisarda Dbldy., T
darlisa Moore, G bläulich
formosana Roths., kleiner
adelma Feld. (Untergattung Isodema)
Tribus Elymniini
hauptsächlich indo-austr. und ostpaläarktisch (1 Gattung afrikan.), Muster deuten oft auf andere Familien hin, vor allem den Danaidae, Lfp. Palmen etc
Gattung Elymnias (e) 35 Arten
**hypermnestra* L., T, vgl. *D. chrysippus*
**nesaea* L. (Untergattung Melynias)
**vasudeva* Moore (Untergattung Mimadelias)
patna Westw., ähnelt Euploea (Dan.)
kuenstleri Hon., ♂ wie letzt., ♀ wie Idea
esaca Westw. (Untergattung Agrusia)
penanga Westw. (Untergatt. Bruasa)
agondas Cr. (sg. Dyctis) wie Taenaris
Gattung Elymniopsis
afrikan., variabel
phegea Fab., orange Bänder
**bammakoo* Westw., letztere ähnlich
rattrayi Sharpe, V/F orange, h/F weiß
Tribus Mycalesini
indo-austr. und äthiop., (e) 40 Gattungen (die Untergattung Mycalesis enthaltend) mit einigen hundert Arten, Ocellen gewöhnlich deutlich sichtbar, Lfp. Gräser
Gattung Mycalesis indo-austr. und äthiop., 150 Arten
**francisa* Cr. T, sehr variabel
**nicotia* Hew.

**phidon* Hew.
**ita* Feld.
terminus Fab., austr., G orange
**patina* Moore (Untergattung Nissanga)
**malsarida* Btlr. (Untergattung Kabanda)
Gattung Henotesia 50 äthiop. Arten
wardii Btlr., T
**perspicua* Trim.
Gattung Orsotriaena oriental.
**medus, T, sehr variabel*
jopas Hew., Celebes
Unterfamilie Eritinae oriental.
Gattung Coelites 3 Arten
nothis Westw. & Hew., T
Gattung Erites (e) 4 Arten
**medura* Horsf., variabel
Unterfamilie Ragadiinae oriental.
Gattung Acrophthalmia monotypisch
artemis Feld., T
Gattung Acropolis
(Pharia) monotypisch
thalia Leech, T
Gattung Ragadia (e) 5 Arten
**crisia* Geyer, T
Unterfamilie Satyrinae
alle Regionen der Welt, der größere Teil der Satyridae gehört hierzu, Lfp. fast ausschließlich Gräser
Tribus Hypocystini
hauptsächlich austr., (e) 20 Gattungen
Gattung Lamprolenis
N. G., monotypisch
**nitida* Godm. & Salv., T, Oberseite reflektiert
Gattung Argyrophenga
N. Z., monotypisch
**antipodum* Dbldy., T
Gattung Geitoneura
austr., ähnelt Pararge
klugii Guér., T, wie nächste
**acantha* Don.
minyas Waterhouse & Lyell
Gattung Heteronympha
(e) 7 austr. Arten
**merope* Fab., T
Gattung Oreixenica
6 austr. Arten
**lathoniella* Westw., T
Gattung Tisiphone Aust.
**abeona* Don., T
helena Olliff, blassere V/F Bänder
Gattung Erycinidia (*gracilis* R. & J., T)
Gattung Dodonidia (*helmsii* Btlr., T)
die Arten dieser Gattung ähneln Nemeobiidae
Tribus Ypthimini
20 Gattungen der Alten Welt, hauptsächlich tropisch, Ocellen deutlich sichtbar
Gattung Ypthima 50 orient. u. äthiop. Arten, zu mehreren Untergattungen zusammengefaßt
**huebneri* Kirby, T
**tamatevae* Bsdv.
Gattung Pseudonympha
(e) 20 afrikan. Arten
hippia Cr., T, ähnlich nächster
**hyperbius* L.
**trimeni* Btlr.
Gattung Physcaeneura
afrikan., ungewöhnliches Unterseitenmuster
panda Bsdv., T, dunkler als nächste
**pione* Godm.
leda Gerstaecker, ähnlich letzterer
Gattung Callerebia
(e) 4 himalay. Arten (oft zu Erebia gestellt)
**scanda* Moore, T
Tribus Euptychiini
40 amerikan. Gattungen (einschließlich der Untergattung Euptychia) und einige hundert Arten
Gattung Euptychia
200 neotropische Arten in vielen Untergattungen (einige auch nearktisch)
mollina Hbn., T, grau-weiß, gebändert
hesione Sulzer (T von Pareuptychia)
**metaleuca* Bsdv.
**chloris* Cr. (T von Chloreuptychia)
**cephus* Fab. (T von Cepheuptychia)
Gattung Oressinoma
neotropisch, monotypisch
**typhla* Dbldy. & Hew., T
Gattung Paramecera
Mex., monotypisch
**xicaque* Reak., T
Gattung Taygetis
20 neotropische Arten
mermeria Cr., T, kein oranges h/F Band
**chrysogone* Dbldy. & Hew., letztere nahe
**albinotata* Btlr. (Untergattung Parataygetis)
Tribus Coenonymphini holarktisch
Gattung Aphantopus
**hyperantus* L., T
maculosa Leech, Chin., wie letztere
arvensis Oberth., wie letztere
Gattung Coenonympha
(e) 20 Arten
oedippus Fab., T, wie *A. hyperantus*

haydenii Edw., nearktisch, wie letztere
**pamphilus* L. (Untergattung Chortobius)
**dorus* Esp. (Untergattung Sicca)
**arcania* L.
**hero* L.
**sunbecca* Ev.
**tullia* Müller
**california* Westw. (?f. letzterer)
macmahoni Swinhoe (Untergattung Lyela)
myops Stgr. (Untergattung Dubierebia)
Tribus Maniolini holarktisch
Gattung Cercyonis
12 nearktische Arten, meist zweifelhaft eingeordnet
**pegala* Fab., T
meadii Edw.
sthenele Behr
Gattung Hyponephele paläarktisch
lycaon Rott., T, wie kleine *M. jurtina*
lupina Costa
maroccana Blachier
Gattung Maniola (Epinephele)
12 paläarktische Arten
**jurtina* L., T
nurag Ghiliani, Sardinien
Gattung Pyronia
(e) 6 paläarktische Arten, früher zusammengefaßt mit Epinephele
**tithonus* L., T
cecilia Vallantin (Untergattung Idata)
bathseba Fab. (Untergatt. Pasiphana)
Tribus Erebiini holarktisch, meist alpin- oder subalpin
Gattung Erebia
70 sehr variable Arten, die vielen Untergattungen sind von geringem Wert
**ligea* L., T
**aethiops* Esp. (sg. Truncaefalcia)
**epiphron* Knoch
**zapateri* Oberth.
pronoe Esp. (Untergattung Syngea)
Tribus Dirini südafrikan.
Gattung Dira (Leptoneura)
(e) 12 Arten, die Erebia ähneln
clytus L., T, nahe nächster
**mintha* Geyer (Untergattung Torynesis)
**cassus* L. (Untergattung Cassus)
dingana Trim. (Untergattung Dingana)
cassina Btlr. (Untergattung Tarsocera)
Tribus Pronophilini
60 neotropische Gattungen (1 neaktische) mit einigen hundert Arten
Gattung Gyrocheilus
nearktisch, monotypisch
patrobas Hew., T, große V/F Ocellen
Gattung Calisto
(e) 6 Antillen-Arten
zangis Hbn., T
**hysius* Godt., kleiner als letztere
Gattung Corades
12 neotropische Arten, ungewöhnliche Flügelform
enyo Hew., T, G braun, ockerfarbene V/F Flecken
**iduna* Hew.
**cistene* Hew.
Gattung Drucina
(e) 5 neotropische Arten
leonata Btlr., T, Costa Rica, cremefarbene V/F Flecken
**orsedice* Hew., kleiner als letztere (Früher Proboscis (*propylea* Hew., T))
Gattung Daedalma
(e) 5 neotropische Arten
dinias Hew., T, orange V/F Flecken
**inconspicua* Btlr.
Gattung Eretris
(e) 12 kleine neotropische Arten
decorata Feld., T, nahe nächster
**porphyria* Feld.
Gattung Lasiophila
12 neotropische Arten, ausgebuchtete h/F Costa (nur Daedalma hat auch dieses Merkmal)
**cirta* Feld., T
**prosymna* Hew.
**gita* sp. nov. (siehe Anhang 48)
orbifera Btlr., nahe letzterer
Gattung Oxeoschistus
(e) 8 neotropische Arten
puerta Hew., T, h/F Ocellen
**pronax* Hew., letztere ähnlich
Gattung Pedaliodes
100 neotropische Arten in einige Untergattungen wie Altopedaliodes Parapedaliodes etc.
philonis Hew., T, kein oranges h/F Band
**hopfferi* Stgr., letztere ähnlich
**phaedra* Hew.
Gattung Junea (Polymastus)
(e) 6 neotropische Arten, ungewöhnliches Muster auf der Unterseite
doraete Hew., T
**whitelyi* Druce, letztere ähnlich
Gattung Pronophila
(e) 12 neotropische Arten großer Höhe

thelebe Dbldy., T, nahe nächster
**unifasciata* Lathy
Gattung Steroma
(e) 3 neotropische Arten
bega Westw., T, wie nächste
Gattung Pseudosteroma
(e) 4 neotropische Arten
**pronophila* Feld., T
Gattung Argyrophorus
neotropisch, in großen Höhen, monotypisch
**argenteus* Blanch., T, Oberseite ganz silbern
Gattung Punargenteus
wie letztere Gattung
lamna Thieme, T, Bol., nur V/F silbern
Gattung Pampasatyrus
(e) 12 neotropische montane Arten, ähneln Maniola oder Pyronia
gyrtone Berg, T
**limonias* Phil., letztere ähnlich
Gattung Lymanopoda
(e) 30 neotropische Arten in mehreren Untergattungen
samius Westw., T, Col., G blaßblau
**nivea* Stgr.
**labda* Hew.
**leaena* Hew. (Untergattung Penrosada)
**acraeida* Btlr. (Untergattung Zabirnia)
Tribus Satyrini
20 holarktische Gattungen, früher meist vereint zu **Satyrus** (*actaea* L., T)
Gattung Aulocera
(e) 5 himalay. Arten
brahminus Blanch., T, schmalere Bänder
**saraswati* Koll., letztere ähnlich
Gattung Brintesia
paläarktisch, monotypisch
circe Fab., T. wie letztere aber größer
Gattung Chazara paläarktisch
briseis L., T. ähnlich *H. semele*
prieuri Pierret
Gattung Hipparchia
(e) 12 paläarktische Arten
fagi Scop., T. größer als nächste
**semele* L. (früher in Eumenis)
Gattung Paroenis paläarktisch
pumilus Feld., T. nahe nächster
**palaearcticus* Stgr.
Gattung Neominois
nearktisch, monotypisch
?*ridingsii* Edw., T
Gattung Oeneis
(e) 20 holarktische Arten, arktisch und subarktisch
norna Thunberg, T, paläarktisch, dunkler
**uhleri* Reak., nearktisch, kleiner als letztere
aello Hbn. (Untergattung Chionobas)
Gattung Davidina
paläarktisch, monotypisch (provisorische Plazierung)
armandi Oberth., T. wie Aporia (Pier.)
Tribus Melanargini
einzige paläarktische Gattung in mehrere Untergattungen geteilt
Gattung Melanargia
(Arge oder Agapetes) 12 schwarze und weiße Arten
**galathea* L., T
**occitanica* Esp.

Seite 250 – 253
FAMILIE ITHOMIIDAE
fast gänzlich neotropisch, erstes Beinpaar reduziert, Fühler gewöhnlich lang, an den Spitzen nur wenig verdickt (siehe Anhang 49)
Unterfamilie Tellervinae Aust.
Gattung Tellervo monotypisch, die als zweifelhaft dargestellten Formen sind fast sicher nur Unterarten, Lfp. Parsonia
**zoilus* Fab., T
?*assarica* Fab., T
?*fallax* Stgr.
?*nedusia* Geyer
?*parvipuncta* J. & T.
?*juriaansei* J. & T.
?*aequicinctus* Godm. & Salv.
Unterfamilie Ithomiinae
neotropisch, ♂ haben lange Haare an den costalen h/F Rändern, Lfp. vor allem Solonaceae
Tribus Tithoreini
Gattung Rosellia monotypisch
acrisione Hew., T. Ecua., wie nächste
Gattung Athesis monotypisch
**clearista* Dbldy. & Hew., T
Gattung Eutresis
**hypereia* Dbldy. & Hew., T
dilucida Stgr., Mittelamerika
Gattung Patricia
früher zusammengefaßt zu Athesis, Arten ähneln kleinen *P. dido* (Heliconiidae)
dercyllidas Hew., T. Col. und Ecuador
oligyrtis Hew., Bol. und Ecua.
Gattung Olyras
wie Hyaliris, aber größer

Systematik

crathis Dbldy., T. Venez. und Ecua.
theon Bates, Mexiko und Guatemala
insignis Salv., Mittelamerika
Gattung Athyrtis monotypisch,
wie große Mechanitis
mechanitis Feld., T. Col.-Bol.
Gattung Tithorea (Hirsutis)
harmonia Cr., T. sehr variabel
tarricina Hew., wie letztere
Gattung Elzunia (Tithorea)
bonplandii Guér., T. nahe nächster
cassandrina Srnka
regalis Stich.
pavonii Btlr., vergl. *Heliconius atthis*
humboldtii Latr., Col. und Ecua.
tamasea Hew., Kolumbien
atahualpa Fox, Peru
Tribus Melinaeini
Gattung Melinaea
ⓔ 18 Arten, einige gleichen sehr Heliconiidae
egina Cr. (*ludovica* Cr.), T, weitverbreitet
comma Forbes, vergl. *H. numata*
aristiona
mothone Hew., sehr nahe letzterer
mnemopsis Berg
mneophilus Hew.
maelus Hew.
Tribus Mechanitini
Gattung Mechanitis ⓔ 17 Arten
polymnia L., T
mantineus Hew.
messenoides Feld., vergl. *Melinaea comma*
lycidice Bates
truncata Btlr. (Untergatt. Forbestra)
Gattung Sais
rosalia Cr., T
zitella Hew.
Gattung Scada
ⓔ 6 sehr kleine Arten, wie Aeria, aber kürzere Fühler
karschina Hbst., T
Gattung Xanthocleis (Aprotopus) ⓔ 5 Arten
aedesia Dbldy. & Hew., T
Tribus Napeogenini
Gattung Aremfoxia monotypisch (früher zusammengefaßt mit Leucothyris (Oleria)
ferra Haensch, T, Bol., Thyridia-ähnl.
Gattung Napeogenes (ein Teil wie Ceratinia) 40 Arten
cyrianassa Dbldy. & Hew., T, weitverbreitet
crispina Hew.
tolosa Hew.
peridia Hew.
Gattung Placidula
Brasil. etc., monotypisch (früher bei Ceratinia)
euryanassa Feld., T. wie *H. daeta*
Gattung Rhodussa
Brasil. etc., ? monotypisch (früher bei Ceratinia)
pamina Haensch, T (? f. nächster)
cantobrica Hew., wie *H. euclea*
Gattung Garsauritis
Brasil., monotypisch
xanthostola Bates, T. Brasil., wie *N. tolosa*
Gattung Hypothris (Ceratinia) 30 Art.
ninonia Hbn., T. nahe nächster
euclea Latr.
antonia Hew.
daeta Bsdv.
lycaste Fab.
pyrippe Hopff.
Gattung Hyaliris 20 Arten
coeno Dbldy. & Hew., T
excelsa Feld.
avinoffi Fox
oulita Hew.
ocna H.-Schaff.
Tribus Ithomiini
Gattung Ithomia 25 Arten
drymo Hbn., T
hyala Hew.
ellara Hew.
iphianassa Dbldy. & Hew.
anaphissa H.-Schaff.
Gattung Pagyris
ⓔ 3 Arten, früher zusammen mit letzter Gattung
ulla Hew., T., Col., bräunl., durchsicht.
Gattung Miraleria
früher zusammen mit Ithomia
cymothoe Hew., Venezuela und Col.
sylvella Hew., wie *E. salvinia*

Tribus Oleriini
Gattung Oleria
(Teil als Leucothyris)
ⓔ 24 Arten
astrea Cr., T. Guy., kein roter Apex
tigilla Weym., letztere ähnlich
makrena Hew.
zelica Hew.
Gattung Aeria ⓔ 6 Arten
eurimedia Cr. (*aegle* Fab.), T
elodina Stgr.
Gattung Hyposcada
ⓔ 9 Arten, ähneln kleinen Napeogenes oder Mechanitis
adelphina Bates, T, wie *N. tolosa*
fallax Stgr., wie *M. messenoides*
Tribus Dircennini
Gattung Callithomia
ⓔ 15 Arten, einige werden zur Untergattung Leithomia gerechnet
alexirrhoe Bates, T, Bras., dunkle h/F
phagesia Hew., letztere ähnlich
hydra Feld.
Gattung Dircenna 15 Arten
jemima Geyer (*iambe* Dbldy.), Col.
dero Hbn.
marica Feld., nahe letzterer
Gattung Velamysta
ⓔ 6 durchsichtige Arten
cruxifera Hew., T. wie *H. theudelinda*
Gattung Ceratinia (Calloleria)
ⓔ 12 Mechanitis-ähnliche Arten
neso Hbn., T, nahe nächster
nise Cr.
Gattung Episcada ⓔ 13 Arten
salvinia Bates, T
mira Hew.
Gattung Hyalenna
ⓔ 4 durchsichtige Arten, früher zusammengefaßt in letzter Gattung
parasippe Hew., T
Gattung Pteronymia 50 Arten
aletta Hew., T., Col. und Venez.
huamba Haensch, letztere ähnlich
primula Bates
Tribus Godyridini (Tyridini)
Gattung Thyridia ⓔ 4 Arten
psidii Cr., T
Gattung Epityches ⓔ 6 Arten
eupompe Geyer, T, (früher in Ceratinia)
Gattung Godyris (Dismenitis) ⓔ 12 Arten
duillia Hew., T
zygia Godm. & Salv.
zavaleta Hew. (T von sg. Dismenitis)
Gattung Dygoris ⓔ 4 Arten
dircenna Feld., T. Col., ähnlich letzterer
Gattung Pseudoscada
10 winzige, durchsichtige Arten
utilla Hew. (*pusio* Godm. & Salv.), T, Col.
Gattung Hypoleria ⓔ 17 Arten
libera Godm. & Salv., T (? f. nächster)
vanilia H.-Schaff., Col., rostfarbene h/F
morgane Hbn., letztere ähnlich
andromeda Hew.
libethris Feld.
diaphanus Dry. (Untergattung Greta)
Gattung Mcclungia
3 oder 4 kleine durchsichtige Arten
salonina Hew., T. Bolivien
Gattung Hypomentis ⓔ 4 Arten
theudelinda Hew., T
Gattung Veladyris ⓔ 5 Arten
pardalis Salv., T. Ecua., nahe letzterer
Gattung Heterosais
3 oder 4 durchsichtige Arten
nephele Bates (*edessa* Hew.), T, Amazonas
Gattung Corbulis (Epithomia) ⓔ 6 durchsichtige Arten
agrippina Hew. (*callipero* Bates), T
ocalea Dbldy. & Hew., letztere ähnl.

Seite 254 – 259
FAMILIE DANAIDAE
in allen Regionen der Welt, aber hauptsächlich tropisch, das erste Beinpaar verkümmert, beim ♂ bürstenähnlich, Fühler zur Spitze hin allmählich verdickt, bei den ♂ vieler Arten hochentwickelte duftverbreitende Organe, Sexualauszeichnungen, Lfp. hauptsächlich Asclepiadaceae und Apocynaceae
Unterfamilie Lycoreinae
fast ausschließlich neotropisch, Arten haben einige Merkmale mit den Ithomiidae gemeinsam, Lfp. ? Ficus
Gattung Lycorea (Lycorella)
atergatis Dbldy. & Hew., T. (? f. nächster)
ceres Cr., auch S. USA
pasinuntia Stoll, Guyana
?*cleobaea* Godt. (*ceres*-f.)
?*halia* Hbn., Bras. (wie letztere)
?*eva* Fab., Guyana (wie letztere)
Gattung Ituna
phenarete Dbldy., T. durchsichtig
lamirus Latr., letztere ähnlich
ilione Cr., Südbras. (mg. *phenarete*-f.)
Unterfamilie Danainae
alle Regionen der Welt
Gattung Danaus
Gruppe I (*plexippus*-Gruppe) amerik.
plexippus L. (*archippus* Fab.), T
gilippus Cr. (Untergattung Anosia)
eresimus Cr.
cleophile Godt., Antillen, kleiner
?*plexaure* Godt., Brasilien (mg. *olexippus*-f.)
?*cleothera* Godt. (mg. *eresimus*-f.)
Gruppe II (*formosa*-Gruppe) afrikan.
formosa Godm. (Untergatt. Melinda)
Gruppe III (*chrysippus*-Gruppe) indo-austr.
chrysippus L., auch afrikan. (sg. Panlymnas)
genutia Cr. (*plexippus* L.) (sg. Salatura)
philene Stoll
affinis Fab.
melanippus Cr.
Gruppe IV (*ismare*-Gruppe), Celeb. und Molukken
ismare Cr., schwarz und weiß, *formosa*-f.
Gruppe V (*limniace*-Gruppe) indo-austr.
limniace Cr. auch afrikan. (sg. Tirumala)
melissa Stoll, Ind., nahe letzterer
hamata Macleay, (mg. f. letzterer)
gautama Moore, Burma
choaspes Btlr.
?*ishmoides* Moore (mg. *melissa*-f.)
Gruppe VI (*aspasia*-Gruppe)
aspasia Fab.
cleona Cr.
pumila Bsdv.
schenkii Koch
melusinae G.-Smith
weiskei Roths.
eryx Fab. (*agleoides* Feld.)
philo G.-Smith
vitrina Feld.
clinias G.-Smith
garamantis Godm. & Salv.
apatela J. & T.
?*kirbyi* G.-Smith
Gruppe VII (*aglea*-Gruppe)
aglea Cr., kleiner als nächste (s. g. Parantica)
melaneus Cr.
fumata Btlr.
sita Koll. (*tytia* Gray), vergl. *P. agestor* (Pap.)
melanoleuca Moore
phyle Feld.
albata Zink
nilgiriensis Moore
luzonensis Feld.
banski Moore
crowleyi Jenner-Weir
menadensis Moore
dannatti T.
?*taprobana* Feld.
Gruppe VIII (*similis*-Gruppe)
similis L., nahe nächster
vulgaris Btlr., nächste ähnlich
juventa Cr., indo-austr., weitverbreitet
oberthueri Doherty
Gattung Ideopsis
anscheinend Übergangsgruppe zwischen Danaus und Idea, aber enger mit ersterer verwandt
gaura Horsf., T
vitrea Blanch
daos Bsdv.
anapis Feld
ribbei Rob.
klassika Mart.
inuncta Btlr.
hewitsoni Kirsch
Gattung Idea große oriental. Arten mit trägem Flug,
idea L., T. Molukken, blasser als nächste
blanchardi March
d'urvillei Bsdv.
hadeni W.-Mas. (*agamarschana* Feld.)
lynceus Dry.
leucone Er.
jasonia Westw., nächste ähnlich
hypermnestra Westw., größer, gerundete Flügel
logani Moore
electra Grose
?*malbarica* Moore
?*stolli* Moore
Gattung Amauris (*niavius* L., T)
Äthiop., Lfp. Tylophona und Cynanchum
Gruppe I (*vashti*-Gruppe)
vashti Btlr. (Untergattung Cadytis)
Gruppe II (*ansorgei*-Gruppe)
ansorgei Sharpe (Untergattung Panamauris)
ellioti Btlr., Zeichnungen gelber
Gruppe III (*niavius*-Gruppe)
niavius L., T
tartarea Mab.
damocles Beauvoir (? f. letzterer)
Gruppe IV (*egialea*-Gruppe)
egialea Cr., wie *damocles*, V/F Bänder ganz
fenestrata Auriv.
nossima Ward
ochlea Bsdv.
hecate Btlr.
dira Neave
inferna Btlr.
dannfelti Auriv.
hyalites Btlr.
Gruppe V (*echeria*-Gruppe)
echeria Stoll, sehr variabel
albimaculata Btlr.
lobulenga Sharpe, nahe nächster
comorana Oberth.
reducta Auriv.
intermedians Hulstaert
phaedon Fab.
Unterfamilie Euploeinae
fast alle indo-austr., wenige äthiop. und paläarktisch, Grundfarbe dunkelbraun mit weißen Zeichnungen – viele purpurblau überflogen, ausgeprägterer Sexualdimorphismus als in anderen Unterfamilien der Danaiden.
Gattung Euploea
Lfp. Ficus, Nerium etc.
Gruppe I (*corus*-Gruppe)
corus Fab., T, nahe nächster
phaenareta Schaller, variabel
callithoe Bsdv.
althaea Semp.
eucala Stgr.
Gruppe II (*leucostictos*-Gruppe)
leucostictos Gmelin, weitverbreitet
mniszechii Feld.
nemertes Hbn., variabel
treitschkei Bsdv., variabel
radamanthus Fab. (*diocletianus* Fab.)
eustachius Kirby
midamus L., auch paläarktisch
eleusina Cr.
vollenhovii Feld., wie *mniszechii*
dehaanii Lucas
meyeri Hopff.
labreyi Moore
asyllus Godm. & Salv.
usipetes Hew., wie *nemertes*
gamelia Hbn. (*blossomae* Schaus)
martinii de Nicév.
roepstorffi Moore
atossa Pag.
simillima Moore
fabricii Moore
dameli Moore
klugii Moore

eupator Hew.
?*depuiseti* Oberth.
Gruppe III (*stephensii*-Gruppe)
stephensii Feld. (*pumila* Btlr.)
tulliolus Fab., sehr variabel
arisbe Feld.
mazares Moore
visenda Feld.
menamoides Fruhst.
hopfferi Feld.
pyres Godm. & Salv.
trimenii Feld.
hewitsonii Feld.
Gruppe IV (*mulciber*-Gruppe), indo-malay.
mulciber Cr.
gelderi Snell.
euctemon Hew.
?*semperi* Feld., mg. *mulciber*-f.
Gruppe V (*sylvester*-Gruppe), meist austr.
sylvester Fab.
dufresne Godt., variabel
coreta Godt., ind.
melina Godt.
perloroides J. & T.
albicosta J. & Noakes
gloriosa Btlr.
?*picina* Btlr.
Gruppe VI (*wallacei*-Gruppe)
wallacei Feld.
redtenbacheri Feld.
batesii Feld.
algea Godt.
boisduvalii Lucas
climena Cr.
eyndhovii Feld.
palmedo Doherty
compta Rob.
eboraci G.-Smith
lewinii Feld.
radica Fruhst.
albomaculata van Eecke
jennessi Carpenter
insulicola Strand
latefasciata Weym.
crameri Lucas
nobilis Strand
cratis Btlr.
modesta Btlr.
cameralzeman Btlr.
deheerii Doherty
funerea Btlr.
alecto Btlr.
obscura Pag.
eichhorni Stgr.
ebenina Btlr.
resarta Btlr.
?*eleutho* Godt.
Gruppe VII (*eurianassa*-Gruppe)
eurianassa Hew.
core Cr., weitverbreitet
distantii Moore
orontobates Fruhst.
scherzeri Feld. (*camorta* Moore)
lacon G.-Smith
andamanensis Atk.
amymone Godt.
bauermanni Rob.
alcathoe Godt.
snelleni Moore
tobleri Semp.
deione Westw.
swainson Godt.
abjecta Btlr.
horsfieldii Feld.
maura Hopff.
schmeltzi H.-Schaff.
subnobilis Strand
helcita Feld.
guerini Feld.
illudens Btlr.
hemera Fruhst.
nechos Math.
dalmanii Feld.
charox Kirsch
lapeyrousei Bsdv.
netscheri Shell.
dentiplaga Roths.
baudiniana Godt.
irene Fruhst.
transfixa Mont.
Gruppe VIII (*euphon*-Gruppe)
Seychellen etc.
euphon Fab.
desjardinsii Guér.
goudotii Bsdv.
mitra Feld.
rogeri Geyer

Anhang siehe Seite 274

Literatur

Ackery, P. R. (1975) A guide to the genera and species of Parnassiinae. Bull. Brit. Mus. nat. Hist. (Ent.) 31: 4 74 – 105.
Bateson, W. (1909) Mendel's principles of heredity. London.
Beebe, W. (1950) High jungle.
Beirne, B. P. (1947) The origin and history of the British Macro-Lepidoptera. Trans. R. ent. Soc. Lond. 98: 7.
Bowdler-Sharpe, E. (1914) A monograph of the genus *Teracolus*. London.
Bright, P. M. & Leeds, H. A. (1938) A monograph of the British aberrations of the chalk-hill blue butterfly. Bournemouth.
Brooks, C. J. (1950) A revision of the genus *Taenaris*. Trans. R. ent. Soc. Lond. 101: 179 – 238.
Brower, J. VZ. (1958) Experimental studies of mimicry in some North American butterflies. Evolution. 12: 3.
Bryk, F. (1935) Lepidoptera Parnassiidae II. 65: 790 pp.
Carcasson, R. H. (1961) The *Acraea* butterflies of East Africa. Journal of the East African Nat. Hist. Soc. Suppl. 8: 48 pp.
Carpenter, F. M. (1930) A review of our present knowledge of the geological history of insects. Psyche 37: 15 – 34.
Carpenter, G. D. H. (1941) The relative frequency of beak-marks on butterflies of different edibility to birds. Proc. zool. Soc. Lond. 111: 223 – 231.
Carpenter, G. D. H. (1953) The genus *Euploea* in Micronesia, Melanesia, Polynesia & Australia. Trans. zool. Soc. Lond. 28: 1 – 165.
Clarke, C. A. and Sheppard, P. M. (1959 – 1962) The genetics of *Papilio dardanus*. Genetics, 44, 45 and 47.
Clarke, C. A. & F. M. M. & Sheppard, P. M. (1968) Mimicry and *Papilio memnon*. Malay nat. J. 21: 4.
Clarke, C. A. and Sheppard, P. M. (1972) The genetics of *Papilio polytes*. Phil. Trans. Roy. Soc. Lond. Biol. Sc. 263: 855.
Committee for protection of British Lepidoptera. (1929) Report on the establishment of the large copper in the British Islands. Proc. ent. Soc. Lond. 4: 53 – 68.
Comstock. W. P. (1961) Butterflies of the American tropics: the genus *Anaea*. Amer. Mus. of Nat. Hist.
Corbet, A. S. (1943) A key for the separation of the Indo-Australian and African species of the genus *Euploea*. Proc. R. ent. Soc. Lond. (B) 12: 17 – 22.
Cowan, C. F. (1968 & 1970) Annotationes rhopalocerologicae.
Dethier, V. G. (1937) Gustation and olfaction in Lepidopterous larvae. Biol. Bull., 72: 7 – 23.
Dillon, L. S. (1948) The tribe Catagrammini. Part. I. The genus *Catagramma* and allies. Reading Museum Scientific publication. 8.
Dowdeswell, W. H., Fisher, R. A. & Ford, E. B. (1940) The quantitative study of populations in the Lepidoptera. Annals of Eugenics. 10: 123 – 36.
Ehrlich, P. R. (1958) The comparitive morphology, phylogeny and higher classification of the butterflies. Univ. of Kansas Sc. Bull. 39: 305 – 370.
Eliot, J. N. (1963) A key to the Malayan species of *Arhopala*. Journal of the Malay nat. Soc. 17: 4. 188 – 217.
Eliot, J. N. (1969) An analysis of the Eurasian and Australian Neptini. Bull. Brit. Mus. nat. Hist. (Ent.). Suppl. 15: 1 – 155.
Eliot, J. N. (1973) The higher classification of the Lycaenidae: a tentative arrangement. Bull. Brit. Mus. nat. Hist. (Ent.) 28: 6. 373 – 505.
Eltringham, H. D. (1910) African mimetic butterflies. Oxford.
Eltringham, H. D. (1912) Monograph of the African species of the genus *Acraea*. Trans. ent. Soc. Lond. 1: 374.
Eltringham, H. D. (1916) On specific and mimetic relationships in the genus *Heliconius*. Trans. ent. Soc. Lond. 101 – 148.
Eltringham, H. D. (1930) Histological and illustrative methods for entomologists, Oxford.
Eltringham, H. D. (1933) The senses of insects. Methuen.
Emsley, M. G. (1963) A morphological study of imagine Heliconiinae. Zoologica. 48: 85 – 130.
Emsley, M. G. (1964) The geographical distribution of the color-pattern components of *Heliconius erato* and *Heliconius melpomene*. Zoologica 49: 245 – 289.
Emsley, M. G (1965) Speciation in *Heliconius*. Zoologica 50: 191 – 254.
Euw, J. V. et al. (1967) Cardenolides, Nature. 214: 5083.
Evans, W. H. (1939 – 1955) A catalogue of the Hesperiidae. Brit. Mus. nat. Hist.
Evans, W. H. (1957) A revision of the *Arhopala* group of Oriental Lycaenidae. Bull. Brit. Mus. nat. Hist. (Ent.) (5) 3: 85 – 141.
Ferris, C. D. (1973) A revision of the *Colias alexandra* complex aided by ultraviolet reflectance photography. J. Lep. Soc. 27: 1. 57 – 73.
Forbes, W. T. M (1932) How old are the Lepidoptera? Amer. Nat. 66: 452 – 460.
Forster, W. (1964) Beiträge zur Kenntnis der Insektenfauna Boliviens XIX. Lepidoptera III. Satyridae. Veröff. Zool. Staatssamml. München 8: 5 – 188.
Fox. R. M. (1956) A monograph of the Ithomiidae part I. Bull. Amer. Mus. Nat. Hist. III: 1. 1 – 76.
(1960) Part II. Trans. Amer. Ent. Soc. LXXXVI: 109 – 171.
(1967) Part III. Trans. Amer. Ent. Soc. XCIII: 190 pp.
(1971) Part IV (completed by H. G. Real). Mem. Amer. Ent. Inst. 15.
Goldschmidt, R. (1938) Intersexuality and development. Amer. Nat. 72: 228 – 242.
Hemming, F. (1967) The generic names of the butterflies and their type-species. Bull. Br. Mus. nat. Hist. (Ent.), Suppl. 9.
Higgins, L. G. (1941) An illustrated catalogue of the Palearctic *Melitaea*. Trans. R. ent. Soc. Lond. 91: 7. 175 – 365.
Higgins, L. G. (1950): A descriptive catalogue of the Palaearctic *Euphydryas*. Trans. R. ent. Soc. Lond. 101: 12. 435 – 496.
Higgins, L. G. (1955) A descriptive catalogue of the genus *Mellicta*. Trans. R. ent. Soc. Lond. 106: 1. 131 pp.
Howarth, T. G. (1959) A description of a new race of *Acraea cerasa* with some notes on related species. Entomologist 92: 1154. 133 – 136.
Howarth, T. G. (1960) Further notes on *Acraea cerasa*. Entomologist 93. 1168. 184 – 185.
Howarth, T. G. (1962) The Rhopalocera of the Rennell and Bellona Islands in The natural history of the Rennell and Bellona Is. Copenhagen (4: 63 – 83).
Imms, A. D. (1957) A general textbook of entomology. Revised edition. Methuen.
Klots, A. B. (1933) A generic revision of the Pieridae. Ent. Amer. n. s. 9: 99 – 171.
Klots, A. B. (1958) The world of butterflies and moths. Harrap.
Le Moult, E. & Real, P. (1962 – 63) Les *Morpho* d'Amerique du Sud et Centrale. Paris.
Mani, M. S. (1962) Introduction to high altitude entomology. Methuen.
McAlpine, D. (1970) A note on the status of *Ornithoptera allotei*. J. Aust ent. Soc. 9.
Meek, A. S. (1913) A naturalist in cannibal land. London.
Miller, L. D. (1968) The higher classification, phylogeny and zoogeography of the Satyridae. Mem. Amer. Ent. Soc. 24.
Minnich, D. D. (1936) The responses of caterpillars to sounds. J. exp. zool., 72: 439 – 453.
Munroe, E. (1961) The classification of the Papilionidae. Canad. Ent. Suppl. 17: 1 – 51.
Nicolay, S. S. (1971) A review of the genus *Arcas* with descriptions of new species. J. Lep. Soc. 25: 2. 87 – 108.
Norris, W. (1955) Dawn adventure. Chambers Journal.
Punnett, R. C. (1915) Mimicry in butterflies. Cambridge.
Rebillard, P. (1961) Revision systematique des lepidopteres Nymphalidaes du genre *Agrias*. Mem. Mus. Nat. Hist. Paris. zool. XXII 2.
Rothschild, W. & Jordan, K. (1906) A revision of the American Papilios. Novit. Zool. 13: 412 – 752.
Rydon, A. H. B. (1971) The systematics of the Charaxidae. Ent. Rec. J. Var. 83: 219 – 233. 283 – 287, 310 – 316, 336 – 341, 384 – 388.
Schmid, F. (1970) Considerations sur le male d'*Ornithoptera allotei*. J. Lep. Soc. 24: 2.
Schmid. F. (1973) Hybridisme chez les Ornithoptères. Nederland Ent. Veren. 116. 9.
Scudder, S. H. (1875) Historical sketch of the generic names proposed for butterflies. Proc. Amer. Acad. Art. & Sc. 10: 91 – 203.
Shirôzu, T. (1955) Butterflies in Fauna and flora of Nepal Himalaya. Kyoto University.
Stempffer, H. (1967) The genera of the African Lycaenidae. Bull. Brit. Mus. nat. Hist. Suppl 10: 300 pp.
Talbot, G. (1928 – 1937) A monograph of the Pierine genus *Delias*. London.
Teale, E. W. (1947) Near horizons. New York.
Tite, G. E. & Dickson, C. G. C. (1973) The genus *Aloeides* and allied genera. Bull. Brit. Mus. nat. Hist. (Ent.) 21 (7) 367 – 388.
van Someren, V. G. L. (1963 – 1975) Bull. Brit. Mus. nat. Hist. (Ent.) 13, 15, 18, 23, 25 – 27, 29 & 32.
Vane-Wright, R. I. & Smiles, R. L. (1975) The species of the genus *Zethera*. J. of Entomology. R. ent. Soc. Lond. (B) 44 (1) 81 – 100.
Vane-Wright, R. I., Ackery, P. R. & Smiles, R. L. (1975) The distribution, polymorphism and mimicry of *Heliconius telesiphe* and the species of *Podotricha* Trans. R. ent. Soc. Lond. 126: 611 – 36.
Verity, R. (1940) Revision of the *athalia* group of the genus *Melitaea*. Trans. R. ent. Soc. Lond. 89: 14. 591 – 706.
Warren, B. C. S. (1926) Monograph of the tribe Hesperiidi. Trans. ent. Soc. Lond. 74: 170 pp.
Warren, B. C. S. (1936) Monograph of the genus *Erebia* Brit. Mus. nat. Hist.
Warren, B. C. S. (1944) Review of the classification of the Argynnidi: with a systematic revision of the genus *Boloria*. Trans. R. ent Soc. 94: (11) 101 pp.
Williams, C. B. (1930) The migration of butterflies. Oliver & Boyd.
Williams, C. B. (1958) Insect Migration Collins.
Young, A. M. (1974) The rearing of the Neotropical butterfly *Morpho peleides*. J. Lep. Soc. 28: 2.
Zeuner, F. E. (1943) Studies in the systematics of *Troides*. Trans. zool. Soc. Lond. 25: 107 – 184.

Register

Hier sind alle im allgemeinen Text abgebildeten und erwähnten Arten mit aufgeführt. Noch mehr Arten sind in den entsprechenden Abschnitten der systematischen Listen enthalten. Beachte: Fett gedruckte Zahlen geben die Seiten an, auf denen Falter außer auf den großen Doppelseiten abgebildet sind.

Abantis **26 – 27**
abeona, Tisiphone 248
Abisara
abnormis, Cepora 162
Abrota 204
abyssinica, Antanartia 197
acamas, Aphantis 174
acantha, Geitoneura 248
acco, Parnassius 91, 117
acheloia, Byblia **192 – 193**
achilleana, Morpho 237
achilles, Morpho **64 – 65,** 237
achine, Lopinga 247
Achlyodes 112
acilia, Cyrestis 210
acis, Helicopis 178
Acleros 113
aconthea, Euthalia 208
acontius, Catonephele 200
Acraea 188 – 191
Abraeidae 17, 59, 65, **76 – 77,** 79, 81, **188 – 189,** 190 – 191
acraeida, Lymanopoda 249
acraeoides, Charaxes 216
acrita, Acraea 191
acteon, Thymelicus 113
Actinote **188 – 189,** 191
actinotis, Catasticta 163
Actis 173
Actizera 174
actonon, Bia 246
acuta, Curetis 175
adamastor, Graphium 125
adamsi, Callithea 201
Adelpha 205
adippe, Fabriciana 194, 195
admatha, Actaea 190
Admirale 22, 30, 33, 38, 104, 192, 193
adonia, Euthalia 208
adonis, Morpho 232
adrasta, Epiphile 200
aeacus, Troides 153
aedesia, Xanthocleis 253
aedon, Agrias **68 – 69,** 213
aega, Morpho 55, **74 – 75**
aegeria, Pararge **30 – 31**
aegeus, Papilio 128, 129
aegina, Callicore 203
Aemona 225
aeneas, Parides 149
Aeria 253
aeropa, Lexias 208
aerope, Faunis 225
Aeropetes 246
aesacus, Eryphanis 243
aethiops, Erebia 249
aethiops, Papilio 142
aexone, Arhopala 173
affinis, Danaus 256
agama, Caprona 112
agamedes, Graphium 124
agamemnon, Graphium 123
agarithe, Phoebis **160 – 161**
agasicles, Mathania 167
agatha, Neptis 204
agathina, Doxocopa 210
agathon, Metaporia 162
agavus, Parides 148
agesilaus, Eurytides 121
agesilas, Lasaia 179
agestis, Aricia 175
agestor, Papilio 128
agetes, Graphium 127
aglaia, Delias **34 – 35**
Aglais **36 – 37,** 58, 62, 104 – 105, 197
aglaja, Mesoacidalia 85, 194
aglaonice, Acraea 190
aglaura, Nessaea 200
agostina, Delias 165
Agraulis 187
Agriades 174
Agrias **68 – 69,** 81, 99, 192, 212 – 213
agricola, Neolucia 174
Agrodiaetus 174
alala, Adelpha 205
alberta, Anaea 221
albertisi, Delias 165
albertisi, Morphopsis 227
albimaculata, Amauris 257
albinotata, Taygetis 248
albinus, Papilio 130
albocaerulea, Celastrina 174
albomaculata, Limenitis 205
Albulina 174
alcimeda, Cymothoe 208
alcinoe, Bematistes 191
alcinous, Atrophaneura 158
alcmena, Eunica 200
alcmenor, Papilio 133
alciope, Acraea 191
alciphron, Heodes 175
alciopoides, Acraea 190
alebion, Graphium 127
alectryo, Siseme 179
Alera 113
Alesa 178
alexandra, Colias 169
alexandrae, Ornithoptera 91, 156
alexanor, Papilio 136
alexis, Glaucopsyche 175
algea, Euploea 259
alicia, Hamadryas 209
aliphera, Eueides 187
aliris, Thauria 226
Allancastria 117
allotei, Ornithoptera 99
Allotinus 175
almana, Precis 197
almansor, Graphium 125
Aloeides 174
alopius, Parides 148
alteratus, Tarucus 174
althoffi, Acraea 191
alurgis, Terinos 196
amanga, Axiocerces 174
amarynthina, Parcella 178
amasa, Zeltus 173
amata, Colotis 166
amathea, Anartia **192 – 193**
amanthonte, Morpho 234
Amathusia 222, 224
Amathusiidae 17, 62, **64 – 65, 222 – 223,** 224 – 227
Amathuxidia 225
Amauris **76 – 77,** 79, 257
ambica, Apatura 211
Amblypodia 173
ambrax, Papilio 129
amelia, Eunica 201
ameliae, Charaxes 219
Amenis 112
amesis, Alesa 178
amethystus, Zeuxidia 224
amicitiae, Acraea 190
amintha, Gonepteryx 168
Amnosia 199
amor, Rathinda 173
amphione, Dismorphia 167
amphinome, Hamadryas **96**
amphirhoe, Cateblepia 241
amphitrion, Morpho 231
amphrysus, Troides 67
Ampittia 113
amulia, Asterope 200
amydon, Agrias 212, 213
amythaon, Amathuxidia 225
anacreon, Acraea **188 – 189,** 190 – 191
anactus, Papilio 128
anadyomene, Argynnis 195
Anaea 65, **74 – 75,** 220 – 221
Anaeomorpha 215
analava, Charaxes 216
anaphissa, Ithomia 253
anaphus, Astraptes 112
Anartia 197
anasuga, Jacoona 172
anaxibia, Morpho 233
anaxo, Actinote 191
ancaeus, Nessaea 200
Ancema 173
anchisiades, Papilio 146, 147
Ancyluris 177, 179
andraemon, Papilio 144
andranodorus, Charaxes 217
androcles, Graphium 126
androcles, Heliophorus 175
androgeos, Papilio **54 – 55,** 144
andromacha, Acraea 191
andromacha, Enodia 246
andromica, Hypoleria 253
anemosa, Acraea 190
aenea, Paralucia 174
Anetia 196
angulata, Odontoptilum 112
ankoleensis, Philodeudorix 173
anna, Anaea 221
anna, Diaethria 202
annae, Pachliopta 158
ansorgei, Acraea 190
ansorgei, Kallima 199
Antanartia 197
anteas, Actinote 191
Anteos 168
Anteros 179
anteva, Salamis 199
antevorta, Hypolimnas 199
Anthene 174
Anthocharis 39, **5 2 –53,** 54, 166
anticlea, Charaxes 217
Antigonis 203
Antigonus 112
antilope, Hypolimnas 199
antimachus, Druryeia 141
antiochus, Heliconius 182
antiopa, Nymphalis **74 – 75,102 – 103**
antiphates, Graphium **20 – 21**
antipodum, Agyrophenga 248
Antirrhea 246
antonia, Hypothyris 252
antsianaka, Belenois 162
aorsa, Opoptera 242
Apatura **32,** 59, **60,** 211
Apaturina 211
Apaturopsis 210
Aphantopus **54 – 55, 244 – 245**
Apharitis 174
aphnaeoides, Epamera 173
Aphnaeus 174
Aphysoneura 246
Apodemia 179
apollinus, Archon 116
apollo, Parnassius **44 – 45,** 67, 116
apollonius, Parnassius 116
Aporia **161,** 162
Appias **20 – 21,** 167
Araschnia **68 – 69**
Arawacus 172
arbela, Eurema 168
arcania, Coenonympha 248
Arcas 170, 172
arcas, Parides 149
archidamas, Battus 159
archidona, Anaea 220
archippus, Limenitis 78, **80 – 81**
Archon 116
Archonias **78 – 79,** 163
arcius, Rhetus 179
arcturus, Papilio 139
areste, Arhopala 173
argante, Phoebis 168
argenteus, Argyrophorus 249
argia, Nepheronia 167
argiades, Everes 175
arginussa, Anaea 221
Argiolaus 173
argiolus, Celastrina **52 – 53**
argus, Plebejus **52 – 53**
Argynnis 32, 52, **70 – 71,** 72, **74 – 75,** 195
Argyreus 195
Argyronome 195
Argyrophenga 248
Argyrophorus 249
Arhopala 173
ariarathes, Eurytides 118
Aricia 175
aricia, Adelpha 205
Aricoris 179
arinome, Hamadryas 209
arion, Maculinea **40 – 41**
arirambae, Callicore 203
aristeus, Graphium 126
aristeus, Papilio 146
aristiona, Heliconius 81
aristodemus, Papilio 145
aristolochiae, Pachliopta 158
aroa, Delias 164
aroa, Parelodina 174
arota, Lycaena 175
arsinoe, Vindula **192 – 193**
artaxerxes, Aricia 175
arthemis, Limenitis 78, 205
Artipe 173
Artitropa 113
aruna, Delias 165
arycles, Graphium 123
asabinus, Thersamonia 175
asboloplintha, Acraea 190
ascalaphus, Papilio 134
ascanius, Parides 148
Ascia 45, 47, 49, 162
ascolius, Papilio 145
asius, Eurytides 119
aspasia, Cepora 162
aspasia, Danaus 256
aspila, Parthenos 207
assimilis, Hestina 211
astala, Diaethria 202
astarte, Callicore 203
Asterope 200
Astraptes 112
astyanax, Limenitis 81, 205
astyra, Brassolis 240
atacama, Callicore 203
atalanta, Vanessa 85, 104
Aterica 207
athalia, Mellicta 194
athamanthis, Lycaena 175
athamas, Polyura 219
Athesis 252
Athyma 204
atlantis, Hamadryas 209
Atides 172
atrius, Calycopis 172
Atrophaneura 158
atrovirens, Euriphene 206
atthis, Heliconius **80 – 81**
aubyni, Charaxes 218
auda, Thecla 172
Audre 179
augias, Telicota 113
augusta, Eunica 200
aulestes, Ancyluris 179
Aulocera 249
aurelius, Zeuxidia **222 – 223,** 224
aurigineus, Colotis 166
aurora, Morpho 233
Aurorafalter **52 – 53**
aurorina, Cithaerias 246
aurinia, Euphydryas 194
aurota, Belenois **48 – 49**
ausonia, Euchloe 166
australis, Colias 169
australis, Prothoe 215
Autochton 112
autocrator, Parnassius 117
autothisbe, Prioneris 166
avellaneda, Phoebis 168
avinoffi, Hyalyris 253
Axiocerces 174
Azanus 174
azeca, Vila **192 – 193**
aziza, Pyrrhopyge 112

bacaenis, Baeotis 179
bachus, Papilio 81, 144
Baeotis 179
Baeotus 206
baeotus, Baeotus 206
ballus, Tomares 174
bammakoo, Elymniopsis **80 – 81**
barcastus, Mysoria 112
barce, Bebearia 206
Baronia 116
bartletti, Callithea 201
batea, Opsiphanes 243
batesi, Euploea 258
batesii, Callithea 201
batesii, Chorinea 179
bathycles, Graphium **20 – 21**
Battus **20 – 21,** 81, 159
battus, Cycnus 172
beata, Agrias 213
Bebearia 206
bechina, Eunica 201
beckeri, Cymothoe 208
belemia, Euchloe 166
Belenois **40 – 49,** 162
belia, Anthocharis 167
belisama, Delias 165
belladonna, Hamadryas 209
bellargus, Lysandra 42, **52 – 53,** 54
bellerophon, Eurytides 119
bellona, Archonias **78 – 79**
beltrao, Caligo 241
belus, Battus 159
Bematistes **76 – 77,** 79, **80 – 81,** 188, 189, 191
benjaminii, Choaspes 112
berecynthia, Catoblepia 241
besckei, Heliconius 185
betulae, Thecla **30 – 31, 106 – 107**
Bhutanitis 117
Bia 246
bianor, Papilio 138
Bibasis 112
biblis, Cethosia 196
binghami, Amathusia 224
bioculatus, Taenaris 227
bitias, Thecla 172
Bläulinge 23, **40 – 41,** 42, **52 – 53, 72 – 73, 170 – 171,** 174
blanchardi, Idea **254 – 255**
Blattschmetterlinge 61, **62 – 63**
blomfildia, Smyrna 206
blumei, Papilio
bochus, Jamides 175
boebera, Valeria 163
boeticus, Lampides 174
bohemani, Charaxes 218
boisduvali, Asterope 200
boisduvali, Euploea 259
boisduvali, Hewitsonia 175
boisduvali, Opsiphanes 243
boisduvali, Pseudacraea 198
Bolboneura 200
boldernarum, Lycaena 175
bolina, Hypolimnas **50 – 51,** 199
Boloria 194
bonasia, Acraea 190
bonplandii, Perisama 202
bootes, Papilio 134
borneensis, Hasora 112
bornemanni, Delias 165
bouvieri, Sarangesa 112
bowkeri, Stugeta 173
bracteata, Anteros 179
brahma, Heliophorus 175
brassicae, Pieris 30, 38, 40, 47, **52 – 53,** 160
Brassolidae 17, 62, **64 – 65, 238 – 239,** 240 – 243
Brassolis 238, 240
brassolis, Liphyra 175
brebissonii, Neptis 204
bredowii, Limenitis 205
brenda, Terias 168
Brenthis 194
brevicornis, Baronia 114 – 116
bridgei, Papilio 131
brome, Callicore 203
bromius, Papilio 142
brookianus, Trogonoptera **30 – 31, 100 – 101**
browni, Graphium 123
brunnea, Ceratrichia 113
bryoniae, Pieris 162
buckleyana, Prepona 214
buckleyi, Callithea 201
buddha, Calinaga 248
buddha, Papilio 138
burgessi, Acraea 190
burneyi, Heliconius **180 – 81,** 183
busiris, Achlyodes 112
busiris, Xanthotaenia 225
butleri, Taenaris **222 – 223**

cabira, Eunica 201
cabirnia, Perisama 202
cacaliae, Pyrgus 113
cacicus, Papilio 146
Cacyreus 175
caecias, Crocozona 179
caeculus, Hemiolaus 173
Caerois 246
caesia, Leptophobia 163
caieta, Clydna 179
caiguanabus, Papilio 145
cajetani, Callicore 203
cajus, Mylon 112
calamisa, Calydna 179
c-album, Polygonia **56 – 57,**
caldarena, Acraea 190
california, Coenonympha 248
californica, Nymphalis 197
californica, Satyrium 172
Caligo 62, **64 –65, 238 – 239,** 241 – 242
Calinaga 248
Calisto 249
Callerebia 248
Callicore **60 – 61,** 62, 65, 81, 192, 202 – 203
callidice, Synchloe 162
Callidula 202
callinira, Percute 163
Calliona 179
calliope, Stalachtis 178
Callithea 81, 192, 201
callithoe, Euploea 258
Callithomia 253
Callophrys 172
Calospila 179
Calycopis 172
Calydna 179
calydonia, Prothoe 215
calypso, Belenois 162
cama, Pantoporia 204
camadeva, Stichophthalma 226
camilla, Limenitis 38
camillus, Cyrestis 210
campestris, Phyciodes 195
candida, Terias 168
candiope, Charaxes 216
candrena, Diaethria 202
canens, Faunis 225
canopus, Netrobalane 112
canopus, Papilio 131
capanas, Myscelia 200
Caprona 112
carausius, Anteros 179
cardamines, Anthocharis 39, **52 – 53,** 54
cardui, Vanessa **30 – 31,** 44, 49, **104 – 105,** 192
Caria 178
carinenta, Libythea 178
Carterocephalus 113
caschmirensis, Aglais 197
caschmirensis, Graphium 126
cassandrina, Elzunia 252
cassiope, Selenophanes **238 –**
cassus, Dira 249
casta, Callicore 203
castalia, Kricogonia 169
Castalius 174
castaneus, Delias 165
castor, Charaxes 217
castor, Papilio 129
Catacoire 203
Catacroptera 197
Catapaecilma 174
Catasticta 163
catenaria, Morpho 228, 234
Catoblepia 241
Catochrysops 174
Catonephele 200
catops, Taenaris **64 – 65,** 227
Catopsilia **20 – 21, 30 – 31,** 88, 9 160, 168
Catuna 198
c-aureum, Polygonia 197
cecidas, Perisama 202
cecilia, Methone 178
Celaenorrhinus 112
Celastrina **52 – 53,** 174
celerio, Adelpha 205
celestina, Appias 167
Ceononympha 67
cepheus, Acraea 191
cephise, Melanis 179
cephus, Euptychia 248
Cepora 162
cerata, Calycopis 172
Ceratinia 253
Ceratrichia 113
Cercyonis 248
ceres, Lycorea 257
cerisy, Allancastria 117
cesonia, Zerene 169
Cethosia 196
cethura, Anthocharis 166
chalcedona, Euphydryas 194
chalciope, Prepona 214
chalcis, Euryphura 206
chalybe, Coeliades 112
chamissonia, Parides 148
championi, Sammachia 178
chandra, Sephisa 211
chaon, Papilio 132
Charaxes **32, 34 – 35,** 94, **98 – 9** 192, 216 – 219
Charis 179
charithonia, Heliconius **180 – 18**
charltonius, Parnassius 117
charonda, Sasakia **82 – 83**
Charonias 163
charopus, Papilio 142
Cheritra 173
Chersonesia 211
cherubina, Doxocopa 210
Childrena 195
childrenae, Parides 149
childreni, Childrena 195
chimaera, Ornithoptera **88 – 89,** 154
chionides, Taenaris 227
chloe, Hamadryas 209
chloris, Euptychia 248
chlorochroa, Eunica 201
Chlosyne 195
Choaspes 112
choaspes, Danaus 256
Chorinea (= Zeonia) 179
chromis, Catonaphele 200
chromus, Prepona 215
chrysippe, Cethosia 196
chrysippus, Danaus **28 – 29, 76 – 77,** 78, 256 – 257
chrysogone, Taygetis 248
chrysolora, Apatura 211
chrysomelaena, Delias 165
Chrysozephyrus 172
chrysus, Sarota 178

Register

rea, Acraea 190
ia, Melitaea 194
us, Tajuria 173
s, Phoebis 168
ochroa 196, 197
, Lasiophila 249
eis, Morpho 230
ene, Corades 249
aerias 59, 244 – 246
aeron, Charaxes 218
nophila 175
ssa, Terinos 196
ki, Pseudacraea 198
nrata, Delias 164
dina, Agrias 212, 213
rista, Athesis 252
tas, Luthrodes 174
chares, Apaturopsis 210
dora, Eronia 167
na, Danaus 256
patra, Gonepteryx 168
thera, Perisama 202
nthe, Catacroptera 197
nthus, Graphium 123
lia, Perisama 202
inde, Anteos 168
ssiana **18 – 19, 22 – 23, 38 – 39,**
*0*4, 194
nena, Diaethria 202
onimus, Heliconius 184, 185
emnestra, Anaea 221
ia, Papilio **32**
jus, Euchrysops 174
cinata, Cymothoe 209
les, Cyrestis 210
rus, Graphium 122, 123
leste, Phareas 112
liades 112
lus, Parides 149
no, Hyalyris 253
nobita, Psaudoneptis 198
enonympha **66 – 67,** 244, 248
adenia 112
dius, Parnassius 117
ias 52, **74 – 75,** 160, 169
obura 198
otini 160 – 161
otis 59, 160, 166
umbina, Phalanta 195
umbus, Eurytides 121
netes, Pyrrhopyge **110 – 111**
nma, Hesperia **110 – 111**
nma, Melinaea 252
nnena, Perisama 202
npacta, Dispar 113
nyntas, Everes **170 – 171**
nfusa, Lethe 247
nsanguinea, Bematistes 191
nstantinus, Papilio 137
on, Atrophaneura 158
rades 249
rbulis 253
cyra, Catasticta 163
e, Euploea 258
esia, Marpesia 210
esia, Stibochiona 211
ethrus, Euryades 146
idon, Lysandra 42, **72 – 73**
inna, Marpesia 210
onata, Evenus 172
yna, Vettius 113
wani, Charaxes 216
ssus, Battus 159
taegi, Aporia **160 – 161**
eas, Lepidochrysops 174
esphontes, Papilio 144
essida 157
essida, Cressida 157
eusa, Dasyophthalma 240
no, Papilio 138
sia, Ragadia 246
spina, Napeogenes 253
stophi, Colias 169
thoe, Delias 165
ton, Trodes 151
ocea, Colias 52, 72, **74 – 75,** 85
ocea, Mylothris 162
ocozona 179
oesus, Mesosemia **176 – 177**
oesus, Ornithoptera 90, 152, 155
oesus, Semomesia 178
owleyi, Epitola 175
ysalus, Hypaurotis 172
esia, Ancema 173
bana, Anaea 220
neifer, Troides 153
pha 196
pido, Helicopis 178
pidopsis 174
preus, Lycaena 175
retis 175
rius, Lamproptera 117
ananthe, Myscelia 200
ane, Doxocopa 210
anea, Anaea 221
ara, Phlyaria 174
bdelis 203
bele, Speyeria 194
cinna, Saletara 167
clogramma 203
clops, Callicore 203
cnus 172
cnus, Enispe 225
dno, Heliconius 182
llarus, Thecla 172
llastros, Narope 241
llene, Callicore 203
mothoe 208, 209
nandra 198
nitia 208
cyriorta, Papilio **80 – 81**
cynosura, Callicore **60 – 61,** 65
cynthia, Euphydryas 194
cyparissa, Euphaedra 207
cypris, Morpho 232
Cyrenia 179
Cyrestis 192, 210
cyrnus, Graphium 124
cytheris, Issoria 194
cytora, Salamis 199

Dabasa 127
Daedalma 249
daedalus, Hamanumida 198
daeta, Hypothyris 252
daimio, Sephisa 211
daira, Colotis 166
dama, Pantoporia 204
damo, Pseudolycaena 172
damocles, Amauris 257
damon, Agrodiaetus 175
Damora 195
dan, Coladenia 112
danae, Colotis 166
Danaidae 17, **28 – 29, 32, 34 – 35,** 42, **46 – 47,** 59, **76 – 77, 78 – 79, 80 – 81, 254 – 255,** 256 – 259
Danaus **28 – 29, 32, 34 – 35,** 40, 42, **46 – 47,** 48 – 49, 65, **76 – 77, 78 – 79, 80 – 81,** 95, **254,** 256 – 257
daphnis, Meleageria 174
daplidice, Pontia 162
daraxa, Limenitis 205
dardanus, Papilio **76 – 77,** 79
dascon, Doleschallia 199
Dasyophthalma 240
davisi, Callithea 201
debora, Eumaeus 172
decius, Palla 220
decora, Amnosia 199
decora, Parphorus 113
decorata, Dicallaneura 178
dehaani, Polyura 219
deidamia, Morpho 236
dejeani, Vanessa 197
delalandii, Papilio 140
Delias **34 – 35, 160,** 164 – 165
delius, Antanartia 197
delphius, Parnassius 117
demetrius, Papilio 132
demodocus, Papilio **33,** 137
demolion, Papilio 136
demophon, Prepona 214
demophoon, Prepona 214
dendrophilus, Paralethe 246
deois, Hypolimnas 199
Dercas 169
dero, Dircenna 253
descombesi, Delias 165
deucalion, Graphium 126
Deudorix 173
devilliers, Battus 159
dexamenus, Prepona 215
dexithea, Hypolimnas 199
dia, Clossiana 194
Diaethria 202
dialis, Rapilio 139
diamina, Melitaea 194
diana, Morpho 233
diana, Speyeria 81, 194
diaphana, Delias 165
Dicallaneura 178
dice, Delias 164
diceus, Actinote 191
Dichorragia 211
Dickkopffalter 20, **26 – 27,** 33, 38, **110 – 111,** 112 – 113
didius, Morpho **228 – 229,** 235
dido, Philaethria 187
didyma, Melitaea 194
dilecta, Epiphile 200
dimera, Colias 169
dimona, Taenaris 227
dinarcha, Hypolimnas 199
Dione 187
Diophtalma 178
diores, Thaumantis 224
dioscorides, Ampittia 113
Dira 249
dirce, Colobura 62, 198
Dircenna 253
discolor, Hasora 112
Discophora 222, 225
discrepans, Callicore 202
Dismorphia 59, 167
Dispar 113
dispar, Lycaena **42 – 43,** 104, 106, 175
distanti, Charaxes 219
Distelfalter **30 – 31,** 44, 49, 85, **104 – 105,** 192
diversa, Vettius 113
Dixeia 162
djaelaelae, Eretis 113
Dodona 178
Doleschallia 199
dolicaon, Eurytides 121
dolomena, Pseudacraea 198
dolorosa, Euchrysops 174
domitianus, Caria 178
domitilla, Taenaris 227
doris, Heliconius 182
dorus, Coenonympha 248
dorylas, Plebicula 174
doubledayi, Neurosigma 207
doubledayi, Zeuxidia 224
Doxocopa 210
doylei, Delias 164
dracontis, Pierella **244 – 245**
dravidarum, Papilio 129
druceanus, Charaxes 217
drucei, Parides 149
Drucina 249
Druryeia 141
drusilla, Phyciodes 195
Dryadula 187
Dryas 187
drymo, Ithomia 253
dubius, Hypolimnas 199
ducalis, Arcas 172
duda, Euthalia 208
dudu, Limenitis 205
duellona, Necyria 179
dufresne, Euploea 258
duillia, Godyris 253
duponchelii, Euryades 146
durga, Dodona 178
duris, Delias 165
d'urvillei, Idea **254 – 255**
Dynamine 192, 195
Dynastor 238, 240
dysoni, Leodonta 163
dysonii, Rhetus 179
dyonis, Dynamine 195

Eagris 112
eanes, Eueides 183
echemon, Parides 149
echemus, Anaea 221
Echenais 179
echeria, Amauris **76 – 77**
echerioides, Papilio 140
Ectima 209
edwardsi, Euphaedra 207
edwardsii, Speyeria 194
egaea, Dynamine 195
egea, Polygonia 197
egina, Acraea 191
egista, Vagrans 196
Eier **28 – 30,** 34, 36, 40, 49, 101, 103, 111, 115, 160, 171, 176, 177, 180, 192, 222, 228, 238, 244, 255
Eisvogel 38
elaphiaea, Phyciodes 195
elathea, Eurema 169
electra, Anaea 220
elegans, Catapaecilma 174
elegans, Cyrestis **192 – 193**
eleuchia, Heliconius 182
elonense, Bematistes 191
elis, Doxocopa 210
elisa, Fabriciana 194
elissa, Metamorpha 198
ellara, Ithomia **250 – 251**
ellioti, Amauris 257
elma, Gomalia 112
elodina, Aeria 252
elongata, Bematistes 191
eltringhami, Acraea 190
elva, Microtia 195
elwesi, Papilio 135
Elymnias 244, 247
Elymniopsis **80 – 81**
Elzunia **80 – 81,** 252
Emesis 179
eminens, Perisama 202
empedocles, Graphium 122
emylius, Calospita 179
encedon, Acraea 190
encelades, Graphium 126
endochus, Graphium 125
endymion, Helicopis 178
Enispe 225
ennia, Dellas 164
Enodia 246
eogene, Colias 169
Eooxylides 173
epaea, Bematistes **80 – 81**
Epamera 173
epaminondas, Graphium 127
epaphus, Parnassius 116
epaphus, Siproeta 198
eperia, Cepora 163
epicles, Heliophorus 175
epicydes, Papilio 128
epidaus, Eurytides 118
epijarbas, Deudorix 173
epimethis, Pantoporia 204
epione, Adelpha 205
Epiphile 200
epiphorbas, Papilio 142
epiphron, Erebia 249
Episcada 253
Epitola 175
Epityches 253
epixanthe, Lycaena 175
eponina, Acraea 190
epulus, Audre 179
equatoria, Actinote 191
equatorialis, Acraea 190
erastus, Citrinophila 175
erate, Colias 169
erato, Heliconius 182, 184, 185
Erebia 244, 248 – 249
eresimus, Danaus 257
Eretis 113
Eretris 249
eribotes, Anaea 221
eridanus, Arhopala 173
erinnys, Artitropa 113
Erionota 113
eriphia, Pinacopteryx 162
eris, Colotis 166
Erites 247
erithalion, Parides 148
enthoniodes, Papilio 137
erlaces, Parides 149
erminea, Apaturina 211
Eronia 167
eros, Polyommatus 175
erostratus, Papilio 147
erosus, Antigonus 112
erota, Hesperocharis 163
erota, Notheme 179
erymanthis, Cupha 196
Erynnis 113
Eryphanis 243
erythraea, Euselasia 178
eryx, Artipe 173
eryx, Danaus 256
escheri, Plebicula 174
esmeralda, Cithaerias 246
eresipe, Charaxes 218
ethelda, Adelpha 205
etheocles, Charaxes 218
ethilla, Heliconius 186
Ethope 246
ethusa, Myscelia 200
etrida, Colotis 166
Euaspa 172
eucale, Callicore 203
eucharis, Colotis 166
eucharis, Delias 164
Eucheira 163
euchenor, Papilio 137
Euchloe 166
euchroia, Podotricha 187
Euchrysops 174
euclea, Hypothyris 252
eudoxus, Charaxes 217
Eueides 183, 185
eugenes, Dodona 178
eugenes, Prepona 214
Eumaeus 172
eumeda, Chlosyne 195
Eumenis 42, 61, 64
eumeus, Faunis **222 – 223**
eumolpe, Delias 165
Eunica 200
eunomia, Callicore 203
eunomia, Proclossiana 194
eupale, Charaxes 216
eupalus, Euphaedra 207
Euphaedra 207
euphranor, Papilio 137
euphrates, Graphium 127
euphrosyne, Clossiana **18 – 19, 22 – 23, 38 – 39,** 194
Euphydryas 194
Euploea **78 – 79,** 254, 258 – 259
eupompe, Epityches 253
Euptoieta 195
Euptychia 248
Eurema **20,** 42, 168 – 169
eurianassa, Euploea 258
euriclea, Perisama 202
euridice, Pieris 162
eurilochus, Caligo **238 – 239,** 242 – 243
eurimedia, Aeria 253
eurinome, Euxanthe 215
Euriphene 206
Euripus 211
eurous, Graphium 126
Euryades 146
eurydice, Satyrodes 248
eurydice, Zerene 169
euryleon, Eurytides 119
Euryphura 206
eurypylus, Graphium 122
eurytele, Charonias 163
eurytheme, Colias 169
Eurytides 59, 114, 118, 119, 120, 121
eurytus, Pseudacraea **80 – 81**
Euselasia 178
eusemoides, Euphaedra 207
euterpinus, Papilio **144**
Euthalia 208
euthymius, Enispe 225
Eutresis 252
Euxanthe 215
evagore, Colotis 166
evansi, Lycaena 175
evarete, Junonia 197
evelina, Euthalia 208
evemon, Graphium 123
Evenus 170, 172
Everes 175
eversmanni, Parnassius 116
evippe, Colotis 166
evombar, Graphium 124
excelsa, Eunica 201
excelsa, Hyalyris 253
excelsior, Acraea 190
exclamationis, Gnathotriche 195
excelsior, Callicore 203

fabius, Anaea 220
fabius, Charaxes 218
Fabriciana 194
Falcapica 167
Farbe **22 – 23,** 38, **56 – 59,** 62 – 65, 68, 74
farinosa, Gonepterys 168
Faulbaumbläuling **52 – 53**
Faunis 222, 224, 225
faunus, Chorinea 179
faunus, Oxylides 173
fausta, Colotis 166
Favonius 172
februa, Hamadryas 209
felderi, Doxocopa 210
felthami, Poecilmitis 174
feredayi, Lycaena 175
fessonia, Adelpha 205
Feuerfalter 23, **42 – 43,** 72, **170 – 171**
fieldi, Colias 169
flammula, Aricoris 179
flava, Ceratrichia 113
flavilla, Nica 201
flegyas, Zemeros 178
flesus, Tagiades 112
florella, Catopsilia **30 – 31**
formosa, Danaus 257
formosissima, Ancyluris 179
formax, Hamadryas 209
forsteri, Euaspa 172
Fortpflanzung 23, **24, 26, 28 – 29,** 30, **42, 43,** 103, **228 – 229**
fournieriae, Charaxes **98 – 99**
francina, Euphaedra 207
franck, Prothoe 215
Freyeria 174
fruhstorferi, Stichophthalma 226
fulgens, Pithecops 175
fuliginosa, Sabera 113
fuligo, Sancus 113
fulleborni, Papilio 140
fulvescens, Charaxes 216
fumata, Danaus 256
fumosa, Cymothoe 209
fuscus, Papilio 130

gabatha, Thecla 172
gabbii, Chlosyne 195
gabriela, Evenus 172
galathea, Glaucopsyche 175
galathea, Melanargia **244 – 245**
galba, Spialia 113
galene, Aterica 207
gambiae, Euriphene 206
gambrisius, Papilio 131
ganga, Abrota 204
gaudialis, Chlosyne 195
gaura, Ideopsis 259
gausape, Euphaedra 206
Gegenes 113
Geiskleebläuling **52 – 53**
Geitoneura 248
Gelblinge 160, 161
gelon, Graphium 123
gemmata, Issoria 194
Genetik 50 – 55, 71 – 73
genoveva, Ogyris 174
genutia, Danaus 256
geoffroyi, Libythea 176, 178
geoffroyi, Mynes 197
gerdrudtus, Caerois 246
Geruch 23, 39, 40, 115, 238
Geschlechtsbestimmung 53 – 55
gibberosa, Thecla 172
Gideona 166
gigantea, Lepidochrysops 174
gigon, Papilio 137
gilippus, Danaus 78, 257
gisella, Dynamine 195
gita, Lasiophila 249
glacialis, Parnassius 116
glandon, Agriades 174
glauce, Dynamine 195
glaucippe, Hebomoia 166
glaucolaus, Eurytides 121
glaucone, Anaea 220
glauconome, Hamadryas 209
glauconome, Pontia 162
Glaucopsyche 175
glaucus, Papilio 81, **84 – 85,** 143
glycera, Dione 187
glycerion, Graphium 127
glycerium, Anaea 220
Gnathotriche 195
Gnophodes 247
godarti, Morpho 235
Godyris 252, 253
goetzi, Acraea 190
goliath, Ornithoptera 157
Gomalia 112
Gonepteryx **24 – 25,** 168
gonerilla, Vanessa 197
Graphium **20 – 21,** 114, 122 – 127
grosesmithi, Papilio 136
Großer Feuerfalter **42 – 43,** 105, 106
Großer Fuchs **104 – 105**
Großer Heufalter **66 – 67**
Großer Kohlweißling 30, 38, 40, 47, **52 – 53,** 160
grosvenori, Acraea 190
guatemalena, Hamadryas 209
gudenusi, Graphium 125
guderiana, Charaxes 218
gundalachinanus, Parides 148
gyas, Dabasa 127
Gynandromorphe **53 – 55**

hachei, Graphium 125
hadeni, Idea 259
hadrianus, Charaxes 219
Haetera 59, **60 – 61**
halimede, Colotis 166
hallstromi, Delias 165
Hamadryas **96 – 97,** 209
Hamanumida 198
hamata, Acraea 190
Hamearis **30 – 31, 34 – 35, 177**
hanningtoni, Issoria 194
hanno, Coeliades 112
hardwickii, Parnassius 116
harisa, Bibasis 112
harmodius, Eurytides 118
harmonia, Marpesia 210
harmonia, Tithorea 252
harpax, Axiocerces 174
Häutung und Schlüpfen 31, 33, 34 – 35, **102 – 103, 238 – 239**
Hebomoia 59, 160, 166
hebrus, Manander 178
hecabe, Terias **20 – 21,** 168
hecale, Heliconius 186

Register

hecalesia, Heliconius 185
hecate, Brenthis 194
hector, Pachliopta 158
hectorides, Papilio 144
hecuba, Heliconius 182
hecuba, Morpho 228, 230, 231
hegesia, Euptoieta 195
Helcyra 211
helena, Morpho 233
helena, Philiris 173
helena, Troides 67
helenus, Papilio 133
Heliconiidae 17, 65, **78 – 79, 80 – 81, 180 – 181,** 182 – 187
Heliconius **78 – 79, 80 – 81, 180 – 181,** 182 – 186
Helicopis 177, 178
Heliopetes 112
Heliophorus 175
helios, Hypermnestra 116
hellanichus, Papilio 147
helle, Lycaena 175
helloides, Lycaena 175
Hemiargus 174
Hemiolaus 173
henningia, Delias 165
Henotesia 247
Heodes 175
hercules, Aopala 173
hercules, Dabasa 127
hercules, Morpho 228, 231
herennius, Pythonides 112
hermes, Lycaena 175
hero, Coenonympha 258
Herona 211
heroni, Delias 164
hesione, Neptis 204
Hesperiidae 17, 20, **26 – 27,** 33, 38, **110 – 111,** 112 – 113
hesperis, Callicore 203
Hesperocharis 163
hesperus, Papilio 137
Hestina 211
heteronea, Lycaena 175
Heteronympha 248
heurippa, Heliconius 184
hewitsoni, Nessaea 200
Hewitsonia 175
hiarbas, Eurytela **192 – 193**
hiemalis, Neomyrina 173
hierta, Precis 108
hildebrandti, Charaxes 216
himachala, Ethope 246
Himmelblauer Bläuling 42, **52 – 53,** 54
hintza, Castalius 174
Hipparchia 249
hippia, Aporia 162
hippoclus, Symbrenthia 197
hippocrates, Papilio 136
hippomene, Antanartia 197
hipponous, Papilio
hippothoe, Palaeochrysophanus 175
Historis 206
hobomok, Poanes 113
hodeva, Hyantis 226
homerus, Papilio 147
homeyeri, Liptena 175
Honigdrüse 40, 41, 170
honorius, Epitola 175
honrathi, Parnassius 116
hopfferi, Pedaliodes 249
Hopfferia 179
hoppo, Papilio 139
Horaga 173
hordonia, Pantoporia 204
horishanus, Atrophaneura 150
hornimani, Papilio 143
horsfieldi, Arthopala 173
horsfieldi, Kallima 199
horsfieldi, Taenaris 227
hortense, Heliconius 185
hortona, Pierella 246
hospita, Jemadia 112
hospiton, Papilio 137
hostilia, Pseudacraea 198
howqua, Stichophthalma 226
huamba, Pteronymia 253
huascar, Ancyluris 179
huebneri, Ypthima 248
humboldtii, Perisama 202
hyacinthus, Morpho 237
hyala, Ithomia 253
hyale, Colias 169
Hyalyris 253
Hyantis 226
hyceta, Pierella **56 – 57,** 58
hydarnis, Callicore 203
hydaspes, Callicore 203
hydaspe, Speyeria 194
hydra, Callithomia 253
Hylephila 113
Hypanartia **16 – 17,** 197
hyparete, Delias 164
Hypaurotis 172
hyperantus, Aphantopus **54 – 55, 244 – 245**
hyperbius, Argyreus 195
hyperbius, Pseudonympha 248
hypereia, Eutresis 252
Hypermnestra 116
hypermnestra, Elymnias 247
Hyphilaria 179
hypochlora, Batesia 209
Hypochlorosis 173
Hypochrysops 173
Hypoleria **60 – 61,** 253
Hypolimnas **50 – 51, 76 – 77,** 78, **96 – 97,** 199
hypolitus, Troides 151
Hypolycaena 173
Hypomenitis 253
Hypothyris 252
hyppason, Papilio 147
hypsea, Cethosia 196
hypselis, Symbrenthia 197
hysius, Calistro 249
hystaspes, Callicore 202

Iambrix 113
ianthe, Phyciodes 195
iapis, Cynitia 208
icarioides, Plebejus 175
icarus, Polyommatus 175
icelus, Erynnis 113
idalia, Speyeria 194
Idea **94 – 95, 254 – 255,** 259
Ideopsis 259
idomeneus, Caligo 241
iduna, Corades 249
iduna, Euphydryas 194
igati, Acraea 190
ikelemba, Bebearia 206
ildica, Phyclodes 195
ilicis, Nordmannia 172
ilioneus, Papilio 130
illioneus, Caligo **64 – 65**
illustris, Celaenorrhinus 112
illyris, Graphium 124
imperator, Parnassius 117
imperatrix, Cirrochroa 197
imperialis, Arcas 172
imperialis, Euphaedra 207
imperialis, Teinopalpus 118
inca Ancyluris 179
Inachis **34 – 35, 74 – 75,** 85
incoides, Emesis 179
inconspicua, Daedalma 249
indra, Papilio 136
internalis, Styx 178
ino, Brenthis 194
inopinatus, Papilio 131
insignis, Anetia 196
interrogationis Polygonia 197
invirae, Opsiphanes 243
io, Automeris 64
io, Inachis **34 – 35,** 64, **74 – 75,** 85
Iolana 174
iolas, Iolana 174
Iolaus 64
iole, Marpesia 210
iole, Nathalis 169
Iophanus 175
iphienassa, Ithomia 253
iphicla, Adelpha 205
Iphiclides 85
iphidamas, Parides 149
iphis, Pyrrochalcia 112
Iraota 173
irenea, Thisbe 179
iris, Apatura 59, **60 – 61,** 211
isabellae, Eueides 187
isidorus, Papilio 147
ismenius, Heliconius 186
Issoria **74 – 75,** 194
issoria, Pareba 191
iswara, Papilio 132
iswaroides, Papilio 132
ita, Mycalesis 247
Itaballia 163
itea, Vanessa 197
Iterus 143
Ithomia 61, **250 – 251,** 253
Ithomiidae 17, 59, **60 – 61, 80 – 81, 250 – 251,** *252 – 253*
Ituna 59, 254, 257
iturina, Acraea 190
itylus, Autochton 112
itys, Anaea 221
Ixias 166

jacksoni, Axiocerces 174
jacksoni, Kallima 199
jacksoni, Papilio 140
Jacoona 172
jahlusa, Charaxes 216
jalindra, Tajuria 173
jalysus, Polyura 219
Jamides 175
janais, Chlosyne 195
janaka, Papilio 135
jangala, Remelana 173
japetus, Baeotus 206
japetus, Tagiades 112
Japonica 172
japonica, Luehdorfia 117
jaquemontii, Parnassius 116
jasius, Charaxes **34 – 35**
jasonia, Idea 259
jatrophae, Anartia 197
Jemadia 112
Jezebels **34 – 35, 160 – 161,** 164 – 165
jobates, Cupidopsis 174
jodutta, Acraea 189
joiceyi, Delias 165
jophon, Pachliopta 159
jucunda, Napeocles 199
julia, Dryas 187
julii, Cynitia 208
Junea 249
juno, Dione 187
Junonia 197
jurtina, Maniola 71, **74 – 75**

kahldeni, Charaxes 217
Kaisermantel **32,** 52, **70 – 71,** 72, **74 – 75**
kalbreyeri, Epiphile 200
Kallima 59, 61, **62 – 63,** 199
kallina, Doxocopa 210
kasa, Pantoporia 204
kasyapa, Lycaena 175
kausambi, Abisara 178
kefersteini, Hypanartia 197
khasiana, Euthalia 208
kirbyi, Graphium 124
Kirinia 247
Kleiner Feuerfalter 42, 52, **170 – 171**
Kleiner Fuchs **36 – 37,** 58, 62, 68, **104 – 105**
klugius, Thaumantis 224
kolyma, Catacore 203
kosempona, Euthalia 208
Kricogonia 169
krishna, Neorina **244 – 245**
krishna, Papilio 138
kunowi, Pseudacraea 198

labda, Lymanopoda 249
labdaca, Libythea 178
lacandones, Eurytides 120
lacinia, Chlosyne 195
laodamas, Battus 159
laertes, Morpho **34 – 35**
Laesopsis 172
laeta, Terias 168
laglaizei, Pailio 79, **80 – 81**
lalos, Argiolaus 173
lamirus, Ituna 257
lamis, Nymphidium **179**
lampethusa, Epiphile 200
Lampides 174
Lamprolenis 248
Lamproptera 114, 117
lampsacus, Papilio 131
lancea, Pythonides 112
lansdorfi, Phyciodes 195
laodice, Argytonome 195
laodice, Charaxes 218
laothoe, Temenis 200
lara, Adelpha 205
lara, Leptomyrina 173
larydas, Anthene 174
Lasaia 179
Lasiommata 247
Lasiophila 249
lasthenes, Calospila 179
lasti, Charaxes 217
lactetinctus, Charaxes 217
lathionella, Oreixenica 248
lathonia, Issoria **74 – 75**
latona, Charaxes 219
latreillei, Atrophaneura 158
latreillianus, Graphium 125
laura, Anaea 221
laure, Doxocopa 210
laverna, Actinote 191
laviana, Heliopetes 112
lavinia, Doxocopa 210
lea, Cepora 163
leaena, Lymanopoda 249
Lebadea 204
lebona, Hypolycaena 173
leda, Eronia 167
leda, Melanitis 246
lemnos, Anthene 174
lena, Aemona 225
lena, Pierella 246
Leodonta 163
Leona 113
leonidas, Graphium 124
leonis, Euriphene 206
leosthenes, Protographium 120
lepeletier, Lepella 113
Lepella 113
Lepidochrysops 174
leprieuri, Callithea 201
Leptomyrina 173
Leptophobia 163
Leptosia 167
lesbia, Colias 169
Lethe 247
lethe, hypanartia **16 – 17**
letitia, Phyciodes 195
leucaspis, Eurytides 120
leucippe, Hebomoia 166
leucodice, Metaporia 162
leucomelas, Actinote 191
leuconoe, Idea **94 – 95**
leucostictos, Euploea 258
leucotaenia, Papilio 143
levana, Araschnia **68 – 69**
Lexias 208
li, Lycaena 175
liara, Hypolycaena **170 – 171**
libethris, Hypoleria 253
liburnia, Plastingia 113
Libythea 176, 178
Libytheidae 17, 176 – 178
licomedes, Prepona 214
lidderdalii, Bhutanitis 117
lidwina, Diaethria 202
ligata, Delias 164
ligea, Erebia 248
limbaria, Lucia 174
Limenitis 38, 78, **80 – 81,** 205
limniace, Danaus **254 – 255,** 256
limnoria, Frecis 197
limonias, Pampasatyrus 248
lineata, Eueides 187
lineola, Thymelicus 113
lingeus, Cacyreus 175
Liphyra 175
Liptena 175
liria, Ectima 209
liriope, Phyciodes 195
lissa, Leona 113
lisus, Thecla 172
litigiosa, Tagiades 112
loewii, Polyommatus 175
lohita, Spindasis 174
Lopinga 247
lorquinii, Hypochlorosis 173
lorquinii, Ptychandra 247
loruhama, Mesosemia 178
losinga, Euphaedra 207
lowi, Papilio 134, 135
lowii, Neorina **244 – 245**
loxurina, Thecla 172
lucasi, Cymothoe 209
lucasi, Gideona 166
lucetia, Eagris 112
Lucia 174
lucida, Actizera 174
Lucinia 201
lucina, Hamearis **30 – 31, 34 – 35, 176 – 177**
lucinda, Emesis 179
lucretius, Charaxes 216
Luehdorfia 117
luna, Morpho 235
lurida, Cymothoe 209
Luthrodes 174
lyca, Callicore 203
Lycaena **42 – 43,** 104, 106, 175
Lycaenidae 17, 23, **30 – 31, 32, 40 – 41, 42 – 43, 52 – 53, 60 – 61,** 64, **72 – 73, 86 – 87,** 94, 168, **170 – 171,** 172 – 175
lycaste, Hypothyris 252
lycidas, Battus 159
lycidice, Mechanitis 252
lycimnia, Melete 167
lycoa, Acraea 191
lycone, Limenitis 205
lycophron, Papilio 145
Lycorea 254, 257
lycorias, Dercas 169
lycorias, Thisbe 179
lydiae, Charaxes 219
lygdamis, Dismorphia 167
lygdamus, Glaucopsyche 175
Lymanopoda 249
lymire, Limenitis 205
lynceus, Idea **254 – 255**
lyncida, Appias **20 – 21**
lypera, Perrhybris 163
lysander, Parides 149
Lysandra 42, **52 – 53,** 54, **72 – 73**
lysippoides, Riodina 178
lysis, Dismorphia 167
lysithous, Eurytides 118, 119

macareus, Graphium 126
macfarlanei, Graphium 122
machaon, Papilio **22 – 23,** 32, 74, **84 – 85,** 106, 137
machaonides, Papilio 145
macilentus, Papilio 133
mackenii, Acleros 113
mackinnoni, Papilio 140
macleayanus, Graphium 122
macris, Eunica 200, 201
macrops, Taenaris 227
maculata, Mantaria 246
maculata, Sarangesa 112
maculata, Timelaea 195
Maculinea **40 – 41,** 175
maculosa, Pyrrhopyge 112
madagascariensis, Euxanthe 215
madetes, Delias 165
madyes, Battus 159
maelus, Melinaea 252
maera, Lasiommata 247
maerula, Anteos 168
maevius, Taractrocera 113
magellanus, Troides **58 – 59**
maimuna, Callicore 202
makrena, Oleria 253
malika, Sinthusa 173
malsarida, Mycalesis 247
malvae, Pyrgus 113
manco, Catasticta 163
manco, Necyria 179
mandana, Emesis 179
mandarina, Tajuria 173
mandarinus, Graphium 126
mangoura, Papilio 141
Maniola 71, **74 – 75**
manlius, Papilio 142
manova, Callicore 203
Mantaria 246
mantinea Caria 178
mantineus, Mechanitis 252
marathus, Herona 211
marcellinus, Eurytides 119
marcellus, Eurytides 119
marchalii, Diaethria 202
marchandi, Eurytides 121
margarita, Eunica 201
mariae, Delias 164
marianne, Ixias 166
markii, Callithea 201
Marpesia 192, 210
marsena, Teratophthalma 178
marshalli, Mimacraea 175
marsyas, Pseudolycaena 172
martha, Lebadea 204
marthesia, Anaea 65, **74 – 75,** 81, 221
martia, Cyrenia 179
Mathania 167
mathias, Pelopidas 113
matisca, Diophtalma 178
maturna, Euphydryas 194
mauritanicus, Tomares 174
mavors, Theritas 172
mayo, Papilio 134
maximillia, Callicore 203
meander, Prepona 214
Mechanitis 252
mechowi, Papilio 141
mechowianus, Papilio 140
medon, Euphaedra 207
medora, Dismorphia 167
medura, Erites 247
medus, Orsotriaena 247
megarus, Graphium 126
Megathymus 110, 113
megera, Lasiommata 247
melanarge, Chlosyne 195
Melanargia **244 – 245,** 249
melaneus, Danaus 257
melanippus, Danaus 256
Melanis 179
Melanitis 246
melanthe, Adelpha 205
Meleageria 174
Melete 167
melete, Pieris 162
meliboeus, Ancyluris 179
melicerta, Neptis 204
Melinaea 252
Melitaea 194
melite, Dismorphia 167
Mellicta 194
melona, Adelpha 205
melpomene, Heliconius 182
melusine, Danaus 256
memnon, Papilio 50, 135
menado, Faunis 224
Menander 178
menapia, Neophasia 162
mendana, Graphium 123
mengeli, Callicore 203
menelaus, Morpho 236
menestheus, Papilio 136
menippe, Anteos 168
meridionalis, Diaethria 202
meridionalis, Ornithoptera 15
merope, Heteronympha 248
Mesoacidalia 85, 194
mesoblema, Delias 164
Mesosemia 178
messenoides, Mechanitis 25
Metacharis 179
metaleuca, Euptychia 248
Metamorpha 198
metaphorus, Heliconius 186
Metaporia 162
Methone 178
Metisella 113
mexicana, Eurema 169
meyeri, Graphium 122
meyeri, Miyana 191
miah, Neptis 204
michaeli, Callicore 203
michaelis, Ussuriana 172
microdice, Tatochila 162
microsticha, Delias 164
Microtia 195
milberti, Aglais 197
milca, Vanessula 197
Miletus 175
milionia, Euaspa 172
militaris, Hopfferia 179
milon, Graphium 122
Mimacraea 175
Mimeresia 175
mimeta, Actis 173
Mimikry 39, **76 – 81,** 180, 189, 250, 254
Mimoniades 112
minerva, Nemetis 247
mintha, Dira 249
minyas, Eumaeus 172
mionina, Callicore 203
mira, Ancyluris 179
mira, Delias 164
mira, Episcada 253
miranda, Epitola 175
mirandus, Troides 151
misippus, Hypolimnas **76 – 7**
Miyana 188, 189
mnemopsis, Melinaea 252
mnemosyne, Parnassius 59,
mneophilus, Melinaea 252
mniszechi, euploea 259
modesta, Issoria 194
moeros, Lasaia **176 – 177**
molops, Eurytides 120
momina, Actinote **188 – 189**
Monarch **32, 34 – 35,** 40, **46 –** 48 – 49, 65, 78, **80 – 81, 254 – 255,** 257
moneta, Dione 187
monima, Eunica 201
montela, Sericinus 117
montezuma, Morpho 237
montezuma, Parides 148
montieri, Charaxes 218
montrouzieri, Papilio 138
monuste, Ascia 45, 47, 49, 162
moori, Polyura 219
morgane, Hypoleria **60 – 61**
moriqua, Azanus 174
mormo, Apodemia 179
mormonia, Speyeria 194
morona, Perisama 202
morondavana, Papilio 136
Morphidae 17, **32, 34 – 35,** 55 62, **64 – 65, 74 – 75,** 91, 94, **228 – 229,** 230 – 237
Morpho **32, 34 – 35,** 55, 58, 6 **74 – 75,** 82, 91, 94, **228 – 22** 230 – 237
Morphopsis 227
Morphotenaria 226
mulciber, Euploea **78 – 79**

Register

Mycalesis 247
Mylon 112
Mylothris 162
Mynes 197
Myrina 173
myrina, Cethosia 196
myrrha, Libythea 178
myrsilus, Pseudalmenus 173
Myscelia 200
Myscelus 112
mysis, Delias **160 – 161**
Mysoria 112
mythra, Adelpha 205

Nahrung und Verdauung 18, 24, 26, 30, 31, 38, 41, 42, 45, 49, 111, **114**, **160**, 171, 176, 177, 180, **188 – 189**, **222 – 223**, 228, 238, 244, 250, 254, 255
nais, Euthalia 208
nandina, Neptis 204
Napaea 178
Napeocles 199
Napeogenes 253
napi, Pieris **106**
napoleon, Dynastor 240
narada, Amblypodia 173
narcaea, Polyura 219
Narope 238, 241
nastes, Colias 169
natalensis, Asterope 200
natalensis, Spindasis 174
Nathalis 160, 161, 169
nausithous, Maculinea 175
neaerea, Pyrrhogyra 200
neavei, Mimeresia 175
necho, Discophora 225
Necyria 179
nefte, Pantoporia 204
neglecta, Diaethria 202
Nemeobiidae 17, **30 – 31**, **34 – 35**, **176 – 177**, 178 – 179
nemertes, Euploea 259
nemesis, Dismorphia 167
Nemetis 247
Neolucia 174
Neo minois 249
Neomyrnia 173
Neope 246
Neophasia 162
neophilus, Parides 148
nephron, Euphaedra 207
neoptolemus, Morpho **228 – 229**
Neorina **244 – 245**
Nepheronia 167
nepos, Napaea 178
Neptis 204
neptunus, Atrophaneura 158
nereis, Pierella 246
nerippe, Fabriciana 194
nero, Appias 167
nesaea, Elymnias 247
nesimachus, Dichorragia 211
Nessaea 200
nessus, Anaea 220
nestira, Morpho 235
Netrobalane 112
neumogeni, Stichophthalma 225
neurodes, Siseme 179
Neurosigma 207
niavius, Amauris **76 – 77**, 79
Nica 201
nicea, Stilbochiona 211
nichetes, Charaxes 217
nicippe, Eurema 168
nicomedes, Neptis 204
nicotia, Mycalesis 247
niepelti, Delias 165
nietneri, Cethosia 196
nilus, Charis 179
nina, Leptosia 167
niobe, Acraea 190
nobe, Fabriciana 194
nireus, Papilio 142
nise, Ceratinia 253
nitebis, Charaxes 219
nitida, Lamprolenis 248
nivea, Lymanopida 249
nobilis, Charaxes 105, 219
nobilis, Papilio 105, 140, 141
noctua, Noctuana 112
Noctuana 112
nogelii, Tomares 174
nokomis, Speyeria 194
nomion, Parnassius 117
nomius, Graphium 126
Nordmannia 172
norcia, Eunica 201
Notheme 179
Notocrypta 113
noureddin, Thaumantis 224
nox, Atrophaneura 150
numata, Heliconius 186
numenes, Charaxes 218
numidia, Anetia 196
numilia, Catonephele 200
nurscia, Mimoniades 112
nyanza, Telipna 175
nyctelius, Euripus 211
nyctimus, Catonephele 200
Nymphalidae 17, **18 – 19**, **22 – 23**, **30 – 31**, **32**, 33, **34 – 35**, **36 – 37**, **38 – 39**, 42, **50 – 51**, **56 – 57**, 59, **60 – 61**, **62 – 63**, 65, **68 – 69**, **70 – 71**, **74 – 75**, **76 – 77**, 78, **80 – 81**, **98 – 99**, **192 – 193**, 194 – 221
Nymphalis 60, 64, **74 – 75**, 85, **102 – 103**, **104 – 105**, 197
Nymphidium 179
nyseus, Talicada 174

oberon, Papilio 129
oberthuni, Caligo 242
oblongomaculatus, Troides 151
obscura, Cethosia 196
ocalea Corbulis 253
occitanica Melanargia 249
ochimus, Thersamonia 175
Ochlodes 113
Ochsenauge **30 – 31**, 33, **34 – 35**, 40, 41, 42, **74 – 75**, **244**, **245**, 246 – 249
ockendeni, Morpho 235
ocna Hyalyris 253
octavia, Precis **68 – 69**, 71
odana, Thauinantis 224
odin, Graphium 125
odius, Historis 206
Odontoptilum 112
Oeneis 61, 244, 249
Ogyris 174
oleus, Pyrgus 113
Olenia 253
olynthia, Adelpha 205
omphale, Prepona 214
onolaus, Taenaris 227
ophidicephalus, Papilio 136
opinatus, Charaxes 216
opis, Cynandra 198
Opoptera 242
oppelii, Perisama 202
Opsiphanes 243
optilete, Vaccinuna 175
optima, Callithea 201
orbitulus, Albulina 174
orcas, Aphnaeus 174
orea, Epiphile 200
oreas, Acraea 190
oregonia, Rapilio 136
Oreixenica 248
Oressinoma 248
orfita, Euselasia 178
oribazus, Papilio 143
orientalis, Metisella 113
orise, Dismorphia 167
Ornithoptera **14 – 15**, **66 – 67**, **88 – 89**, 90, 91, 99, **114 – 115**, 152 – 157
ornythion, Papilio 145
ornytion, Delias 165
orpheus, Cheritra 173
orphise, Eunica 201
orsedice, Drucina 249
orsilochus, Marpesia 210
orsis, Myscelia 200
Orsotriaena 247
orthosilaus, Eurytides 120
orus, Lycaena 175
Osmodes 113
otolais, Pyrrhogyra 200
otis, Zizina 174
ouida, Dodona 178
oulita, Hyalyris 253
Oxeoschustus 249
oxione, Bebearia 206
Oxylides 173
Oxynetra 112

pachinus, Heliconius 182
Pachliopta 158, 159
paeon, Papilio 144
pais, Themone 178
palaearcticus, Paroeneis 249
palaemon, Carterocephalus 113
palaeno, Colias 169
Palaeochrysophanus 175
palamedes, Papilio 143
pales, Boloria 194
palinurus, Papilio 139
Palla 220
palla, Chlosyne 195
pamela, Perryhybris 163
Pampasatyrus 248
pamphanis, Penetes **238 – 239**
pamphilus, Coenonympha 248
Panara 178
panariste, Anaea 221
pandama, Cyclogramma 203
pandava, Euchrysops 174
pandavus, Hypolimnas **97 – 97**
pandione, Appias 167
pandora, Pandoriana 194
Pandoriana 194
pang. Lycaena 175
Panthiades 172
panthonus, Parides 149
Pantoporia 204
paphia, Argynnis **32**, 52, **70 – 71**, 72, **74 – 75**
paphianus, Charaxes 217
Papilio **20 – 21**, **22 – 23**, **32**, **33**, 42, 50, **54 – 55**, 60, 64, **74 – 75**, **76 – 77**, **78 – 79**, **80 – 81**, **84 – 85**, 106, **114**, **115**, 128 – 148
Papilionidae **14 – 15**, 17, **20 – 21**, **22 – 23**, **30 – 31**, **32**, **33**, 38, 39, 42, **44 – 45**, **54 – 55**, 56, **58 – 59**, **60 – 61**, 65, **66 – 67**, **74 – 75**, **78 – 79**, **80 – 81**, **84 – 85**, **86 – 87**, **88 – 89**, 99, **106**, **114 – 115**, 116 – 159
paradisea, Abantis **26 – 27**
paradisea, Ornithoptera 152
paradoxa, Papilio **78 – 79**, 129
paradoxa, Pseudopontia 160, 167
paralekta, Kallima 61, **62 – 63**
Paralethe 246
Paralucia 174
Paramecera 246
parapheles, Actinote 191
Pararge **30 – 31**, 247
parasites 40 – 41
Parcella 178
Pardaleodes 113
Pardopsis 191
Pareba 188, 189, 191
Parelodina 174
Parides 114, 148 – 149
paris, Papilio 139
parisatis, Apatura **32**, 211
parmeno, Gnophodes 247
Parnalius 117
Parnassius **44 – 45**, 59, **60 – 61**, 67, 91, 114 – 115, 116 – 117
Parceneis 249
Parphorus 113
parthenis, Hyphilaria 179
Parthenos 207
pasibula, Anaea 221
pastazza, Callicore **65**
Patala 246
patara, Perisama 202
patelina, Callicore 203
patnia, Mycalesis 247
patria, Neorina **244 – 245**
patricia, Lepidochrysops 174
patroclus, Morpho 236, 237
paulina, Appias 167
Paulogramma 203
pausanias, Eurytides, 119
pavana, Lycaeha 175
pavira, Diaethria 202
pavon, Doxocopa 210
pavonii, Elzunia **80 – 81**, 252
paveni, Dabasa 127
pechueli, Asterope 200
Pedaliodes 249
pegala, Cercyonis 248
pelarga, Precis 71
pelea, Tanaecia 208
peleides, Morpho 237
pelias, Charaxes 217
pelion, Panthiades 172
Pelopidas 113
penelope, Acraea 190
pentapolis, Acraea 190
penthea, Echenais 179
penthesilea, Cethosia 196
penthica, Leptophobia 163
peranthus, Papilio 139
Pereute 163
periander, Rhetus 179
periboea, Delias 164
Perichares 113
pericles, Papilio 139
peridia, Napeogenes 253
perimale, Cepora, 163
Perisama 192, 202
perius, Athyma 204
Perlmutterfalter **18 – 19**, **22 – 23**, **32**, **38 – 39**, **70 – 71**, 72, **74 – 75**, 192 – 195
perrhebus, Parides 148
Perrhybris 163
persimilis, Hestina 211
perspicua, Henotesia 247
petreus, Marpesia 210
phaedra, Pedaliodes 249
Phaedyma 205
phaenareta, Euploea 258, 259
phaesyla, Cybdelis 203
phaeton, Euphydryas 194
phaetusa, Dryadula 187
phagesia, Callithomia 253
Phalanta 195
phaleros, Cycnus 172
phanodemus, Morpho 231
phaon, Eurytides 118
Phareas 112
pharnaces, Papilio 147
pharsalia, Antigonis 203
Phasis 174
phereclus, Panara 178
pheridamas, Prepona 214
phestus, Papilio 129
phicomone, Colias 169
phidippus, Amathusia 224
phidon, Mycalesis 247
Philaethria 187
philatus, Jamides 175
philea, Phoebis 168
philene, Danaus 257
philenor, Battus **20 – 21**, 81
philetas, Battus 159
philetes, Perichares 113
philinus, Perisama 202
Philiris 173
philis, Cithaerias 246
philoctetes, Antirrhea 246
philodice, Colias 169
philolaus, Eurytides 119
philonoe, Graphium 125
philonome, Prioneris 166
philota, Poritia 175
Philotes 174
philotima, Callithea 201
philumena, Anaea 220
philyra, Phyciodes 195
phlaeas, Lycaena 42, 52, **170 – 171**
phlegia, Stalachtis 178
Phlyaria 174
phoebe, Melitaea 194
Phoebis 88, 168
phoebus, Parnassius 116
phoebus, Thersamonia 175
pholeus, Thestius 172
phorbanta, Papilio 142
phorcas, Papilio 140
pharcas, Taenaris 227
phoronis, Myscelus 112
photinus, Parides 148
Phyciodes 195
phydela, Thecla 172
phylaeus, Hylephila 113
Physcaeneura 248
pigmalion, Choaspes 112
pigmentaria, Aphysoneura 246
piera, Haetera **60 – 61**
Pierella **56 – 57**, 58, **244 – 245**, 246
Pieridae 17, **20 – 21**, **24 – 25**, **30 – 31**, 33, **34 – 35**, 42, **48 – 49**, **52 – 53**, 56, 59, 68, **74 – 75**, 78 – 79, 88, **160 – 161**, 162 – 169
Pieris 30, 38, 40, 47, **52 – 53**, **106**, 160 – 161, 162
pieris, Catasticta 163
pigea, Dixeia 162
Pilodeudorix 173
pilumnus, Papilio 144
pima, Anthocharis 167
pimplea, Zethera 247
Pinacopteryx 162
pione, Physcaeneura 248
pionia, Amenis 112
pireta, Cithaerias 246
pisonis, Itaballia 163
pita, Yasoda 172
pitheas, Callicore 203
Pithecops 175
pixe, Melanis 179
placidianus, Caligo 242
plagiatus, Papilio 141
Plastingia 113
Plebejus **53**, 175
Plebicula 174
pleione, Charaxes 216
plesseni, Helcyra 211
plexippus, Danaus 32, **34 – 35**, 40, **46 – 47**, 48 – 49, 65, 78, **80 – 81**, **254 – 255**, 257
plinius, Syntarucus 174
plistia, Perisama 202
plistonax, Bebearia 206
Poanes 113
podalirius, Iphiclides 85, **114 – 115**
Podotricha **78 – 79**, 81, 187
Poecilmitis 174
poggei, Bermatistes 76 – 77, 79, 191
polistratus, Graphium 125
pollux, Charaxes 216
policenes, Graphium 124
polychloros, Nymphalis 85, **104 – 105**
polycletus, Hypochrysops 173
polyctor, Papilio 139
polydamas, Battus 159
polydorus, Pachliopta 158
polyeuctes, Atrophaneura 158
Polygonia **56 – 57**, 197
polymnestor, Papilio **32**, 135
polymnia, Mechanitis **250 – 251**
Polymorphismus **50 – 51**, 52, **62 – 63**, 66 – 69
polynice, Rhinopalpa 196
Polyommatus 175
polyphemus, Morpho 235
polytes, Papilio 128
Polyura 219
polyxena, Eryphanis 243
polyxena, Parnalius 117
polyxenes, Papilio **74 – 75**
polyxo, Anaea 221
pomona, Catopsilia **20 – 21**, 168
Pontia 162
Populationen 36, 41
populi, Limenitis 205
Poritia 175
porphyria, Eretris 249
porthaon, Graphium 124
posidion, Allotinus 175
Postillon 52, 72, **74 – 75**, 85
praeneste, Prepona 214
Praetaxila 178
praeusta, Tatinga 247
pratti, Delias 164
praxias, Anaea 221
Precis **62 – 63**, **68 – 69**, 71, 108, 197
Prepona 99, 192, 214, 215
priamus, Ornithoptera **14 – 15**, **66 – 67**, 114 – 115, 154
priapus, Atrophaneura 150
priene, Perisama 202
primula, Pteronymia 253
Prioneris 166
procilla, Panacea 209
proclea, Phyciodes 195
Proclossiana 194
procris, Limenitis 205
prola, Panacea 209
pronax, Oxeoschistus 249
Pronophila 249
pronophila, Pseudosteroma 249
prosope, Cupha 196
prosymna, Lasiophila 249
protenor, Papilio 133
proterpia, Eurema 168
protesilaus, Eurytides 120, 121
Prothoe 215
protoclea, Charaxes 216
protodamas, Eurytides 119
protodice, Pieris 162
protogenes, Hypochrysops 173
Protographium 120
protomedia, Colotis 166
proxima, Celaenorrhinus 112
pruni, Strymonida **60 – 61**
Pseudacraea **80 – 81**, 198
Pseudalmenus 173
Pseudolycaena 172
Pseudonacaduba 174
Pseudoneptis 198
Pseudonympha 248
Pseudopontia 160, 167
Pseudosteroma 249
psidii, Thyridia 253
Pteronymia 253
ptolychus, Papilio 131
Ptychandra 247
pudorella, Acraea 190
pulaha, Neope 246
pulchra, Ancyluris 179
pulchra, Temenis 200
pulverulenta, Systasea 112
pumila, Danaus 254, 256
pumilio, Gegenes 113
punctatissima, Pardopsis 191
Puppe 28, **32 – 33**, **34 – 35**, 39, 40, **60 – 61**, 102, 111, 115, 160, 171, 176, 177, 180, 192, 222, 228, 238, 244, 250, 255
puziloi, Luehdorfia 117
Pycina 206
pygas, Callicore 203
pylades, Graphium 124, 125
pyracmon, Paulogramma 203
pyramus, Callidula 202
pyranthe, Catopsilia 168
pyrene, Ixias 166
Pyrgus 113
pyrippe, Hypothyris 252
Pyronia **34 – 35**, 248
Pyrrhogyra 200
pyrrhias, Iophanus 175
Pyrrhopyge 112
pyrrhus, Polyura 219
Pyrrochalcia 112
Pythonides 112

quadricolor, Bematistes 191
quercus, Quercusia **32**, 172
Quercusia 172
quintilla, Phyciodes 195
quirina, Acraea 190
quiteria, Opsiphanes 243

rabbaiae, Acraea 190
racidula, Dynamine 195
radamanthus, Euploea 258
rafflesia, Euschemon **110 – 111**
raffrayi, Belenois 162
Ragadia 246
ramaceus, Graphium **20 – 21**
ranga, Pantoporia 204
rapae, Pieris 160, 162
Rapala 173
rarasana, Horaga 173
Rathinda 173
ratna, Celaenorrhinus 112
Räuber **38 – 39**, 40, 62, 64, 65, 78, 80
Raupe 28, **30 – 33**, 34, **36 – 37**, 38, 39, **40 – 41**, 58, **60 – 61**, 101, 102, 111, 114, 115, 160, 171, 176, 177, 180, 189, 192, 222, 228, 238, 244, 250, 255
redtenbacheri, Euploea 259
reducta, Limenitis 205
regalis, Elzunia **80 – 81**
regalis, Evenus 172
regalis, Metacharis 179
regina, Cirrochroa 196
regina, Colotis 166
reinholdi, Cymothoe 208
Remelana 173
rex, Papilio **78 – 79**
rhacotis, Caria 178
rhadama, Precis 197
rhamni, Gonepteryx **24 – 25**, 168
rhesus, Graphium 126
rhetenor, Morpho 232
Rhetus 179
Rhinopalpa 196
rhodopteron, Morpho 228
ribbei, Dicallaneura 178
ricini, Heliconius 185
ridingsii, Neominois 249
ridleyanus, Graphium 124
Riodina 178
risa, Chersonesia 211
roboris, Laesopsis 172
rogeri, Papilio 146
rogersi, Abisara 178
rogersi, Acraea 190
romanovi, Colias 169
rosaceus, Tarucus 174
rosalia, Sais 252
rosenbergi, Delias 164
rosimon, Castalius 174
rothschildi, Ornithoptera 155
roxelana, Kirinia 247
rubi, Callophrys 172
rubidus, Lycaena 175
rubina, Symmachia 178
rubrosignata, Belenois 162
rumanzovia, Papilio 132, 133, 134
rumia, Kallima 199
rumina, Parnalius 117
rurina, Phoebis 168
rusina, Dasyophthalma 240
rutulus, Papilio 145
ryphea, Anaea 1

Sabera 113
sabina, Yoma 199
saclava, Neptis 204
saepestriata, Japonica 172
sagana, Damora 195
sagessa, Delias 165
Sais 252

Register

Salacia, Catonephele 200
Salamis 199
Saletara 167
salsala, Iambrix 113
salustius, Lycaena 175
salvini, Delias 164
salvini, Eurytides 121
salvinia, Episcada 253
Samtfalter 42, 61, 64
Sancus 113
sangaris, Cymothoe 209
santana, Curetis 175
saphirinus, Favonius 172
sapho, Heliconius 182
sapor, Vindula 196 **F**
sapphira, Callithea 201
sara, Anthocharis 166
sara, Heliconius **180 – 181**, 182
Sarangesa 112
sarastro, Narope 241
saraswati, Aulocera 249
sardanapalus, Agrias 213
Sarota 178
sarpedon, Graphium 122
Sasakia **82 – 83**, 192
sataspes, Papilio 133
sator, Pardaleodes 113
satraps, Praetaxila 178
Satyridae **16 – 17, 30 – 31**, 33, **34 – 35**, 40, 41, 42, 56, 57, 58, 59, **60 – 61**, 62, **74 – 75, 80 – 81**, **244 – 245**, 246 – 249
Satyrium 172
Satyrodes 248
saundersi, Adelpha 205
Scada 250
scamander, Papilio 147
scanda, Callerebia 248
schenkii, Danaus 257
Schillerfalter 59, **60 – 61**, 192, 210 – 211
schmassmanni, Delias 164
Schnauzenfalter 176, 178
schoenbergi, Delias 164
schoenbergi, Morphotenaris 226
schreiberi, Polyura 219
schrenckii, Apatura 211
Schutzeinrichtungen 32, **34 – 35**, 38, 40, **60 – 61, 62 – 63**, 64, 79 – 80, 114, 115, **170 – 171**, 180, 188, **238 – 239**, 250, 254
Schwalbenschwänze **20 – 21**, **22 – 23, 32, 33**, 38, 39, 42, **54 – 55**, 56, 59, 60, 64, 74, 79, 81, **84 – 85**, 114, **116 – 117**, 118 – 159
Schwarzer Apollo 59, **60 – 61**
scolymus, Falcapica 167
segecia, Praetaxila 178
Segelfalter **114**
Seide 32, 33, 36 – 37, 102, 111, 115, 171, 177, 250, 255
selene, Clossiana 104, 194
selica, Panthiades 172
selima, Callicore 203
selina, Doxocopa 210
selira, Rapala 173
semele, Hipparchia 42, 61, 64, 249
semihyalina, Oxynetra 112
semire, Pseudacraea 198
semivitrea, Acraea 190
semomesia 178
semperi, Atrophaneura 150
sena, Heliophorus 175
sennae, Phoebis 168
Sephisa 211
seraphina, Doxocopa 210
Sericinus 117
serpa, Adelpha 205
serpentata, Neolucia 174
servona, Acraea 190
sesostris, Parides 149
severina, Belenois 162
Sexualdimorphismus 42 – 43, **50 – 51**, 52 – 53, **71 – 73**
shepherdi, Phaedyma 205
siaka, Callionna 179
sichela, Pseudonacaduba 174
sida, Lucinia 201
sidus, Epamera 173
sikorana, Catuna 198
silas, Argiolaus 173
silenus, Myrina 173

similis, Hewitsonia 175
simo, Parnassius 117
simois, Phyciodes 195
simplicius, Urbanus 113
sinapis, Leptidea **160 – 161**
Sinthusa 172
Siproeta 198
sisamnus, Catasticta 163
Siseme 179
sita, Danaus 257
sito, Arawacus 172
sjoestedti, Papilio 141
slateri, Papilio 129
smaragdina, Chrysozephyrus 172
smilax, Terias 168
smithi, Mylothris 162
Smyrna 206
socialis, Eucheira 163
solilucis, Belenois 162
soma, Neptis 204
sonorensis, Philotes 174
sophia, Precis 197
sophonisba, Eunica 200
sophorae, Brassolis 240
sophus, Bebearia 206
sorana, Callicore 203
sotikensis, Acraea 190
Speyeria 194
Spialia 113
Spindasis 174
spini, Strymondia 172
splendens, Lycaena 175
splendida, Anaeomorpha 215
splendida, Delias 165
Stalachtis 178
statira, Phoebis 168
staudingeri, Colias 169
stelenes, Siproeta 198
stenodesmus, Eurytides 120
stephensii, Euploea 259
Stibochiona 211
Stichophthalma 222, 225 – 226
strabo, Catochrysops 174
straminea, Catasticta 163
stratonice, Actinote 191
streckeri, Megathymus 113
stresemanni, Graphium 123
strigata, Neptis 204
Strymondia 172
Stugeta 173
Styx 178
subomphale, Prepona 214
subornatus, Charaxes 216
sulcius, Opoptera 242
sulkowskyi, Morpho 234
sultan, Lycaena 175
sunbecca, Coenonympha 248
superba, Helcyra 211
superba, Siproeta 198
surima, Actinote 191
syene, Anaea 220
sylphina, Chorinea 179
sylphis, Bolboneura 200
sylvanoides, Ochlodes 113
sylvester, Euploea 258
sylvestris, Thymelicus 113
sylvia, Parthenos 207
syma, Adelpha 205
Symbrenthia 197
symethus, Miletus 175
Symmachia 178
Synchloe 162
Syntarucus 174
Systasea 112
Systematik 104 – 268
szechenyil, Parnassius 116

taboranus, Graphium 124
Taenaris **64 – 65**, 222 – 223, 227
tages, Erynnis 113
Tagiades 113
tagyra, Theritas 172
taikosama, Aloeides 174
Tajuria 173
tales, Eueides 185
Talicada 174
tamarindi, Opsiphanes 243
tamatevae, Ypthima 248
tamerlanus, Graphium 124
Tanaecia 208
Tanuetheira 172

Taractrocera 113
Tarnung 32, **34 – 35**, 38, 40, **60 – 61**, **62 – 63, 238 – 239**
tarricina, Tithorea 252
Tarucus 174
tatila, Eunica 200
Tatinga 247
Tatochila 162
Taygetis 248
tehuana, Anaea 220
teita, Cymothoe 209
Teinopalpus 118
telassa, Pyrrhopyge 112
teleius, Maculinea 175
telemachus, Morpho 231
telesilaus, Eurytides 121
telesiphe, Heliconius **78 – 79**, 81, 185,
telesiphe, Podotricha **78 – 79**, 187
teletusa, Phyciodes 195
Telicota 113
Telipna 175
Tellervo 250
telthusa, Pereute 163
Temenis 200
tenedusa, Parnassus 117
terambus, Theope 179
Teratophthalma 178
tereas, Archonias 163
teresa, Dismorphia 167
Terias **20 – 21**, 168
terpsichore, Acraea 190
teutila, Catasticta 163
tethys, Terinos 196
Terinos 196
thaidina, Bhutanitis 117
thaiwanus, Papilio 133
thalassina, Nepheronia 167
thamyris, Morpho 234, 235
tharis, Eooxylides 173
tharos, Phyciodes 195
Thaumantis 222, 224
Thauria 226
thauruma, Catopsilia 168
Thecla **30 – 31, 106**
themire, Cyrestis 210
themis, Delias 165
Themone 178
theobene, Cymothoe 208
Theope 179
therapis, Zerene 169
Theritas 172
thero, Phasis 174
thersamon, Thersamonia 175
Thersamonia 175
thersites, Papilio 145
theseus, Dynamine 195
Thestius 172
thestylis, Prioneris 166
thetis, Thersamonia 175
theudelinda, Hypomenitis 253
theugenis, dismorphia 167
Thisbe 179
thoe, Lycaena 175
thomasi, Hemiargus 174
thora, Osmodes 113
thrax, Erionota 113
thucydides, Euselasia 178
thule, Graphium 127
thuraui, Papilio 143
thyastes, Eurytides 120
thymbraeus, Hamadryas 209
Thymelicus 113
thyodamas, Cyrestis 210
thyonneus, Cyrestis 210
thyra, Aloeides 174
Thyridia 250, 253
thysbe, Delias 165
thysbe, Poecilmitis 174
tianschanicus, Parnassius 116
tiberius, Euxanthe 215
tigilla, Oleria 253
tigrina, Parthenos 207
tilaha, Terias 168
timareta, Heliconius 185
Timelaea 195
timias, Parides 148
timoleon, Iraota 173
timon, Tanuetheira 172
timorensis, Delias 164
Tisiphone 248
titan, Anaea 221

titania, Callicore 203
titania, Clossiana 194
tithonus, Pyronia **34 – 35**, 248
Tithorea 252
tityrus, Heodes 175
toboroi, Papilio 128
togarna, Arawacus 172
tolima, Callicore 203
tolosa, Napeogenes 253
Tomares 174
torfrida, Atlides 172
torquatus, Papilio 145
trajanus, Euxanthe 215
trapeza, Eurytides 119
Trauermantel **74 – 75, 102 – 103**
treitschkei, Euploea 258
trimeni, Asterope 200
trimeni, Pseudonympha 248
triopas, Parides 148
trivena, Limenitis 205
trivia, Melitaea 194
trochilus, Freyeria 174
Trogonoptera **30 – 31, 100 – 101**, 153
Troides **58 – 59**, 67, 114, 151, 153
troilus, Papilio 64, 81, 143
tros, Parides 149
truncata, Mechanitis 252
tugela, Precis **62 – 63**
tulbaghia, Aeropetes 246
tullia, Coenonympha **66 – 67**
tulliolus, Euploea 258
tynderaeus, Graphium 125
typhia, Oressinoma 248
tyrianthina, Anaea 221

ucalegon, Graphium 124
ucalegonides, Graphium 125
Überwinterung, Übersommerung 34 – 35, 36
ühleri, Oeneis 249
ula, Morphopsis 227
ulupi, Apatura 211
umbra, Bematistes 191
unifasciata, Pronophila 249
uranus, Caligo 241
uranus, Poecilmitis 174
Urbanus 113
urdaneta, Limenitis 205
urticae, Aglais 36 – 37, 58, 62, 68, **104 – 105**
ussheri, Palla 220
Ussuriana 172

Vacciniina 175
Vagrans 196
Valeria 163
valeria, Valeria 163
Vanessa **30 – 31**, 44, 49, 85, **104 – 105**, 192, 197
Vanessula 197
vanillae, Agraulis 187
vaninka, Persiama 202
Variation 66 – 71, **72 – 75**
varuna, Atrophaneura 150
vashti, Amauris 257
vasudeva, Elymnias 247
vau-album, Nymphalis 197
veiovis, Papilio 129
velutina, Hamadryas 209
venata, Ochlodes 113
venilia, Ixias 166
venilia, Pantoporia 204
venusta, Eurema 168
Verbreitung 42 – 49
verhuelli, Dercas 169
versicolor, Mimoniades 112
vertumnus, Parides 149
Vettius 113
vetulonia, Necyria 179
vibilia, Eueides 185
vibius, Xanthodisca 113
victoriae, Ornithoptera 91, 152, 154, 155
victorinus, Papilio 147
Vindula 196
violae, Acraea 191
violetta, Charaxes 218
violinitens, Palla 220
vitrea, Ideopsis 259

Vogelflügler **14 – 15, 30 – 31**, **58 – 59, 66 – 67, 88 – 89**, 90, 99, **114 – 115**, 151 – 157
vulcanus, Spindasis 174
vulgaris, Danaus 256
vulpina, Alera 113

waigensis, Notocrypta 113
wakefieldi, Euxanthe 215
w-album, Strymondia 172
wallacei, Euploea 258
wallacei, Graphium 123
wallacei, Heliconius 182
Wanderung 36, 38, 43 – 45, **46 – **, 160, 176, 254
warscewiczi, Papilio 146
websteri, Mynes 197
wedah, Pseudergolis **192 – 193**
weiskei, Danaus 256
weiskei, Delias 164
Weißlinge 30, 38, 40, 42, 47, **48 – **, **52 – 53**, **160 – 161**
westwoodi, Eurema 169
weymeri, Papilio 130
whitelyi, Junea 249
wilemani, Delias 165
willemi, Metisella 113
wiskotti, Colias 169
woodfordi, Papilio 130
woodwardi, Neptis 204
Würfelfalter **176 – 177**, 178, 179

xanthica, Perisama 202
Xanthocleis 253
xanthocles, Heliconius **78 – 79**,
xanthodice, Tatochila 162
Xanthodisca 113
xanthoides, Lycaena 175
xanthomelas, Nymphalis 197
xanthopleura, Papilio 147
Xanthotaenia 225
xenagoras, Prepona 214
xenocles, Anaea 220
xenocles, Graphium 127
xenocrates, Anaea 221
xicaque, Paramecera 246
xiphares, Charaxes 219
xuthus, Papilio **114 – 115**
xynias, Eurytides 119

yama, Patala 246
Yasoda 172
Yoma 199
Ypthima 248

zacynthus, Parides 149
zaddachi, Euphaedra 207
zagreus, Papilio 145
zaida, Neptis 204
zalmoxis, Iterus 143
zamba, Pycina 206
zapateri, Erebia 248
zavaleta, Godyris 253
zayla, Limenitis 205
zelica, Oleria 253
zelicaon, Papilio 137
Zeltus 173
Zemeros 178
zenobia, Dynamine 195
zenobia, Papilio 141
zenobius, Papilio 140
zephyritis, Stalachtis 178
zephyrus, Polygonia 197
Zerene 169
zerene, Speyeria 194
zetes, Acraea **188 – 189**, 190
Zethera 247
Zeuxidia 222, **223**, 224
zingha Charaxes 216
Zipfelfalter **30 – 31, 32, 60 – 61**, **106 – 107**, 170 – 173
zitella, Sais 252
Zitronenfalter **24 – 25**, 33, **74 – 75**, **160 – 161**
Zizina 174
zoe, Colotis 166
zoilus, Tellervo **250 – 251**
zonara, Bebearia 206
zoolina, Charaxes 217
zoroastres, Papilio 141
zosine, Ogyris 174
zygia, Godyris 252

Anhang

1 Zwei abgebildete Aberrationen sind folgendermaßen benannt: *Graphium sarpedon* ab. *antenigra* ab. nov. — für Falter mit ganz schwarzen V/F. *Papilio nobilis* ab. *josetta* ab. nov. für ♀♀ mit stark ausgebildeter Fleckung.

2 Tribus Druryeini Tribus nov. Große Arten mit gedrungenem Körper, im wesentlichen rotbraun und schwarz, Flügelzeichnung primitiv, Form wie in der *cynorta*-Gruppe der Papilionini. Kopf und Thorax schwarz, weiß gefleckt, Hinterleib gelb, gestreift oder gefleckt. Fühler kurz, schwarz, ohne Schuppen. — Zwei Gattungen: *Druryeia* — Hinterleib erreicht den Analrand, Analgebiet im Hinterflügel einfach. Gattungstyp: *antimachus* Drury. *Iterus* — Hinterleib erreicht den Analrand nicht, Analgebiet im Hinterflügel läßt Abänderungen erkennen und zeitig rudimentäre Zusatzadern. Gattungstyp: *zalmoxis* Hewitson. (Die Weibchen beider Arten leben in der Wipfelregion der Urwälder, man bekommt sie daher selten zu Gesicht.) Die Einordnung der afrikanischen Arten *antimachus* und *zalmoxis* in die Papilionini verbirgt ihre einzigartige Stellung. Frühere Autoren stellten sie zu den Troidini, was ebenso wenig gerechtfertigt ist. Das Vorhandensein von Körpergiften bei *antimachus* ist jedenfalls gut bekannt, spezielle Untersuchungen über die Biologie dieser Art können noch beweisen, 1. daß die Raupe an Aristolochiaceen frißt und 2. daß die frühen Stadien Merkmale zeigen, die bei Papilionini nicht vorkommen. Die oft zitierte Meinung, daß *antimachus* ausgestorbene *Acraea*-Arten nachahme, ist irrig. Die Rotschwarz-Färbung, die viele Arten als Warnfarbe tragen, kann viel primitiver sein, als allgemein angenommen wird; tatsächlich trugen die Vorfahren der *antimachus*-Formen, die wohl kleiner waren, ein Zeichnungsmuster, das auch für andere Arten geeignet war.
zalmoxis zeigt ebenfalls, allerdings in schwächerer Form, eine Flügelzeichnung, die man bei anderen geschützten Arten findet. Die merkwürdige Blaufärbung ist wahrscheinlich eine sekundäre Erwerbung wie die Vergrößerung des Vorderflügelapex beim *antimachus*-Männchen. Es muß auf folgendes hingewiesen werden: wenn Flügelzeichnung, Körperfärbung usw. von *antimachus/zalmoxis* als primitiv angesehen werden, dann würde eine Neuauslegung der Mimikry-Theorie notwendig sein. Schaut man sich anderweitig um, dann könnte z. B. die neotropische *zagreus*-Gruppe das Überleben eines primitiveren Typus darstellen, allerdings eher mit sekundären „Müllerschen" Veränderungen als mit aufeinanderfolgender Modifikation.

3 Übergroße Begeisterung für die Festlegung von Unterarten führte zur Schaffung vieler anderer „Formen" von *Ornithoptera*, vor allem solchen von *paradisea* und *goliath* — die meisten sollte man am besten ignorieren.

4 Der berühmte *allotei* ist extrem selten; ob es sich bei ihm um eine echte Art oder um einen Hybriden von *O. p. urvilleanus* × *O. v. regis* handelt, ist noch zweifelhaft, wenn auch Raupen aus solch einer Paarung mit teilweisem Erfolg aufgezogen sind.

5 Scudder (1875) wählte die afrikanische *creona* Cr. als Gattungstyp von *Anaphaeis*, sie gehört aber zur gleichen Gattung wie *calypso* Dry., dem Gattungstyp von *Belenois*.

6 Oberflächliche Ähnlichkeit zwischen dieser Gattung und *Hebomoia* verdunkeln ihren wirklichen Charakter. In Bau und Lebensweise gehört sie eng zu *Cepora*.

7 Mitglieder dieser und der folgenden Gattungen innerhalb der Pierini sind von einigen Autoren in der Unterfamilie Euchloeinae zusammengefaßt worden. Solch eine großzügige Unterteilung verwischt jedoch die enge Verwandtschaft innerhalb der Pierinae und kann berechtigterweise nicht beibehalten werden.

8 Von *crocale* Cr. weiß man jetzt, daß es eine Form von *pomona* Fab. ist. *pomona*-Formen haben rote Fühler; Männchen ähneln darüber hinaus *Phoebis statira; crocale*-Formen besitzen schwarze oder nur leicht angerötete Fühler; Männchen sind im allgemeinen gelber als *pomona*-Formen.

9 Alte Exemplare von *avellaneda* werden dieser besonders schönen Pieride keineswegs gerecht, die den Namen von Getrudis Gomez de Avellaneda (1814 – 1873), Kubas Nationaldichterin, trägt.

10 Die Gattungsnamen *Eurema* und *Terias* sind vielfach falsch verwendet worden. Hier werden sie entsprechend der Gattungstypen in die Neuweltformen *(Eurema)* und Altweltformen *(Terias)* aufgeteilt. In anderen Werken werden sie oft in der Gattung *Eurema* vereint.

11 Die abgebildete Unterart von *similis* wird von einigen Autoren zu *kirbyi* Dew. gestellt.

12 Es muß erwähnt werden, daß *„Thecla"* noch wahllos für Arten aus sehr vielen anderen Gattungen, vor allem neotropischen, gebraucht wird.

13 *ctesia* wird von einigen Autoren in die Gattung *Pratapa* (Deudorigini) gestellt, deren Gattungstyp *deva* Moore ist.

14 Für viele neotropische Arten findet man die Gattungsbezeichnung *„Thecla"* sogar in aktuellen Werken und Museumssammlungen. Hier findet sie nur für ein paar Arten Verwendung, deren Stellung unsicher ist. Das geschieht mehr aus Bequemlichkeit, und man darf diese Tiere nicht mit Arten der echten Gattung *Thecla* verwechseln (Gattungstyp *betulae* L.). Eine gründliche Revision dieses Tribus ist längst überfällig.

15 Eine ganze Anzahl neuer Gattungen sind von diesem Namen abgeleitet, wie *Euristrymon, Chlorostrymon* usw.

16 Die genaue Artabgrenzung in dieser Gattung ist unsicher. Die abgebildete *agriades*-Form wird manchmal auch als *lacturnus*-Form angesehen. Weiterhin halten einige Fachleute *argiades* und *comyntas* für die gleiche Art.

17 Der Name *Polyommatus* wurde ursprünglich viel weiter gefaßt und schloß eine große Anzahl von Bläulingen ein. Dann wurde er für die Feuerfalter (Lycaeninae) verwendet, und *Lycaena* bezieht sich noch auf die heutige Unterfamilie.

18 Die völlige Isoliation dieser 3 Arten und bestimmte geringe, aber bedeutende Unterschiede in Zeichnungselementen, vor allem auf der Unterseite, legt nahe, daß es berechtigt ist, sie zu einer Untergattung zu erheben. Darum wird hier der Name *Antipodolycaena* subgen. nov. (Gattungstyp *boldernarum* Btlr.) als Untergattung von *Lycaena* vorgeschlagen.

19 Neuerdings sind von Neuguinea 2 Arten gemeldet worden, die mit dieser Gattung sehr nahe verwandt sind.

20 Die einzige umfassende Darstellung über diese riesige Gruppe (Seitz, Großschmetterlinge Vol. 5, 1924) ist heute bedauerlicherweise veraltet. Eine Revision der Familie ist längst überfällig; man hat auch nicht versucht, Tribus- oder andere Einteilungen vorzunehmen.

21 Diese Rarität hat eine wechselförmige taxonomische Geschichte. Man stellte sie früher zu den Pieriden, Ithomiiden oder gab ihnen den Status einer eigenen Familie — Stygidae. Nach der augenblicklich in der Entomologie herrschenden Meinung steht sie hier richtig, doch sind ihre Verwandtschaftsbeziehungen noch nicht klar.

22 Diese Form ist ein Mitglied eines neotropischen Mimikry-Ringes, zu dem *Papilio bachus* (Papilionidae), *Melinaea mothone, M. comma, Mechanitis messenoides* und *Hyposcada fallax* (Ithomiidae) sowie noch einige andere Tagfalter und wenigstens 2 Nachtschmetterlinge *Castnia strandi* (Castniidae) und *Pericopis hydra* (Arctiidae) gehören.

23 Es muß noch geprüft werden, ob es eine eigene Art ist. Sie gleicht *Elzunia pavonii* (Ithomiidae).

24 Das abgebildete Tier ist möglicherweise eine neue Unterart. Sie unterscheidet sich von s. *sapho* durch breitere h/F Ränder.

25 Die unglückliche Lage, daß der Gattungstyp von *Eueides* heute als eine *isabellae*-Form angesehen wird, muß noch bereinigt werden.

26 Die beiden vorhergehenden und alle folgenden Familien werden häufig vereint, entweder zu einer einzigen Familie Nymphalidae oder zu einer Überfamilie Nymphaloidea. Im ersteren Falle würden die in diesem Abschnitt angeführten Falter die Unterfamilie der Nymphalinae bilden, im zweiten Fall gehörten sie zu kleineren Familien, wie Charaxidae, Limenitidae usw. Beide Systeme haben ihre Vorzüge, enthalten aber Komplikationen, so daß sie für ein Einführungswerk nicht verwendbar sind. Darum ist hier die herkömmliche Ansicht über Nymhalidae beibehalten worden. Über die Systematik dieser Familie muß noch viel gearbeitet werden; aber die weitgehende Unterteilung, die hier angegeben ist, sollte für Anfänger trotz ihrer Unvollkommenheit nützlich sein. „Sektionen" und Triben müssen als etwas Willkürliches angesehen werden; die verwendeten Gruppen dürfen auch nicht unbedingt als gleichwertig angesehen werden.

27 Diese Gattung und die beiden nächsten sind „unechte Scheckenfalter" und nur vorläufig hier eingegliedert; sie haben mit *Cupha, Vagrans* und *Vindula* (Nymphalinae) einige Merkmale gemeinsam.

28 Die Gattung *Dynamine* ist von Taxonomen unterschiedlich gedeutet worden; früher wurde sie zu den Limentinae oder Eurytelinae gestellt. Beides ist unbefriedigend. Sie hier einzuordnen, ist nur ein Versuch — es gibt auch Hinweise auf eine Verwandtschaft mit Melitaeini.

29 Viele Autoren glauben, daß die Gattung *Anetia* richtig zu den Danaidae gehört.

30 Diese holarktische Art, die auch als *l-album* Esp. oder *j-album* Bsdv. und Leconte bekannt ist, wurde oft fälschlicherweise in die Gattung *Polygonia* gestellt.

31 Es muß darauf hingewiesen werden, daß verdickte Subcostaladern auch in anderen Gattungen vorkommen, z. B. bei *Eunica, Bolboneura* und *Lucinia;* dieses Merkmal allein kann also nicht als diagnostisches anerkannt werden.

32 Als Untergattung von *Temenis* wird der Name *Callicorina* subgen. nov. (Untergattungstyp *pulchra* Hewitson) vorgeschlagen; er ersetzt den ungültigen Namen *Paromia* Hewitson. Der neue Name bezieht sich auf die Oberseite, die an eine kleine Art der Gattung *Callicore* erinnert.

33 Dillon (1948) wies darauf hin, daß man diese Gattung in eine eigene Tribus stellen sollte.

34 Der frühere Name *Callicore* wird jetzt für eine andere Gattung verwendet, das hat zu einigem Durcheinander geführt. Die heutige Gattung *Callicore* (Gattungstyp *astarte* Cr.) war früher unter dem Namen *Catagramma* bekannt. Der Gebrauch des letzteren Namens ist aus 2 Gründen bedauerlicherweise ungültig:
1. *Catagramma* war auf einem falsch gedeuteten Gattungstyp *hydaspes* Bsdv. (= *pygas* Godt.) begründet.
2. Eine Gattungstrennung zwischen der Nominalart *pygas* und *astarte* ist nicht berechtigt.

35 Die Verwandtschaftsverhältnisse der einzelnen Art *inexpectata* sind unklar. Über diese Seltenheit ist sehr wenig bekannt. Wenn auch Ähnlichkeit mit Weibchen der *caenis*-Gruppe aus der Gattung *Cymothoe* besteht, weisen Flügelform, Olivfärbung und rote Zellenflecken auf Euthalia hin. Bauliche Ähnlichkeiten sind auch mit *Pseudacraea* vorhanden.

36 Die neotropischen Gattungen aus dieser Sektion sind von einigen Autoren zu den Eurytelinae gestellt worden; Grundlage dazu waren die verdickten Vorderflügeladern, die für viele Gattungen in dieser Unterfamilie charakteristisch sind. Sowohl die frühen Stadien als auch der Bau der Falter deuten auf spezialisierte Merkmale, sie als Unterfamilie zu behandeln, hat einige Berechtigung.

37 Frühere Autoren stellten diese Art zu den Eurytelinae, aber Shirôzu (1955) deutete darauf hin, daß sie wirklich hierher gehört.

38 In Seitz Großschmetterlingen (1927) stellte Fruhstorfer diese Gattung zu den Nymphalinae, sie scheint aber mit *Dichorragia* eng verwandt zu sein.

39 Die abgebildeten Falter von *laure, cyane, cherubina* und *lavinia* sehen etwas verzerrt aus, da sie schräg gesteckt wurden, damit man ihren Schiller sehen kann.

40 Die Apaturinae sind ziemlich sicher in der äthiopischen Region nicht vertreten; *Apaturopsis* ist nur provisorisch in diese Unterfamilie eingeschlossen. Die meisten Fachleute rechnen sie zu den Nymphalinae; das Studium der frühen Stadien kann aber ihre Stellung hier bestätigen.

41 Obwohl diese neotropische Gattung wahrscheinlich nur weniger als ein halbes Dutzend Arten enthält, sind hunderte von Formen bekannt; das liegt an einer ungewöhnlich großen lokalen Variabilität sowie an besonders starkem Polymorphismus und Parallelismus (ähnlich wie bei anderen *Agrias*-Arten oder anderen Nymphaliden-Gattungen). Darum kann die Bestimmung der Falter schwierig sein. Die meisten Formen sind sehr schön und selten, darum zahlen Sammler auch hohe Preise für sie. Jedes Studium der Gattung wird durch zwei Faktoren gehemmt. 1. durch die Schwierigkeit und die Kosten, Material aus dem weiten Verbreitungsgebiet zu bekommen und 2. durch die Abneigung der Sammler draußen, genaue Fundorte zu verraten. Dadurch kommt es zu Lücken, die bei einer faunistischen Arbeit unvermeidbar sind.

42 *Prepona sarumani* sp. nov.
♂ Oberseite. V/F rot mit deutlichem fuchsinfarbenen Glanz, zum Außenrand hin orangerot. Apikales Drittel, Außen- und Hinterränder schwarz. Purpurblauer Überzug am Hinterrand; ein breiter Streifen der gleichen Farbe läuft von der Costa zwischen dem roten Gebiet und dem Apex. Außenrand stark ausgebuchtet. h/F schwarz mit ausgedehntem purpurblauem Zentralfleck, der die Mittelzelle umgibt, und nur leicht in sie eindringt. Ein unterbrochenes Band von sehr schwacher roter Submarginalbeschuppung. Haarbüschel gelb. Außenrand stark gezähnt; am Analwinkel mit deutlichen Lappen.
♂ Unterseite. V/F blaßrot. Zwei orange geränderte schwarze Flecken in der Zelle. Apikales Drittel dunkel graubraun, gekreuzt von zwei gebogenen schwarzen Linien.
h/F dunkel graubraun. In und um die Zelle des *Agrias*-Musters schwarz gefleckt, aber stark reduziert; basal rötlich. Zwei fast quadratische, cremefarbene Submedianflecken wie bei *buckleyana*. Medianband breit, es besteht aus feinen silberweißen Flecken auf dunklem Grund. Eine vollständige Submarginalkette blau, im Innern weiß, Ocellen wie bei *A. c. lugens*, aber viel kleiner und mit dunklerer Umgebung.
Dieser bemerkenswerte Falter steht im Aussehen zwischen *P. buckleyana* und *A. c. lugens;* in der Flügelform und im allgemeinen Habitus, besonders auf der Unterseite, steht er dem ersteren näher. Aus der Tatsache, daß es auch noch möglich ist, nachzuweisen, daß es eine *Agrias*-Form ist, geht besonders deutlich hervor, daß diese beiden Gattungen nahe verwandt sind. Holotypus ♂ im Saruman-Museum. Typenfundort Rio Huallaga, Peru. ♀ unbekannt.

43 Die Einordnung der indo-australischen *Charaxes* in 3 Gruppen ist nur provisorisch und muß sicher revidiert werden.

44 Rydon (1971) sieht die Formen dieser Art als deutlich unterschieden an, doch ist das auf ziemlich fragwürdigen Beweisen aus den Raupenstadien begründet und bleibt unbewiesen (siehe Seite 65).

45 Bei einigen *Morpho*-Arten kommt es zu beträchtlichen Variationen, z. B. bei *M. telemachus,* der grundsätzlich blau oder ockergelb sein kann und die vielen Arten des *achilles*-Komplexes. Daher ist es sehr wahrscheinlich, daß die Anzahl der Arten noch drastisch revidiert wird. Die Anordnung in diesem Werk ist von Le Moult und Real (1962 – 63) übernommen. Es muß vermerkt werden, daß die verwendeten Untergattungsnamen (mit Ausnahme von Iphimedeia) noch beibehalten sind, doch würden einige bei der Artgruppierung verworfen werden.

46 Der Name *Callitaera,* früher für die Gattung *Cithaerias* verwendet, scheint sich auf den mißgedeuteten Gattungstyp *aurora* Felder zu gründen.
Die von *Pierella hortona* abgebildete Form ist ungewöhnlich und scheint auf ein kleines Areal in Peru beschränkt zu sein. *ocellata* f. nov. wird als Name für diese Form vorgeschlagen, bei der die normalerweise ganz blauen Flecken im Innern weiß sind.

48 *Lasiophila gita* sp. nov.
♂ Oberseite. V/F glänzend kastanienbraun mit schmalen dunkelbraunen Rändern. Submarginal eine Reihe von 4 dunkelbraunen Flecken. Costa von dem Mittelpunkt der Zelle angedunkelt; diese Verdunkelung erstreckt sich über den Zellenapex und die Median- und erste Cubitaladern.
h/F ähnlich gefärbt. 6 – 7 dunkelbraune Submarginalflecken in einer gekrümmten Reihe. Außenrand gezähnt, vor allem an der Cu 1, aber nicht geschwänzt.
♂ Unterseite. V/F ähnlich wie auf der Oberseite, aber blasser, mit silbergrauen Flecken am Costalapex.
h/F silbergrau gesprenkelt, durchkreuzt von einem breiten, gebogenen dunkelbraunen Medianband. Ein ausgedehnter Flecken von letzterer Farbe zum Außenrand hin enthält 2 gelbe, halbmondförmige Flecken, die mit einem fein gezähnten Submarginalband verbunden sind.
Diese Art wurde früher als Form von *orbifera* Btlr. angesehen. Holotypus ♂ im Saruman-Museum. Typenfundort Rio Huallaga, Peru. ♀ nicht bekannt.

49 Die Anordnung der Triben und Gattungen in dieser Familie ist mehr als gewöhnlich nomenklatorisch entstellt, vor allem im Band V von Seitz Großschmetterlingen.